刑事诉讼的冲突与衡平

——以具体程序和制度为平台

宋远升　著

中国人民公安大学出版社
·北　京·

图书在版编目（CIP）数据

刑事诉讼的冲突与衡平：以具体程序和制度为平台/宋远升著. —北京：中国人民公安大学出版社，2009. 3

ISBN 978 -7 -81139 -362 -0

Ⅰ. 刑… Ⅱ. 宋… Ⅲ. 刑事诉讼—研究 Ⅳ. D915. 304

中国版本图书馆 CIP 数据核字（2008）第 200254 号

刑事诉讼的冲突与衡平

——以具体程序和制度为平台

XINGSHI SUSONG DE CHONGTU YU HENGPING

——YI JUTI CHENGXU HE ZHIDU WEI PINGTAI

宋远升 著

出版发行：中国人民公安大学出版社
地　　址：北京市西城区木樨地南里
邮政编码：100038
经　　销：新华书店
印　　刷：北京市泰锐印刷厂

版　　次：2009 年 3 月第 1 版
印　　次：2009 年 3 月第 1 次
印　　张：13
开　　本：880 毫米 ×1230 毫米　1/32
字　　数：349 千字
印　　数：1 ~3000 册

书　　号：ISBN 978 -7 -81139 -362 -0/D · 312
定　　价：33. 00 元

网　　址：www. cppsup. com. cn　www. porclub. com. cn
电子邮箱：cpep@ public. bta. net. cn　zbs@ cppsu. edu. cn

营销中心电话（批销）：（010）83903254
警官读者俱乐部电话（邮购）：（010）83903253
读者服务部电话（书店）：（010）83903257
教材分社电话：（010）83903259
公安图书分社电话：（010）83905672
法律图书分社电话：（010）83905637
公安文艺分社电话：（010）83903973
杂志分社电话：（010）83903239
电子音像分社电话：（010）83905727

序

在哲学领域中，冲突和矛盾是常态，也是客观的存在，在刑事诉讼中也是如此。刑事诉讼本身就是冲突的结果，同时也是解决冲突的工具。一方面，刑事诉讼中的冲突具有普遍性，冲突贯穿着刑事诉讼的始终，没有冲突就没有刑事诉讼。这其中包括刑事诉讼内部的冲突，也包括刑事诉讼外部的冲突。刑事诉讼内部的冲突体现为目的、价值、原则、制度等蕴涵的冲突，而这些冲突其实都体现为利益的冲突，为国家、社会以及个人利益冲突的缩影。刑事诉讼外部的冲突主要指其与其他学科之间的冲突。另一方面，刑事诉讼中的冲突也具有特殊性。例如，虽然同为刑事诉讼程序，大陆法系和英美法系刑事诉讼中的冲突就存在差异，在英美法系国家中，或者大陆法系国家中，不同国家刑事诉讼中的冲突也会有所不同。即使在一个国家内部，其刑事诉讼在不同的历史时期和时间的冲突都会呈现不同的特征。譬如，作为沉默权制度的肇始国英国，其不同阶段沉默权制度蕴涵的冲突内容以及价值取向也会有较大不同。

刑事诉讼冲突的普遍性原理，可以使我们承认冲突，发现冲突，分析冲突，解决冲突，坚持一分为二的观点，坚持两点论、两分法，反对一点论。而刑事诉讼冲突的特殊性原理，可以使我们想问题、办事情必须坚持具体问题具体分析。因此，冲突原理可以使我们更加客观地看待刑事诉讼中存在的问题，更加理性地剖析问题的症结，从而形成科学的研究进路，为构建有中国特色的社会主义司法制度建言。

冲突并不是意味着绝对的对立，也不一定总是负面的，消极的。冲突是刑事诉讼的本质特征，表明了刑事诉讼中的一种不均衡状态。冲突原理可以对刑事诉讼制度的构建、运行、发展具有一系列的积极价值。冲突对新的刑事诉讼规范和制度的建立具有激发功能，可以揭示刑事诉讼权力和权利竞争的源动力，从而为刑事诉讼运行提供方法论上的指导。

本书作者宋远升从我国司法现实出发，以刑事诉讼具体的原则和制度为平台，从哲学的视角通过冲突——衡平的路径对刑事诉讼中存在的一些问题进行透视和分析。这使本书既有一定的现实基础，又有相应的理论意义，从而在中国的场景下，努力探寻一条适合中国刑事诉讼运行的路径。

宋远升是我有一定了解的华东政法大学的一位青年教师，勤奋而多学。除了从事法律研究外，还对哲学、文学等多有涉猎，因此，他看待问题的态度具有一定的独特性，行文也比较雅致，或许这也是他与其他法律学者的不同之处。

最后，借用屈原的一句话，路漫漫其修远兮，吾将上下而求索。虽然作为一位在法律领域刚刚涉水的青年学者，宋远升已取得了一定的成绩，但是，其学术道路漫长而遥远，或许这也正是学术研究道路的迷人之处。作为其师长，我祝他一路顺利前行。

华东政法大学党委书记　研究员　博士生导师

杜志淳

2009 年 2 月 5 日

目　录

绪论：刑事诉讼冲突与衡平的理论基础与实现路径

——一个辩证法和方法论的思考

引言：在政治、经济、文化等上层建筑或者意识形态领域内，冲突都是一个永恒的常态，是保持制度生机的种子。冲突在制度运行中产生一种“鲶鱼效应”，使系统内的各种因素在互动的状态中实现自我改造、完善、重构、再生。社会就意味着统治，统治就意味着不平等，而且不平等带来冲突，冲突构成进步的源泉。① 因此，冲突并不是像其表面上那样只是对立，冲突可以展现问题的症结，为进步提供一种动力机制，为从冲突走向衡平提供思维和进路。在理论视角上，打开了一扇全新的大门。

“我猜想，谁越是要证明社会中矛盾是普遍的，他就越愿意采用宽泛的冲突定义。当冲突可以是任何或隐或现地暗示着对抗的状态时，要证明冲突的普遍存在则比较容易。”②

——［美］乔纳森.H. 特纳

① ［英］拉尔夫·达伦道夫：《现代社会冲突》，林荣远译，中国社会科学出版社2004年版，第115页。

② ［美］乔纳森.H. 特纳：《社会学理论的结构》，吴曲辉译，浙江人民出版社1987年版，第211页。

冲突的基本含义是抵触、矛盾。冲突是一个社会现实存在，但冲突并不意味着暴力。社会学意义上的冲突，是指人与人之间、群体与群体之间激烈对立的社会互动方式和过程，或者说，冲突是人们之间的一种直接的反对关系。刑事诉讼法学意义上的冲突深受社会学意义上的“冲突”概念的影响。它可以涵盖以下含义：第一，刑事诉讼是阶级冲突、利益冲突的产物；第二，刑事诉讼就是通过法律途径解决冲突的方式和过程；第三，刑事诉讼与国际刑事司法制度、其他国家刑事诉讼制度或者其他部门法之间存在着冲突；第四，刑事诉讼本身运行也蕴涵着冲突。

刑事诉讼是以解决公共秩序与犯罪、国家公权与个人私权等冲突为目的的法律程序，同时也是一个充满辩证的过程，也就是说，刑事诉讼本身也是一个矛盾冲突的集合体。它既有矛盾原理作为其方法论和辩证法的理论基础，也有社会冲突理论作为方法论和辩证法的理论支撑，如何从冲突走向衡平，刑事诉讼也有其特定的原则路径。

一、作为辩证法和方法论的矛盾原理

辩证唯物主义认为，矛盾，是指事物内部包含着的既互相联结、互相依存、互相渗透，又互相分离、互相排斥、互相否定的倾向。简言之，矛盾就是对立统一。同一性和斗争性是辩证矛盾的基本属性。它是指矛盾着的对立面在一定条件下的互相联结、互相依存、互相渗透、互相贯通的性质。矛盾的斗争性，是指矛盾双方互相分离、互相对立、互相排斥、互相否定的倾向。同一性是相对的，斗争性是绝对的；绝对的斗争性存在于相对的同一性之中。

刑事诉讼由矛盾而起，其本身就是解决犯罪与控制犯罪之间的矛盾冲突而设立的。同时，刑事诉讼作为一个在程序法定原则规范下的过程，本身也充满着矛盾，也是一个矛盾展开的过程。在刑事诉讼中，既存在矛盾的对立，又存在矛盾的统一。例如，在公正和效率的价值冲突中，就存在着这种关系。一般而言，公正的程序更复杂、精细，而这是以更多的时间、更低的效率为代价的。这是价值的对立。但是，公正与效率也有在程序中统一的一面。譬如，在刑事诉讼分流程序中，既节省了刑事诉讼成本，实现了效率的价值，同样也满足了公正价值的需求。同时，从对立到统一的相互转化，也可以给刑事诉讼从冲突到衡平的哲理启迪。虽然刑事诉讼中冲突属于常态，但是，通过一定的制度运作，冲突也是能够被解决的。

基于矛盾的对立统一的关系，既然矛盾之间有斗争性，世界各国不同的刑事诉讼制度存在差异、冲突也就在所难免。诸如，英美法系国家的当事人主义刑事诉讼制度与大陆法系国家的职权主义刑事诉讼制度之间的冲突。但是，矛盾双方还存在同一性，不同的刑事诉讼制度之间也存在着合作、交流、依存、互助的关系。通过互相借鉴和吸收，两大法系刑事诉讼制度呈现出逐渐融合的趋势。

矛盾存在于一切客观事物和主观思维的过程中，矛盾贯穿于一切过程的始终，这就是矛盾的普遍性和绝对性，即矛盾的普遍性原理。此外，根据矛盾的特殊性原理，"任何运动形式，其内部都包含着本身特殊的矛盾。这种特殊的矛盾，就构成一事物区别于他事物的特殊的本质。这就是世界上诸种事物所以有千差万别的内在的原因，或者叫做根据……每一种社会形式和思想形式，都有它的特殊的矛盾和特殊的本质。"① 因此，"不但要研究每一个大系统的物质运动形式的特殊的矛盾性及其所规定的本质，而且要研究每一个物质运动形式在其发展长途中的每一个过程的特殊的矛盾及其本质……我们的研究工作必须着重这一点，而且必须从这一点开

① 毛泽东：《矛盾论》，《毛泽东选集》（第1卷），人民出版社1991年版，第308~309页。

始。"[①] "不同质的矛盾，只有用不同质的方法才能解决。"[②] "用不同的方法去解决不同的矛盾，这是马克思列宁主义者必须严格地遵守的一个原则。"[③] 在这里，矛盾原理不仅具有辩证法的价值，更有方法论的意义。

根据矛盾的普遍性原理，在刑事诉讼整个过程中都存在着矛盾，这是一种绝对的矛盾演绎过程。但是，矛盾的特殊性原理表明，在具体解决刑事诉讼的矛盾时，应当根据变化的情势，考虑各个具体因素，适当进行调整。例如，在法官裁决案件时，虽然有法律条文规定，但是，法官不应当是"法律的售货机"，在某种程度上而言也是造法者，特别是在英美法系国家中更是如此，法官应当再根据法律的精神进行裁量。美国学者德沃金指出，法律本身就是一种阐释性概念，法官的任务就是当法律运用到个别场合时，根据他对法律诚挚的理解来解释法律。[④] 具体问题具体分析，这也是马克思主义辩证法的理论精髓之一。

根据矛盾普遍性和特殊性原理，普遍性和特殊性的关系是唯物辩证法关于矛盾问题的精髓。矛盾的普遍性和特殊性是辩证统一的关系，两者相互区别，又相互依赖，相互转化。刑事诉讼制度是世界文明的结晶，随着全球化趋势的展开，各国刑事诉讼制度的共性在增加。例如，保障人格尊严、禁止酷刑、程序救济等制度一般都在世界绝大多数国家刑事诉讼法律中明文规定，或者在其法律中体现了类似的精神。刑事诉讼制度特殊性表现为无论世界文明发展到

---

① 毛泽东：《矛盾论》，《毛泽东选集》（第1卷），人民出版社1991年版，第310页。

② 毛泽东：《矛盾论》，《毛泽东选集》（第1卷），人民出版社1991年版，第311页。

③ 毛泽东：《矛盾论》，《毛泽东选集》（第1卷），人民出版社1991年版，第311页。

④ ［美］德沃金：《法律帝国》，李长青译，中国大百科全书出版社1996年版，第364页。

什么程度，不同刑事诉讼制度总是具有地方性和差异性，因此，需要兼收并蓄，借鉴世界各国有益的刑事诉讼成果，多种刑事诉讼制度长期共存、取长补短、共同发展，使人类的优秀成果为人类所共享。

在刑事诉讼中，根据不同的标准，可以将矛盾划分为不同的类型。根据刑事诉讼矛盾的地位，可以将其分为主要矛盾与次要矛盾。前者是指决定刑事诉讼质的根本变化的矛盾。“在复杂的事物的发展过程中，有许多的矛盾存在，其中必有一种是主要的矛盾，由于它的存在和发展规定或影响着其他矛盾的存在和发展。”① 后者是指不决定刑事诉讼质的变化，但能对刑事诉讼的产生、发展、完成具有一定影响的矛盾。

主要矛盾和次要矛盾以及矛盾的主要方面和次要方面在刑事诉讼中的地位不同，可以使我们集中精力解决刑事诉讼中急迫解决的问题。譬如，在当前，基于国际社会人权保障的大的趋势，应当对我国刑事诉讼模式进行调整，作为一个总的目的，应建立以人权保障为导向的当事人主义诉讼制度，至于一些较为细微的制度或者原则上的缺失，并不要求一蹴而就，面面俱到，而是在大框架确立的前提下，渐进地、分步骤地完善和调整。明确主要矛盾和次要矛盾以及矛盾的主要方面和次要方面，其实也就是明确刑事诉讼中的具体问题，从而探寻解决刑事诉讼问题或者弊政的路径。“……如果不研究过程中主要的矛盾和非主要的矛盾以及矛盾之主要的方面和非主要的方面这两种情形，也就是说不研究这两种矛盾情况的差别性，那就将陷入抽象的研究，不能具体地懂得矛盾的情况，因而也就不能找出解决矛盾的正确的方法。”②

① 毛泽东：《矛盾论》，《毛泽东选集》（第1卷），人民出版社1991年版，第320页。

② 毛泽东：《矛盾论》，《毛泽东选集》（第1卷），人民出版社1991年版，第326页。

根据刑事诉讼矛盾内在规定性的不同，可以将其分为冲突性矛盾与差异性矛盾。冲突性矛盾，是指矛盾截然对立。例如，在刑事诉讼中，通过刑讯逼供获得的证据，对于证据的可采性而言，证据本身的矛盾是无法通过程序转化的方式来解决的。差异性矛盾，是指矛盾的双方对立不十分明显，虽然存在着一些问题，但是，在一定的情形下，可以通过一定的方式转化获得解决的矛盾。譬如，对于非法获得的物证，在涉及重大公共利益时，如果取证的手段存在瑕疵且恶性不大，可以通过一定的程序补救，使非法证据获得可采性。

根据刑事诉讼矛盾属于本身还是外在的关系，可以分为自相矛盾与相互矛盾。自相矛盾，是指刑事诉讼中，某项程序、制度、原则等内容本身的矛盾。相互矛盾，则是指刑事诉讼中，某项程序、制度、原则等相互之间不能互相配合、协调，而得出不同或相互冲突结论的矛盾，或者是刑事诉讼与其他部门法之间的矛盾。自相矛盾根源在于立法不严谨，前后不能协调一致。相互矛盾除了上述原因外，还可能包括立法缺乏宏观考虑、缺乏前瞻性和国际性，从而出现法律滞后、对立或冲突的现象。

根据刑事诉讼矛盾的内部构成数量，可以将刑事诉讼矛盾分为二元矛盾和多元矛盾。二元矛盾是矛盾的基本形态，即矛盾由相互对立的两个方面构成。多元矛盾，是指矛盾构成不限于两个方面，而由多个方面构成。例如，在刑事诉讼中，存在着打击犯罪与保障人权、公正与效率、秩序与自由之间的二元矛盾。对于多元矛盾而言，可以体现为警、检、法之间的矛盾，当事人、警、检、法之间的矛盾，等等。

二、作为辩证法和方法论的社会冲突理论

（一）社会冲突理论的历史回溯

当代西方社会冲突理论主要有科塞的冲突功能主义与“安全阀”理论、齐美尔的有机功能论理论、达伦道夫的“辩证冲突

论”、韦伯的多元分层冲突理论，等等。

1. 科塞的冲突理论。科塞在其《社会冲突的功能》一书中指出，冲突是“有关价值、对稀有地位的要求、权力和资源的斗争，在这种斗争中，对立双方的目的是破坏以至伤害对方”。[①] 科塞认为，社会体系内每一种成分、每一个部门都是彼此相关联的，在社会系统运转时，由于各个部门对社会系统的整合与适应程度不一致，会导致不同部门操作及运行方式和过程不协调，造成社会系统运行出现紧张、失调和利益冲突现象，整个社会体系处于绝对不均衡中，社会冲突是不可避免的，而且是社会运行中的常态。冲突的“社会安全阀”功能好比锅炉上的“安全阀”一样，通过它可以使猛烈的蒸汽不断排泄出去，而不会破坏整个结构。“社会安全阀”功能主要体现在以下方面：一是社会减压，即减轻或缓解冲突双方的敌对情绪；二是社会报警，即向统治阶级或社会管理者显示民情；三是社会整合，即冲突使社会个体或社会群体一体化形成合力；四是社会创新，即冲突扮演了激发器的角色，激发了新规范、规则和制度的创立。[②]

2. 齐美尔的有机功能论理论。齐美尔把冲突视为一种主要的正常的社会交往形式，它是以交往各方的不一致、差异、分歧、对立、敌意为前提的。冲突的类型包括：一是手段型冲突和目的型冲突。手段型冲突是针对特定目标的，理性色彩较强，可以用其他非冲突交往形式替代，但其交往对象却始终不变；目的型冲突不针对特定目标，单纯是为了宣泄敌对情绪，具有强烈的感情色彩。二是个人冲突和超个人冲突。个人冲突是行动者单纯为了自身利益而进行的斗争；超个人冲突是指行动者作为某一集体的代表而参与冲突，超个人冲突往往更加深刻、更加激烈。齐美尔认为冲突具有社

① 谢立中：《西方社会学名著提要》，江西人民出版社 2001 版，第 230 页。

② 张卫：《当代西方社会冲突理论的形成及发展》，载《世界经济与政治论坛》2007 年第 5 期。

会整合的功能：第一，冲突促进共同规范并发展了这些规范；第二，冲突推动了各方组织化的发展；第三，冲突通过各自实力的显示和较量有助于和解；第四，冲突创造了联合。

3. 达伦道夫的辩证冲突论。达伦道夫认为，社会冲突的根源是特定的社会结构，这种特定的社会结构就是阶级结构，但是这种阶级结构不是根据是否占有生产资料来划分的，而是根据统治与服从之间的权威关系来划分的。现代社会就是围绕“权力”和“权威”而形成了两个阶级：一方是占有很多权力和权威的阶级，另一方是被迫服从权力和权威的阶级。[①] 社会冲突源于对权力和权威等稀缺资源的争夺，源于权力分配。达伦道夫直接将利益、潜在利益、外显利益和利益团体等概念引进其“辩证冲突论”中，指出人类社会的各种“强制性协调组合”中，由于拥有权威一方与失去权威一方利益差异的客观存在，使得社会冲突成为不可避免，只要具备一定的条件，利益冲突就会公开爆发。社会秩序是通过各种组织群体在社会权力关系体系中处于一定位置来维持的，因此，各种组织群体都要为此而竞争与搏斗，这是社会冲突与变迁的主要原因。

4. 韦伯的多元分层冲突理论。韦伯则认为社会冲突的根本原因在于以下三个条件：一是权力、财富和声望的高度相关；二是报酬分配垄断化；三是低的社会流动率。韦伯从多方面的社会不平等来说明社会冲突的起源并强调魅力型领袖和组织同样是社会冲突的关键因素。[②] 在韦伯眼里，社会的、物质的和政治的利益都可以成为冲突的基础，而其中对社会系统的解释最为重要的利益类型，是政治的或者组织的冲突和统治。当然，冲突永远不会结束，但是，

① 侯钧生、韩克庆：《西方社会分层研究中的两种理论范式》，载《江海学刊》2005 年第 4 期。

② 包仕国：《和谐社会构建与西方社会冲突理论》，载《学术论坛》2006 年第 4 期。

冲突的基础或者形式可以变化。韦伯同时强调冲突的缘起与政治权威合法性的缺失有很大的关系，如果被统治者撤销了政治权威的合法性，他们更有可能寻求冲突。

此外，西方社会冲突理论还包括寇舍的冲突功能论。根据寇舍的冲突功能论，当冲突频繁，而且其烈度与强度降低时，冲突将促进系统中的弹性合作并增加对环境的调整能力与适应能力。此外，还有李普塞特的冲突一致论等。

（二）社会冲突理论对于刑事诉讼的价值

冲突不一定总是负面的、消极的，就如和谐也不必然是正向的、积极的一样。“一定程度的冲突是群体形成和群体生活持续的基本要素”，“组织既需要和谐，也需要不和谐；既要对立，也需要合作；它们之间的冲突决不完全是破坏因素”。[①] 科塞认为，任何社会系统在运行过程中都会产生敌对情绪，形成有可能破坏系统的压力，当这种敌对情绪超过系统的耐压能力时，就会导致系统的瓦解，因此就产生借助于可控制的、合法的和制度化的疏导机制，来释放社会紧张，消解社会冲突的需要。[②] 刑事诉讼本身就是一种解决社会冲突的手段，它可以通过一种制度化、合法化形式，确保冲突处于可控状态。具体而言，刑事诉讼可以在社会冲突理论中获得如下借鉴：

1. 明确厘清冲突的性质和程度，正确衡量移植、变革的风险和收益。根据社会冲突理论，社会体系处于绝对不均衡状态，冲突是社会固有的特征。科塞认为，冲突，是指不涉及双方关系的基础不冲击核心价值的对抗，是指社会系统内不同部分之间的对抗，而不是指社会系统本身的基本矛盾，不是革命的变革；是指制度化了

① ［美］科塞：《社会冲突的功能》，孙立平等译，华夏出版社 1989 年版，第 16 页。

② 商景龙：《交流对话，实现“共同管理的和平”》，载《世界经济与政治论坛》2007 年第 2 期。

的对抗，是社会系统可容忍、可加以利用的对抗。[①]

一般而言，当今世界绝大多数国家的刑事诉讼制度都反映了刑事诉讼的基本规律，是其自身演绎发展的结果，本身具有相当的科学性和合理性。因此，特别是对不涉及核心价值对抗的冲突，在能够通过刑事诉讼制度进行本土化完善和改造的情况下，应当首先考虑程序自身的造血功能，而不能一有问题，就谈移植。移植本身就意味着一种相当大的法律风险，因为，"法律本身就是地方性知识"[②]。但是，并不是因此否定法律移植的可能性和有效性，而是首先要充分考虑移植的条件与后果。牵一发而动全身，必须考虑整个系统的协调和整合问题，毕竟现在已有的刑事诉讼制度是已经经过实践检验，是经过与本土法律传统、法制环境、国家政策、宗教信仰、伦理道德进行磨合、协调、重构的结果，上述因素已经成为刑事诉讼制度的一部分，刑事诉讼制度也成为上述因素的一部分，改变并不是一个因素的改变，而可能意味着整个系统的重构。

2. 促进刑事诉讼制度的生成、改造、完善。冲突对新的刑事诉讼规范和制度的建立具有激发功能。科塞认为，冲突可能导致法律的修改和新条款的制定；新规则的应用会导致围绕这种新规则和法的实施而产生新的制度结构的增长；冲突还可能导致竞争对手们和整个社区对本已潜伏着的规范和规则的自觉意识。[③] 总之，"作为规范改进和形成的激发器，冲突使与已经变化了的社会条件相对应的社会关系的调整成为可能。"[④]

冲突对新制度和新规范的建立具有激发功能，在刑事诉讼中也

---

① 宋林飞：《西方社会学理论》，南京大学出版社 2005 年版（第 6 版）。

② 陈传法：《法律移植简论——从发展的观点看》，何勤华主编：《法的移植与本土化》，法律出版社 2001 年版。

③ 张卫：《当代西方社会冲突理论的形成及发展》，载《世界经济与政治论坛》2007 年第 5 期。

④ ［美］科塞：《社会冲突的功能》，孙立平等译，华夏出版社 1989 版，第 114 页。

是如此，即使不是根本的冲突，在量变积累达到质变的状态时，也会对刑事诉讼的正常运行及正当性造成很大的减损。在刑事诉讼制度恶性裂变之前，必须发现和建构相应的制度或者程序，使其在严重受损之前得以修复、弥补。这也是冲突在刑事诉讼中的重要价值之所在。

3．消弭社会不满，使冲突成为泄洪分流的安全阀。冲突对社会具有整合作用，成为社会安全阀机制。科塞提出了“社会安全阀”理论，对于社会冲突而言，社会要建立一种“安全阀”制度，它是通过人们与社会对冲突问题的关注，并从中找出解决问题的途径。而其中制度建设和规则的重建是解决冲突问题主要的、带根本性的途径和手段，避免系统运作的敌对情绪导致系统瓦解。

对于刑事诉讼来说，也莫不如此。刑事诉讼本身就是以解决社会冲突为己任，它能够提供诉讼的法定渠道，将平时累积的敌对、不满情绪及个人间的怨恨通过合法、正当的手段予以宣泄和消除，从而保证社会秩序的恢复及有序运转。

4．揭示刑事诉讼冲突的原动力：权力和权利的竞争。社会冲突的根源，既不能归结为诸如人的侵犯性冲动等心理因素，也不能归结为偶然的历史事件，而要归结为特定的社会结构，即社会权威结构。权力就是不顾他人反对而实现自身意志的能力。① 而权威则是合法化的权力。在社会中，基于权力和权威，人们分化为行使权力、拥有权威的人群，以及服从权力、丧失权威的人群。这种分化存在于各种社会组织或团体之中，拥有权威的人群处于统治地位，可以发布命令；失去权威的人群处于被支配地位，只能服从上级命令，且违反权威命令将受到惩罚。

正如达伦道夫所说那样，将上述统治地位与服从地位的结合称为权威结构，而“强制协作联合体”则指一切具有权威结构的社

① ［德］M. 韦伯著：《经济与社会》，林荣远译，商务印书馆2004年版，第81页。

会成员的结合形式。在这些组织中，人们的结合并非基于组织成员的“共同意志”，而是基于权威——服从的压制性力量。掌握稀缺资源的统治者或管理者，必然利用自身权威，迫使其他的被统治者或被管理者服从或遵从自己的意愿，而被统治者或被管理者自然不甘心因无权而长期处于被压服状态，他们会要求重新分配权力或权威。统治者与被统治者、管理者与被管理者对权力和稀缺资源的争夺，构建了社会冲突的一般动力机制。

在刑事诉讼中，同样存在这种“强制性协调组合”的权威结构，只不过不是社会权威结构，而是法律权威结构。在这个法律权威结构中，警、检、法等机关以国家强制力量为依托，在与当事人或者其他诉讼参与人的权力——权利二元关系中，处于压制或者控制地位，他们会利用自己的权力强制当事人或者其他诉讼参与人服从，但是，当事人或者其他诉讼参与人基于对利益渴求及人的天性不愿意服从，就会要求获得更多的权利，这样，就会展开对权利与权力的竞争态势，在权力——权利二元系统总量保持不变的情况下，就会出现此消彼长的关系。这是刑事诉讼运行的动力，同时也揭示了刑事诉讼冲突的根源。

5. 为刑事诉讼冲突提供方法论上的指导。冲突理论认为，社会冲突一旦形成，企图压制和消灭冲突都是徒劳无益的，在现代社会中，只能通过制度化来调节冲突。制度化就是绝大多数社会成员认同的、为解决某一具体矛盾而规范化了的方式或方法。

对于刑事诉讼而言，社会冲突理论无疑可以为其提供方法论上的指导。公民涉嫌犯罪触犯国家法律时，在警察、检察官、法官与当事人权力——权利分配问题上产生冲突时，这种冲突并不是一定只有负向功能，还有其正向功能。压制只是专制的表现，通过制度化的解决方式才具有民主的实质和表征。诸如，通过辩护制度来缓解控辩双方的紧张关系，通过司法审查制度来消解国家机关一方权力的压力。社会冲突理论此时提供了一个不同的反思性的视角，同时也提供了方法论上的指导。

6. 冲突的平衡功能使刑事诉讼正常运作成为必要和可能。冲突是一个社会中重要的平衡机制。科塞从三方面说明了冲突的平衡机制：第一，冲突创立和修改了那些对于双方都非常必要的公共规范；第二，冲突导致一定的力量均等的环境条件，每一方都宁愿对方具有同样的组织结构与技术状况；第三，冲突使相对权力的再评估成为可能，这样它作为一个平衡机制而服务于社会，有助于社会的维持和巩固。[①] 在刑事诉讼的运作中，冲突的作用同样可以分为三个方面：第一，冲突的产生导致在刑事诉讼中必要的制度、原则、规则的制定和修改。第二，冲突的产生导致民主国家对一种制度和技术状况的需求，其基本追求方向是达到控辩双方力量的衡平。特别是在英美法系国家之中，姑且不论在刑事审判中，即使在审前程序中也基本上实现了控辩衡平。第三，刑事诉讼中的控辩冲突使权力——权利的二元结构及力量评价成为可能，这种评价使控辩双方平等对抗成为必要，从而保证了刑事诉讼制度的正常运行。

三、从冲突到衡平的特定原则要求

刑事诉讼的冲突既有其矛盾原理的基础，也有社会冲突理论的理论渊源，但是，在特定的刑事诉讼程序中，必须有其特定的刑事诉讼原则或者规则，以实现从刑事诉讼冲突到衡平的完成，也即达伦道夫指出的，“冲突是社会组织权威结构的必然产物，不能简单地否认或压制它，而应该采取‘冲突的制度化调节’系列对策。因此，冲突各方约定处理相互利益矛盾关系框架的一些正式游戏规则，并将这些规则制度化”。[②] 在刑事诉讼中，这些正式的制度化的游戏规则，就是保证刑事诉讼从冲突走向衡平的特定原则。

---

① ［美］科塞：《社会冲突的功能》，孙立平等译，华夏出版社 1989 年版，第 123 页。

② 刘海湘：《达伦道夫的辩证冲突理论》，载自《学习时报》，http://www.china.com.cn/xxsb/txt/2006-12/19/content_7531120.htm。2008-02-01。

（一）情势变更原则

情势变更原则是刑事诉讼从冲突到衡平的宏观要求。所谓情势变更原则，是指在遵守刑事诉讼基本法律规定的前提下，根据变化了的情势，对刑事诉讼的具体制度、原则等进行调整。这其中既包括对外来先进刑事诉讼经验的移植、借鉴和吸收，也包括在国内形势和政策变化的前提下，对刑事诉讼制度具体规定进行修订和调整。诸如，英国本来是沉默权制度的发源地，但是，基于恐怖犯罪的压力，对沉默权制度进行了修改，实行限制性的沉默权制度。而我国则基于保障当事人权利、限制国家权力的需求，大量借鉴了英美法系当事人主义诉讼制度的内容。

情势变更包括根本性变更和偶然性变更。根本性变更，是指刑事诉讼法律制定的环境或条件发生基础性变动，以至于在适用时须面对一种新的情势，这种新的情势的出现使得刑事诉讼制度的变更成为必然，否则就会导致刑事诉讼的目的落空的危险。偶然性变更，是指由于一时的、偶然的客观情势的出现，使刑事诉讼的运作出现了问题，有影响具体刑事诉讼目的实现之虞。譬如，一段时间某类犯罪率上升，因此，国家在打击此类犯罪时，包括侦查、起诉或者案件的判决都要比平时严厉。对于根本性变更，刑事诉讼法律必须进行调整，否则就会影响其基本功能的发挥和任务的实现。对于偶然性变更，则没有必要对刑事诉讼法律进行大的修订，这是保证法律稳定性、连续性、严肃性的需要。但是，司法机关可以在其权限范围内通过行使裁量权的方式实现，诸如检察官可以根据某类案件的发案情况及其社会影响，根据起诉便宜原则，适当提高或者降低某种案件的起诉率，或者对某类情节轻微、影响不大的案件不起诉。

（二）比例原则

比例原则是刑事诉讼从冲突到衡平的具体要求。比例原则在刑事诉讼中主要适用于侦查权力的运行，必须使侦查权力和当事人权利之间形成一个有机的状态，从而使国家和个人之间的对立冲突的破坏效果减至最低，使二者合力达到最大。对于比例原则，一般认为包括三个部分：第一，适合性原则（亦称妥当性原则、适当性原则、目的实现原则），是指侦查机关所选择的行为方式和措施必须是正确的手段，并且能够实现法律规定的目的或至少有助于目的的实现，而不是与法律目的相背离。第二，必要性原则（亦称最少侵害原则、不可替代性原则、最温和之手段原则等），是指如果有许多可以实现侦查目的的备选侦查行为，则必须选择那些最温和的、最有必要的，而所谓“最有必要的”，就是选择对公众不会造成损害或损害最少的措施。换言之，就是已经没有任何其他的能给公民造成更小侵害的措施来取代该项措施了。第三，相称性原则（亦称狭义的比例原则），是指必需的侦查行为对个人所造成的损害不能低于社会获得的利益，二者之间应当保持一种动态的均衡和比例。

比例本身就意味着一种衡平。根据英国法学家梅因的考察，衡平是为使法律和社会相协调而提出的命题。一般认为，衡平 Equitas 就是希腊文 XoXrys，即平均或按比例分配的原则[①]。而在刑事诉讼冲突的解决过程中，按照侦查阶段控辩平等的权力与权利配置方式，正确地选择能够实现刑事诉讼目的的手段，在所有的手段中，适用最有必要的方式，从而达到侦查权力的进攻手段和当事人权利的防御手段的相对平衡，这个过程也就是从冲突到衡平的过程，也是比例原则发挥作用的过程。

比例原则与正义或公正有着天生的契合关系与本质的一致性，是侦查权力与当事人权利之间的关系在这种形势下的最佳选择。这样，不论从双方的权利（力）而言，还是从双方的地位而言，抑或是站在科学的角度上，公正都是与比例原则有着天生契合性。正

---

① 陈兴良：《罪刑均衡的司法体认》，载《中央检察官管理学院学报》1997 年第 2 期。

如亚里士多德所说："公正，就是合比例；不公正，就是破坏比例。"① 成比例本身具有的衡平意蕴，这也意味着衡平与正义的密切关系，从冲突到衡平，也彰显了从非正义到正义，从正义的缺损到正义的重构。

（三）有限理性原则

有限理性原则是刑事诉讼从冲突到衡平的微观要求。在刑事诉讼中，有限理性指基于信息的缺乏、技术水平的限制、个人认识能力的不足造成的对刑事诉讼事实查明或者认定的不完全状态。根据有限理性理论，造成有限理性主要是由于信息的不完全。这一方面反映了人类认识事物的复杂性，另一方反映了人们认识能力的限制性，这种限制性导致对事物规律认识需要一个过程。恩格斯在《反杜林论》中曾精辟地指出："一方面，人的思维的性质必然被看作是绝对的，另一方面，人的思维又是在完全有限地思维着的个人中实现的。这个矛盾只有在无限的前进过程中，在至少对我们来说实际上是无止境的人类世代更迭中才能得到解决。从这个意义来说，人的思维是至上的，同样又是不至上的，它的认识能力是无限的，同样又是有限的。按它的本性、使命、可能和历史的终极目的来说，是至上的和无限的；按它的个别实现和每次现实来说，又是不至上的和有限的。"② 这也是辩证唯物主义所认为的世界可知与不可知相统一的论断。这表明尽管在总的趋势上，人们认识的能力是无限的，但是，仅就个案的认识而言，则又是有限的。有限理性原则承认人类认识能力的有限性，起码在某一特定时期或者对某一专业领域认识能力的有限性。譬如，在侦查程序中，对于侦查人员而言，即使具有一定的专业知识和能力，但并不是全知全能，所以

① 莫蒂默·艾德勒、查尔斯·范多伦主编：《西方思想宝库》，吉林人民出版社1998年版，第943页。

② 恩格斯：《反杜林论》，《马克思恩格斯选集》（第三卷），人民出版社1972年版，第126页。

就有出现错误的可能性。因此，必须保证犯罪嫌疑人一方享有一定调查案件事实的权利，这是因为，就如在一块土地寻找丢失的东西相似，从地的两端寻找总比在一个方向寻找发现的可能性大得多。对于案件事实的调查也是同样道理。这在起诉阶段和审判阶段也是如此。

有限理性原则对刑事诉讼从冲突到衡平，更具体而言是控辩平衡的实现具有重要的启示价值。这是因为，基于有限理性的要求，没有哪一方可以宣布掌握了绝对的知识或真理，因此，建构一种刑事诉讼模式，使控辩双方力量达到相对平衡，在这种平衡中查明案件事实就成为必要。通过控辩双方攻防演练的有机互动，法官兼听兼信，居中裁断，实现对案件事实的最大限度的发现。有限理性是刑事诉讼中的冲突衡平机制中正当、民主程序确立的保证。正如李普塞特所言："冲突调和状态的存在其实是定义合法民主的另一种方式。"①

（四）底线原则

底线原则是刑事诉讼从冲突到衡平的权利保障的最低要求，是指在刑事诉讼从冲突到衡平的过程中，尽管方式和手段可能具有差异，不同诉讼阶段的目的也有所不同，但是，犯罪嫌疑人、被告人的一些不可克减的权利必须能够得以保证，诸如禁止酷刑、法律面前人人平等、人格尊严保障等权利。这是从冲突到衡平实现的底线，也是正当程序的最后底线。

刑事诉讼是运用国家权力解决社会冲突的过程，在这个过程中，基于公共利益的需求，侦控机关在权力——权利的二元配置体制中占有优势地位，这是维护绝大多数人的利益所必需的。但是，这种冲突中的一方，特别是权利容易受到侵害的犯罪嫌疑人、被告人一方，必须享有最基本的得以自保的权利，衡平是在这基本自保

---

① ［德］李普塞特：《政治人——政治的社会基础》，张绍宗译，上海人民出版社1997版，第60页。

权利之上的相对衡平。当然，基于历史传统、法律文化、宗教信仰、政治经济环境、刑事政策等不同，在不同法系国家里，犯罪嫌疑人、被告人权利具有一定的伸缩度。冲突是必然存在的，而衡平的水平和程度不同。在英美法系国家，控辩双方衡平水平较高，可以称之为基本衡平，而对于大陆法系国家而言，控辩双方衡平的水平较低，可以称之为相对衡平。对于我国而言，在侦查阶段，基于犯罪嫌疑人受限于沉默权的缺失、辩护律师介入不充分等原因，衡平程度相对更差，可以说，基本上处于不平衡状态，这导致了冲突的加剧，对刑事诉讼破坏力量也加强，因此，必须在二者力量天平上削减一方的砝码，或者增加另一方的力量砝码，实现高程度的衡平。

此外，由于冲突的规模不同，在犯罪嫌疑人、被告人权利保障方面要求也不尽一致。一般而言，控辩双方冲突烈度愈强，犯罪嫌疑人、被告人一方权利保障程度就要求愈高；冲突越弱，犯罪嫌疑人、被告人权利保障要求相对就较为低一些。但是，衡平不是妥协，无论如何，犯罪嫌疑人、被告人权利内容必须有个最低的限度，超过这个限度，就会使人权变成压制，司法变成政治。这样，底线原则获得了确保冲突到衡平的正义性质的卫士的价值。

（五）程序法定原则

程序法定原则是从冲突到平衡的合法性准则。它是指刑事诉讼程序在形式上的合法性和内容上的正当性。在形式上，刑事诉讼程序必须由国家立法机关予以明确规定，没有明确规定的程序，国家司法机关不得任意行使相关职权。在内容上，主要是指刑事诉讼本身必须具有社会正当性。“刑事诉讼活动并不仅仅是一种认识活动，更是一系列的法律价值选择和实现活动。诉讼程序中往往存在着诸多价值，法定的程序不可能一味地、不加区分地单纯追求人权保障或者实体真实，而是始终面临着多元价值的博弈和选择，可以说，在程序法定原则的法定形式背后隐藏着‘权力与权利’、‘公益与私利’的激烈冲突与均衡。因此，程序法定原则在强调程序合法性和程序刚性的同时，并不排斥通过程序技术本身的兼容性来体现和实现上述价值和利益的冲突、衡平。换言之，刑事诉讼法所规定的法定程序不仅是有利于事实发现的一套机制，更是价值权衡的一种合法性标准。”①

程序法定原则一方面具有刚性，但是，刚性的程序不等于僵化的程序。这无论是在实体法中，还是在程序法中，都是如此。法律之美就是有原则也有例外。而刑事诉讼法中的例外规定，则是基于特定情势要求，对特定利益发生冲突时的个案弥补或者补救，这虽然是技术设计的结果，但这种设计本身就体现了一种价值权衡的表象和程度。

但是，对冲突的衡平应当是在程序法定的原则下进行的，也就是说，程序法定原则建构了冲突衡平的基本框架，利益衡量的最大幅度只能在这框架范围内进行。刑事诉讼法律规定是讨论刑事诉讼冲突到衡平的根本，在实现从冲突到衡平的目标时，不能违背其规定。否则，就丧失了程序运行的最起码的合法性基础，也丧失了正当性的依据。

① 万毅：《底限正义论》，中国人民公安大学出版社2006年版，第119页。

第一章　特殊侦查行为篇

引言：在现代法律规范框架下，犯罪控制与人权保障存在着紧张关系，这种紧张关系以种种冲突的形式予以体现。特别是在特殊侦查中更是如此。毋庸置疑，对于特殊侦查而言，无论是诱惑侦查、秘密监听、秘密拍照、强制身体检查、卧底侦查，都是对付犯罪这种“疾病”的良药，有时甚至能达到药到病除的效果。但是，这种良药也是猛药，虽然对付特定“疫病”效果彰显，但是，其对被侦查对象权利的侵犯也是非常显著，如同癌症化疗会杀死白细胞一样，通过特殊侦查行为侦破犯罪也会带来伤及无辜的高风险，并且这些风险针对的对象都是公民所不可或缺的基本权利，或者是正当程序中不可缺少的因素，因此，高利润意味着高风险，也意味着对不同利益、价值、理念、追求之间衡量的难度。其中，在给定的多项选择中，需要经过综合考虑，同时也考验着一个社会的良知和智慧，才能最终作出抉择。但是，即使有多种选择，其中最关键的要素是不能缺少的，这就是衡平和抉择是在一种制度规范空间内的合理调整，它不可能突破法律调控的基本底线，更不能突破正义的最底线。

“在现实的世界上总有不同的观点，因此就有冲突和演变，实际上，冲突和演变就是我们的自由；没有它们就不可能有自由。”①

——［美］罗伯特·达尔

① ［美］罗伯特·达尔：《现代政治分析》，王沪宁、陈峰译，上海译文出版社1987年版，第110~112页。

第一节　诱惑侦查的法理冲突与现实考察

诱惑侦查，是指为了侦破某些特定案件，侦查人员或其代理人特意设计某种犯罪的环境或根据犯罪倾向提供其相应机会，引诱侦查对象犯罪，而趁机当场将其逮捕的一种特殊侦查行为。诱惑侦查是对付一些特定类型犯罪的利器，它具有及时性、有效性、经济性等各项优势，并且诱惑侦查具有一种“张网捕鱼”的特点，能够针对反复化、定性化的一些犯罪采取积极的应对措施。这是因为，“从犯罪行为的态势来说，犯罪行为必取一定的形态和趋势，这是符合唯物主义的物质运动原理的。像贩毒、组织卖淫、网络犯罪之类的犯罪，受到利益和贪欲的驱使最容易反复作案，其犯罪心理和犯罪行为的定型化和趋向性不容忽视”。[①] 从而使诱惑侦查的存在有了现实的必要性和合理性。因此，尽管诱惑侦查在现代各个国家中引起了较大的争议，但却是侦查机关青睐有加的侦查手段。不但大陆法系国家如此，英美法系国家侦查机关也是如此。在大陆法系国家，一般认为诱惑侦查是超法规的阻却事由，“所谓超法规的阻却事由是指虽然没有明确的法律规定，但依据法律秩序的整体精神，可以阻却行为违法性的事由”。因此，可以导致诱惑侦查行为的非罪化和免责化。[②] 在英美法系国家，诱惑侦查在一定程度上是被法律和判例认可的侦查行为。但是，这种侦查行为必须达到某种法律要求，遵守法律或者判例预设的底线，否则，就可能构成警察圈套，而警察圈套一旦成立，被告人就可能因为合法辩护而被无罪释放。

---

① 吴丹红、孙孝福：《论诱惑侦查》，载《法商研究》2001 年第 4 期。

② 谢安平：《论警察圈套》，载何家弘主编《侦查学论坛》（第 1 卷），法律出版社 2003 年版，第 42 页。

不可否认的是，诱惑侦查是一把双刃剑，既可以杀伤别人也容易割伤自己。在适用的过程中，它往往会引起国家公权力与个人私权利之间的紧张冲突，司法伦理与追击犯罪理念的激烈对垒。因此，无论在司法理论界还是实务界，这都是值得深思和探讨的问题。

一、诱惑侦查的法理冲突

（一）诱惑侦查有效性与司法伦理之间的冲突

诱惑侦查是一种有效的武器，特别是在对付毒品犯罪、白领犯罪、伪造犯罪、黑社会性质组织、武器交易、伪造货币或有价证券、恐怖活动等无直接被害人犯罪来说更是如此。诱惑侦查是一种非常规的侦查行为，是“以毒攻毒”原则在侦查阶段的体现。诱惑侦查如同武侠小说中邪派修炼内功一样，虽然武功进展很快，但是容易走火入魔，所以必须慎重行事。

根据司法伦理的要义，司法动机本来是善的，其目的是为了控制犯罪以及维护公共福利，以及对民众的教化和感召，而不是制造犯罪以及导致司法成本的无效耗费。而在现实中，我国对侦查行为研究以及运用都侧重于打击效果，而不注重侦查行为本身的司法伦理价值，即不重视行为本身的善、雅等本质。笔者认为，不应当把侦查看作是血淋淋的你死我活的斗争，其实斗争也是一种善的艺术，武侠小说中把真正武术的最高境界看作是杀人于无形，以德服人。但在我国，侦查被看作是一场真正的战争，侦查机关被看作是“刀把子”，因而充满了肃杀之气。为了彰显我国侦查制度的司法伦理价值，消除侦查行为的戾气，必须对侦查凶意和司法伦理之间进行衡平。这可以体现在对诱惑侦查的态度上，对诱惑侦查的态度如何，在一定程度上反映了一个国家侦查程序的伦理价值含量，同时也可以折射出一个国家的政治和民主氛围。

（二）实体与程序正义之间的冲突

同常规的侦查方式不同，在利益的衡量和博弈中，诱惑侦查的天平远远向着侦查实体价值方向倾斜，更加趋向于对程序实体性的价值追求。而程序公正价值的一系列要求被严重的漠视，参与性、中立性、知情权等一系列的诉讼权利也被国家基于对一些特殊种类案件的忧虑所消融。作为法律制定者的国家，既是公民福利的维护者，又是公共秩序的守夜人，不会不认识到诱惑侦查产生的副产品和副作用。但是，国家也是利益的主体，而利益主体首先关心的是自己的利益或者自己最直接的利益，这也是符合主体趋利避害的心理特征和运行规律。因此，作为利益主体的国家必须在诱惑侦查的实体价值和程序价值之间进行艰难抉择。

这样，诱惑侦查也是一种利益衡量的过程，即在实体正义和程序正义之间进行利益衡量。在这两相比较中，程序正义和实体正义分居天平的两端，而不过在实体正义的一方，又加入了一些特殊因素的砝码罢了。既然是在侦查实体价值和程序价值中进行利益衡量，那么还牵扯到利益的最终归属以及衡量的范围和标准问题。但无论如何，利益衡量原则目的是尽量使公共利益的最大化，但必须保证个人最低的、最基本的利益。只有掌握了这条原则，在诱惑侦查的“诱惑”面前，对于侦查实体价值和程序价值的利益衡量标准才不至于偏差太多。

（三）犯罪动机与犯罪总体惩罚之冲突

心理邪恶不是公民被惩罚的理由，心理只是上帝（如果是无神论的话，则是道德）控制的疆域。法律只调整人们的行为，而不调整人的动机。但是，在诱惑侦查中，公民实际上可能因为心理犯罪而受到惩罚。诱惑侦查的结果实际上是对犯罪动机和犯罪结果的总和进行的惩罚，这就不可避免地与传统法律规定产生了冲突。特别是在“犯意诱发型”诱惑侦查中，侦查机关主动引诱或鼓励无犯意的人犯罪，并在一定程度上可以说是参与了犯罪，从刑事实体法角度分析无异于是教唆犯或从犯，其行为不但导致了自己犯罪，而且制造了另一个犯罪，所以应当对此后果承担责任。这也在另一方面说明了因诱惑侦查实施的犯罪的惩罚要轻于在正常情况下对同样犯罪惩罚的合理性，这就是，扣除心理动机引起的那部分犯罪，从而使罪罚相当原则的意义真正得以彰显。

二、诱惑侦查之比较法考察

诱惑侦查不是现代社会的发明，有人考证，在我国唐朝就有通过诱惑侦查侦破案件的案例。在西方，诱惑侦查最早出现在 19 世纪的法国，目的是为了侦破一些极具隐蔽性的特殊案件，如毒品犯罪、卖淫、贿赂犯罪等。侦查人员及其协助者（往往是被害人）特意设计某种诱发犯罪的情景，或根据犯罪活动倾向提供其实施犯罪的条件和机会，待犯罪嫌疑人进行犯罪时将其现场拘捕，人赃俱获。① 美国早在 20 世纪 20 年代就有了相关的判例，并且在这些判例的基础上，学者们也进行了相关的理论探讨。我国对于诱惑侦查的研究直接来源于日本，一般认为，日本是在 20 世纪 50 年代起开始广泛地进行“诱惑侦查”的研究，我国的学者在其后的研究最初也使用“诱惑侦查”一词。

其实，从本质上讲，诱惑侦查是功利主义在犯罪侦破中的表现，也是实体价值在侦查中的显现。而从直接原因考证，诱惑侦查在于保证国家机器高效运转，而“无直接被害人的犯罪”是采取诱惑侦查的一个重要的诱因。在当今现代国家，不论是英美法系还是大陆法系，抑或是两大法系混合的国家，都通过法律或者判例确立了自己的一套诱惑侦查制度。但是，至于诱惑侦查制度的具体操作和运行如何，又各有差异。

（一）英美法系国家关于诱惑侦查和秘密力量侦查的相关规定和做法

美国是在 20 世纪初开始使用“刺激侦查”，最初使用的范围较小，第二次世界大战后开始扩展到用于查禁赌博、贩毒、毒品，

① 姚斌：《毒品犯罪案件中若干实务疑难问题研究》，摘自 http://www.court-shaanxi.gov.cn/2005/11-4/15123333368.html。

后来又扩展到强奸、抢劫等案件。在美国，诱惑侦查被认为是对付一些特定犯罪的有效手段，并且长期被侦查机关所采用。但是，基于诱惑侦查同时也具有诱人犯罪的恶名，从而在是否使用上引起过重大争议，美国联邦最高法院为此作出了一系列的判例，包括1932年Sorrells案、1958年Shermman案、1973年Russell案、1976年Hampton案、1988年Mathews案、1992年Jacobson案。通过这些判例，集中表现了联邦最高法院对诱惑侦查的态度。除了判例对诱惑侦查进行规制外，美国各个部门也从实际情况出发，针对诱惑侦查制定了一系列的法规。例如，1981年美国司法部出台了关于联邦调查局秘密侦查的准则，该准则以联邦宪法正当程序原则为指导，明确规定了诱惑侦查的许可条件、申请、批准程序等，从而对诱惑侦查进行事前规制和提供参考。此外，美国的洗钱控制法对政府使用秘密力量的方式侦查违法金融交易活动进行了规定。

在美国，诱惑侦查被分为两类。其一是“犯意诱发型”诱惑侦查，即诱惑者诱使被诱惑者产生犯罪意图而实施犯罪，美国类似的侦查方法曾经广泛被采用，并且相关判例也予以认可，但是也引起了广泛的质疑，这是因为，被诱惑者实际上并无犯罪意图，而正是诱惑者采取了主动、积极的诱使行为使他人产生犯意，而不幸落入了警察设置的圈套（Police Entrapment），这实际上是帮人犯罪，因此违反了宪法修正案第四条的非法搜查规则。其二是“提供机会型”诱惑侦查，是指被诱惑者本来就已经有犯罪倾向或者已有前科，而侦查人员仅仅是提供了方便实施犯罪的条件和机会。它与“犯意诱发型”诱惑侦查相比相对消极，只有在明确的诱惑目标存在时才能采取，并且采取时要符合一定的标准，即一般犯罪嫌疑人具有重大的犯罪嫌疑，诱惑行为效果只是强化了犯罪嫌疑人固有的犯罪倾向，而没有帮人犯罪。

在美国，根据相关判例，诱惑侦查必须以犯罪嫌疑人具有犯意为前提，而犯意的审查标准包括从犯罪嫌疑人主观上和客观上进行审查，即主观说和客观说，以此来判断警察的行为是否构成圈套。

换言之，警察的诱惑侦查行为是否合法。在进行审判时，辩方可以针对诱惑侦查是否合法主张“陷阱抗辩”。衡量诱惑侦查合法性标准在美国主要有两种：一种是客观标准。差不多三分之一的州采用这一标准，主要关注点在于执法官员的行为是否有可能诱导一名本来守法的普通市民犯罪。① 另一种是主观标准。美国联邦司法系统和多数州法院均采用主观标准，因此在美国实际占主流地位。这一标准关注两个因素：存在政府引诱，被告缺乏犯罪倾向性，但调查的重点始终在于被告的犯罪倾向性，传统上很少对政府的行为进行审查。② 但是，在最高法院对西曼和杰克布森案件后，美国已经从单方面的采取主观标准到主观和客观相结合的做法。也就是，既考虑到犯罪嫌疑人被诱惑时的主观心理状态，看是否有犯意；也要考虑政府的行为对犯罪嫌疑人犯意产生的作用，同时还要考虑是否有犯罪嫌疑人存在以及是否有充分的怀疑理由。

英国非常谨慎地讨论过诱惑侦查的合法性，在英国刑法中将它视为共同犯罪的一种形式。法官们认为：“为了诱捕罪犯，仅仅为实施犯罪提供机会或者诱因是合法的，这犹如加入一个已经安排好了的，并将必定实施的犯罪一样。”③ 因此，英国在涉及非法诱惑侦查行为时，通过对“设局人”设立一定的责任，从而防止这种手段被滥用。在英国，诱惑侦查必须同时具备如下三个条件：涉及诱惑的犯罪行为没有造成不可挽回的显著损害；警察并没有实际去参与犯罪活动，除非这种参加是必不可少的；这个行动事先得到警察局局长明确的书面的同意，否则警察至少应负“教唆”责任。此外，在对于诱惑侦查的定性问题上，英国司法界的一般观点是：

---

① Paul Marcus, *presenting*, *back from the*[*almost*] *dead*, *the entrapment defense*, 47 Fla. L. Rev., april, 1995.

② Paul Marcus, *presenting*, *back from the*[*almost*] *dead*, *the entrapment defense*, 47 Fla. L. Rev., april, 1995.

③ [英] J. C. 史密斯、B. 霍根著：《英国刑法》，马清升等译，法律出版社 2000 年版，第 183 页。

诱惑侦查只能是消极被动的，其目的是印证现存犯罪，而不是针对并没有发生的犯罪。

但是，即使在英美法系国家内部，其实也存在着对诱惑侦查的不同意见和做法。例如，在对诱惑侦查主持人员，即警察的处理问题上，美国倾向于不对警察处罚，而英国则倾向于对违规警察的诱惑行为进行处理，除非满足上面提到的三个条件。在美国，诱惑侦查行为一旦被滥用而构成警察圈套时，被告人可以以警察圈套为由作无罪辩护。在英国，警察圈套不能作为被告人无罪辩护的理由，但法官在量刑时可以考虑警察圈套这一事实而减轻刑罚。①

（二）大陆法系国家关于诱惑侦查和秘密力量侦查的相关规定和做法

在德国，1992 年的德国刑事诉讼法典就规定了秘密力量侦查的条款，并在 1994 的修正案中作了进一步的规定。德国刑事诉讼法典第 110 条 a 中规定了派遣秘密侦查员的前提条件和案件范围，在第 110 条 b、第 110 条 c、第 110 条 d、第 110 条 e 中分别就派遣秘密侦查员具体程序及所获材料的使用等作出了规定。德国刑事诉讼法典虽然没有规定诱惑侦查，但是该法第 110 条规定：“在有足够的事实依据，表明由团伙成员或者以其他方式有组织地实施了重大犯罪行为的时候，允许派遣秘密侦查员侦查犯罪行为。”这样，司法实践部门在遇到此类案件时，可以通过类似的方式进行处理。

在法国，法国刑事诉讼法典第 16 编规定，司法警察在侦查毒品犯罪或非法生产毒品的替代品及原材料的犯罪过程中可以获取、提有、运输、交付、储藏或保存毒品。这实际意味着法国许可侦查人员为了侦查毒品犯罪可以参与毒品犯罪包括使用诱惑侦查手

---

① ［英］鲁帕特·克罗斯著：《英国刑法导论》，赵秉志等译，中国人民大学出版社 1991 年版，第 413 页。

段。[1] 另外，在 1992 年，法国把第 92 ~ 1336 号法律并入法国刑事诉讼法典中，其中在“毒品犯罪的侦查、起诉和审判”一编对派遣秘密侦查员侦查毒品犯罪案件进行了规定。

日本 20 世纪五六十年代在侦缉犯罪的过程中开始采用诱惑侦查。日本关于诱惑侦查的法律集中体现在 1948 年麻药取缔法（1953 年修订）第 53 条（修改后的第 58 条），1954 年鸦片法第 45 条以及 1958 年不法枪、炮、刀剑类取缔法第 27 条。这些条款规定可以在不法鸦片、武器交易时采取诱惑侦查行为。

日本最高法院认为，诱惑侦查并不阻却犯罪行为人犯罪构成的该当性、责任性和违法性。在判例中，日本法官认为，侦查中存在着诱惑侦查，既不违反提起公诉的程序规定也不会消灭公诉权，毫无保留地允许诱惑侦查。但是，判例中认为诱惑侦查是提供机会型的侦查，而不是诱发犯意型的诱惑侦查。日本判例中总体上体现了一种倾向，即诱发犯意型的诱惑侦查违法，提供机会型的诱惑侦查合法。[2] 此外，在日本，为防止诱惑侦查行为用于政治目的，法律明确禁止在行贿受贿案中实施诱惑侦查。

由此观之，大陆法系国家在诱惑侦查问题上总体上采取了相对于英美法系国家较为严格的立法和做法。首先，这体现在法律准许采取诱惑侦查的范围上，普遍对诱惑侦查适用范围限制较严。除了德国在毒品、武器交易、伪造货币或有价证券、有关国家安全方面的犯罪案件可以采用秘密力量侦查外，法国和其他的一些国家一般只在毒品犯罪中使用。其次，在对待诱惑侦查获得证据的态度上，也有差异。在德国，诱惑侦查超出了其合理的范围，所收集的证据视为非法证据应予排除。[3] 在日本，实践中警察圈套一旦成立，应

---

① 孙长永：《侦查程序与人权——比较法考察》，中国方正出版社 2000 年版，第 72 页。

② ［日］田口守一著：《刑事诉讼法》，刘迪等译，法律出版社 2000 年版，第 33 页。

③ 李昌珂译：《德国刑事诉讼法典》，中国政法大学出版社 1995 年版，第 40 页。

对被告人作出无罪判决，而学界对此却有不同的认识，提出了诸如非法证据排除说、免诉说、驳回公诉说等不同主张。[①]

但不可否认的是，两大法系在诱惑侦查制度的问题上还是存在一些共识的：第一，诱惑侦查是一种危险的侦查行为，也是一种在法律和道德边缘摇摆的侦查行为，但两大法系国家法律和司法实践的发展趋势是承认提供动机型诱惑侦查具有法律许可性，而对诱发犯意型诱惑侦查予以禁止。第二，各国一般通过立法对诱惑侦查制度进行规制和调整，从诱惑侦查的条件、主体、权限都进行了详尽的规定，尽可能兴利除害，防止不当诱惑侦查的发生。因为诱惑侦查的目的是控制犯罪而不是制造犯罪；是消除罪犯而不是生产罪犯；是实现正义而不是追求邪恶。

三、设伏与破解：诱惑侦查之天生机制缺陷与补救原则

可以这么说，诱惑侦查在司法伦理上是一种先天不足的行为，用伦理学的观点来说，就是其性本恶，虽然诱惑侦查具有传统侦查手段不可比拟的优势。诱惑侦查行为蕴涵着强烈的风险性，运用不当可能造成严重的后果：一是侵犯公民的人格自律权；二是冲击社会信用体系；三是存在警察滥权的可能性。[②] 因此，必须通过确立一系列的原则予以调整和规制。具体而言，在立法和司法实践中应当贯彻和遵循以下原则：

（一）必要原则

必要原则，是指诱惑侦查只有必要时才可以采取，这是启动诱惑侦查的前提。这是因为，虽然诱惑侦查可以提高打击犯罪的效率，但是，这种效率的提高不是无代价的，并且这种代价可能超过

---

① ［日］田口守一著：《刑事诉讼法》，刘迪等译，法律出版社2000年版，第34页。

② 杨志刚：《美国诱惑侦查法理的新近发展及启示》，载《社会科学研究》2005年第5期。

法律和伦理许可的底线，因此必须谨慎考虑，在通过其他侦查行为可以查清的情况下，就不能采取诱惑侦查的手段。因此，必要原则也可以称之为最后手段原则。忠实地遵循和恪守该原则，无论是从保护公民的自主权、维护侦查机关神圣形象的角度，还是从限制侦查机关权力恣意的角度来说，都是非常有益和有价值的。

（二）司法审查和救济原则

权力是他人即使不愿意也不得不服从的意志和能力，这种意志和能力还具有任意性和非理性化的另一面。因此，必须通过法律原则对之输入理性的精神，使之回到理性的轨道。“人身自由必定与社会安全是相辅相成的。每一社会均须有保护本身不受犯罪分子危害的手段。社会必须有权逮捕、搜查、监禁那些不法分子。只要这种权力运用适当，这些手段都是自由的保卫者。但是，这种权力也可能被滥用，而如果被滥用，那么任何暴政都要甘拜下风。”（英国丹宁勋爵）在诱惑侦查中，对侦查权力的控制机制就是指司法审查和授权原则。在是否具备诱惑侦查条件时，以及能否采取诱惑侦查，都是由法官进行裁决。之所以法官最适宜担当裁判的角色，既有法律原因，也有心理因素。一方面，法官具有较高的法律素养和专业知识；另一方面，法官是旁观者和第三人，他对是否采取诱惑侦查没有任何自己的私利，所具有的只是对国家和法律的忠诚和信仰。

司法救济，主要是指事后救济。事后救济又包括程序救济和实体救济。首先是程序救济。程序救济，主要是指对非法诱惑侦查得到的证据予以排除。如果说司法审查是对侦查机关非法诱惑行为最初的控制闸门的话，那么非法证据排除就是最后的控制闸门。其次是实体救济。实体救济主要包括：为非法诱惑侦查而受到严重损失的当事人提供国家赔偿；追究相关人的责任，其中包括纪律处分、民事责任以及刑事责任。

（三）充分嫌疑原则

对于侦查机关而言，启动诱惑侦查行为的一个前提条件就是有明确的犯罪嫌疑人和充分嫌疑。为了保证这种怀疑的相当可信性，侦查人员必须提供相应的证据，虽然达不到优势证据的标准，但最起码能达到美国证据法则中的第五等标准，即具有可能的原因。充分嫌疑原则可以把因贸然启动诱惑侦查的伤害降低到法律和道德可以忍受的范围内。充分嫌疑也是基于兼顾程序公正和程序效率双重要求的考虑。在开始一个秘密行动前要求有合理嫌疑，不仅可以保护个人自由，而且可以在制止犯罪中使有限的执法资源得到更加合理和有效的使用。①

（四）明确区分原则

必须明确区分诱发犯意型侦查和提供机会型侦查的界限，从而为裁决诱惑侦查是否合法适当提供依据。至于如何对二者进行区分，可以借鉴美国西曼 . V. 杰克布森案件判例的经验。根据该案例，首先看是否有明确的犯罪嫌疑人和充分怀疑理由，然后从主观标准的角度考虑，如果属于“提供机会型”诱惑侦查，被诱惑者应当具有明显的犯罪意图；从客观标准的角度，诱惑侦查的强度也是一个重要的标准，从而决定诱惑侦查究竟属于何种类型。这种从主观到客观，从前提到结果的严格而科学的标准限定，为我国对诱惑侦查的区分以及事后的有关机制的运行提供了有益的经验。

第二节　强制身体检查的困境与现实构建

强制身体检查，是指侦查机关基于侦破案件的目的，未经被检查人许可强行提取被检查人血液、精液、体毛等身体样本，从而侵犯犯罪嫌疑人或者其他人的身体完整权、隐私权以及其他相关权利的侦查行为。强制身体检查是科学发展到一定阶段的产物。强制身体检查得来的证据是科学证据的一种，这些证据无疑具有较强的客观性、科学性，是控制犯罪，实现实体刑罚权的利刃。但是，强制

① Jack B. Harrison, *The Government As Pornographer. Government Sting Operations And Entrapment*. 1993, 61, University of Cincinnati Law Review.

身体检查又可能严重侵犯公民个人权利，稍有不甚，就会造成“悬崖边舞蹈的后果”。因此，强制身体检查也是考验人类智慧的一种侦查行为。在是非与对错的十字路口，在法律与道德考验的十字架上，采取何种方式才能在控制犯罪和保障人权之间取得衡平，这无疑是艰难但又必须回答的问题。

一、强制身体检查之法理冲突

（一）保护身体完整权与维护公共利益之间的对垒

所谓身体完整权，是指自然人对其内外部肉体组织的完整所享有的权利，这一权利，不仅包括身体器官不受损害的权利，而且包括身体的任何部分不受物理性侵入的权利。① 可以说，身体完整权在中国古代也具有特殊的意义。根据《孝经·开宗明义章》：“身体发肤，受之父母，不敢毁伤，孝之始也。”在封建中国，无论是对于士大夫来说，还是对贩夫走卒而言，对个人尊严之损伤，对个人伦理孝道之凌辱，最大的莫过于对其个人身体的某个部位的提取和损伤。

而在现代社会，基于犯罪手段多样化、内容科技化、危害烈性化的现象，作为国家机器的警察机关，有必要采取一些必要手段对这种情势作出应答，从而保证迅速查明案件事实，发现犯罪嫌疑人，达到实现刑事处罚权之目的。因此，采集包括人体血液、唾液、精液、尿液、粪便以及人体其他分泌物、毛发等在内的样本就成为实现刑事实体目的之必要。这是因为，在国家的眼里，惩罚犯罪是为了全民的福利与公共秩序，而这种全民福利与秩序的维护是与整个社会民众的根本利益直接相关的。此时，国家的行为也是每个公民行为的集合，国家只不过是通过接受权利委托的手段，以一种权利集中的方式行使罢了。因此，强制身体检查根源于公民权利的授予，是公民为了获得生存所必需的外部条件所付出的代价，是

① 瓮怡洁：《刑事检查制度之探讨》，载《人民检察》2004 年第 6 期。

以维护整个社会生存为目的的。为了维护社会整体生存的需要，遑论公民的血液、精液和尿液在需要时应当作出牺牲，即使付出生命也应在所不辞。在理论上说，公民让渡出身体的一部分权利有利于社会整体目标的实现。但是，这种假设是建立在整体秩序的实现一定会对公民带来效益的宏观视野上的。公民的个人身体完整权的丧失并不一定会带来社会整体利益的实现，有时还会导致相反的结果。例如，强制身体检查可能会导致社会公众对执法机关产生恶感，而这种恶感则又是道德沦丧、违法乱纪、犯罪滋生的背景和源泉。这样，就产生了保护身体完整权与维护公共利益之间的悖论。

（二）无罪推定与强制身体检查之间的冲突

早在1764年，贝卡里亚就在《犯罪与刑罚》中发出振聋发聩的呼声。他认为，“在法官判决之前，一个人是不能被称为罪犯的。”① “只要还不能断定他已经侵犯了给予他公共保护的契约，社会就不能取消对他的公共保护”，② “如果犯罪是不肯定的，就不应折磨一个无辜者，因为在法律看来，他的罪行并没有得到证实”。③ 但是，在强制身体检查中，这种思想恰恰被颠覆。为了确定未来的不确定的罪犯，警察或者辅助专家可以通过强力的方式，损害被检查人的健康，暴露被检查人的隐私，无论如何这都是一个矛盾。毋庸置疑，在判决前是不能认为哪一个犯罪嫌疑人、或被告人是有罪的，因为他们仍然是公民的一部分，没有理由将他们排斥、抛弃乃至用强制的方式抽取骨髓或血液、精液或者尿液，即使对一个被最终判决有罪的人来说，这也是一种难以接受的方式，不论是在对其健康的危害上，还是在对其尊严的践踏上。

---

① ［意］贝卡里亚：《犯罪与刑罚》，黄风译，中国大百科全书出版社1996年版，第31页。

② ［意］贝卡里亚：《犯罪与刑罚》，黄风译，中国大百科全书出版社1996年版，第31页。

③ ［意］贝卡里亚：《犯罪与刑罚》，黄风译，中国大百科全书出版社1996年版，第31页。

（三）追诉犯罪和公民隐私权保障的对决

对于国家而言，犯罪不仅要得到控制，而且要得到绝对的控制；罪犯不仅要得到惩罚，而且要得到彻底的惩罚。作为国家权力执行机关的警察机关而言，打击已然犯罪，预防未发犯罪是其天职，并且它们也对打击犯罪有着一种天生的激情。因此，在实施侦查行为时，无论多么坚硬的权利保护屏障，它们都会很容易地视为一张薄纸，在强制身体检查中更是如此。公民的隐私权对于它们而言，似乎只是挡在它们面前的飞絮或者蛛网而已，无须用力即可抹去。但对于公民而言，隐私权是人类作为灵长之王的象征之一。隐私权的存在，表明了人类摆脱了那种赤身露体、披毡挂蓑的时代，而隐私权的剥夺，恰恰使人类重新赤裸。因此，在某种意义上，国家通过强制身体检查，不仅仅侵犯了人类具体的肉体权利，也不仅仅是侵犯了人类的经济利益，最重要的是侵犯了人类的尊严。其恶劣后果可以导致人类在精神上重回蛮荒时代。在这个意义上，侵犯隐私权伤害的是现代公民的核心权利，是侵犯了公民“现代化”的权利。

二、比较法之视野：强制身体检查的特征

人之所以是人而不是一般的动物，原因之一就是人能够理性地思考。现代社会，在采取强制身体检查的同时，也可以刺穿权利的内核，打断尊严的脊梁，抽取“人”的基本成分，使公民隐私的栖所成为政府驰骋的牧场，其精神家园成为政府的马厩。正是人们意识到强制身体检查所带来的权利和权力的激烈冲突，现实和理想的严重对垒后，在关注自己未来命运的基础上进行思考和权衡，从而确立了相对理性的强制身体检查制度。在现代各个国家的相关法律制度中，可以清楚地看到立法者思想的挣扎和衡量。

（一）基于强制身体检查中权利被侵害的危险程度以及权力本身容易滥用的风险，各国一般规定了严格的前提条件和程序保障，体现了对程序公正的追求

在美国，在部分对公民权利进行克减的基础上，法律并没有忘

记对公民权利保障的孜孜追求。以血液、唾液等为样本进行检测，属于美国宪法第四修正案保护人身搜索范围中的一种，而第四修正案又是隐含着人们对自由和隐私权合理期待的条款。因此，即使在国家控制犯罪的名义下，对公民个人权利的侵扰也不是完全正当的，必须有一个控制阀门。在美国，这个阀门机制的第一项内容是强制身体检查必须持司法令状进行。而在无证搜查的前提下，强制身体检查则要受到更严格的限制。在法官决定是否授予司法令状时，是否有合理怀疑成为关键所在。美国宪法第四条修正案规定，人民享有保障人身、住所、文件及财物安全的权利，不得予以侵犯，人民不受不合理的搜索与逮捕。除依据合理的理由（Probable Cause），且有誓言或保证的支持，并具体指明搜索与逮捕之地点与人或物，否则政府不得发给搜索或逮捕令状。此外，在强制身体检查必须具备合法理由的问题上，美国联邦最高法院也通过判例表明了与宪法一致的态度。这说明仅有司法令状还是不够的，令状只是使强制身体检查具有形式正当的依据，是否对犯罪嫌疑人采取强制身体检查措施，必须有实质的根据。我国台湾地区的一些学者也持这种看法。一般说来，“搜索或扣押依据美国宪法第四修正案均须来自有充分根据为基础之授权令，最高法院通常在发给授权令时，秉持着合理之标准，即如果政府之行动系为进行犯罪证据之搜查。特定之嫌疑犯之搜索，即使有特殊之需求仍须符合宪法之规范。在某些欲为搜索之案例中，不论是一定程度之怀疑或授权令之发给都是必须的，同时法院必须考量政府利益与个人隐私权保护例外之平衡。如果政策或法律之主要目的仅是为了控制犯罪，在缺乏一定程度之怀疑下所为之搜索，将会违反第四修正案”。[①] 另外，可以根据非法证据排除原则，通过对侦查人员侦查效果的否定性评价，来保证对强制身体检查的限制。

---

① 唐淑美：《刑事 DNA 数据库之扩增与隐私权之探讨》，载《东海大学法学研究》第 23 期。

在英国，根据1984年警察与刑事证据法以及1994年刑事审判与公共秩序法的规定，对隐私样品和非隐私样品进行检查时规定了不同程序和要件。对隐私样品进行检查时，考虑到隐私样品对个人权利的重要性，规定了比较严格的程序，如获得被检人的适当同意、批准机关级别的提高、检查范围的缩小、应当具有合理根据，等等。这一方面说明了英国政府对保护公民隐私权的重视，而实质上体现了政府与公民、权力和权利的一种张力关系。

在德国，德国联邦法院通过判例体现了国家司法必须形式公正的精神。这可以体现在德国联邦宪法法院在“脊髓抽查案”中。在该案例中，明确提出了强制身体检查必须遵循比例原则的基本要求。①

在强制身体检查问题上，日本也对人权保障和诉讼公正予以充分的关注。日本规定了强制身体检查的司法控制措施，并且随着人权侵犯烈性的加深，控制措施也更为严格，从而体现了程序公正之比例原则。

（二）基于犯罪对社会的压力，各国在相关的法律和判例中对强制身体检查中的人权保障进行了一定的限制，体现了对刑事诉讼价值的双重追求

在美国，人权保障目的对控制犯罪的要求作出了相应的让步。在1966年的Schmerber V. California案件中，美国联邦最高法院确立了“不自证其罪仅局限于不被强制说出对自己不利之事实或提供不利自己之文书，抽血及作化学分析之报告不在此特权保障范围之内”的先例。② 在查明的案件情况中，该案警察发现犯罪嫌疑人Schmerber在车祸事故现场时身上有浓重酒味，而警察如果向法院申请搜索令，血液中之酒精浓度会随着时间之流逝而降低。因此，

---

① 陈光中、陈学权：《强制采样与人权保障之冲突与平衡》，载《现代法学》2005年第5期。

② Schmerber V. California,384 U.S.757(1966).

法院认为该案警察有合理理由在不经被告的同意下，强行命令医院对 Schmerber 的血液进行酒精浓度检测，此项人身搜查，并不违反美国宪法第四修正案。虽然该判例引起了较大的争议，但是，在 1983 年的 South Dakota V. Neville 一案中，联邦最高法院又进一步表明了自己的态度，即“强制从被告人身上抽取的血液属于物的证据，这并不违反宪法第五修正案”。① 通过上述两个判例可以看出，即使以保障公民个人权利、张扬个人自由意志为其国家和法律旗帜的美国而言，基于犯罪的压力，在人权保障和犯罪控制的权衡中，也是相应地缩小了人权保障的阵地。也就是说，基于维护共同体利益的需要，公民权利某种程度的牺牲不仅是可以容忍的，也是必要的。

在英国，法律在规定强制身体检查时考虑到了公共利益和个人利益的衡平，根据公民隐私被侵犯程度的大小，规定了不同的方式和程序。对于隐私性样品，采取强制身体检查的条件和程序非常严格，而对非隐私性样品的采集，则不受必须是可捕罪的限定。英国 1994 年刑事审判与公共秩序法规定，如果某人被指控犯有可记录之罪，或者被告知他将因为此罪受到控告，而且在该犯罪侦查中警察还没有从他身上提取非隐私样本，或已经提取，但非隐私性样本不适合同样的分析方法，或虽适合但被证明还不够，则警方可以从被采样人身上强制提取非隐私性样品。此外，如果某人已被判定犯有可记录罪，则可以不经他同意提取非隐私性样品，明确地体现了对刑事诉讼效率的追求。

德国对强制身体检查的法律规定集中体现在德国刑事诉讼法典中，但在其他的一些判例中也有体现。基于控制犯罪是代表民意的政府的重要使命，德国法律明确表明对强制身体检查支持的态度，如德国刑事诉讼法典第 81 条 a 规定：“为了确定对程序具有重要性的事实，允许命令检查被指控人的身体。”在采取强制身体检查

① South Dakota V. Neville, 459 U. S. 553(1983).

时，立法者也考虑到侦查机关的实际困难以及犯罪具体情形瞬息万变的需要，采取了灵活立法的方式。例如，在其法典第 81 条 c 规定，命令权为法官所有，在延误就可能影响侦查结果时，检察院和它的辅助官员也有权命令。

日本在刑事诉讼法典中确立了强制身体检查的实施条件、程序等，从而奠定了强制身体检查的法定侦查行为的地位。此外，在 1979 年，名古屋高等法院的一个判例明确表明了对毒品犯罪嫌疑人强制采尿的必要性。此外，日本还通过其他的一系列的判例确认了为侦查毒品犯罪以及酒醉驾驶案件而采取采血、采集呼气等手段。从而形成了以刑事诉讼法为龙头，相关判例为补充的强制身体检查制度。

三、比较法之视野：强制身体检查的分类

（一）根据身体检查的部位，可以分为体表检查和体内检查

体表身体检查，是指对身体外表部分的检查，如对皮肤、毛发等的检验。体内检查，是指对身体内部侵入性的检查，如抽血、提取吞咽物等。例如，日本刑事诉讼法典第 168 条、第 225 条中规定，身体内部的检查必须由医师等鉴定专家进行，而且医师等鉴定专家进行这种身体检查时必须获得法官签发的鉴定措施许可证。但是，受委托鉴定的医师等专家即使有了法官签发的鉴定措施许可证，在被采样人拒绝的情况下，也无权直接强制实施采样，而必须在取得法官签发的身体检查令状后才可强制身体检查。

（二）根据被检查对象来划分，可以分为对犯罪嫌疑人的强制身体检查和对其他人员的强制身体检查

这种分类可以保证更加公正、科学地采取身体检查行为，从而兼顾公正和效率的双重要求，如德国刑事诉讼法典第 81 条 c 就对犯罪嫌疑人和其他人的检查进行了分类，并且规定了相应的程序和规则。对于没有被指控的其他人员，如果他们有可能充当证人的，只能在为了侦查事实真相或必须查明他们身上是否带有犯罪行为的

特定痕迹、后果时，才允许不经他们同意进行检查。对于没有被指控的其他人员，在对他们身体健康无害并且所要采取的措施对于侦查事实真相是必不可少的条件下，准许不经他们同意进行血统确定检查和抽取血样验血。对于没有被指控的其他人员，依据拒绝作证的同样原因，可以对检查、抽取血样验血予以拒绝。命令权为法官所有，在延误就可能影响侦查结果时，检察院和它的辅助官员也有权命令。

（三）根据被检查人的隐私被侵犯的程度，可以分为隐私检查和非隐私检查

隐私检查，是指对被检查人的隐私权造成较大影响的身体检查。非隐私检查，是指对被检查人的隐私权没有造成影响或者影响可以忽略不计的身体检查。例如，在英国，隐私样本包括：（a）血液、精液或其他组织液，尿或阴毛样本；（b）牙印；（c）从人的身体开口而不是口腔获得的试样。非隐私样本包括：（a）毛发而非阴毛样本；（b）从指甲或指甲下获得的样本；（c）从人的身体包括口腔而非其他身体开口获得的样本；（d）唾液；（e）脚印或人的身体除手外任何部分留下的印。①

而根据隐私样本和非隐私样本的不同，法律规定了不同的检查、采样形式条件、实质条件以及不同的具体操作程序。

（四）根据是否对被检查人的身体完整权造成侵害，可以分为非侵入性身体检查和侵入性身体检查

非侵入性检查，是指没有对被检查人的身体完整权造成侵害的身体检查。侵入性身体检查，是指对被检查人的身体完整权造成侵害的身体检查。② 例如，在德国，非侵入性身体检查又被称为身体

① 中国政法大学刑事法律研究中心：《1994 年刑事审判与公共秩序法》，载《英国刑事诉讼法（选编）》，中国政法大学出版社 2001 年版，第 574 页。

② ［德］克劳思·罗科信：《刑事诉讼法》，吴丽琪译，法律出版社 2003 年版，第 317 页。

之搜索，是指仅在被检查人的身体表面和口腔等身体自然开口处进行查看并收集有关证据，而不对被检查人的身体进行物理性侵入的检查方式，即对身体之表面或在身体之自然状态下的凹窝及开口处进行检查。[①] 侵入性身体检查，则是指用某种器械对被检查人的身体进行物理性侵入并提取有关证据的检查方式。例如，为确认血液中酒精含量、腰部穿刺术等所做的抽血。[②]

（五）以被检查人同意为要件，可以分为应当获得被检查人同意的强制身体检查和被检查人不同意亦可的身体检查

应当获得被检查人同意的强制身体检查，是指在特定的情形下，应当以被检查人同意为前提，否则不能进行的身体检查行为。被检查人不同意亦可的身体检查，是指在满足法律规定的条件下，不以被检查人同意为实施要件的身体检查行为。例如，英国1994年刑事审判与公共秩序法规定，在对于隐私样品的收集，警察必须要获得被检查人的同意。但是，基于譬如北爱尔兰恐怖犯罪等特定犯罪的压力，该法又规定，如果没有无正当原因犯罪嫌疑人而拒绝作出从其身上提取隐私样品，那么，法院在决定是否将他提交审判以及法院或陪审团在决定他是否构成被指控的犯罪时，可以从其拒绝行为中作出对其不利的推断。而对于非隐私性样品而言，在满足一定的条件下，则不需被检查人同意。

四、我国强制身体检查制度应当坚持的原则导向

毋庸置疑，强制身体检查是一种有效的侦查行为，也是一种科学地收集证据的手段，更是处于权利和权力斗争旋涡之中的一种侦查活动。但令人遗憾的是，我国并没有在刑事诉讼法中明确强制身

① ［德］克劳思·罗科信：《刑事诉讼法》，吴丽琪译，法律出版社2003年版，第317页。

② ［德］克劳思·罗科信：《刑事诉讼法》，吴丽琪译，法律出版社2003年版，第317页。

体检查制度。而在这个问题上，无论是将来进行相关的立法，还是现在司法实践的需要，确立原则导向就成为必要。一般而言，必须坚持这么一个总的原则，即把犯罪控制和人权保障放在同一个容器中考虑，在大多数时候，犯罪控制和人权保障的总量是固定的，因此，一方的过分扩展，可能就会引起另一方的过分萎缩。这个总的原则为强制身体检查制度的立法和实践奠定一个宏观目标。除了总的原则外，还应当确立一些具体原则，以指导司法实践的需要。根据有关现代国家的先进经验，结合强制身体检查运行的内在规律，笔者认为，应当确立以下基本原则：

（一）比例原则

比例原则最早发轫于德国的警察法中，后来被引入行政法和宪法等其他法律中，并且在行政法中获得很大的发展。可以说，比例原则是权利和义务对等原则的变种，而刑法中的罪当其罚原则也可以说是它的一种变形。为什么比例原则在诸多法学分支领域获得这么大的反响和共鸣？究其原因，是因为其所蕴涵的一种精神，即只有对称的才是合理的。每个人按照其所作所为，承担应当承担的责任，本身就是法律中的黄金分割，是和谐的，也是符合正义的。在强制身体检查中该原则被演绎得淋漓尽致。例如，在 1952 年罗克林诉加利福尼亚州（Rochin V. California）一案中，警方在接到可靠情报后，对被告人身体进行搜查，然被告人迅速将毒品吞入胃中，警方随即将其带到医院，强迫其服下呕吐药物，致使被告人吐出了毒品，联邦最高法院裁定警方的行为过当，不属于“合理的方法”。这是因为，即使警方的目的是正义的，但其手段是过当的，因此，对于因强制身体检查带来的各种恶劣影响而言，其产生的效益显然不成比例，并且超过了法律所能忍受的限度，从而导致了一种社会和道德震惊的状态，因此，对之予以排除是符合比例原则的。

比例原则的含义之一就是必要性原则。在进行强制身体检查时，必要性原则的重要作用不言而喻。由于强制身体检查问题不仅关系到国民的身体健康权，而且也与其人格尊严的维护、个人隐私权的保护息息相关。因此，必须恪守强制身体检查的必要性原则。既不能因为一种可有可无的理由采取强制身体检查，也不能因为一种轻微的案件而冒公民权利受到重大侵犯的危险。在强制身体检查问题上，只有必要的才是合理的，只有必要的才是法律乃至社会道德所能容忍的。在这点上，各国也在一定程度上达成了共识，如在日本的一个判例中，就明确地确立了必要性的原则，即“根据犯罪嫌疑案件的严重性、存在嫌疑、该证据极为重要及取证的必要性、不存在替代的手段等情况，在判定为侦查犯罪确实不得已时，应作为最终手段，在正当的法律程序上，对犯罪嫌疑人身体安全及其人格给予充分保护后实施”。①

（二）司法控制原则

司法控制的动力就是因为对权力无限扩展的恐惧，司法控制的客观因素是因为司法权所天然具有的中立、冷静和客观的特征和状态。司法控制包括启动控制、中间控制，也包括对结果的控制。对于强制身体检查而言，特别是进行隐私检查或者侵入性检查，司法控制不仅是一种法律力量的要求，同时也是道德因素的促动的结果。在启动阶段，如果进行强制身体检查，有关主持机关一般应当申请令状。在强制身体检查的过程中，如果法官认为该行为违背了法律规定或道德的要义，可以予以制止。在强制身体检查结束后，可以依据非法证据排除的方式或者侦查行为无效的方式，对非法身体检查的结果予以排除，同时也对未来类似行为起到警示和忠告的作用。

司法控制原则主要包括司法救济原则。司法救济原则是一种事后控制，是法律赖以延续的生命。有法律存在的地方就应该有权利，有权利存在的地方就应该有救济。无救济则无权利，即使有权

① 陈光中：《中德强制措施国际研讨会论文集》，中国人民公安大学出版社 2003 年版，第 17 页。

利，那也是虚化的权利，纸面上的权利，在强制身体检查中也是如此。司法救济原则在强制身体检查中体现在两个方面：其一是保密原则。之所以采取保密原则，是因为强制身体检查的样本涉及公民的个人隐私，即使基于公共利益的考量，侦查机关有权力采集相关样本，但当维护公益的任务完成后，检察机关也有保护公民隐私权的义务，就是说国家应当承担其权力附带的相应义务，为公民因被采集样本而泄漏的隐私保密。此外，除了为被采样人相关信息保密外，保密原则还包括对样本的销毁。这既包括无关人的样本，也包括没有最终定罪人的样本。其二是制裁原则。制裁原则包括实体制裁和程序制裁。实体制裁包括对违法身体检查人的纪律处分、民事赔偿或者追究刑事责任。这是一种从实体角度采取的末端控制方法。而程序制裁则是通过程序制裁机制，明确非法提取的样本无效，因此，这是一种从程序角度采取的末端控制方法。

第三节 监听的冲突与比较考察[①]

秘密监听是在未经被监听人许可或者知道的情况下，对其与他人交流的内容和信息进行监视、听取、录音、记载的侦查行为。对于一些特定类型的犯罪，诸如恐怖犯罪、有组织犯罪、毒品犯罪以及武器走私犯罪，秘密监听是一种非常有效的侦查手段，在某种情况下，甚至达到了一种独门暗器、一招制敌的作用。但是，秘密监听对公民的权利、特别是宪法权利的侵犯也是非常明显的。正是在这同一客体上集中了如此激烈的冲突，这也是人们有如此浓厚兴趣对它进行研究的原因之一。

---

① 为论述清楚，方便读者理解，本节中关于“讯”字的使用维持原“讯”字。——编者

一、秘密监听之法理悖论

（一）国家公权与个人私权的对立

监听是一种行使公权力的表现，是一种基于诉讼实体目的实现而采取有效的侦查行为，特别是在有组织犯罪、恐怖犯罪、毒品犯罪等无被害人犯罪中更是如此。但是，由于监听是一种超常规的特殊侦查手段，其手段的有效性往往会带来侵犯公民私权的严重性，其秘密性会导致对公民私权侵害的无形烈性。其主要表现为对公民隐私权、言论自由、通信自由等一系列宪法权利虽不是明目张胆但是根深蒂固的侵害。

监听是一种对付一些特定犯罪的利器，但它同时也是侵犯个人权利的锋利的凶器。为了解决因此引起的国家权力和个人利益之间的紧张关系，许多学者纷纷从不同角度对此进行了分析和阐述。例如，我国台湾地区学者江舜明将利益划分为三个阶次，第一位阶为人民在宪法中的基本权，第二位阶为刑事追诉之利益，第三位阶为行政目的之利益。以第三位阶之利益，并不能构成直接限制人民之基本权，仅有基于刑事追诉之目的，方有必要限制人民之基本权。① 虽然，这种观点明确了三种利益的层次性和位阶关系，但是，并不一定只要出于刑事追诉之目的，就可以使公权力凌驾于个人宪法权利之上，这是因为，公民宪法权利是最高和最神圣的权利，是引导人民为了国家利益而心甘情愿付出自己所有的基本动力，对公民宪法权利的剥夺必须有充分的理由，那就是，必须出于维护重大的公共利益以及维护国家安全等需要，否则，这个位阶排列也就颠倒了顺序，不是人民的宪法权利在上，而是追诉目的之利益在上了。

个人利益在某种情况下应当服从公共利益，特别是重大公共利益。这是因为，个人利益是公共利益的组成部分，因此，保护公共

---

① 江舜明：《监听界限与证据排除》，载《法学丛刊》第171期，第98页。

利益首先就表现为保护个人的利益，服从公共利益只是服从集体私人利益的一种表达形式而已，服从公共利益是使其他人服从自己利益的前提。因为个人利益具有平等性，如果要求他人服从自己的个人利益，根据利益交换的原则，必须付出自己的个人利益。这样，服从公共利益是一种媒介，从而为他人服从自己的利益找到了一种交换的筹码。

在公共利益的前提下公权可以重于私权，这也可以从危害公共利益的后果中看出。因为对公共利益的危害是一种全面性的危害，而对公共利益的保护是一种源头上的根本保护。公共利益是河水之源，污染源头必然会污染下游和支流。而在源头上保护，必然会对下游和支流个人利益起到立竿见影的效果。

但是，无论如何，如前面所述的那样，个人利益，特别是个人的宪法权利服从公共利益并没有天然的合理性，那就是在此时服从公共利益也必须坚持比例原则的原因，即只有在比较重大的公共利益前，牺牲个人的宪法权利才具有无可置疑性。

（二）司法威信与侦查诡道之间的对垒

国家在追诉犯罪中的威信和威严，并不完全是因为其打击的力度，也是因为在道德、伦理方面也具有合理性。国家形象是集体道德的总和，因此，作为国家机器的侦查机关而言，必须在维护社会秩序运转中保持一种正义之师的风度。对于国家来说，在利益衡量的过程中，不能仅仅根据微观的利益标准进行衡量，有时候，通过卑鄙的手段抓获犯罪嫌疑人并不一定比通过高尚的手段释放犯罪嫌疑人的效果更好。这是因为，前者攻的是城，是个案之城；后者的目的是攻心，是攻的公众之心。“攻心为上，攻城为下”，既是军事学的哲理，也是侦查学的哲理。监听的本质就是偷听，即使是以国家的名义也是如此。一个法治的国家，一个以法律规制和道德感化相结合而实现为国民服务的国家，“不仅要求目的正当，而且也要求手段的正当，而监听无疑是和手段正当性是相违背的”。①

（三）司法伦理与政治需要之间的冲突

司法伦理是司法制度追求的最高目标，正因为是最高目标，也决定了其实现的难度。司法伦理要求犯罪不仅要打击，而且要用一种善的方式打击；罪恶不仅要惩罚，而且要用一种拯救其灵魂的方式惩罚；恶行不仅要纠正，而且要用一种当事人和大众都信服的方式纠正。但是，在司法现实中，由于犯罪对社会的严重侵害，导致公众痛惩犯罪的呼声不断上涨，政治家和警察机关都面临着重大的压力，为了维护自己国家刑事司法制度守门人的角色和地位，警察往往有迅速打击犯罪，将一切犯罪人绳之以法的强烈激情和愿望，而这种激情和愿望在常规方式达不到时往往会借助于非常规的手段，这也是秘密侦查产生的根源之一，同时也是司法伦理和政治需要冲突的原因之一。但是，国家不仅要担负法律义务，还要承担道德义务，侦查机关特别是警察机关也是如此。以不道德的方式是不可能实现道德目的的，这样做的结果必定是以公民道德的沦丧为代价的。善良目的的追求，非善良手段的采取，这无疑是警察机关在实现自己的政治任务和司法伦理目标时产生焦虑感的原因之一。

二、比较法视野中的各国监听制度

（一）美国监听的立法、判例及实践

在美国，早在内战期间，就有了林肯授权监听敌方电报通讯的记载。至于监听能否作为犯罪侦查手段在刑事程序中使用，1928年，在 OLMSTED V. U. S. 案中，美国联邦最高法院对警察的秘密监听的合法性进行了激烈的讨论，最后以 5∶4 的票数通过了裁决。法官们争论的焦点，主要在于监听行为是否违反了美国宪法修正案第 4 条的规定，即“关于人身、住宅和文件不受无理由搜查的规

① 李明：《监听手段的合理运用及其限制》，载孙长永主编：《现代侦查取证程序》，中国检察出版社 2005 年版，第 70 页。

定”。根据判决的多数派意见，认为应当采用“物理入侵理论”对宪法修正案第4条进行了字面解释，而单纯的监听既没有对犯罪嫌疑人的场所物理入侵，也没有涉及扣押犯罪嫌疑人的“物品”（实物），监听到的内容只是“谈话”语言，因此不构成宪法意义上的搜查和扣押。换句话说，只有在监听伴有物理入侵行为的情况下，才适用宪法修正案第4条关于正当程序的规定。

1934年，在美国联邦通讯法中，对于监听采用了一种更加严格的限制，这主要表现在该法第605条。该条规定，未经通讯发送者授权，任何人不得进行监听，不得将监听的内容、物体、主旨、结果、意义向任何人予以泄露或发布，这是对于监听的成文法规定的开始。而这以后在美国联邦最高法院的一系列裁决中，确立了监听是一种搜查行为，必须同其他的搜查方式同等对待，同时也要受到宪法修正案第4条的规制。

美国在1968年通过了综合犯罪控制与街道安全法（简称监听法）。该法的公布取代了1934年联邦通讯法第605条对监听的规定，它对监听的适用范围、监听的权限、监听的条件、监听期限及监听结果的归档保存进行了详尽的规定，是美国迄今为止规范秘密监听的有效法律文件。该法具有如下特征：

第一，在监听范围上，该法对监听范围的规定采取了两种办法：一是罪刑限定法，即美国法典第42编规定的可处死刑、无期徒刑或者1年以上监禁刑的犯罪，包括违反原子能法的犯罪、破坏核设施或核燃料的犯罪、叛国罪、间谍罪等；二是罪名列举法，包括美国法典第3编第2516条第1款第1项至第14项的60多种，包括谋杀、绑架、抢劫、敲诈勒索、行贿受贿、非法使用爆炸物妨碍司法、刺杀总统及其随从人员和其他政府官员等。①

第二，在监听的权限上，如果侦查机关在需要采取监听手段，原则上必须事先申请有管辖权的法官授权，在紧急情况下，也可先

① See John. N. Ferdico. J. D: *Criminal Procedure*, West Publish Co, p. 356.

进行监听，然后申请有管辖权的法官批准。经通讯的一方当事人同意的除外。

第三，在监听的条件上，监听的条件包括实质要件和形式要件。形式要件主要体现在书面形式上，侦查机关要向有管辖权的法官申请监听令或者申请认可监听，在申请时必须采取附誓词的书面形式。① 在实质要件方面，又有普通犯罪与严重犯罪的区别，对于普通犯罪，法官批准监听的实质条件有两个：一是普通的侦查手段已经尝试过并失败了，或者即使采用也不可能成功或太危险。② 二是有合理的根据相信三种事项：第一种，某个人正在实施、已经实施或者即将实施属于监听范围内的犯罪；第二种，通过监听可以获得有关该犯罪的特定通讯。第三种，准备监听通讯的设备或场所正在或即将被用于与实施上述犯罪有关的活动，或者被这个人所租用、或登记在其名下通常由他使用，但法律另有规定的除外。

对于严重犯罪而言，以司法部长、代部长、副部长或州成文法规定的州或地方政治实体的首席检察官特别指定的任何侦查官员在合理地认定符合以下两个条件时，可以不经法官批准而监听有线的、口头的或电子的通讯。其一，存在下列紧急情形之一的：一是有导致任何人死亡或严重身体伤害的迫在眉睫的危险的；二是有威胁国家安全利益的密谋活动的；三是有组织犯罪的密谋活动，并且在经适当努力获得法官授权之前必须对有线的、口头的或电子的通讯进行监听的。其二，有诸多理由认为根据本法规定将会获得授权监听的令状的。但法官事先批准的监听除外。但是，无证监听时，必须在监听开始后的48小时之内向法官提交认可申请，如果没有获得法官认可后签发的令状，监听活动应当在准备窃取通讯时或者

---

① 孙长永主编：《侦查程序与人权——比较法考察》，中国方正出版社2000年版，第135页。

② 孙长永主编：《侦查程序与人权——比较法考察》，中国方正出版社2000年版，第136页。

在申请被驳回时（以先成就的一个为准）立即停止。

第四，在监听期限上，最长不得超过30天，自侦查机关开始监听之日或监听令下达10日之后开始计算（以先成就的一个为准）。监听期限可以延长，但必须依法重新办理手续。延长的期限最长不得超过30天。

第五，在监听资料的处理上，必须尽可能将监听到的内容记录在磁带或其他记录媒体上，由法官决定监听令状申请书、监听令状本身以及监听记录的保管地点。没有经过签发令状法官的许可，不得销毁，在任何情况下，监听记录必须保存10年。

此外，基于"9·11"恐怖袭击，美国监听法律制度又有了新的进展。2001年10月25日，美国众议院在这一天通过了爱国者法案，该法扩大了美国联邦政府为追踪恐怖犯罪嫌疑人所采取行动的权限，其中包括进行秘密调查、获取私人录音和监听电话等。爱国者法案扩大了政府执法人员监听的权力范围，使得他们更容易跟踪被监视的对象。

（二）英国监听立法、判例及实践

在英国，根据有关的判例法，如果警察根据以往侦查经验，在犯罪侦查中遇到通过常规侦查手段难以获取证据或线索的情况时，警察可以使用电话监听等秘密侦查手段。

由于受1984年欧洲人权法院对马隆案判决的影响，在1985年，英国制定了通讯截获法，该法规定警察和情报部门根据内政大臣依法签发的令状可以截获通讯。虽然1997年通过的警察法公开宣称的主要目的是调整警察窃听设备的使用，但该法事实上只调整部分的监听行为。2000年通过的侦查权限制法巩固了先前立法的主旨和既有的惯例，对包括监听在内的一些秘密侦查手段作出了进一步的规定。基本上，英国监听制度具有以下一些特征：

第一，在监听的种类上，英国监听主要有两种，即直接监听和入侵式监听。当警察需要采取有计划的直接秘密监听时，应当由职务不低于警察局局长的警官书面批准，并应当确定监听的时间。在实施入侵式监听时，侦查权力规则规定可以在住宅及车辆中秘密安放技术装置，批准入侵式监听者应为主管警官，他还需要一名监听委员会委员的监督核准，该委员通常由退任的高级法官担任。入侵式监听会影响到被监听者的隐私，因此适用的犯罪应当为最严重的犯罪。侦查权力规则禁止泄露任何有关进入方法、安放技术装置的具体方法和地点的描述。

第二，在监听的权限上，通讯截获法规定警察和情报部门根据内政大臣依法签发的令状可以截获通讯。这样，在普通犯罪上，英国将决定监听的权力赋予警察自身而不是任一独立的司法机构。①

第三，在监听的条件上，在英国，根据有关的判例法，警察在犯罪侦查中遇到通过常规侦查手段难以获取证据或线索的情况时，可以使用化装侦查、布设秘密力量、秘密窃听、电话监听等秘密侦查手段。②

第四，在监听的范围上，英国监听在范围上相对较小，只限于重大犯罪。

第五，在非法监听获取的证据的可采性问题上，英国将决定权赋予法官，由其自由裁量。

第六，在对监听监督体系上，根据英国 2000 年调查权管理法的规定，既包括行政监督，又包括司法监督。行政监督包括通讯截收局局长、情报业务局局长、北爱尔兰信息监控局局长、总监控局局长、助理监控局局长和接受各局局长委托的其他官员等，他们可以在各自的职权范围内对国务大臣和国务大臣授权的高级官员所批准的或授权的监控行为进行监督。同时，还专门设立了特别法庭，对通讯监控及截收活动从外部加以监督，作为被监控或被截收对象

---

① ［英］麦高伟、威尔逊：《英国刑事司法程序》，姚永吉等译，法律出版社 2003 年版。

② 何家弘：《秘密侦查立法之我见》，载《法学杂志》2004 年第 6 期。

的人取得司法救济的一个渠道。[①]

（三）德国监听的立法、判例以及司法实践

1975年，联邦德国在修订刑事诉讼法时增加了关于“监视电信通讯”的规定。德国刑事诉讼法典关于监听的规定仅仅适用于通过公用电讯设备进行的电子通讯。其主要内容有：

第一，在监听案件的范围上：对于犯罪嫌疑人的范围，如果有一定的事实足以怀疑某人为下列罪行的主犯、共犯或可处罚的未遂犯，或者以犯罪行为预备实施这些罪行的时候，在以其他方式不能或者难以查明案情、侦查被指控人居所的条件下，允许命令监视、录制电讯往来。对于案件监听的范围，案件必须为：其一，所犯为反和平罪、内乱罪、关于国防之罪、危害公共秩序罪等；其二，犯伪造货币或有价证券罪、贩卖人口罪、谋杀罪、侵犯他人人身自由罪、盗窃抢劫罪、危害公共安全罪等；其三，与武器法有关的犯罪；其四，与麻醉品有关的犯罪；其五，法定范围内的涉外犯罪。

第二，在监听的权限上、形式上，监听的许可权限属于法官，情况紧急时也可由检察官决定，但需在三日内获得法官确认；监听命令以书面方式作出，并记载被监听者的姓名、地址、监听的范围与期限。

第三，在监听的期限上，监听不能超过三个月。

第四，监听资料的处理方式上，如果法典第100条a的条件不存在时，监听必须立即停止；如果追诉不再需要监听所取得的材料时，应在检察官监督下立即销毁。

第五，在当事人的知情权上，法典第101条规定了监听公开原则，即在不妨碍侦查目的，以及不会给公共、他人和秘密侦查人员的安全造成危险的时候，应将采取的措施告知所涉及的当事人。

---

① 英国《2000年调查权管理法》课题组：《对英国（2000年调查权管理法）的分析研究报告》，载陈光中、江伟：《诉讼法论丛》第7卷，法律出版社2002年版，第190～192页。

另外，值得一提的是，在德国法律中，监听分为大监听和小监听。小监听是根据1992年德国刑事诉讼法典增列了允许小监听的规定而确立的，是指有秘密力量在场的窃听谈话行为，通常又被称为"住宅外的监听"。大监听是1998年7月德国刑事诉讼法典再次修正后确立的。为了法律之间的协调，德国基本法第13条"保护住宅不可侵犯性"的规定，也相应作了修正，增加了一款规定，即1998年修改后的第13条第3款，该款规定，如果特定事实表明任何人进行了法律所特指的特别严重的犯罪行为，在其他侦查方法不适用或效果不佳的情况下，基于侦查犯罪之目的，根据法官所发令状，可以对犯罪嫌疑人所可能停留的任何住宅运用声音监视的技术手段。此项措施应有期限。令状应由三名法官组成的专门小组发出。在紧急情况下，令状亦可由一名法官发出（如果为了侦破重大犯罪，可以对住宅监听）。因此，大监听，是指刑事追诉机关在住宅内进行的秘密听取犯罪嫌疑人谈话的措施，一般借助于所谓的声学转换器 Akustikum Wandler 和微型窃听器来实施，通常被称为"住宅内的监听"。

允许大监听的规定，在德国一度造成舆论哗然。这是因为，大监听主要指刑事侦查机关对有组织犯罪嫌疑人的住宅可实施窃听活动。大监听侵害公民权利的严厉度要高于小监听，因为大监听既侵犯了公民的通讯自由和通讯秘密，又破坏了公民住宅的不受侵犯的权利。基于人权保护的基本宪法价值，2004年3月3日，德国联邦宪法法院宣判，即使原有的限制也不能充分地保护由宪法保障的个人住宅权隐私的核心，因此，刑事诉讼法关于住宅监听的部分违法，并且最迟至2005年6月30日立法机构必须完成对相关法律的修改，从而使大监听失去了其存在的基础。

（四）法国监听的立法、判例以及司法实践

1991年7月10日，法国通过了91－646号法律，将监听的一般条件、权限和基本程序作出明确规定，并列入了法国刑事诉讼法典第100条至100条之7，从而确立了法国的监听法律制度。

法国监听法具有以下特征：

第一，在监听的条件上，在法国刑事诉讼法典第100条中规定："在重罪或轻罪案件中，如果可能判处的刑罚为二年或二年以上监禁，预审法官为了侦查的必需，可以决定截留、登记和抄录邮电通讯。"

第二，在监听的权限上，法国只允许经过法官批准后实行有证监听。

第三，在监听的客体上，在进行监听时，监听的客体只是邮电和通讯，并不包括犯罪嫌疑人之间的口头对话。

第四，在监听的期限上，法国监听法规定，预审法官签发监听令时，必须写明允许监听的期限，最长为4个月。如果需要继续符合监听条件，可以以同样的形式和期限予以延长。

第五，对于监听获取资料的处理方面，法国监听法只对如何管理监听获取的通讯内容作了概括性的规定，内容涉及三方面：一是制作记录，即预审法官或其授权的司法警官应对每一次截取和录制电讯的行动制作记录。二是抄录电讯，即预审法官或其授权的司法警官可以抄录有助于查明案件真相的电讯，并就此制作记录。三是录制的电讯必须封存，当公诉时效期间届满时，应根据共和国检察官或检察长的要求销毁，销毁的行动也要制作记录。①

此外，在1993年和1995年，法国刑事诉讼法典又对窃听律师的办公室、住宅以及针对议员和参议员的电话窃听补充作了特殊规定。

（五）日本监听的立法、判例以及司法实践

1999年日本刑事诉讼法典第222条之2中规定了监听通讯的处分，即"未经通讯双方当事人任何一方的同意而实施的监听通讯的强制处分，依照另以法律所作的规定进行。"与此相衔接，

① 解芳：《世界主要法治国家监听法综述》，载《山东警察学院学报》2006年第1期。

1999 年日本还制定了较为完善的专门针对监听进行规范的关于犯罪侦查中监听通讯的法律。

根据这些关于监听的法律，可以看出日本监听制度的一些特点：

第一，在监听目的上，日本在关于犯罪侦查中监听通讯的法律中的第 1 条阐述该法的立法目的时明确指出："本法的目的是，鉴于有组织犯罪严重危害安定、正常的社会生活，且对数人共谋实施的有组织的杀人、非法买卖药品及枪支等重大犯罪，如果不予监听犯人之间的联络电话或其他电讯，查明案件真相即显著困难的情形在增多，为适应对此种状况，就刑事诉讼法（昭和二十三年法律第 131 号）规定的必要的监听通讯的强制处分，确定其要件、程序及其他必要的事项，以期在避免不当侵犯通讯秘密的同时，准确查明案件真相"。①

第二，在监听案件的范围上，日本警方可依法对有组织犯罪、药物、枪械和集团偷渡四种犯罪的涉嫌者电话、传真和互联网等通讯手段进行监听。所以，从监听法规定的内容看，监听范围并不包括一般通话，日本在判例上也主张监听必须排除一般通话。②

第三，在监听的批准程序和权限上，日本监听法规定，检察官、司法警察员、厚生大臣指定的麻药监督官及海上保安厅长官指定的海上保安官有权提出监听申请。地方法院的法官有权批准申请并签发监听令。

第四，在监听要件上，在形式要件方面，监听令应当载明包括被疑人姓名、被疑事实要旨、应受监听的通讯、实施监听的方法和场所等事项。实质要件共有四项：一是认为足以怀疑法定可以监听的犯罪对象将进行通讯；二是该通讯的内容与上述规定之犯罪的实行、准备或隐灭证据等事后措施有关；三是对被疑人使用的或者足

---

① 宋英辉译：《日本刑事诉讼法》，中国政法大学出版社 2000 年版，第 211 页。

② ［日］田口守一：《刑事诉讼法》，刘迪等译，法律出版社 2000 年版，第 76 页。

以怀疑被行为人用于与实施犯罪有关的通讯，依据电话号码或其他方法能够加以特定；四是采取其他方法特定行为人、查明案件事实真相有显著困难的。

第五，在监听期限上，日本监听法规定，法官在签发监听令时，一次最多只能授权监听10天。根据检察官或司法警察员的请求，并且地方法院的法官也认有必要，可以延长10天以内的期限，但是，累计可以监听的期限不得超过30天。

第六，在监听资料的处理方面，在日本监听法中，监听资料包括原始记录、监听记录和书面记录三种情况，这三者的处理方式和程序各有不同。

从上述各国的关于监听的立法、判例和司法实践看，虽然各国的监听制度存在差异，但也有一些共同的特征。首先，在案件的范围上，各国监听主要适用于以下两类犯罪：一种是普通重罪，即社会危害性较大、法定刑较重的普通犯罪，从各国立法来看，一般是指法定刑在二年监禁以上的犯罪；另一种是特殊重罪，即组织化、隐秘性的特殊类型的犯罪，如危害国家安全罪、有组织犯罪等。其次，在监听的程序上，基于监听是严重侵犯人权的侦查行为，各国在监听的条件、程序、形式以及监听资料处理上进行了严格的法律规制。

三、布局与破解：监听制度制定原则与前瞻

监听是有效的，但也是危险的。因为监听不是对公民权利的一般限制，而是在公民身边设立了一个政府机关。通过监听这个装置，公民的言行无时无刻不在政府的掌握控制之中。因此，在现代国家中，基于监听在国家公权和公民个人权利对垒中的特殊地位和状态，一般都通过严格法律的形式对监听制度予以规制。不论是通过单行法律的形式，还是通过在诉讼法典中单列一章的形式。但是，我国刑事诉讼法却没有对这一敏感而重大的侦查行为作出规定。无论从侦查的民主化、科学化的角度，还是从法治国家的形塑方面，通过立法确立监听制度是一种必然，而在未来的刑事诉讼的监听制度的立法中，作为法律条文的指导和理性总结，笔者认为应当坚持以下几点原则：

（一）相关性原则

所谓相关性原则，主要是指适用监听作为侦查手段时必须与犯罪嫌疑人或者与嫌疑事实有关，不得对不相关的人和事进行监听。这里包含了两个要求，一是法官在授权监听时要遵循相关性原则，对与案件事实不相关的犯罪嫌疑人或者嫌疑事实不得授权监听；另一个则是指监听的对象必须是由令状加以规定，侦查机关不得超出令状许可的范围对不相关的人员和不相关的事实进行监听，也称为对象特定原则。[①] 同时，该原则还隐含着这么一个规则，即使与案件有关，但是由于某种利益的考虑，而这种利益的考虑使相关性原则的结构被打破，从而使相关原则不再存在。对于公民的私人权利来说，特别是公民的宪法权利，监听是一种非常具有杀伤力的武器。因为监听不仅可以使侦查机关随时随地掌握公民的一举一动，一言一行，遑论这种举动和言行是否违法。这样，就大大地超越了司法伦理所能忍受的底线。因此，在监听的标准上，要根据公共利益进行衡量，在监听的内容方面，也要根据私人利益进行衡量，衡量的标准是监听不能使社会法庭“受到良心上的冲击”，或者“使社会震惊”、“使社会不能接受”。[②] 这样，无论是对人的监听，还是对物的监听，都要遵循这个底线，而相关性原则是这个底线的理论概括之一。

（二）令状原则

所谓令状原则，是指利用法官的理性和中立对警察的感性和追诉倾向进行衡平和制约的规则。在采取监听的措施时，警察或者出

---

① 李明：《监听手段的合理运用及其限制》，载孙长永主编：《现代侦查取证程序》，中国检察出版社2005年版，第75页。

② 龙宗智：《理论反对实践》，法律出版社2003年版，第217页。

于强烈的责任感，或者出于高度的追诉热情，甚至还可能出于窥人隐私的天生癖好，往往会使监听如同麦田边的野马而摆脱法律和道德缰绳的控制。从这个角度而言，令状原则与其说是监听的配套制度，还不如说是监听制度的一项必不可少的组成部分。而在西方，基于分权和制衡的长期影响，监督和制约已经成了其法律血液里流淌的一部分。在美国，如果没有通讯的一方当事人同意，除了紧急情况外，如果侦查机关需要采取监听手段，原则上必须事先申请有管辖权的法官授权，也可先进行监听，然后申请有管辖权的法官批准。法国刑事诉讼法典第100条规定："电讯截留措施由预审法官采取并监督。"德国刑事诉讼法典也规定，监听只允许由法官决定，在延误就有危险时也可以由检察官决定。检察官决定后，应当不迟延地提请法官确认。在三日内未得到法官确认的，决定失去效力。①

（三）事后救济原则

一项涉及权利的程序或者制度，无论多么精细、尽善尽美，如果没有事后救济予以保障，无论是从法律的完备性上，还是从司法伦理上，我们都不能说它是一项优秀的程序或者制度。救济是权利存在的希望，是权利之所以被称为权利而不是口号或标语的原因。在监听制度中，如果没有权利的救济，那么不仅执法者可以有恃无恐，而且被监听者也会因为权利被侵害却求告无门而对权利鄙视。这也是现代国家确立监听救济制度的根本原因所在。权利救济包括告知制度、保密制度、销毁制度、非法证据排除制度、国家赔偿制度以及责任追究制度。责任追究制度，主要是指对违法监听的侦查责任人进行相关的行政、民事或者刑事追究的制度。

（四）形式法定原则

形式是制度化和程序化的表征和体现。在监听时，不仅侦查人员的申请要接受司法审查，同时这种申请必须满足一定的程序。美

① 李昌珂译：《德国刑事诉讼法典》，中国政法大学出版社1995年版，第141页。

国监听法详细地规定了监听申请书、批准书应当具备的法定内容。此外，规定了提出申请必须采取附誓词的书面形式，并且要说明申请人具备提出此申请的资格，申请是否具备法定形式。日本关于犯罪侦查中监听通讯的法律第3条规定，监听令状，应当记载被疑人的姓名、被疑事实的要旨、罪名、罚条、应予监听的通讯、应予作为监听实施对象的通讯手段、实施监听的方法及场所、可以进行监听的期间、关于实施监听的条件、有效期间及该期间经过后不得着手监听处分并应当将令状退回的意旨，以及签发的年月日和最高法院规则规定的其他事项，由法官记名、盖章。但被疑人的姓名不明时，记载该项意旨即可。通过对监听形式法定的规定，不仅增加了监听的严密性和严肃性，同时也可以防止事后侦查机关推脱责任的现象。

（五）案件特定原则

公共利益需要是一个决定是否采取监听行为的标尺，但不是唯一的标尺。因为公共利益也有大小之分，一般而言，刑事案件都会对公共利益造成伤害。但是，轻微的伤害并不是对公民至关重要的宪法权利进行干扰和侵入的理由。因此，各国在决定进行案件监听时，一般限于重大案件。这既包括一般重大案件，也包括严重的危害特殊重罪，这在各国的刑事诉讼法中可以清楚地看到。例如，法国刑事诉讼法典第100条规定："在重罪或轻罪案件中，如果可能判处的刑罚为二年或二年以上监禁，预审法官为了侦查的必需，可以决定截留、登记和抄录邮电通讯。"① 德国刑事诉讼法典第100条对一些重大犯罪进行了明确列举，如反和平罪、叛逆罪、叛国罪等有关国家安全的犯罪，以及伪造货币、贩卖人口、杀人、敲诈、贩毒和危害公共安全的犯罪，允许命令监视和录制其电讯往来。对于一般的案件，则没有采取强制措施的监听制度的必要，这也体现

① 余书通、谢朝华译：《法国刑事诉讼法典》，中国政法大学出版社1995年版，第51页。

了监听制度的平衡或者比例原则。

（六）适当公开原则

监听的最可怕之处在于对公民权利伤害的无声无息。虽然造成了伤害，但是公民却不知道是否受到了伤害，如何进行的伤害以及伤害的程度，这就如同核爆炸的辐射一样，伤人至深却无形。作为一个法治的国家，作为一个良知的政府，应当在条件许可的情况下，有义务将监听的有关情况让被监听人知悉，这是一种负责任的政府所为，也是公民知情权的反映和落实，这点在各国的监听法中都有反映。在日本关于犯罪侦查中监听通讯的法律第29条中规定，政府应当每年向国会报告请求及签发监听令状的件数、与该请求及签发相关的罪名、作为监听对象的通讯手段的种类、实施监听的期间、实施监听中通话的次数、其中进行第22条第2款第1项或者第3项所列通讯的次数以及关于经监听的案件逮捕的人数，并同时予以公布。但关于罪名的报告与公布，如果有可能妨碍侦查时，应当在障碍消除以后进行。其他一些国家的监听法中也有类似的规定。

（七）区别和具体对待原则

上述各原则主要是适用于一般犯罪。但是，在国家政治形势发生重大变化时，监听制度的内容则有不同，监听的程序、方式、权限、期限等都存在差异。如果是严重危害国家安全的犯罪，一般而言，启动监听的条件要求较低，允许监听的时间也较长，对于监听的法律限制较为宽松，这在美国爱国者法案中体现得淋漓尽致。此外，监听包括作为强制侦查措施的监听和作为任意侦查措施的监听。任意侦查措施的监听，是指获得当事人一方许可或者同意的监听，由于这种监听是一种当事人“自认型”的行为，因此，一般没有必要接受司法审查的控制，而对于没有经过被监听人同意的监听，则必须接受司法审查的检验。

第四节 卧底侦查的冲突与抉择

现代社会是一个物质和能量迅速更新的社会，而犯罪也无论在危害程度（质）上，还是犯罪的量上（数量和种类等），都呈现出高速增长的趋势。面对犯罪的严重态势，世界各国纷纷走出了传统的“被动型侦查”的模式，向主动型侦查转变，卧底侦查就是这种应激反应的重要表现形式之一。

一、卧底侦查蕴涵的冲突

（一）合法犯罪与非法犯罪之间的冲突

犯罪是文明社会的恶之花，不具有正当性的根基和形式。不论是费尔巴哈提出权利侵害说、德国刑法学者夏弗斯塔因的义务违反说、德国刑法学家毕伦巴姆的法益侵害说及其他观点，犯罪都是正常社会所不能容忍的，即使其有堂皇的理论借口，虚饰的形式，也难以获得正常社会的理解和许可。

在现代社会中，根据刑事法的规定，在特定的情势下，可以减轻或者免除刑事责任。但是，没有谁可以获得犯罪的特权。在犯罪侵犯的客体和造成的危害上，以及对法益的侵害或对公共秩序的侵犯上，合法的犯罪（即使有的话）与非法的犯罪没有什么差异。但是，在卧底侦查时，基于取得被卧底组织或者个人的信任，有时卧底侦查人员很难独善其身，不得不实施犯罪。这时，卧底侦查人员的公务人员的身份与其实施的犯罪之间产生了巨大的对抗与分裂，即使其主观故意或者恶性不同，但是，在犯罪构成上，在阻却犯罪发生的事由上，也是产生了巨大争议。可能有人说，卧底侦查人员是为了实现更好地打击犯罪、保护社会的目的而实施犯罪，这是根据利益衡量原则，是为了保护一种更大的利益，但是，证明什么利益更大这个命题本身就是一个难题。譬如，很难对为了寻找一个抢劫团伙的犯罪证据而对其他人进行抢劫并造成伤害之间进行利益衡量。此时，卧底侦查人员不仅面临个人情感上的斗争，更存在义务上的冲突。防止危险是警察的基本任务，依照罗麦尔（Knemeyer）的看法，一部警察法实质上就是一部危险防止法。[①] 而卧底侦查人员的犯罪，不仅不是预防危险，而是亲自实施犯罪。这是卧底侦查人员的义务与警察使命之间的根本冲突。

在此类特殊侦查中，卧底侦查人员为了获取某组织或者个人的犯罪事实或者期待的犯罪事实，在特定的情势下，为了取得信任、获得更有价值的信息，有时更是为了保全自己的生命，而不得不从事犯罪。此时，是否卧底侦查人员的犯罪就成了合法的犯罪，具有了豁免权？而其卧底的组织或者个人的犯罪就是非法的犯罪，必须接受相应的法律处罚？这样是否违背了法律面前人人平等的原则，以及同罪同罚的理念？因此，这都是卧底侦查面对的两难命题。

（二）司法权与检察权的冲突

对于卧底侦查行为，究竟是检察官还是法官有权批准？一般认为，对于强制侦查行为，根据法官保留原则，由法官行使司法审查权；对于任意侦查行为而言，可以由检察官行使审查权。法官保留是司法经验累积的结果，也是人类对司法运作规律理性反刍得出的结论。法官保留原则所蕴涵的意义并不表明法官对事实和法律的认辨能力比警察或检察官更高明，也不表明法官更热爱公正，而是因为只有法官才能更好地制约警察权或检察权。[②] 强制处分委由法官决定之理由，与个人品行素养如何无涉，更与法官、检察官孰优孰劣无关，而是制度之理由，德国法向来基于此等道理，就重大侵权之强制处分在制度面上采行法官保留原则，良有以也。20 世纪 70 年代以来，德国法制检察官虽然逐渐扩权，但重大影响基本权之强制处分由法官行使之原则，不但没有缩减，反而在扩建中。[③]

---

① 杜宇：《法治国视野中的卧底侦查》，载《环球法律评论》2006 年第 2 期。

② 李蓉：《法官保留原则的借鉴》，载《法制日报》2006－06－08。

③ 林钰雄著：《检察官论》，学林文化出版社 1999 年版，第 177 页。

以德国为例，在卧底侦查由法官还是由检察官决定问题上产生了非常大的争议。一般认为，基于检察官和警察在追诉利益上趋向一致，而法官由于利益无涉具有超然中立性，而这种超然中立会带来决定卧底侦查时的理性，作为这种理性判断的结果，法官决定卧底侦查的客观性和准确率在统计学上要大于检察官对卧底侦查的准确率。但是，由于德国法传统中认为卧底侦查属于任意侦查，因此，这就为其逃避法官审查带来了机会。强制侦查，是指为了收集或保全犯罪证据、查获犯罪嫌疑人而通过强制方法对相对人进行的侦查，如强制到案（拘捕、拘传）、搜查、扣押、查封、冻结、强制采样、强制体检、监听、秘密录音或录像等。[①] 但是，卧底侦查比上述有的强制侦查行为在强度以及对私权的侵犯上有过之而无不及，何况卧底侦查本身还可能采取监听、秘密录音或录像等行为。事实上，将卧底侦查视为“任意侦查”的传统观点在德国一直就招致多方质疑。不少人主张卧底侦查活动应划归“强制侦查”手段。例如，德国辩护人协会就认为，只有法官才可以同意派遣卧底侦查人员，检察官的授权与宪法法治国原则是有所抵触的。[②] 究竟是法官还是检察官行使卧底侦查的批准权，这既是传统与现状对立在卧底侦查上的反映，也是卧底侦查本身涉及的司法权与检察权冲突的集中体现。

（三）控制犯罪与保障人权的冲突

警察是现代社会公共秩序赖以维护和支撑的关键守护人，检察官也是公益保障的强大力量。警察就是犯罪的克星，检察官也是与犯罪势不两立，这种思想来源于法律的赋予，并且在长期的理念演进中已经形成了惯性思维。不仅对一般民众而言如此，对于警察和检察官而言，更是以打击犯罪为己任，使自己深嵌于以打击犯罪为

① 孙长永：《强制侦查的法律控制与司法审查》，载《现代法学》2005 年第 5 期。

② 林东茂：《卧底警探的法律问题》，载《刑事法杂志》第 40 卷第 4 期（1996 年 8 月），第 29 页。

己任的标签中。打击犯罪似乎是他们唯一的使命，卧底侦查本身就是明证。一方面，卧底侦查是打击犯罪的有效行为，特别是针对毒品、武器等无被害人犯罪，以及其他的高科技、智力型犯罪，卧底侦查的采用增大了相同司法资源的利用效益，当然，也增加了侵犯私权的风险。以打击犯罪为目的，作为警察和检察官代理人的卧底侦查人员会采取一些不当措施，以搜寻证据和查明案件事实。更为法治国家难以接受的是，卧底侦查人员为了保密或者掩护自己身份，还可能故意实施犯罪。这使国家打击犯罪的目的被蒙上了阴影，善良社会也对此疑虑重重。因此，产生了对卧底侦查人员犯罪可罚性的争议，以及对卧底侦查获得证据可采性的质疑。在控制犯罪与卫护人权的斗争前线，在实体公正与程序公正对垒的旋涡中，卧底侦查无疑承载了比法律文本更为复杂的东西。

二、卧底侦查的比较法考察：以美国、德国为例

（一）关于美国、德国卧底侦查的相关法律

美国最早关于卧底侦查的立法是洗钱控制法，该法授权政府使用卧底勤务或线民的方式侦查违法金融交易活动，后来卧底侦查逐渐法制化。在美国，判例法和成文法都对卧底侦查施加了必要的限制。根据判例所创制的对卧底侦查的限制性手段主要有：一是赋予被告人对不当卧底侦查行为的抗辩权。譬如，在卧底侦查中，司法人员或其代理人故意设计圈套引诱他人犯罪的，被告人可以自己的犯罪意图是圈套诱使的结果为由，在法庭上提出免罪辩护。二是通过司法审查排除违法性卧底侦查行为所取得的证据的效力。根据美国宪法所确立的正当程序原则，非法侦查的法律后果就是由此获取的证据将完全被排除，不得使用。在成文法方面，根据美国国会于1970年制定的有组织犯罪控制法，警察可以打扮成犯罪者，身上藏有窃听器，主动接近犯罪嫌疑人以便窃听谈话内容。此外，1981年美国司法部制定了关于秘密侦查的准则（以下简称《准则》）

(Attorney General's Guidelines on FBI Undercover Operations)[①]，系统规定了卧底侦查的许可基准、申请程序、实施原则等，从而实现了通过法律手段对卧底侦查进行全面规制。但是，一般而言，《准则》只是一种内部参考性、指导性的文件，没有对抗其他法律的效力。

在德国，对于卧底侦查的规制，主要规定在德国刑事诉讼法典第 110 条 a 至 e 5 个条文中。

(二) 卧底侦查适用案件的范围

在美国，使用卧底侦查案件的范围，一般包括危害国家安全、贩毒、伪造货币、走私、贩卖人口、洗钱、黑社会性质的犯罪，以及通过常规侦查手段无法破案，或破案会遭遇重大困难的案件。并且只能适用在有合理根据或足够理由表明正在实施犯罪或者有重大犯罪倾向的对象身上。在《准则》中规定卧底侦查适用范围包括：(1) 卧底侦查可以作为国内安全调查的一部分，用于调查集团犯罪行动，或者委派某人作为秘密力量进入某一组织；(2) 必须可能发生大规模的暴力危险，或者严重人身伤害，或者巨大的经济损失。

在德国，根据德国刑事诉讼法典 110 第 a 第 1 款的规定，关于卧底侦查人员的派遣，只有在下列两种情况下才能获得法律的许可：其一，法定的特定重大犯罪。主要包括四类：即非法毒品交易或武器交易，伪造货币或有价证券；涉及危害国家安全的犯罪；营利性或习惯性犯罪；帮派分子或以其他方式实施的有组织犯罪。其二，存在再犯的危险。例如，有特定事实认定存在再犯罪的危险，为破获该等犯罪，可以派遣卧底侦查人员。

(三) 采取卧底侦查的前提条件

美国联邦最高法院在 1964 年 Beck v. Ohio (379U. S. 89) 一案

---

① Undercover and Sensitive Operations Unit：Attorney General's Guidelines on FBI Undercover Operations. Revised 11/13/92，来自 http://www. usdoj. gov/ag/readingroom/undercover. htm。

中确定了卧底侦查的证据条件和证明标准，该标准为“相当理由”。该判例认为，卧底侦查必须由法官签发令状才能为之，而根据美国宪法修正案第4条，即“（法官）无合理理由不得签发令状”，所以卧底侦查在证明上必须具备“相当理由”。“所谓‘相当理由’，就警察所知之事实情况，有合理可信的信息，足以使一谨慎的人相信犯罪已发生，而嫌疑犯为犯罪行为人。”①

根据德国刑事诉讼法典第110条a第1款规定，德国立法上限下列两种情形方可派遣卧底侦查人员：一是在采用其他侦查方式无效果或有重大困难时；二是其他侦查措施可能无效果时。但限于该犯罪行为有特殊重要性，否则应于其他侦查方式无效果后，才能派遣卧底侦查人员。

（四）卧底侦查的批准主体

在美国，根据1964年Beck v. Ohio（379U. S. 89）案的裁决，卧底侦查必须由法官签发令状才能为之。《准则》中规定，卧底侦查在紧急情况下，由FBI特别主管机构（SAC）批准。根据《准则》I款规定，（1）在需要SAC书面授权的情势下，如果认为书面授权会导致重大的难以预料的侦查丧失机会的可能性，SAC可以口头授权，但是，事后必须把书面的批准的理由以及书面申请及时呈交FBI总部。这包括两种情势：（a）在如果不是如此而由专职局长助理批准的情势下，SAC可以批准卧底侦查，当其认为如果不启动、继续、改变卧底侦查，将会导致人身、财产、个人安全处于危险状态；（b）在如果不是如此而由专职局长助理批准的情势下，SAC可以批准卧底侦查，如果其认为启动、继续、改变卧底侦查是保护声明的或者重大人身伤害不可或缺。而一般情况下，如果有合理期待存在，局长、副局长或者是指定的局长助理可以批准卧底侦查，但是，批准前应当由卧底侦查审查委员会审查，并且

---

①　王海平：《卧底侦查之法律适用研究——解释学视角》，载《山东警察学院学报》2006年第3期。

在特殊或者敏感情势下，负责批准的专职局长助理应同总检察长助理协商。

在德国，根据德国刑事诉讼法典第110条b第1、2款的规定，卧底侦查的审批权一般情况下由检察官以书面形式审批同意后方可实施，但在情况紧迫、不能及时得到检察官同意时，可以先行派遣卧底侦查人员，若检察官在3日内未予追认的，应终止卧底侦查。如果派遣卧底侦查人员是针对特定犯罪嫌疑人或者为侦查特定犯罪嫌疑人，卧底侦查人员必须进入非公众可以出入的住宅的情况时，进行卧底侦查必须获得法官批准，但情况紧迫时可以获得检察官的同意后实施，若检察官未能及时决定的，可以先行派遣卧底侦查人员。法官于3日内未予追认的，应即终止卧底侦查。

（五）卧底侦查人员的安全保障

在美国，在《准则》在H（4）款中，规定了自卫条款。在紧急情况下，任何规定不能禁止卧底侦探采取合理措施进行自卫的权利，以此来保卫其生命或者其他反抗不当暴力的人的生命。此类措施应当被报告到适当的联邦检察官和FBI总部，并尽快由联邦检察官和FBI总部通知负责犯罪的总检察长助理。这主要是通过在卧底中行使自卫权来实现的。

在德国，根据德国刑事诉讼法典第110条b第3款的规定，卧底侦查终结后，得对卧底侦查人员身份加以保密。授权卧底侦查的检察官或法官，可以要求卧底侦查人员公开其身份。如果卧底侦查人员公开其身份将危及其本人或他人生命、身体或自由之安全，或者可能危及继续卧底侦查工作时，根据有关规定，可以保守卧底侦查人员身份的秘密。这主要是通过身份保密来实现的。

（六）卧底禁止条款

在美国，根据《准则》H（3）款规定，（a）除非自卫，任何卧底侦查人员不得参加任何暴力行为；（b）除非根据V条（避免侦查陷阱）规定，不能启动或者挑起任何犯罪行为；（c）不得实施违法的侦查行为（如侦查陷阱、非法开启他人信件、实施达到非法侵入程度的搜查）。

在德国，根据德国刑事诉讼法典第110条c、d的规定，卧底侦查人员可以使用化名，在权利人同意的情形下进入住宅。但卧底侦查人员不得以使用化名之外的其他欺骗手段，获取权利人的同意而进入住宅。卧底侦查人员进入非公众可以出入的住宅，如果对于侦查目的、公共安全、人员之生命或身体安全，卧底侦查人员的继续侦查不存在危险时，应将侦查行动告知住宅所有权人。

（七）卧底侦查获取材料的处理

根据美国《准则》F款规定，对于卧底侦查获得的收益，只要对于行动没有必要，应当上缴美国国库。

在德国，根据德国刑事诉讼法典第110条d第2款的规定，派遣卧底侦查人员的决定文件或其他文件，由检察官保存。如果对于侦查目的、公共安全、人员之生命或身体安全、卧底侦查人员的继续侦查不存在危险时，才可以撤除档案的保存，并可以将它们纳入案卷。此外，根据德国刑事诉讼法典第110条的规定，派遣卧底侦查人员所获之材料，如有情况显示为破获第110条a第1款所列举的犯罪时，允许在本案中用作证据。如果要在另案中使用卧底侦查所获得的相关文件情报资料，必须在检察官审查后，认为对于侦查目的、公共安全、人员之生命或身体安全、卧底侦查人员的继续侦查不存在危险，并在撤除档案的保存以后，方能为另案所用。

纵观美国和德国对于卧底侦查的相关规定，可以看出两国具有一些差异，但是，也具有相似的立法规定和价值理念。二者的相似之处在于：第一，卧底侦查属于可能严重侵犯公民权利的行为，两国对于卧底侦查的批准基本上比较审慎。美国在判例法中确立了由法官批准是否采取卧底侦查，即使其在《准则》中规定了FBI局长、副局长或者是指定的局长助理可以批准卧底侦查，但是，批准前应当由卧底侦查审查委员会审查。此外，这属于部门的内部指导准则，没有对抗判例法的效力，当然，其仍然可以作为重要参考，并且可以看出在对是否采取卧底侦查上极其慎重的态度。而德国采取检察官批准是否采取卧底侦查的方式，也反应了同样的谨慎态度。第一，对卧底侦查通过法律予以规制，使之处于法律之下的可控状态。第二，在适用案件范围上，二者都是针对重大的危害国家安全、公民人身安全及财产安全的案件适用卧底侦查，体现了卧底侦查的相应性原则。第三，加强对卧底侦查中卧底侦探的约束，从另外一个角度实现了对公民权利尊重和保障。二者不同在于：在对卧底侦查人员的保护方面，美国主要是通过《准则》规定了卧底侦探的自卫权，而德国主要是通过对卧底侦探的身份保密而保障其人身安全。此外，德国对于卧底侦查规定得比较详细，通过立法，从批准主体，适用案件范围、条件、身份保密、获取材料的处理等方面对卧底侦查进行了较为详尽的规定，并且是通过刑事诉讼法典的形式予以专门立法，显得比较正规和严谨。而美国对于卧底侦查规定则较为粗略，主要是通过判例法和《准则》予以规定，其规定的内容也不如德国完善和详细。

三、卧底侦查的理论和实践的原则导向

（一）信赖保护原则

信赖与信赖利益的概念同为美国法律所创建，其来自于合同法。对允诺的信赖是合同效力的重要问题，而信赖利益却是合同救济中的问题，是损害赔偿法领域的概念。由此可见，信赖保护原则起源于民商法。但是，行政法和民商法领域均需对信赖利益予以保护，在民商法上表现为诚实信用原则，而在行政法中表现为信赖保护原则。在刑事诉讼法中，特别是在侦查机关与卧底相对人的关系上，具有与行政法中行政机关相类似的精神，因此，信赖保护原则也应该在卧底侦查中得以贯彻和实现。信赖保护原则在刑事侦查中指向对犯罪嫌疑人权利的维护，其含义为“于公法关系中，人民

对国家之存续性所产生的信赖，应受到保护”。[1] 一般而言，卧底侦查信赖保护原则包括以下几个方面的内容：第一，警察或者有权决定卧底侦查的机关应当基于公民的信任而保持忠诚，同时须本着诚实信用的精神，以诚实信用的方法作出是否采取卧底侦查行为的决定；第二，公民信赖的对象主要是卧底侦查的内容以及强度等，其中最主要的是卧底相对人的基本权利的保护，这是信赖保护的范围；第三，对卧底侦查相对人来说，在卧底侦查中具有自己的利益，这是信赖保护的实质内容，也是信赖保护的基础；第四，对卧底相对人而言，相对人的正当信赖利益要以适当的方式给予保护。诸如，可以通过司法审查或者司法救济的方式来实现。这是信赖保护原则的最终实现，也是其最直接的体现。

之所以在卧底侦查中确立信赖保护原则，是因为侦查行为是代表国家和公共意志的，所有的利害关系人都应该对之有实际信赖，并且有理由因信赖而得到有效的保护。在刑事侦查中，即使是犯罪嫌疑人对国家依法对之进行处置也抱有强烈的热忱和期望，这种热忱和期望表达了对国家的信赖。为了不使这种信赖和期待落空，更为了维护国家良性运转的法律氛围，侦查机关对于卧底侦查相对人合法权利的保护就成了必然。同时，这也是创造一种先例，以此向以后类似个案昭示：国家是可以信赖的，政府是值得托付的，从而保证了侦查行为的连续性、稳定性和一致性，减少了类似案例的预期经济成本。其实，这也是一种优秀的治理国家的艺术。那就是，通过具体的个案昭示，实现一种集体的良性法治氛围；通过一种具体的正义，塑造一种普遍的信仰，从而使国家的治理不仅有法律基石，也有道德依托。

救济是信赖保护原则的重要内容。如果信赖利益受到损失，如何进行补救呢？这里救济的内容可以包括。第一，行政救济，对于

① 吴坤城：《公法上的信赖保护原则初探》，载城仲模主编：《行政法之一般原则（二）》，台湾地区三民书局 1997 年版，第 267 页。

非法采取卧底侦查，或者卧底侦查行为超越必要界限的行为人，追究其行政责任。第二，刑事救济。虽然卧底侦查人具有某种程度的犯罪可以减轻的情节，但是，也不应当具有在卧底侦查中的犯罪豁免权，对于超越卧底侦查限度的犯罪，也应追究相应刑事责任。第三，刑事诉讼救济。这包括，对于是否采取卧底侦查行为，由法官决定。对于卧底侦查获得的证据，如果严重违反程序公正的要求，则在法庭中可能面临证据不可采的下场，这属于程序的惩罚。第四，经济救济。对于卧底侦查造成相对人严重人身、财产损失的，应当给予国家赔偿。

(二) 法官保留原则

所谓法官保留原则，是指将特定的公法上事项保留由法官行使，并且也仅法官方能行使的原则。就现代刑事诉讼中的正当程序理念而言，任何对刑事被指控人的重要实体性处分都必须遵守程序法定原则，交由法官作出。①

法官保留原则与法官本身的地位与性质分不开的，这主要是指法官中立性而言。至于何为中立性，戈尔丁认为：中立有三项规则：其一，任何人不能作为有关自己案件的法官；其二，冲突的结果中不含有解决者个人的利益；其三，冲突的解决者不应有对当事人一方的好恶偏见。② 在卧底侦查中，起到关键作用的是前两项，而最关键的则是第二项。第二项是指个人利益或者小集团利益在裁决中应当被隔离和抛弃，以及利益关涉者不能对自己的利益进行裁决。第三项主要基于个人性格、品行、价值取向，禀性情绪的考虑。在卧底侦查中，之所以第二项地位显要，因为它点明了利益在人们现实世界中的作用，利益是一切行为的永动机。马克思也曾说

① 刘磊：《慎行缓起诉制度》，载《法学研究》2006 年第 4 期，第 83 页。

② ［美］马丁. P. 戈尔丁：《法律哲学》，齐海滨译，三联书店 1987 年版，第 232 页。

过："人们奋斗所争取的一切，都与他们的利益有关。"[1] 在决定是否采取卧底侦查中也是如此。如果决定者对案件具有利益，诸如由警察或检察官决定，由于他们对追击犯罪的强烈倾向，那么是否卧底侦查一般总是向侦控一方的利益倾斜。特别是对警察而言，更是如此。这样，利益的冲动会遮掩理性的逻辑，盲目的冲动可能会代替客观的判断。其结果不是司法决定个人的命运，而是私人决定其他个人的利益。

正是因为法官与是否采取卧底侦查行为利益无涉，其不仅能够保证裁决结果在实质上保证公正，能够得到一个实质正义的结果；而且能够保证形式公正，如同类型案件裁决的一致，遵循先例，遵守法定规则等。

卧底侦查涉及诸多因素，既有程序公正与实体公正的对垒，又有罪与非罪的交锋，也有人权保障和人权卫护的角逐，因此，保证与其无关的人，也是清醒的人对是否采取卧底侦查进行裁决，是实质正义的真正要求和实现。另外，法官保留原则在刑事诉讼特定领域的适用能补充立法资源的不足。以侦查领域为例，随着技术的进步和互联网的发展，刑事犯罪的手段不断翻新，形式不断智能化，复杂程度不断提高，相应的，侦查机关与犯罪斗争的手段、技术也在不断变化。而刑事法律制度其实是无法超越或赶上犯罪与打击犯罪实践需要的。因此，对侦查实践中新出现的侦破手段、技术的控制，也只能仰赖中立法官根据案件的具体情况进行定夺。因此，将一些领域保留由法官裁决，实质上是利用法官的造法能力，补充制度资源之不足[2]。

(三) 比例原则

在近现代社会，比例原则在法学的各个领域都得到了长足的发展，在行政法领域更是如此。而最早真正贯彻并在比例原则发展史

---

① 《马克思恩格斯选集》(第1卷)，人民出版社1995版，第82页。

② 李蓉：《法官保留原则的借鉴》，载《法制日报》2006－06－08。

上起到关键作用的国家是德国，在19世纪末期，普鲁士一般法就规定，“采取为维护公共秩序所必要的措施”是警察的职责，而不必要的措施则不属于“警察的职责”。德国无论是在警察法、行政法还是在宪法中，抑或是在法学理论中，都为比例原则的完善和发展添上了浓墨重彩的一笔。首先提出比例原则的学者是后来德国行政法学鼻祖奥托·麦耶，在其《德国行政法学》一书中，他提出了“行政权追求公益应有凌越私益的优越性，但行政权力对人民的侵权必须符合目的性，并采行最小侵害之方法”，也即“比例原则”①。而对比例原则最深入的阐述首推德国法学家鲁伯莱西特克劳斯与彼得·莱尔歇的研究。② 在内涵上，比例原则包括三个部分，即必要性、手段妥当性和相当性原则。必要性原则主要是从手段与目的的关系进行阐述。即卧底侦查的采取应当能够实现侦查犯罪的目的，具有合法性。妥当性原则可以称为最小伤害原则，即在能够实现刑事诉讼目的的所有手段中，应当选择对公民权益侵害最小的、最为温和的方式。这其中既有人权保障的要求，有人道精神涵盖于其中，也是禁止伤害权力源泉的要求。相当性原则有两方面要求，第一，案件的危害程度应当与卧底侦查手段的强度相一致和相对应。卧底侦查应当针对国家安全、贩毒、伪造货币、走私、贩卖人口、洗钱、黑社会或黑社会性质的犯罪，以及在通过常规侦查手段无法破案，或破案会遭遇重大困难的案件。第二，公益获得与私人权益损伤之间具有相当性。人所受到的损害，或者说作出的特别牺牲，比之于公权力由此获得的利益，应当轻微得多，合算得多。并且，损失必须限定在可以合理忍受的程度内，否则，公权力的行使就有违法、违宪之虞。③ 只有在利益衡量的天平上，前者大

① 叶俊荣：《论比例原则与行政裁量》，载《月宪政时代》1986年第3期。

② 范剑虹：《欧盟与德国的比例原则——内涵、渊源、适用与在中国的借鉴》，载《浙江大学学报》（人文社科版）2000年第5期。

③ Richard J. Pierce, Jr., SidneyA. Shapiro& PaulR., Verkuil Administrative Law and Process, the foundation press, INC. 1985, pp. 425 -426, 429.

大超过后者，采取卧底侦查才具有现实意义，否则不是保护公益，而是假借公益的名义侵害个人的利益行为。

比例原则实质上包含了限制国家权力，通过限制国家权力空间，为国家权力划定范围和界限的方式，来保障公民的权利，属于国家权力行使的例外。

第五节 秘密摄像、拍照的法律分析与考察

秘密摄像、拍照是通过一定的摄像器材或者拍照，在没有获得被摄像、拍照人同意或者在其不知情的情况下，获得相关的照片、摄像带等证据的行为。一般认为，秘密摄像、拍照是侦查犯罪、查明案件事实的有力武器。世界上很多国家也在刑事诉讼法中确立、承认了其法律地位，但是，在秘密摄像、拍照问题上，同样纠缠了诸如控制犯罪与隐私权的冲突，程序公正与实体公正的矛盾。基于此，各国根据一定的利益衡量，作出了相关的立法和司法举措，以此保证公权与私权、秩序与自由之间的衡平。

一、秘密摄像、拍照蕴涵的冲突

（一）秘密拍照与公民隐私权的冲突

在《现代汉语词典》中，隐私，是指“不愿告人的或不愿公开的个人的事。”[①] 一般认为，1890 年萨缪尔 . D. 沃伦和路易斯 . D. 布兰戴斯在《哈佛法律评论》中首次提出了隐私权理论。该文中称隐私权为“不被了解之权利”。著者在文中将隐私视作与人类尊严不可分割的一种条件和权利，是对人的平等和尊敬的一种人

① 中国社会科学院语言研究所词典编辑室：《现代汉语词典》，商务印书馆 1996 年版，第 1506 页。

格。作者认为隐私的实质是人类价值的缩影。① 随着理论研究的深入和司法实践的发展，隐私权问题研究开始逐步发展起来，美国的法院也开始将隐私权作为一项重要的民事权利加以保护。② 学者们对隐私权这一概念提出了各种不同的观点。美国法学家威尔廷认为："所谓隐私权，是指个人、团体或组织，拥有决定在何时，以何种方式，在何种程度上将自己的信息传达给他人的权利。"③ 英国学者威廉·班尼认为，"隐私权的内涵，与一个人的人格尊严有极大的关系。使一个人的私生活受到干扰，将他的姓名、照片、肖像等未经同意而公开刊布，使他在精神上感到不安、痛苦、羞耻或惭愧，显然其人格尊严已受到侵害。"④

隐私权最初是一项侵权法上的权利，但是，随着隐私权的重要价值的彰显，其在公法上也越来越被重视和尊重。在美国，联邦最高法院在一系列判例中，扩大解释宪法第四、第五、第十四修正案，使隐私权的保护纳入到宪法保护的领域中。"自此隐私权开始具有了双重性质，既是一种普通法（侵权法）上的权利，更是一种宪法上的权利。"⑤ 而一般认为，隐私权的内容，是指公民对自己的隐私信息、隐私空间和私人生活享有权利的范围。从广义上讲，隐私权包括隐私信息隐瞒权、隐私信息支配权和私人生活安宁权。

西方国家对于隐私权的关注，可以从以下几个方面考虑：第一，基于人格尊严的尊重。是把人当作人来对待，是一种拒绝侮辱

---

① ［美］Anita L. Allen、Richard C. Turkingten：《美国隐私法学说判例与立法》，冯建妹等编译，中国民主法制出版社 2004 年版，第 16 页。

② 张新宝：《隐私权的法律保护》（第二版），群众出版社 2004 年版，第 28 ~ 29 页。

③ 刘迪：《现代西方新闻法制概述》，中国法制出版社 1998 年版，第 119 页。

④ 顾理平：《新闻侵权与法律责任》，中国广播电视出版社 2001 版，第 231 页。

⑤ 王利明：《美国隐私权制度的发展及其对我国立法的启示》，中国民商法律网，2004 - 02—06。

自己及其同类的表现。第二，基于公民创造力的考虑。对于一个无时无刻不在政府秘密拍照、摄像等监视之下的国度，公民所做的唯一事情就是如何自保。而为了自保，他们就会尽量减少自己多余的、新奇的、对于统治者而言是异己的想法和行为，使自己被控制在以行政为主导、以政府权力为导向、以政府主流理念为思维范式的圈子中，很难想象此时公民具有创造力，因为此时割裂了公民的想象力，而想象力正是创造力的源泉。第三，基于对西方以基督教为代表的宗教精神的考虑。对于基督教而言，隐私是属于个人与神之间的事情，个人只有在真心忏悔的情况下，才会主动接受上帝的裁决。而在此时，即使向上帝忏悔，也必须选择在教堂的一个隐蔽的场所，向上帝倾吐自己的隐秘世界。这一点是得到圣经教义保证的。同时，即使对于基督教的信教者而言，对于上帝，其也有决定是否把自己的隐私说出还是保持缄默的权利，有其自己决定是否接受上帝裁决。这一切保证了隐私权的主体性、专有性和自由性。第四，基于隐私权是对抗无所不在的政府权力的最后一座堡垒的考虑。对于公民的隐私权而言，是公民安身立命，独善其身的最后家园。即使隐私是一座破败的茅屋，但是，皇帝、国王不能进入，武士、军队、警察必须在隐私权面前止步，这是宪法意义上的权利，它标明了开化和愚昧、文明和暴政的边界。这也是公民最后意义上的自卫权利，属于底线的权利，越过了这个底线，就可能会使公民重回披毡挂褰、茹毛饮血的时代。

既然公民对自己的隐私权有自由取舍的权利，那么，国家机关就不应当对此无端侵扰和干涉，这是一个权利和权力的界限和关系问题。秘密拍照、摄像无疑将会对公民隐私权等基本权利造成极大的挑战。但是，基于国家是公民总体利益的代表者，也由于现代犯罪的隐秘性、复杂性、高科技性等诸多特点，出现了不适用秘密拍照、摄像等秘密侦查行为就很难侦破的案件，因此，这仿佛在一个皮球的顶端站立着两个严重冲突的利益。如何保证二者的摩擦力减至最少、合力达到最大，确实是一个值得深思的问题。此时，关键是衡量秘密拍照、摄像对国家、社会的利益，以及公民个人利益的分量，然后进行成本和价值的比较分析，在确保被拍照、摄像人的基本和最低权利前提下，进行取舍或者协调。

（二）实体公正和程序公正的冲突

在秘密拍照和摄像问题上，也反映了实体公正和程序公正的冲突与对垒。秘密拍照、摄像是查明案件事实、打击犯罪的有效利器。在一般情况下，能够花费较少的司法资源达到较好的司法效果，明确地彰显了追究犯罪的实体公正的趋向。但是，像其他的秘密侦查行为一样，秘密拍照、摄像又是侵犯程序公正价值的利器。在秘密拍照、摄像中，基于其对公民权利的严重威胁，需要对程序的规范性和公正性有较高的要求。但是，在秘密拍照、摄像的性质上，各国还存在一些不同的认识。例如，在日本，对于秘密拍照、摄像是强制侦查行为还是任意侦查行为存在争议。在德国，除了法官是法定的批准主体外，检察官也可以批准秘密拍照、摄像。秘密拍照、摄像属于严重侵害公民私权的行为，把此类行为放在承担追诉职责的检察官手中，甚至是警察手中，基于其打击犯罪的热情和倾向，能否保证对是否采取秘密拍照、摄像持客观中立的态度，不能不让人疑虑重生。在形式上也不能体现出程序公正的要求，在社会效果上也不能达到消弭公众疑窦的目的。因此，如何在实体公正与程序公正之间寻找一个平衡点将是在秘密拍照、摄像立法、司法以及理论中追求的目标。

二、秘密摄像、拍照的比较法考察

（一）美国摄像、拍照的实践和理论

在美国，在实践中，对于有组织犯罪、重大暴力犯罪监控照相经常使用，侦查人员通常在特殊装备的卡车或帐篷车里进行监视并进行秘密拍照。犯罪分子进行非法交易总是很谨慎的，因此通过秘密拍照所取得的证据材料对于证据达到排除合理怀疑的证明标准是十分必需的……许多警局购买了夜视照相机进行光线不适合情况下的拍照。这些装置可以利用星光或月光拍到可辨认的形象。①

在理论中，摄像和拍照获得的证据属于美国证据种类的一种。但是，必须保证其取证程序的合法性，否则就可能导致证据不可采的境地。在美国 Kyllo V. United States（533 U. S. 27［2001］）案中，法院认为，使用技术设备探测那些非经物理侵入不可知的住宅细部，属于搜查，因此，如无许可令即为不合理。② 根据 Kyllo 案，在采取拍照、摄像进行侦查时，即使是在公共场所，但是，只要是涉及对住宅的内部进行侦查，那么，就属于搜查之列。在美国，搜查必须有搜查令，否则，法庭可能会根据非法证据排除规则，将获得的照片或者录像带排除。此外，除了符合法律规定的取证程序外，拍照或者摄像形式本身还必须符合法律规定。“照片要记载日期，编号（编号包括案件编号和犯罪类型的编号）。为了更好地辨认照片中的犯罪场景和主题，要记载拍摄人的名字、照相的地点、相机的方位、镜头的型号、距离被照物体的距离，快门和胶卷的速度、当时的天气等情况。并在旁边要有一个简要地叙述”……“照片必须被正确地编号、归档和保密才具有可采性”。③

（二）德国的立法和理论

德国刑事诉讼法典第 100 条 c 规定了“不经当事人知晓的措施”，即在采取其他措施进行侦查将成果甚微或者难以取得成果的情况下，可以经法官批准（紧急情况下也可由检察院或他的辅助官员批准），不经当事人知晓而拍照、摄像；在所侦查事项对于查

---

① Michael D. Lyman:《Criminal Investigation——The Art and the Science》, Third edition, Upper Saddle River, New Jersy, 2003, p. 59. 转引自孙长永主编：《现代侦查取证程序》，中国检察出版社 2005 年版，第 41 页。

② ［美］罗纳尔多 . V. 戴尔卡门：《美国刑事诉讼——法律与实践》（第 6 版），张鸿巍等译，武汉大学出版社 2006 年版，第 353 页。

③ Michael D. Lyman:《Criminal Investigation——The Art and the Science》, Third edition, Upper Saddle River, New Jersy, 2003, p. 59. 转引自孙长永主编：《现代侦查取证程序》，中国检察出版社 2005 年版，第 42 页。

清案情十分重要的条件下，使用其他特别侦查技术手段侦查案情和行为人的居所；根据一定的事实认为某人具有实施了法定范围内的犯罪行为嫌疑，并且采取其他方式不能或者难以查明案情、侦查被指控人居所的情况下，允许使用技术手段窃听、录制公开的言论。这种“不经当事人知晓的措施”只允许用来针对被指控人。

德国一贯具有严密立法的传统。对于秘密拍照、摄像也是针对近些年来相关案例增长的趋势作出的立法反应，从而德国刑事诉讼法典增加了100条c的规定。在该规定中，即使基于对特定犯罪的打击而采取秘密拍照、摄像的立法，但是，其刑事诉讼法典同样规定了严格的规制措施。这包括：对批准秘密拍照、摄像采取法官保留原则，但在紧急情况下由检察官或者其他辅助官员也可以批准。这既保证了对于秘密拍照、摄像的司法控制，同时也体现了其灵活性的一面，即在特殊情况下由检察官等批准。此外，还体现了德国刑事诉讼法典比例原则的传统，即必须在其他方式不能达到侦查效果或者目的的时候，才可以采取秘密拍照、摄像，这就使采取此类措施具有了必要性，也相对减少了对基本权利的无端侵害和干扰。

（三）日本的拍照、摄像的理论、立法和司法实践

日本著名法学家田口守一教授在其《刑事诉讼法学》一书中专门对拍照、摄像做了介绍，他将科技证据分为：（1）拍照摄像；（2）采集体液；（3）监听；（4）测谎器检查；（5）警犬气味鉴别；（6）声波鉴别和笔迹检验；（7）DNA基因鉴定。[①] 因此，拍照、摄像在日本属于科技证据之列。在日本，拍照、摄像与其刑事诉讼法典第197条强制措施法定主义的关系、学说主要有以下几种解释。任意措施说认为，拍照、摄像未对措施相对人造成任何物理上的侵害，属于不具有有形力的任意措施，不受强制措施法定原则的限制。强制措施说则认为，其刑事诉讼法典第197条规定的

① ［日］田口守一：《刑事诉讼法》，刘迪等译，法律出版社2000年版，第236页。

"强制措施"是广义上的强制性措施，比其他法律规定中的"强制措施"包括更多的内容。其中，对强制措施的对象的精神权利实施限制的，属于变相的强制性措施。侦查机关实施的拍照、摄像是对犯罪嫌疑人的隐私权和肖像权的侵犯，属于变相的强制性措施。必须具备刑事诉讼法典第218条第2款规定的实施逮捕的条件，针对已签发逮捕证的犯罪嫌疑人或现行犯人，才可以实施拍照和摄像。强制措施新说提出，刑事诉讼法典第197条中的"强制措施"仅限于刑事诉讼法典指定时的传统强制措施，并未预见和包含拍照、摄像等新型的侦查手段。因此，考虑到宪法第31条的人权保障规定，应当通过立法手段规定拍照和摄影的具体容许条件，其中应包括：拥有清楚的犯罪嫌疑，存在取证的高度必要性、情况紧急无法取得司法令状、使用适当的摄像方法等必要条款。

在允许实施拍照、摄像的问题上，学说有限定说和非限定说之分。限定说认为，在严格遵守京都府学连判例中确立的实施要件的同时，对依据逮捕证实施逮捕的犯罪嫌疑人、根据刑事诉讼法典第212条第1款、第2款可实施现行犯、准现行犯逮捕的犯罪嫌疑人以及刑事诉讼法典第218条第2款、第220条认可范围内的犯罪嫌疑人，均可类推适用，实施拍照、摄像。非限定说在结论上与限定说没有大的差异，但允许以收集情报为目的对游行队伍实施拍照以及在犯罪发生前展开状况摄像。例如，在上智大学内讧案件的一审判决中，为了确定犯罪嫌疑人，在犯罪嫌疑人出入的住所外拍摄犯罪嫌疑人等的容貌被认为是合法行为。在预计可能发生犯罪的地点事先设置相机，在犯罪发生前开始摄像、录影的行为判其合法等。①

从美、德、日三国的相关法律规定和司法实践中可以看出：第一，对于秘密拍照、摄像而言，一般适用于有组织犯罪、危害国家

① 彭勃：《日本刑事诉讼法通论》，中国政法大学出版社2002年版，第120～122页。

安全罪、走私犯罪、伪造货币罪、恐怖活动犯罪及其他的重大刑事犯罪，这表明了各国对于秘密拍照、摄像所持有的审慎的态度，以及对秘密拍照、摄像可能对公民隐私权等其他基本权利侵扰的担心。这是从案件范围上进行规范。第二，三国对于秘密拍照、摄像基本上采取规范主义精神，无论从程序上，还是从拍照或摄像的形式上进行了相应的规范，并且还对非法拍照、摄像规定了程序法上的后果，如非法证据排除等。这是从程序上进行规范。

其他各国对于秘密拍照的适用范围的规定，基本上都是限定在危害国家安全罪、走私犯罪、伪造货币罪、有组织的黑社会性质的犯罪、恐怖活动犯罪及其他的重大刑事犯罪和跨国犯罪中。还有一些如法国、意大利等国家对于秘密拍照适用的犯罪可能判处的刑期也有要求，各国对于秘密拍照适用范围的要求体现了对于隐私权等基本人权的干涉必须是为了保护国家秩序和社会利益所必需，必须是公共利益与“私权”相平衡不得已的结果。同时，由于秘密拍照基本上属于强制侦查措施，应该符合强制侦查的必要性原则和比例原则，因此必须是在使用其他侦查手段难以取得证据或者有重大危险时才可以采用。运用秘密拍照时也应该注意其适用范围，在侦查犯罪与犯罪嫌疑人隐私权保障中寻求动态的平衡。①

三、秘密拍照、摄像的理论与实践的省思

相对于普通侦查行为而言，秘密侦查行为在我国的立法中属于禁区或者空白。在立法上，就是普通侦查行为也谈不上实现了司法审查或者完善的程序规范机制，更遑论秘密拍照、摄像等秘密侦查行为了。在理论方面，对于秘密拍照、摄像关注也相对较少，特别是从隐私权的高度关注得更少，没有把秘密拍照、摄像上升到涉及公民宪法权利或者地位的考虑。在实践中，也没有对秘密拍照、摄

---

① 林铁军：《侦查中秘密拍照的人权保障问题研究》，载《新疆警官高等专科学校学报》2005 年第 3 期。

像的合法性予以更多的关注。如果说侦查前置程序属于刑事诉讼研究中的一个空区的话，对于秘密拍照、摄像研究则是这个空区的盲点。由于我国传统上对隐私权关注得不够，或是认为隐私权属于民事法律调整的范畴，或是认为隐私权并不涉及对公民人身强制活动，从表面上看也并没有伤及犯罪嫌疑人、被告人的身体，因此，忽略了对其关注。但是，却不知隐私权是对公民权利的一种深度伤害，虽然没有伤及其外在的肉体，但是，从其对人格尊严的保障，对宪法权利意识的提升，对公民主体意识的张扬的角度而言，谁又能说不具有值得一书的价值呢？而如何合理地对维持公共利益和私人利益之间的衡平，合理地在立法、司法实践方面对秘密拍照、摄像进行程序规制和控制，则既需要理念上的更新，更需要法律、实践的制定或贯彻。一般而言，应当作出如下措施：

（一）明确制定秘密拍照、摄像适用的法律

法律是利益平衡的前提，又是利益衡平的调整器。对于秘密拍照、摄像而言，应当在刑事诉讼立法中予以规定，或者是单独列一个条文，或者与其他秘密侦查行为共同列举规定。应当具体说明秘密拍照、摄像需要的形式要件，这是从格式方面进行规范。在具体的程序方面，要考虑到秘密拍照、摄像的特殊情况，明确其强制侦查行为的性质，以此作为司法审查的法律基准。

（二）明晰秘密拍照、摄像适用案件的范围

秘密拍照、摄像是有效的侦查行为，但也是容易侵扰公民合法权利的凶器。因此，应当按照比例原则的精神进行规制。根据比例原则，应当只有在犯罪性质比较恶劣、社会影响比较大，可能被判处一定的刑期或者刑罚，采取其他手段难以侦破的案件中方可使用。一般而言，在决定实施秘密拍照、摄像行为时，上述条件都应当具备，即属于犯罪性质比较恶劣、社会影响比较大，可能判处一定刑期或者刑罚，适用其他手段难以侦破的案件。这样，此类案件的范围一般应限定在：毒品犯罪、有组织犯罪、黑社会犯罪、危害国家安全犯罪、伪造货币犯罪、走私犯罪等。在刑期方面，应当属于可能判处3年以上有期徒刑的案件。

（三）确立秘密拍照、摄像的司法审查机制

秘密拍照、摄像是为了维护社会共同体的生存和发展而采取的“必要的恶”，但是，这种“必要的恶”也需要一定的限度，其行使必须通过严格的程序控制，以此保证对公民基本权利的侵犯降至最小。具体而言，可以仿效德国的做法，在法定情况下，由法官进行审查和批准；在紧急情况下，由检察官先行批准，但是，事后必须附有批准理由，呈送法官审查，如果理由不合法、不适当，或者有其他情况，秘密拍照、摄像行为无效，其获得的证据也面临法庭上不可采的境地。这样，兼顾了侦查的效率性和合法性、实体公正与程序公正的要求，从而保证了秘密拍照、摄像证据有效、合法、适当。

（四）在符合法定的情况承认秘密拍照、摄像证据的可采性

在符合法律规定的情况下，秘密拍照、摄像获得的证据应当具有可采性。在立法中，应当将其列入我国刑事诉讼法中的视听资料证据之中。虽然秘密拍照、摄像获得的证据具有较高的侵犯公民权利的风险，但比起口供而言，其危险性却又小了很多。秘密拍照、摄像证据在日本等国家被列为科学证据。通过对秘密拍照、摄像证据的运用，可以使办案人员走出口供情节的误区，培养其科学办案的精神，实现从依靠言词证据依靠科学证据办案方式的转化。可以说，只要秘密拍照、摄像证据运用得当，绝对是查明案件事实，查获犯罪，维护社会秩序的利器。当然，其也有可能成为侦控机关侵犯公民基本权利的帮凶。

（五）确立非法秘密拍照、摄像司法救济程序

救济是权利最重要的配套部分，没有救济就没有权利。在秘密拍照、摄像证据问题上，通过排除非法获得的秘密拍照、摄像证据，不仅可以有力地保证结果的准确性，使案件建立在客观的、科学的证据基础上，更能防止非法秘密拍照、摄像者对将来类似违法行为的违反。“因为从证据排除制裁的政策基础来看主要是基于：

促进结果的准确性和防止将来的违反，但大多数排除规则不能以促进结果的准确性这样的理由来支持。”[①] 这属于程序上的救济。

此外，还有行政、刑事乃至民事救济。对非法秘密拍照、摄像的侦查人员，如果构成行政责任，则应当予以行政处罚；情节严重构成刑事责任的，移送有关机关追究刑事责任。如果非法秘密拍照、摄像造成被拍照、摄像者严重损失的，不论是精神损失还是物质损失，都应当予以相应的国家赔偿。

① ［美］约翰.W. 斯特龙主编：《麦考密克论证据》，汤维建等译，中国政法大学出版社2004年版，第316~319页。

第二章 鉴定证据篇

引言： 鉴定是一项技术行为，在刑事诉讼中，其却指向不同的价值取向。这些不同的价值取向之间存在着冲突，鉴定证据本身，也蕴藏着诸多的冲突。其中包括科学与伪科学的冲突、专业与业余的对垒、专家与业余人士之间的矛盾。可以说，如果鉴定证据运用适当，必将是实现刑事诉讼目的的有力武器，但是，鉴定证据本身也具有双刃剑的秉性。对于鉴定证据而言，不论是DNA证据、指纹证据、笔迹证据、测谎证据，本身都带有科学的神圣光环，具有使人信服和崇拜的天然力量。因此，出于人类崇拜权威的心理，这些鉴定证据本身就具有更大的迷惑性和误导能力，这也是鉴定证据蕴涵的关键矛盾之一。因此，应当趋利避害，利用鉴定证据的科学性、剥除其盲从性和虚假的权威性，使之成为实现刑事诉讼目的的有力助手，最终达到衡平的目的。

如果对立各方认为不妥协地维护其势不两立的立场，比维护他们同在的社会更为重要，这个社会就必然会毁灭①。

——［美］科恩

① ［美］科恩：《论民主》，聂崇信、朱秀贤译，商务印书馆1988年版，第186页。

第一节　科学鉴定证据的采信

所谓科学鉴定证据，是指具有特定专业知识、技能、经验的人就其专业范围内的内容通过科学方法和科学原理分析鉴别后作出的具有结论性质的证明材料，既包括鉴定结论，又包括专家证言。对于科学鉴定证据的主体，在大陆法系国家一般称为鉴定人，在英美法系国家，一般称为专家证人，其作出的科学结论分别被称为鉴定结论和专家证言。二者在具体形式上有所差异，但是，就其作出结论的科学性的本质而言，鉴定结论是书面的科学鉴定证据，而专家证言是口头的科学鉴定证据，二者都是特定主体根据科学原理和通过科学方法作出的具有结论性质的说明，因此，都可以称为科学鉴定证据。科学鉴定证据伴随着科学日益发展而兴起，并且在诉讼中起着越来越大的作用。但是，正如科学是柄双刃剑一样，科学鉴定证据也同样具有双刃剑的秉性。它既可以帮助事实的审理者客观地发现案件的真实情况，避免侦查、取证的不法行为，防止错案出现，但同时也会对法官的自由裁量形成桎梏。因此，如何进行借鉴、构建、完善科学鉴定证据制度，是一个值得深思的问题。科学鉴定证据在现代诉讼中发挥着无可替代的作用。但是，作出科学鉴定证据的专家不是法官，法官裁决也不是科学鉴定证据的翻版。纵观两大法系，其科学鉴定证据制度的形成有不同的成因，也提供了有益的借鉴和启示，如何合理地引进、吸收和构建，不仅是一种技术或者事实问题，也涉及价值判断问题。

一、科学鉴定证据采信的二律悖论

关于科学鉴定证据在法律中的重要作用，早在16世纪的英国，在伯克利诉拉斯·托马斯　案中，桑德斯法官就关于法律与科学的关系阐述了自己的观点：“如果我们的法律遇到涉及其他学科和专业的问题，我们通常求助于有关学科或专业人员帮助，这是我们的法律应受尊重和值得赞赏的一面。如在重伤罪的诉讼中，根据我们的法律，法官通常需要外科医生的知识和技术最能分辨是否为重伤。"[①]

科学鉴定证据本质属性是科学性。不论是自然科学还是人文科学，科学都代表了一种对真理的探索活动。同时，科学也是真理的一种经验性和知识性的总结。就像达尔文指出的那样："科学就是整理事实，以便从中得出普遍的规律或结论。"[②] 正是由于科学这种特征，决定了科学鉴定证据在刑事诉讼中的地位和作用。特别是在诉讼证明中，由于诉讼证明的目的就是回溯已经发生的事实，但是，由于时间的一维性和不可逆性，以往的事实已经不可能时光倒流得以再现，这决定了证据在诉讼证明中的重要作用。可以这么说，正是证据架构了事实和法律的桥梁。科学证据由于其科学的本质，其作用更是举足轻重。因为证据无非是使法律事实尽最大可能地接近自然事实，而科学证据与普通证据相比，其最大特点就是能保证事实的审理者能够透过现象探知事物的本质，达到对客观世界的认识，保证案件的可证实性，也最大限度地保证了案件的客观性。因为"可证实性只是科学的标志，客观性才是科学之所以为科学的根本",[③] 从而实现事实裁判者发现案件真实的目的。科学鉴定证据延伸了事实裁判者的能力，增强了其自由裁量的信心，这也是其科学性的理论根基决定的。这是因为，"只有科学理论中的定理、定律、规则等（我们将这些东西统称为科学证据，以便与经验证据相对应）才能担当起回答'为什么如此'的重任"[④]。

---

① ［英］麦高伟、威尔逊：《英国刑事司法程序》，姚永吉等译，法律出版社 2003 年版，第 232 页。

② 费多益：《科学的合理性》，科学出版社 2004 年版，第 39 页。

③ 景天魁：《社会知识的结构和悖论》，中国社会科学出版社 1993 年版，第 71 页。

④ 张继成：《论命题与经验证据和科学证据符合》，载《法学研究》2005 年第 6 期。

但是，对于科学鉴定证据是否采信的问题上，法官往往面临的是一种不对称的思维对峙，这也是一种专家与业余人士的对话。由于专家证人本身在作证领域的经验、知识、权威，以及科学鉴定证据的专业性、复杂性、深奥性，无形中为法官设置了一道认识或者认定的鸿沟。可以说，一些科学鉴定证据本身就是一种软性的强制，是为法官设置的迷宫，是科学对法官智力的挑战。结果往往是专家代替了法官，科学鉴定证据代替了判决。这样，一方面，在自由心证制度下，裁判者的判决不受鉴定结果的约束，但裁判者本身又缺乏审核鉴定证据是否适当的能力，故裁判者不得不借助经验法则为取舍鉴定结论之依据，其正确性弥足珍贵；另一方面，大多数的鉴定结论是以“经验法则”为基础，裁判者容易误认为科学证据不容推翻，而无条件予以采纳，其结果发生鉴定人的经验法则大于裁判者的经验法则的矛盾。①

此外，科学鉴定证据除了具有上述一些弊端外，其他的弊端也不容忽视。首先，科学鉴定证据产生的高额费用导致诉讼成本不断攀升。由于科学鉴定证据在诉讼中的重要作用，有时直接决定诉讼的成败。因此，聘请专家作出有利于自己的鉴定证据已经成为一种必要的诉讼开支，但也导致了诉讼成本的不合理增加。例如，在英国，在对抗制诉讼的背景下，当事人为了赢得诉讼，不惜代价地聘请一个甚至多个“一流”的专家证人。在广泛的需求下，专家证人的身价暴涨，丰厚的报酬吸引许多专家成了职业专家证人，形成了所谓的“诉讼支援行业”（Litigation support industry）。② 其次，科学鉴定证据导致诉讼拖延以及需要科学鉴定证据判案的诉讼成为富人的诉讼。尽管法庭交叉询问机制能够在一定程度上排除专家证人带有主观性的证言，但是，案件的复杂性以及专家证人作证技巧

① 周静：《自由心证与陪审制度》，大山出版社1989年版，第17页。

② See Deirdre Dwyer Changing Approaches to Expert Evidence in England and Italy, From http://www.law.qub.ac.uk/ice.

的日益高明使事实裁判者越来越容易被那些主观证言所迷惑。本来用以发现真实的对抗制度现在恰恰成为发现真实的重要障碍。诉讼的胜利者往往是那些有实力聘请更好的专家为其说话的当事人，而那些囊中羞涩的当事人只好远离正义了。① 在英国，事实上，在最近10年暴露出的严重的审判不公的另一种特征是一些科学家被对抗制的法律文化诱入歧途或赎买。在一定程度上，所有的法庭科学家都屈服于制度的压力，这些专家使自己仅仅成为起诉方的工作人员，而不是公平的事实寻求者及坚定、客观的科学知识的传播者。② 除了高额的诉讼费用之外，专家证人的过度运用还为案件设置了障碍，因为经过庭前培训的专家证人懂得如何进行有利于己方当事人的意见陈述，那些“久经沙场”的专家证人的无休止的争辩不仅不利于法官澄清事实，反而会使法官更加难以定夺，不得不花费更多的时间来认定事实。

但是，专家证人并不一定是专门的“御用”证人，科学鉴定证据也不是混淆法官或陪审员认识的手段。一个必须考虑的重要事实是：专家们是以自然而直接地从他们独立于诉讼的研究中得出的结论进行作证，还是仅仅为了作证而提出他们的意见？一个专家为了钱而作证并不必然使其证言的可靠性受到怀疑。确实很少有专家免费出庭，但是在决定专家证言是否算良好科学鉴定证据时，我们不应忽视这样的事实：即一个科学家正常的工作场所是实验室或野外，而不是法院或者律师事务所。一方面，那些其结论是从现有研究里形成的专家不大可能由于报酬的缘故得出一个特定的结论；另一方面，一个专家被请来做证人之前所作的研究和报告将限制他为了服务于这个当事人的特定利益对其进行改造的程度。而且，独立进行的研究有自己的可靠保证机制，因为它是通过通常的程序进行

① 徐继军：《专家证人研究》，中国人民大学出版社2003年版，第9～10页。

② ［英］麦高伟、威尔逊：《英国刑事司法程序》，姚永吉等译，法律出版社2003年版，第246页。

的，肯定要满足许多标准以期获得资金和公共机构的支持。最后，一般而言，很少有科学家积极进行对特定案件有关的研究，这就使当事人收买那些能作出预期结论的专家的能力受到了限制。

二、比较法视野：两大法系科学鉴定证据的采信规则

（一）美国科学鉴定证据的采信标准

美国证据法关于科学鉴定证据之科学性的判断标准的确立和发展主要体现在弗赖伊诉美国案、多伯特诉莫雷尔·道医药有限责任公司案、锦湖轮胎公司诉卡迈克尔等案中。此外，1975 年联邦证据规则也在科技证据采信标准的形成和制定上起到了重大的作用。

1．弗赖伊诉美国案。在 1923 年的弗赖伊诉美国案中，弗赖伊被控犯有二级谋杀罪。在此案中，法官认为，专家证言必须满足如下条件：专家证人推导结论所依赖的规则、方法等，必须在其所属的特定领域内获得普遍认可（General Acceptance）。检验专家证言是否符合上述条件的做法在美国被称为"Frye"测试（FryeTest）。

在司法实践中，"Frye"测试包括如下两个步骤：（1）法官将甄别专家证言所涉及的科学领域；（2）判断专家证言所依据的规则、方法是否在该领域内为业内人士，尤其是权威人士所普遍认可。[①] 这样，对于科学证据的采信标准，一直到 1993 年"Daubert"规则确立前，美国各州法院一直适用弗赖伊规则，即普遍承认规则。事实上，对于 1923 年弗赖伊规则确立的"普遍接受"标准，1978 年的吉尔格斯案只是重述了弗赖伊规则，而 1985 年所罗门规则只是为"普遍接受"标准增加了更加严格的标准，即"没有发表，没有经过同行的复核程序"，是以限定的方式发展了弗赖伊规则，从而确立了"普遍接受"的新标准。可见，所罗门规则是发

① 徐继军：《专家证人研究》，中国人民大学出版社 2003 年版，第 29 页。

展而不是否定弗赖伊规则的，二者一脉相承。①

2. 1975 年美国联邦证据规则第 702 条。1975 年美国联邦证据规则在美国证据制度乃至司法制度的发展进程中起到了里程碑的作用。对于科学鉴定证据方面的规定，可以在联邦证据规则第 702 条找到依据。该条规定，“如果科学、技术或者其他专业知识将有助于事实裁判者理解证据或确定争议事实，凭其知识、技能、经验、所受训练或者教育资格为专家的证人可以用意见或其他方式作证”。与联邦证据规则第 401 - 403 条的规定不同，这三条是关于证据相关性的规定，第 702 条主要关注科学鉴定证据的可靠性，即对专家证人的询问应当重点关注专家证言对事实的裁判者理解证据与确定争议事实的作用，即专家证言的可靠性。

第 702 条没有要求专家意见必须是“普遍接受”才能采信。故联邦证据规则在制定时并没有吸收弗赖伊规则，以“普遍接受”为采纳专家意见的唯一检验方法。因此在联邦证据规则发布后，弗赖伊规则不应当作为联邦法院判定专家证言的审判标准。因此，弗赖伊规则的“普遍接受”检验标准被联邦证据规则所排除。

3. 多伯特（Daubert）案。根据联邦最高法院布莱克蒙法官的意见，鉴于法院在采信专家科学证据的标准上有巨大分歧，如 1987 年美国诉肖特案采用“普遍接受”标准，而 1990 年德路卡诉莫雷尔·道药品公司案抛弃“普遍接受”标准，因此形成了多伯特案的判决背景。根据多数大法官的意见，专家证据不仅要有相关性，而且还必须可靠。即“庭审法官必须保证所采信的任何或所有证言或证据不仅相关，而且可靠”。为此他们解释道，联邦证据

① 根据第九上诉巡回法院亚力克斯·科津斯基法官的意见，1923 年弗赖伊诉美国案确定的原则是，除非科学技术在相关科学界被“普遍接受”，否则其专家证据不足采信。1985 年美国诉所罗门案进一步表述道“普遍接受为可靠技术”，特别是未经发表或者未经同行复核再分析的专家意见。

规则第 702 条[①]是这样表述的，专家证言的主题必须是“科学的……知识”，科学地“暗示”了方法和程序是科学的或是已知事实；或是由已知事实推理出的观点；或是“在良好基础上被接受为真理的观点”，也就是说，科学知识实现量化、推论、主张必须通过科学方法获得，因此，专家证言必须有适当的有效性支持。专家证言与“科学知识”有关的要求确立了证据可靠性标准。

按照布莱克蒙法官的意见，根据联邦证据规则第 702 条检验专家证言是否可靠，应当考虑如下因素：第一，科学证据的理论或技术能否被检验。第二，科学证据的理论或技术是否与已有的专业刊物中记载的原理相同。第三，有关理论误差的发生率以及研究标准。第四，应当考虑有关理论的方法论被“普遍接受”的程度。多伯特规则关注的重点是专家结论依靠的原理和方法，而不是在专家的结论本身。这样，只要专家证言所依据的方法与原理是合理的，即使结论本身是新颖的或者是具有争议的，该专家证言仍然会得到采信[②]。

4. “锦湖轮胎案”（Kumbo Tire）。由于多伯特规则本身没有规定其具体适用范围，因此，在适用的过程中产生了争议，究竟是该规则仅仅限于科学性质的专家证言，还是适用于所用的专家证言，成为美国司法界和理论界一个争论激烈的问题，这个问题通过“锦湖轮胎案”得到了解决。在本案中，联邦最高法院认为，联邦证据规则第 702 条是多伯特规则的渊源，因此，多伯特规则应当在适用范围上与第 702 条保持一致。而第 702 条的适用并不区分科学证言与非科学证言，可以适用于一切的专家证言，因此，多伯特规则的适用范围也应当是宽泛的，可以适用于一切专家证言的可采性

---

① 美国联邦证据规则第 702 条规定：“如果科学、技术、或其他专业知识帮助事实的判定者理解证据或者断定有争议的事实，那么凭其知识、技能、经验、所受训练或教育有资格作为专家的证人可以因此而以意见的形式或其他形式作证。”

② See Edward J. Imwinkelried, the Daubert Decision: Frye is dead, Long Live the Federal Rules of Evidence, Sept. 1993 TRIAL. 60, 64.

判断。

（二）大陆法系国家科学鉴定证据制度的有关规定

与英美法系国家特别是美国的专家证人制度不同，在大陆法系国家，不是通过对科学鉴定证据本身设立标准，而是采取通过对鉴定专家的资格进行严格控制来保证科学鉴定证据的真实性和可靠性的。因此，大陆法系国家并没有在科学鉴定证据问题上改变其职权主义的性质，这体现在法官对科学鉴定证据的职权控制上。一般来讲，大陆法系国家的法官倾向于信任由其自己委任的鉴定人，鉴定人被称为法官的助手。例如，法国刑事诉讼法典第168条第3款规定："审判长得依职权，或者应检察院、当事人或其辩护人的要求，向鉴定人提出属于交付他的任务范围之内的问题。"① 大陆法系国家的法官更相信权威，他们更重视鉴定资格的过程，如学历、职称、工作单位等。由于大陆法系国家的鉴定人一般由法官指定，所以法官为了确保鉴定人的资格，往往习惯从官方鉴定机构中指定鉴定人。②

此外，大陆法系国家还采取鉴定人回避制度，从而保证科学鉴定证据的客观性和可证实性。但是，在大陆法系国家，事实裁判者同样面临着科学鉴定证据对其专业水平的挑战。在一些领域，尤其是自然科学领域，是如此复杂和专业，法庭甚至不能完全理解鉴定人的理由，更不用说评价其可信度了。当几个鉴定人提供了矛盾的鉴定意见时，这一困难更加突出，目前尚未找到有效解决这一难题的办法。③

---

① See Edward J. Imwinkelried, the Daubert Decision: Frye is dead, Long Live the Federal Rules of Evidence, Sept. . 1993 TRIAL. 60, 64.

② See Deirdre Dwyer Changing Approaches to Expert Evidence in England and Italy, From http://www. law. qub. ac. uk/ice.

③ ［德］托马斯·魏根特：《德国刑事诉讼程序》，岳礼玲等译，中国政法大学出版社2004年版，第182页。

三、我国科学鉴定证据采信之构建与完善

纵观两大法系对科学鉴定证据的采信规定，可以看出其目的都是为了保证科学鉴定证据的可靠性和客观性。在英美法系的美国，专家证人完全独立于法官，由当事人一方聘任，法官对于专家证人的选任、资格等没有控制权，所以有必要对专家意见进行控制，从而保证科学鉴定证据的真实性和可靠性。

而大陆法系国家则采取了另一种控制方式，即采取源头控制的方式对科学鉴定证据的主体进行控制，通过对其资格、能力等要求，从而保证科学鉴定证据的客观、真实、合法。在我国，应当借鉴二者之长、避其之短，真正理解科学鉴定证据的本质，既要防止鉴定人从法官的助手变成法官的“上司”，也要防止专家证人变成法官的“敌人”。因此，可以在制度设计上进行如下考虑：

第一，确立科学鉴定证据补强规则。证据补强规则，是指某一证据不能单独认定案件事实，必须与其他证据结合在一起，才能作为案件的定案根据。根据日本刑事诉讼法典第319条第2款规定，不问是否被告人在公审庭上的自白，当该自白是对被告人不利的唯一证据时，不得认定被告人有罪。要认定其有罪，在自白之外，还须有其他证据。确立补强法则，一是为了防止误判；二是为了防止偏重自白。但是，不仅口供需要补强，如果科学鉴定证据不能单独达到证明要求的，也应当适用补强规则，这是由证明的任务决定的，也是由科学鉴定证据本身的性质决定的。科学鉴定证据虽然具有更强的证明力，但并不是科学的判决。对事物的认识需要一个长时间的过程，科学家或者科学鉴定证据专家，即使在本专业领域内也不能回答所有问题。即使是科学程度发展很高的指纹鉴定，也照样孤证不能定罪。特别是对于一些以新的技术和理论为基础的科学鉴定证据而言，由于依据的科学原理和方法的存在是建立在统计学基础上的盖然性或者认识模糊的问题，更需要采取证据补强原则。

第二，适用科学鉴定证据判案时应当说明理由。在科学鉴定证

据采信的问题上，在法官和鉴定专家的认识博弈中，法律往往在实现正义的目的上力求取得二者之间的有机平衡。根据法官最终裁决原则，即使是科学鉴定证据也不能代替判决，再权威的鉴定专家也不能代替法官。但是，基于科学鉴定证据的科技性、客观性，有着特殊的证据价值，而法官毕竟是作为一位业余人士对其进行评判，因此对科学鉴定证据不能任意取舍，是否采纳应当说明理由。在德国，上诉法院曾多次推翻下级法院的判决，理由是审判法院不是根据相关事实形成自己的意见，而是不加批判地接受鉴定结论。因此，法庭可以自由地驳回鉴定人的结论，但必须在书面判决中详细地记录驳回的理由。① 而根据我国澳门刑事诉讼法典第 149 条规定："一、鉴定证据固有之技术、科学或艺术上之判断推定为不属审判者自由评价之范围。二、如审判者之心证有别于鉴定人意见书所载之判断，审判者应说明分歧之理由。"② 同样表明了法律对法官采信科学鉴定证据的态度。

第三，对科学鉴定证据可靠性进行审查。对于专家证言来说，除了对其相关性进行审查外，法官还应当对其可靠性进行审查。通过直接言词原则和交叉询问规则，对专家证人的资格、设备等进行审查。

在日本，判例明确指出法院和控辩双方对测谎结果进行审查：一是检查者的技术、经验、检查器具的性能；二是对检查经过和结果的记载是否准确、忠实。③ 除了对鉴定过程进行审查外，如果所提供的专家证言不是建立在独立研究的基础上，提供该证言的当事方必须提供其他客观的、可证明的证据证明该证言是基于科学有效

① ［德］托马斯·魏根特：《德国刑事诉讼程序》，岳礼玲等译，中国政法大学出版社 2004 年版，第 182 页。

② 《澳门刑法典、澳门刑事诉讼法典》，中国政法大学澳门研究中心编/澳门政府法律翻译办公室译，法律出版社 1997 年版，第 194 页。

③ ［日］田口守一：《刑事诉讼法》，刘迪等译，法律出版社 2000 年版，第 239 页。

的原理。表明这一点的一个方法是通过证明支持所提供的结论和分析经过了正常的科学审查，通过同行复核并获得公开发表。①

当然，同行复核和公开发表并不能保证所得的结论是正确的，许多发表了的科学研究遭到了强烈质疑并且得不到进一步研究的支持。但是，这里不是检验专家结论的正确性，而是检验其方法论的合理性。如果与专家证言相关的研究在经过同行严格的复核后，又在一个有名的科学期刊发表，表明该研究受到了其他科学家的认真对待，因为它符合良好科学的最低标准。同行复核和公开发表最起码增加了方法论中实质性的缺陷被发现的可能性。

如果不能满足这样的证据要求，专家应当满足以下要求，即专家必须准确地解释他们是如何得出结论的，并且指出一些客观的来源，如学术论文、一个专业团体的政策声明、在一个有名的期刊上发表的文章等，从而证明他们采用的科学方法最起码由一少部分科学家在各自的领域里运用。

第四，对科学鉴定证据进行合法性审查。如果说保证科学鉴定证据结果正确是诉讼实质正义的要求的话，那么，保证科学鉴定证据的程序合法则是程序正义的要求。这要求科学鉴定证据的收集过程必须合法，应当遵守法定的诉讼期限，如果法律规定必须获得有权部门批准的话，应当由有权部门批准。对于特定的科学鉴定证据，如测谎结论、催眠结论，应当得到被测谎者、被催眠者的同意，否则就面临证据不可采的结果。在合法性这个大是大非的问题上，即使是科学鉴定证据也没有豁免特权。

第五，引入专家辅助人制度。专家辅助人，是指受委托人的委托，就案件的专门性问题进行说明，并帮助委托人对鉴定人进行询问的技术专家。所指专家是在特定领域或者特定学科中具有相当知

① “枇剂产品责任诉讼案”，611 Fsupp. 1223，1243 – 1248（D. C. N. Y. 1985），aff'd on other grouds，818 F. 2d 187（第二巡回法院，1987），cert. denied sub nom.，Lombard v Dow Chen.，487U. S. 1234（2988）。

识、技能和经验的人。委托人通常是案件当事人，也可以是律师或法官（检察官）等。两大法系中都设立专家辅助人制度，只是称谓有所不同。在英美法系国家，专家证人就包括了专家辅助人，其中最典型的国家就是意大利。根据意大利刑事诉讼法典第 225 条第 1 款规定，下决定进行鉴定后，公诉人和当事人有权任命自己的技术顾问，各方任命的技术顾问的数目不得超过鉴定人的数目。第 230 条规定，技术顾问可以参加聘任鉴定人的活动并向法官提出要求、评论和保留意见……引入专家辅助人制度是科学鉴定证据在现代诉讼中适用日益增长的要求。通过专家辅助人的解释、阐述、质证，可以有效地满足事实裁判者对专业科学知识的需求，也使诉讼当事人在知悉案件证据的情况下更容易接受诉讼结果，使正义不仅能够实现，而且以使人信服的方式实现。同时，专家辅助人除了作为法官的助手外，还能够对鉴定专家或者专家证人起到监督作用。因为，作为一位同行，他们彼此最清楚科学鉴定证据的形成机理和成因。这样，通过明确专家辅助人的资格，界定其权利、义务，从而保证科学鉴定证据的科学性，真正有助于案件事实的发现和正义的实现。

第二节　DNA 证据的价值解析与法律判读

DNA 证据是指通过对人类细胞核抽取的去氧核糖核酸所做的分子遗传学检查而获得的查明或认定案件事实的证据材料。我国台湾地区《去氧核糖核酸采样条例》：“去氧核糖核酸（DNA）为生物科技专有名词，指人体中传递遗传基因之化学物質，而其生物様本乃係採自人體中可供鑑定者，爰為本條第一、二款之規定。物质，而其生物样本乃系采自人体中可供鉴定者。”DNA 证据是通过 DNA 分析获得的，DNA 分析是为了确认或排除犯罪嫌疑而特别许可的自然科学的检查方法。在 DNA 证据的采验、分析以及适用中，既可以看到 DNA 证据的科学价值及其作用，同时也可以看到 DNA

证据中深深蕴涵的法律和价值的冲突，如何在其中进行权衡，既是一个立法技术问题，也反映了一个国家和社会的特定价值取向。

一、DNA 证据的价值解析

DNA 证据可以说是科学证据时代来临的一个重要代表，其在现代刑事诉讼中具有非常重要的价值。首先，DNA 证据是查明案件事实的重要科学手段。DNA 证据被称为“21 世纪的指纹识别技术”。因为它以科学为依据，并与以证人陈述指认证据具有的主观性相区别，它不仅能够确定一些实物证据与案件事实是否存在关联，是否能够成为认定案件的证据，而且成为检查、核实其他证据的重要手段。这些作用都是其他证据形式所不具备的。[①] 其次，DNA 证据可以有效地防止错案的发生。根据密歇根大学法学院 Samuel. R. Gross 教授等人发表的《美国自 1989 年至 2003 年错案报告》，1989 年到 2003 年，15 年中共有 328 例错案，其中 145 人依靠 DNA 洗清了冤情。在这些错案纠正中，DNA 证据发挥了至关重要的作用，特别是在强奸案和谋杀案中，案犯遗留的实物证据相对较多，更加适合应用 DNA 技术进行鉴定，从而给法庭提供更为科学、客观、真实的证据。借助 DNA 证据的帮助，在 90 年代以后，强奸和谋杀两类案件被发现错案的比例远比其他种类案件高。再次，DNA 证据在预防犯罪方面也具有独到的价值。为了防止具有性犯罪或重大犯罪经历者、重大嫌疑者犯罪或者重新犯罪，一些国家和地区纷纷制定了相关立法，如德国刑事诉讼法典第 81 条 g 就规定了针对将来诉讼程序采集细胞和分子遗传学检查。此外，根据德国联邦警察组织法（BKA – Gezetz）第 8 条第 6 项的规定，在联邦警察署设立 DNA 中央联合数据库，从而保证了 DNA 信息在预防将来犯罪中的作用。根据我国台湾地区《去氧核糖核酸采样条例》

---

① 邱格屏：《论 DNA 的法律证据效应》，载《南京大学法律评论》2002 年第 17 期。

第5条，去氧核糖核酸采样的对象为性侵害或重大暴力犯罪案件的犯罪嫌疑人或被告人。其中明显包含了预防再犯罪的立法目的，同时也有利于侦查机关对再犯罪的人进行侦查。

二、DNA证据的法律困境

随着生命科学的飞速发展，承载着个人独特信息的基因逐渐被认为是个人隐私的深层次内容和核心部分。[①] 而DNA证据则是涉及个人本质尊严和深层次隐私的科学证据。在DNA证据的提取和检测中，强制采取犯罪嫌疑人的血液而实施DNA鉴定，不仅只是识别犯人的同一性，也已经侵犯了基本的人性尊严。此外，也会泄露出亲子关系或遗传病的私人身体信息。这样，DNA证据的采验又体现了国家公权和个人私权，国家公共利益和个人隐私，打击犯罪和保障人格尊严的深刻对垒。如何进行取舍、衡平，从而达到公共目的和个人目的之和的最大化，是世界各国应当考虑的问题。

（一）打击犯罪与人格保护的冲突：以德国为例

在处理DNA鉴定与身体信息自我决定权及人格保护中，德国立法和实务界也是经过了若干的反思。根据德国刑事诉讼法典第7章“鉴定与勘验”的规定，其中第81条a虽然规定了对被告采取体液的法律依据，但联邦宪法法院在针对1983年人口普查的宪法判决中，除判决该法部分条文不符合基本法规定而无效外，指出若干重点：（1）在现代化数据处理状况下，基本法第2条第1项[②]和第1条第1项一般人格权[③]包括个人保护其本人资料不受无限制地提取、储存、使用和继续传送。并保障个人自我决定透漏或使用其个人资料的权利；即保障身体信息自我决定权。（2）只有涉及重

---

① 刘大洪：《基因技术与隐私权的保护》，载《中国法学》2002年第6期。

② 人人有自由发展其人格之权利，但以不侵害他人之权利或不违反宪法程序或道德规范为限。

③ 人之尊严不可侵犯，尊重及保护此项尊严为所有国家机关之义务。

大公共利益时才允许限制信息自决权，且此项限制需要有一项合乎宪法的法律基础，而此项法律基础必须符合规范明确性的法治国家的要求，此外，立法者在该规范中必须注意到比例原则，同时，仍然需要根据程序规定采取预防措施，防止人格权受到侵害。

受此判决的影响，对于德国采取血液所做的DNA鉴定，其信息自我决定权是否在第81条a允许采取体液的限制范围内，开始引起怀疑及讨论。一般而言，对于这个问题，可分为两种情形，纵然强制采取犯罪嫌疑人的血液而实施DNA鉴定是为了识别犯人的同一性，因其已侵犯了基本法保障的人性尊严，一般认为已违反了基本法第1条第1项，不在刑事诉讼法第81a条允许的范围内。

德国实务界及学术界是在经历了许多判决及文献讨论后，大多认为第81条a应成为检查身体细胞，至少是其中非密码区（未记载遗传情报区）部分的法律授权的基础。依照德国学者的通说，DNA分析目的只能是血亲确认或确认犯罪迹证，禁止因为精神分析、性格或疾病方面的人格特征或处理财产能力的目的而进行DNA分析。①

（二）DNA证据撒网采验的法律困境：以美国为例

所谓撒网采验DNA（DNA dragnet），是指为了调查特定犯罪，在一定区域内对一些人进行的无令状DNA检查。在美国，第一件DNA证据的撒网采验发生在1990年1月至9月间，加州圣地亚哥在当年1至9月连续发生6起杀人案件，警方要求800名居民提供血液及唾液检验。1995年在佛州Dade County，有2300人接受DNA检验，以查明6名妓女被杀案，但是，凶手并非在此次大规模检验中被发现。1995年，在密歇根Ann Arbor，为了追查一名犯下连续奸杀案的犯罪嫌疑人，也进行了撒网检验DNA。②

① 朱富美：《科学鉴定与刑事侦查》，中国民主法制出版社2006年版，第273～274页。

② 朱富美：《科学鉴定与刑事侦查》，中国民主法制出版社2006年版，第287页。

在美国，撒网采验 DNA 案件主要有两个特点引起法律争论：第一，撒网采验 DNA 没有司法令状；第二，撒网采验 DNA 缺乏对个人的个别怀疑。在美国，由于提取血液、口水检验构成了搜索。依美国联邦宪法规定，没有相当理由（Probable Cause），不得签发搜索票，有相当理由也必须以宣誓书支持。但是，撒网采验 DNA 可以说违反了美国宪法修正案第 4 条，侵犯了公民之隐私权，因而构成不合理搜索，理由如下：首先，撒网采验 DNA 在美国属于搜索，而搜索必须要有司法令状，并且具备相当理由？何谓相当理由？联邦最高法院认为比认定有罪的怀疑程度低，但比单纯的怀疑程度高的理由[①]。撒网采验虽然可能出于一定的怀疑，但是，其怀疑程度远远达不到相当理由的程度，这在美国一些相关案例中可以看出。此外，如果援用 Schmerber V. Califonia 案中的标准更为严格，该案认为，侵入身体收集证据，必须证明传统的调查方法都无法达成目的时才能使用[②]。另外，撒网式采验 DNA 也不属于不须令状搜索的情形。美国联邦最高法院认为，不须令状搜索的情形包括：（1）逮捕时的附带搜索；（2）急迫情形，即为了避免执法人员受到伤害，在没有搜索票时或有急迫的情形搜索武器或机车。其次，如果是出于急迫情形侵入身体取得证据，必须符合两个条件：一是有明显表征（clear indication）会在体内发现证据；二是以合理方式取得证据。而在撒网采验 DNA 案件中，则不具备上述法定要件。再次，对于搜索，在美国，必须达到不法个别怀疑（Individualized suspicion of wrongdoing），而撒网采验 DNA 证据则是针对特定人群的集体检查，不一定具有个别怀疑。

（三）DNA 证据收集和适用的法律冲突的规制

在 DNA 证据立法方面，在控制犯罪和保护公民个人隐私的权衡中，基本上应当遵循如下原则：第一，在一般情况下，公民的个

---

① Brinegar V. U. S. 338(160)1949.

② Winston V. Lee, 470 U. S. 753, 766(1985).

人隐私权具有绝对意义。它是公民独善其身，得以自保的最原始的基础。个人隐私权是公民灵魂和精神居住的家园，即便是一座破旧的茅舍，但对国王也是禁区，最强大的国家机器也不能任意闯入。因此，限制或侵犯公民的个人隐私权必须具有宪法基础。同时，这种限制或侵犯不能是无理由的、不节制的。这也是德国基本法中两条最基本的原则：一是所规定的公民权利被侵犯时，必须有法律明文规定的授权；二是在国家公共权力机构侵犯公民权利时，必须在法律规定的幅度范围内进行。这两项规定即公法中著名的法定原则和比例原则。第二，在特定情况下，公民隐私权可以适当为国家的公共利益让步。因为个人毕竟是生活在一个以利益为纽带进行连接的社会中。每个人都是社会的人，每个人都会通过自己特定的触角从公共社会中获得利益。个人破坏其生存的社会关系将会危害公共生存空间，最终破坏自己的利益。卢梭曾认为，“对罪犯处以死刑，这与其说是把他当作公民，不如说是把他当作敌人”。因此，为了公共利益而进行 DNA 采验，也可以说是在寻找、查获一个人民公敌。但是，即使如此，国家在进行 DNA 证据采验时，必须严格遵守程序规定，禁止泄露公民个人隐私内容，并且只有针对特定范围的案件才能实施，保证国家对公民隐私权干扰的节制。

那么，如何在撒网采验 DNA 证据的法律困境中突围？一般认为，在撒网采验 DNA 证据时，应当遵循如下要件：第一，撒网采验一般应当取得被采验人的同意。只有经过同意，才属于任意侦查，并且同意必须出于自愿。在执法人员威胁、利诱、胁迫的情况下被检验人的同意不属于此处法律意义上的同意。① 第二，应当具备相当理由的个别怀疑。警察即使足以怀疑犯罪嫌疑人可能在某一范围的人群中，但是，如果不能表明 DNA 证据可能在某个人身上获得，也不符合搜索应当具备相当理由的个别怀疑的规定。在紧急情况下，也必须符合一定的条件。譬如，必须以合理方式取得

① 501 U. S 429(191).

DNA 证据，有明显迹象表明案件涉及的 DNA 证据可以在某人身上采集到。第三，只能是为了调查犯罪才进行 DNA 证据撒网采验。如果是为了调查犯罪之外的事项时，必须政府具有特殊需要，才能进行 DNA 撒网采验。例如，铁路公司为了防止员工吸食毒品或者醉酒而采集血液或者尿液进行 DNA 检验，那么，由于侵犯公民个人隐私利益较小，并且政府具有特殊利益，因此可以进行撒网采验。①

三、DNA 证据收集和采用的立法构思

科学证据的广泛运用是未来刑事诉讼中的一个必然趋势。拉德布鲁赫也明确提出了法定证据理论被科学证据理论所取代的观点。从神证到人证到物证也是证据历史发展的一个必然过程。基于 DNA 证据的科学特征，可以预见它会在未来刑事诉讼中发挥越来越重要的作用，但同时也会面临一系列的法律困境。此外，在我国刑事诉讼立法中尚未见 DNA 证据采验的相关法律规定。未雨绸缪，建议在将来的刑事诉讼法修改中，增加 DNA 证据收集和采验的相关条款，或者制定单行《DNA 采样条例》。具体而言，至少应当包括如下条款：

第 1 条：DNA 分析。

DNA 分析又称基因指纹，即对从人类细胞核抽取的去氧核糖核酸所做的分子遗传学检查。这是为了确认或排除犯罪嫌疑而特别许可的自然科学检查方法。为确定血亲关系或确认犯罪证据是否来自被告或被害人，在必要时，除了从被告身体抽取细胞或血液外，也可以从被发现、被保管、被查扣的痕迹等物证中，实施分子遗传学检验。对被告实施验血或抽取身体细胞，仅限于以此为基础，或者有特定的诉讼程序目的，才能进行。

第 2 条：DNA 分析的命令及程序。

① Skinner v. Railway Labor Executive's Association.

依据第一条进行的检查只有根据司法官员的命令才能进行。司法官员必须以书面命令指定鉴定人。依法有法定义务并具备司法鉴定资格的人都可以成为根据第1条受司法官员委托执行检查程序的主体。鉴定人应以技术及组织上的方法避免进行不被许可的分子基因检查，以及避免未经授权允许第三人接触或获悉材料。检验物不应当附带关系人的姓名、住址、出生年、月、日期等信息。监督机构对信息保护部分应当进行监督。

第3条：命令的权限。

检察官有权命令采验细胞。采验细胞不需要被告同意。依第1条采集细胞、采验血液或其他身体侵害，只能由医生进行。如果通过唾液及头发采验细胞，可以由侦查机关执行。除非检察官决定，不能使用直接强制力执行。

第4条：DNA分析的内容。

根据第1条可以对人体身体细胞进行检查，检查的内容主要是非密码区（未记载遗传情报区）部分，对于密码区（记载遗传情报区）部分，则不能进行检查。

第5条：DNA采验的预防性措施。

为了在将来刑事程序确认被告同一性的目的，对于重大犯罪行为的被告，尤其是强奸罪、伤害罪、严重的盗窃罪或敲诈勒索罪的被告，根据犯罪行为的种类或实施情况，以及被告的人格或其他原因，足以认为被告将来因为前述犯罪重新被追诉时，应当对身体细胞进行分子遗传学检查，作为确定DNA同一性的样本。采验的身体细胞只能用于第1条的分子遗传学检查，当不再需要时应立即废弃。

第6条：为将来诉讼程序采验细胞及分子遗传学检查的前提要件。

依本条之规定，为将来诉讼程序采验细胞及分子遗传学检查，须具备下列要件：

（1）被告应当有重大犯罪行为的嫌疑。采取DNA鉴定的预防性措施，被告应当有重大犯罪行为的嫌疑。嫌疑程度应当属于初步嫌疑。必须在DNA检查时有此嫌疑，如最初有重大犯罪嫌疑，后来降低至非重大犯罪的嫌疑，则不能采用第5条。所谓“重大犯罪行为”，必须是严重侵犯国家利益、集体利益以及公民个人重大利益的犯罪，一般指所有暴力犯罪、严重的盗窃犯罪以及强奸等犯罪。

（2）具有采取措施的必要性。必须对行为人将来重大犯罪行为的确认有帮助时才能适用第5条。如果行为人的犯罪行为与细胞分子遗传学检查没有关系，则不能适用第4条。

（3）必须有再犯的可能性。必须根据行为的种类、被告的人格，或根据其他必须采验DNA样本的理由，判断被告将来可能因重大犯罪行为而被追诉，才能为将来诉讼程序采取细胞及分子遗传学检查。是否有此前提，应综合考虑各种情形。

（4）必须没有现存的DNA对比样本。如果被告在一件尚未审理的诉讼程序中，已根据第1条采集细胞并留下可用的DNA对比样本，禁止再根据第5条采验DNA样本。

第7条：DNA样本的销毁。

在符合下列情形时，DNA样本必须被销毁。第一，对于未成年人犯罪，应当在判决生效后销毁其DNA样本。第二，根据我国刑事诉讼法的规定，对依法不起诉的，应当在不起诉裁定生效后销毁其DNA样本。第三，在一审和二审中法院作出无罪裁决的，应当在无罪裁决生效后销毁其DNA样本。第四，通过再审改判无罪的，应当无罪裁决生效后销毁其DNA样本。当不再需要时，应当将DNA样本销毁。这主要包括：第一，已经构成重大犯罪被判决的，如果该人在犯罪刑满释放20年后没有再犯罪，应当将其以前的DNA样本销毁。第二，对于将来有重大犯罪行为可能的人的DNA样本，在采样完成后的10年，如果该人没有实施犯罪，应当将其以前的DNA样本销毁。

第8条：滥用DNA样本的法律责任。

如果DNA样本的管理人员，滥用职权，造成严重后果的，应当根据刑法的相关规定，追究其刑事责任。没有造成严重后果的，应当根据相关法律规定，追究其行政或者民事责任。

第9条：撒网采验DNA证据的前提。

在撒网采验DNA证据时，应当具有相当怀疑，属于“重大犯罪行为”的范畴，并且必须在通过其他方式不能达到查获犯罪嫌疑人的目的时才能采取此种措施。

第10条：撒网采验DNA证据的程序。

在撒网采验DNA证据时，应当获得被采验公民的同意。一般应当在公民的家中进行采验。撒网采验DNA证据应当获得县级以上公安机关负责人或者检察院检察长的书面批准。

四、DNA证据的采用规则

DNA证据本身无疑集中了两难推理的价值冲突。它既具有客观、科学的现代证据价值，但是，也蕴涵着容易侵犯公民隐私，违反程序公正的可能，此外，也并不能排除其是导致错案的元凶。由于其科学性，很可能造成警察、司法人员的盲从，因此，应当以此次刑事诉讼法修改为契机，进行适当规制。具体而言，应当在采信DNA证据时确立如下规则：

（一）直接言词原则

直接言词原则是大陆法系国家在审判阶段适用的重要原则，起源于德国19世纪的立法改革。直接言词原则的引入，是为了去除侦查的法官及审判的法官进行书面审理程序（邮递传送卷宗）所带来的重大缺失。[①] 直接言词原则是程序正义的重要内涵之一，不仅能够防止书面审理的弊端，实现法官的亲历亲为，而且把貌似神秘的诉讼过程以一种场景式的仪式体现出来，增强了诉讼的说服

① ［德］克劳思·罗科信：《德国刑事诉讼法》，吴丽琪译，台湾地区三民书局1998年版，第491页。

性，防止了法官的偏听偏信。基于上述这些价值，使该原则能够在现代国家的刑事诉讼中成为具有普适性价值的规则。

在DNA证据问题上，由于DNA证据本身的高度科学性的特征，似乎是无须接受直接言词原则的检验。在美国的Parker案中，检方专家证人曾说过在能与目前案件DNA形态吻合的比率是三百亿分之一。这无疑是一个接近于100%“同一认定”概率的数据。是否DNA证据就因此获得了直接言词原则的豁免权了呢？答案不一定是肯定的。在此案中，另外一位鉴定人因注意到第二束Band可能是人工附加产生，以及有交叉污染及实验室错误等潜在可能，承认吻合的比率可能性大约是九千分之一。①

诚然，如果排除其他干扰因素的话，DNA证据在证据法上几乎达到了排除合理怀疑证据标准的程度。的确，DNA证据是科学的证据，但并不是“科学的法官”，更不是“法官的法官”，并不能因此忽视其带来的错案风险。在主体方面，如果鉴定人不具有DNA鉴定的资格或者水平，或者操作态度不科学严谨，很可能导致DNA证据由科学的助手变成科学的帮凶。在管理方面，由于实验室管理人员的疏忽，或者基于设备本身的问题，可以导致DNA结论成为法官错判的有力证据。

而根据我国现行刑事诉讼法第157条的规定，公诉人、辩护人应当向法庭出示物证，让当事人辨认，对未到庭的证人的证言笔录、鉴定人的鉴定结论、勘验笔录和其他作为证据的文书，应当当庭宣读。很明显，无论是DNA鉴定证据，还是其他鉴定证据，都不需鉴定人到法庭接受控辩双方的诘问，回答鉴定结论中存在的疑点，也无须到法庭解释其鉴定结论的原理，这明显是与此次刑事诉讼法修改中坚持的程序公正的理念背道而驰的。

因此，应当在此次新刑事诉讼法修改中确立DNA以及其他鉴定证据采用的直接言词原则。如果DNA鉴定专家没有合法理由而

---

① Thompson, supra note 86, at 158 - 159.

拒绝到庭，法庭应当有权作出一定的制裁，或者建议有关机关处理。同时，基于DNA证据本身的复杂性，不论是对法官，还是对控辩两造而言，对其理解都不是一件容易的事情。因此，应当引入专家辅助人制度。引入专家辅助人制度是科学鉴定证据在刑事诉讼中日益增长的要求。通过专家辅助人的解释、阐述、接受质证，可以有效地满足事实裁判者对专业知识的需求，也使诉讼当事人在知悉案件证据的情况下能够更容易地接受诉讼结果，使正义不仅能够实现，而且以使人信服的方式实现。

（二）非法DNA证据排除规则

两大法系的主要国家基本上都在刑事诉讼法中确立了非法证据排除规则，其目的都是规制追诉机关的权力，保障犯罪嫌疑人、被告人的权利，使刑事诉讼在秩序井然的状态下运行。但是，其立法模式和价值取向还是存在着一些差异。具体而言，在英美法系的美国，采取的是“原则加例外”的模式，而大陆法系的德国采用了“证据禁用与权衡”的模式。前者指美国原则上对于非法取得的证据一律排除，但是，基于控制犯罪的压力，则确立了一系列的例外。譬如，联邦最高法院通过案例确立了“最终或必然发现的例外”以及“善意例外”等。而对于“证据禁用与权衡”模式，在德国，“所有在刑事诉讼中对证据的提出设有限制的法律规定都属于证据禁止的范畴”。[①] 德国证据使用的禁止无论是在理论上还是在司法实践中都是比较复杂的问题，因为如果从简单的逻辑推理而言，违背了证据取得禁止的规定，所得的证据就是非法证据，就应导致使用的禁止，但事实上德国的司法实践并非如此简单，一些违反证据取得禁止所得的证据可能被使用，而某些未违反证据取得禁止所得的证据却有可能被排除。因此，德国证据使用禁止在理论上

① ［德］克劳思·罗科信：《德国刑事诉讼法》，吴丽琪译，台湾三民书局1998年版，第212页。

又被区分为自主性证据使用禁止和非自主性证据使用禁止。[①] 在德国的证据禁用中，其非法物证的排除是通过法官的自由裁量权实现的。

基于历史法律传统和现实需要，在 DNA 证据的适用方面，笔者认为我国应当采取德国的“证据禁用与权衡”的模式。这是因为，首先，不断激增的犯罪率是我国采用德国模式的现实原因。根据公安部的统计数字，在 2003 年，全国公安机关共立刑事案件 439.4 万起；2004 年，这一数字上升至 471.8 万起，查处各类治安案件 536.6 万起；2005 年上半年，根据公安部的统计数字，全国公安机关共立刑事案件 213.1 万起，依此判断 2005 年整体情况，这一数字可能与 2004 年持平。[②] 这导致了不能采取美国以保障人权为绝对价值取向的非法证据排除规则。其次，DNA 证据毕竟是科学证据的典型代表，在现实的语境下，还是比其他证据具有更高的可采价值。仅仅为了一些小的瑕疵而予以放弃，不利于程序正义和实体正义并重的刑事诉讼理念的实现。如果仅仅是管理人员的失误，导致 DNA 样本被污染，如果能够补救，在没有侵害被鉴定人重大利益的前提下，应当准许重新鉴定。如果无法重新鉴定，控方应当承担对此不利的程序后果。但是，如果追诉人员严重违反程序规定，侵害公民至关重要的宪法权利，如没有经过公民同意，在没有相当理由的情况下，通过撒网采验 DNA 证据的方式，对公民进行采验血样，显然违背了比例原则，应当予以排除。同时，对于公民的轻微犯罪，也不得采取强制采样的方式获得 DNA 证据。不能因为邻居偷了你家的樱桃而开枪射击，道理也是如此。

（三）DNA 证据补强规则

DNA 证据补强规则，是指仅凭 DNA 证据也不能单独认定案件

① Professor Zheng: week 5 note Part B, p24.

② 中国高犯罪率年增 14 个百分点以上，http://blog.sina.com.cn/s/blog_48f9bc93010008op.html。

事实，必须与其他证据结合在一起，才能作为定案根据。如果与其他证据结合在一起，并不能得出证明方向一致的结论，即使是DNA证据，也不应当作为认定案件的证据。这是由诉讼证明的任务决定的，也体现了刑事诉讼中的人文关怀。只要有技术上的可能，在与国家利益进行权衡的情况下，不应当使能够避免的错案发生在每一个普通公民身上。对事物的认识是一个循序渐进的过程，对DNA证据也是如此。即使是在DNA鉴定领域中具有崇高威信的专家，也不能保证其得出的鉴定结果百分之百能够证明或者排除犯罪。特别是对于以新的技术和理论为基础的DNA鉴定证据而言，由于依据的科学原理和方法存在建立在统计学基础上的盖然性或认识模糊的问题，更需要采取证据补强规则。[①] 在这方面，DNA证据补强规则可以说是防止错案，确保善良公民权利不被侵害的另一扇保险之门。

第三节　指纹鉴定证据原理、冲突与选择

人类利用指纹鉴定进行经济交往、行政管理及其他社会活动的历史很悠久。在司法活动中指纹鉴定的作用更为明显，这不仅包括在民事案件中，也包括在刑事案件中。在刑事诉讼中，指纹鉴定证据是根据指纹独特的稳定性、客观性的特征，通过对获得的指纹样本进行对比后，决定样本之间是否吻合，以此来查明案件事实的活动。指纹鉴定证据虽然具有客观稳定的特征，也可能获得了“首要证据”的称号，但是，这并不代表其具有无可置疑性，也不代表其是不容挑战的绝对真理。随着美国、苏格兰、以色列等国指纹证据导致错案的频频发生，在当今的理论界和实务界出现了理性的质疑声音。

---

① 宋远升：《科学鉴定证据的采信》，载《国家检察官学院学报》2007年第5期。

一、指纹鉴定的理论基础

（一）同一认定原理

早在1925年，前苏联学者亚基莫夫在《方法学上的一致性》一文中，就详细论述了同一认定理论的一些基本问题，如同一认定的概念、特点和分类，同一认定的方法，同一认定的标准和划分条件等。20世纪30年代，C. M. 帕塔波夫教授首次系统论述了同一认定理论的科学基础和基本方法。20世纪50年代末，伐·雅·柯尔金等人在全面总结前人研究成果的基础上，运用辩证唯物主义基本原理，结合前苏联犯罪侦查实践，系统论述了同一认定理论。伐·雅·柯尔金以《犯罪对策同一认定理论和一般方法》为题发表了他的研究成果，标志着同一认定理论开始走向成熟。同一时期，Б. Й. 雪夫琴柯、В. П 柯勒马阔夫等人也从痕迹学和犯罪对策学等角度，对同一认定理论进行了补充和完善。20世纪50年代末期，这一理论传入我国后，国内学者对该理论进行了全面阐释。特别是20世纪80年代以来，国内学者对同一认定理论进行了不同层次的研究，形成了具有中国特色的理论体系。另外，法国、德国、美国、日本、瑞士等国学者对同一认定理论也进行了深入的探索。①

同一认定原理是司法鉴定的主要科学理论依据。同一认定是依据客体特征来判断后来出现的客体是否与以前的客体同一的认识活动。同一认定在司法鉴定中具有重要的作用，指纹鉴定就是根据同一认定原理进行的。这是因为每个人的指纹纹线是不一样的，通过对犯罪现场提取的指纹与犯罪嫌疑人的指纹相比对，从而作出二者是否同一的结论。指纹的同一认定过程，是依据其乳突纹线细节特征的形态、位置、关系、角度和数量的综合比较与评断来完成的。

---

① 胡卫平：《同一认定理论及其逻辑分析》，载《贵州警官职业学院学报》2003年第5期。

乳突线的间距及相互关系/排列——构成了指纹识别的基本依据。在一个普通大小的指印上面，乳突特征总数达到 150 个之多①。……大约有 65% 的人有箕形纹，大约有 30% 的人有斗形纹，而剩下的 5% 的是弓形纹②。通过从来源已知和来源可疑的指印上发现的可识别的特征进行对比，以作出结论。需要注意的是，不管有多少相似点，如果出现难以解释的差异点，则不能作出肯定同一认定的结论。③ 从鉴定理论上看，世界上许多国家都曾对认定同一的 2 枚指纹细节特征符合点数目作过明确规定，大多数确定为 12 点，最少的确定为 8 点，最多的达到 16 至 17 点。④

同一认定是人们在对客观事物的认识中对其规律认识深化的结果，一般具有如下特征：

第一，同一认定是一种认识判断活动。在犯罪侦查学和司法鉴定学的创立和发展过程中，同一认定概念也在不断地完善和发展。最初把同一认定作为鉴定的目的，以后又把同一认定作为鉴定的过程。同一认定是通过对客体特征的比较分析作出的是否同一的科学判断。因为同一认定的本质特征是认定，是对客体作出同一与不同一的认定；而认定是一项认识活动，属于判断的范畴。同一认定的原理和方法构成了同一认定理论，从而进一步指导鉴定活动以及鉴定结论的作出。⑤

第二，同一认定是一种包含差异的运动。同一认定其实就是排除差异的过程，也是排除不同一的过程。同一是认定的动力，差异是同一认定的根据。无论是同一认定还是不同一（差异）认定，

---

① Saferstein, Criminallistics, p. 397.

② Saferstein, Criminallistics, p. 397、p. 401.

③ ［美］查尔斯．R. 斯旺森等：《刑事犯罪侦查》（第八版），郑海等译，中国检察出版社 2007 年版，第 118 页。

④ 兰绍江：《我国指纹技术评述》，载《警察学研究》1994 年第 3 期。

⑤ 姜琳炜等：《同一认定理论对司法鉴定结论之价值》，载《中国司法鉴定》2005 年第 5 期。

都是以客体的特征为基础的。认定同一是因为客体符合点特征组合的唯一性；而否定同一是因为客体符合点特征具有“同位”排斥性。

第三，同一认定是与自身的同一，是客观的同一。虽然在同一认定时，其中一个作为参照的客体可能是大脑中的记忆，但是，这种记忆只是客观的东西在大脑中的反映而已。

第四，同一是本质的同一，是两个客体之间特征上的本质上的吻合。至于“本质”的含义，笔者认为，本质吻合是足以排除其他相似客体的吻合。例如，在进行指纹鉴定时，指纹同一认定一般应当有12个特征符合点。但是，这只是客体特征上的基本吻合或者进行指纹鉴定的基本要求，至于如何才能达到特征本质上的吻合，则需要具体问题具体分析。有时候也可以多于12个特征，12个特征只是一个基本的参照点，只有能够超越合理怀疑的排除其他可能性，才基本达到了本质符合的要求。同一认定是对本质问题的同一认定，而不是对现象作出的同一认定。因此，需要根据具体的案件情况，进行实事求是的分析，从而得出两个客体特征是否本质同一的结论。

第五，同一认定具有相对性。首先，这表现在同一认定只是一种认识活动，是对客体是否与自身同一的一种判断。但是，基于个人的记忆、认知、专业水准、工作态度的不同可以出现认识的差异。此外，从人的认识能力而言，也具有非完善性，不可能达到对事物的全部认识。其次，在客观方面，由于事过境迁，犯罪现场已经被破坏，对犯罪现场上遗留的残缺变形、模糊不清、少线和无细节特征等疑难指纹印痕，即使人们有非常强的认知能力，也不可能达到对事物的绝对的同一认识。

（二）绝对真理和相对真理原理

1. 真理的绝对性或绝对真理有三层含义：（1）就真理的客观性而言，任何真理都包含不依赖于人的客观内容，这是无条件的、绝对的。（2）就人类认识的本性来说，完全可以正确认识无限发展着的物质世界，这也是无条件的、绝对的。因此，承认世界的可知性，也就必须承认绝对真理。（3）从真理的发展来说，无数相对真理的总和构成绝对真理。因此，承认认识发展的无限性，也就必须承认绝对真理。

2. 真理的相对性或相对真理，是指人们在一定条件下的正确认识是有限度的，也有三层含义：（1）从广度上说，它只是对客观世界的一定范围、方面的正确认识，有待于扩展；（2）从深度上说，它只是对特定事物的一定程度、层次的近似正确的认识，有待于深化；（3）从进程上说，它只是对事物的一定发展阶段的正确认识，有待于发展。

自从1892年英国人类学家弗朗西斯·高尔顿出版的《指纹》一书第一次提出人类个体指纹特征的唯一性以及可以利用这种唯一性来协助破案之后，指纹鉴定在侦破各类案件的过程中都是优先使用的手段。此后，盖尔顿理论的继承者们发现指纹是人类还在母亲子宫里就逐渐形成的，它的形成是手掌表皮不规则折皱和手指神经的生长双重作用的结果。前者解释了为何每个人的指纹都是独一无二的，后者则表明指纹中包含着与父母兄弟等直系亲属相同的遗传特征。[①] 这样，说明了指纹本身具有独一无二的特征，这一点在一定的历史条件下，在人们的认识能力所能达到的高度里，是绝对真理。此外，指纹证据在中外刑事侦查历史上，以屡破大案而使其作用和价值获得证实。但是，指纹证据的作用本身又具有相对性。譬如，在美国，随着科技发展和人们认识能力的提高，指纹错案经常发生。在1993年，联邦最高法院依联邦证据规则作出Daubert V. Merrell Dow Pharmaceuticals，Inc案判决，认定法院应负起实质审核专家证言的“守门员”义务。这些专家证言也包括指纹证据。指纹证据这曾经的刑事案件中的绝对真理受到了挑战。的确，指纹

① 陈显忠：《破案利器——个体生物特征》，来自http://www.chinavalue.net/Blog/BlogThread.aspx？EntryID=8785。

证据在刑事侦查中确实起到非常关键的作用。但是，对指纹证据持有理性怀疑的人士而言，却有理由对指纹证据在刑事诉讼中的“金科玉律”般的地位提出质疑。因为，即使如英国科学家弗朗西斯·高尔顿所说：“640 亿人中才能找到一对特征完全相同的指纹”，但是，这一点并不能得到统计学的支持；没有客观并经证明的指纹对比标准；指纹的错误比率也不明确。一般而言，在犯罪现场获取的指纹证据都不是完整的，并且绝大多数在犯罪现场获取的指纹印记是污损的、模糊的，这对指纹证据的曾经无可置疑的地位提出了严峻的挑战。而根据相对真理原理，真理是相对的，会随着时间地点情况的变化而变化。世界上不存在永远正确的真理，因此，指纹证据也不能等同于法官的裁判，必须经过质疑、质证、审查，然后才可以采纳为证据。

二、指纹鉴定证据中存在的真伪矛盾与价值冲突

（一）指纹鉴定的历史沿革与价值

一般认为，指纹学最早发源于中国，在春秋时期人们就认识到指纹具有独特的识别作用。在唐代，在经济交往的契约中、军队人事管理的档案和司法活动中已经较为普遍地使用指纹。这些实践和认识以及朴素的相关理论知识，为以后指纹学的发展奠立了基础。在东方的另一个大国印度，自古以来就有用墨水涂在指头上，并在证书中捺印作为证据的传统。英国人 William Hershel 在印度掌管民政事务期间，于 1558 年将指纹应用于公文、契约上作为识别的标识。

西方世界最早的指纹学的文章是 1684 年由英国生物学家内赫米亚发表的。1823 年，在捷克生物学家乔纳斯·浦金杰《触觉器官和皮肤组织生理学检查注解》的论文中，通过图片的形式描绘了上指节的各种类别的指纹，并试图将其系统化，以发现其与人类个体之间的关系。这标志着指纹学作为一门独立的学科应运而生。1856 年人类学家韦尔对指纹长期观察比较后，发现指纹的形态和

细节特征终身不变，这为指纹学的基础理论提供重要依据。

1880年英国医生亨利·福尔茨在《自然》杂志中提出将指纹用于识别罪犯，并建议将人的指纹加以保存，并发表了《潜在手印》一书。他是指纹学的倡导者之一。1892年英国人类测量学家弗朗西斯·高尔顿发表《指纹》一书标志着现代指纹学的诞生。由此而来引起了刑侦工作的一场深刻变革，此后，指纹证据在世界各国的侦查工作中被广泛运用，成为打击犯罪的有力工具。

在现代社会，最先通过指纹证据侦查犯罪的国家是阿根廷。1891年，阿根廷警官朱安·瓦泽蒂西创建了世界第一个罪犯指纹档案库。在1892年，瓦泽蒂西第一次用指纹破案。此外，阿根廷也是第一个采用指纹作为法庭证据的国家。20世纪60年代，随着科学技术的发展，一些技术先进的国家开始研究用指纹自动化的方式来代替落后的人工操作，经过多年努力，研制成功指纹自动识别系统，为指纹鉴定自动化开辟了新的途径，使其在侦查破案中发挥了越来越大的作用。指纹识别技术在其他领域的应用也越来越广泛。目前国内外指纹信息处理技术日趋成熟，美国、日本、法国等经济发达国家的警察局都已应用计算机管理数百万甚至上千万人的指纹档案，建立了以指纹自动识别系统为核心的指纹信息管理网络体系，使指纹信息的管理和应用进入了一个新阶段。①

（二）指纹鉴定证据面临的挑战

1901年英国苏格兰场正式废除人体测量法，采用指纹鉴定法作为识别人身的方法。此后，瑞士、美国及德国分别于1902年、1903年及1906年开始使用指纹技术作为人身识别的方法。指纹技术从20世纪初开始运用，其证据地位似乎从未受到质疑，一直被世界各国的司法界认为是“证据之首”。然而自1993年以来，指

① 杨艳君，杨凡：《指纹的发现与利用》，载《科学观察》2007年第3期。

纹作为证据在美国法庭上使用却不断遭到挑战[①]。指纹证据常被批评的三点包括：（1）未建立客观及业已证明的标准以评估二个指纹是否符合。（2）错误比率若干并不明白，而指纹的错误比率常被不正当解读。（3）就两个人可能有多少相对应的特征相同并无统计基础，此点在当指纹有污损及扭曲的情形更为重要。[②]

对于指纹证据的质疑声浪日高是与指纹证据导致的错案分不开的。在苏格兰，典型的指纹错案是麦凯案。1997 年 1 月，马里恩·罗斯被杀后，雪莉·麦凯是该案的调查警官，在调查嫌疑人戴维·阿斯伯里时，在一个装有 1800 英镑的罐子上发现有罗斯的指纹，在案发现场的门框中还留有麦凯的指纹。麦凯却声称从未去过现场，并因此被指控作了伪证。但是，麦凯却并未因此屈服，后来经美国指纹专家帕特·沃特海姆以及其他一些美国专家鉴定，案发现场的指纹不属于麦凯的。这是指纹技术第一次受到真正的考验。此外，阿斯伯里的指纹鉴定结果后来经过鉴定，也不是其本人所留，更使指纹鉴定证据名声受损。

在美国，指纹鉴定同样也面临着严峻的挑战。1991 年宾夕法尼亚州的 United States V. Mitchell[③] 案中，犯罪嫌疑人因留在犯罪现场的指纹证据而被定罪，但是，逃逸汽车上的两个指纹和 Mitchell 的指纹被送到多家指纹鉴定机构鉴定后，总共有 34 位鉴定专家作出鉴定，但竟有 9 位专家不能成功进行对比，失败率高达 26%。

另外一个被大肆宣扬且备受人们关注的指纹识别错误案例与 2004 年的西班牙马德里火车爆炸案有关。美国俄勒冈州波特兰市的一名律师布兰顿·梅菲尔德因为被怀疑是这场爆炸案的嫌犯，被警方监禁了两个星期。美国联邦调查局的调查人员将在现场发现的

① 罗亚平，柳佳：《指纹证据地位在美国面临的挑战——多伯特审听》，载《中国人民公安大学学报》2003 年第 3 期。

② 朱富美：《科学鉴定与刑事侦查》，中国民主法制出版社 2006 年版，第 323 页。

③ United States V. Mitchell, No. 96 – 407 (E. D Pa. Feb. 2000).

指纹和梅菲尔德的指纹“匹配成功”，而且当时还有一名中立检查者对这一指纹匹配结果进行了校验。但西班牙警方却对此持不同看法，他们坚持认为现场遗留的指纹并不是梅菲尔德的，并最终确定了另外一个人才是这枚指纹的真正主人。事后，美国联邦调查局不得不承认自己的失误，并将梅菲尔德无罪释放。而美国犯罪学者西蒙·科勒认为，这些备受瞩目的案例不过是众多错案中的冰山一角。其他一些研究曾显示，比对指纹的出错率为0.8%。而2002年，由美国各个犯罪研究室经手处理的全部案件中，可能存在高达1900例的错误指纹匹配。①

在以色列，指纹鉴定也同样造成了错案。在一起刑事案件中，警察用粉末刷显法在现场提取了一枚残缺指印，与嫌疑人样本指纹比对时发现了7个符合点，并据此认定同一，但最终证明这是一起错误的鉴定案例。②

美国专家柯尔认为，指纹识别带来的误差归因于四大要素：第一，不是专业指纹检验官提供的报告；第二，指纹鉴定官员不能胜任这一技术工作；第三，在认定指纹相符之前，没有提供更多的指纹相符点；第四，只有一位专家为被告检查所有指纹证据，并由他得出结论。不幸的是，在柯尔研究的案例中，只要有其中一点，那么指纹鉴定就必然会出现偏差。③

（三）指纹鉴定证据蕴涵的价值冲突

惩罚犯罪与保障人权是刑事诉讼中的一个永恒的主题，在刑事案件指纹鉴定中也不例外。对坚持指纹鉴定证据绝对不容挑战的观点的人而言，其价值取向为惩罚犯罪；对指纹鉴定证据持审慎的怀疑态度的人而言，其价值取向为保障人权。这在世界一些国家的立法和司法实践中都有体现。譬如，在美国，发生了数起指纹证据导

① 《华南新闻》，2005年9月15日 第二版。
② 胡卫平：《指纹鉴定错案》，载《东方法眼》，2005-06-25。
③ 魏道培：《指纹鉴定权威受到挑战》，载《检察风云》2006年第21期。

致的错案后，指纹证据受到严重的怀疑。美国为了打击犯罪，特地对指纹证据的科学性进行了专门的论证。本来，在 Daubert 案及 Kumbo 案之后，许多人都认为会冲击指纹鉴别结果的证据容许性，但或许因为指纹长期以来获得法院承认其证据容许性，最初并未有人对判决表示不同见解。随着许多以科学技术为争点的联邦案件采用 Daubert 之观点，也对包括指纹之所有刑事司法鉴定证据开始产生影响，美国司法部担心一旦将指纹证据以 Daubert 之标准判定无证据容许性，对政府侦办犯罪将构成严重的打击，乃开始正视这一问题，并在 United States V. Mitchell 等案件投入可观的人力、物力为指纹证据之科学性、可信性辩护。[①] 因为指纹证据一般具有客观、稳定性等特点，对事实的裁判者而言，具有直接可视性，能够迅速形成心证。对于侦控机关而言，在科技发达的时代，通过电脑数据库中储存的指纹数据进行对比，在很多案件中，犯罪嫌疑人会被迅速锁定，案件能够被及时查明。因此，可以使侦控人员从烦琐的侦查取证程序中及早解脱出来，也可以使法官从冗长的审判程序尽快地解放出来，极大地节省司法了资源，保证了国家对犯罪的有效打击。

对于坚持指纹证据具有可疑性，而需要审慎审查的人而言，指纹证据由于没有建立客观的对比标准，指纹鉴定的错误比率尚存在疑问，以及指纹证据在很多时候存在模糊不清的情况，这些都极大地增强了指纹证据导致错案发生的可能性。特别是指纹证据由于其科学证据的特点，其鉴定结果不仅被普遍接受，而且被普适相信，因此，一旦通过指纹证据被认定有罪，那么，除了当事人自己以外，其他人很少会相信其内在的实情，同时司法机关也会容易形成惯性心理，忽视或惰于对指纹证据的真实性、相关性、可采性进行审查。这样，在侦控程序中，犯罪嫌疑人、被告人申辩、申诉、异议权利很难被保障。在司法救济程序中，犯罪嫌疑人、被告人都有

---

① 朱富美：《科学鉴定与刑事侦查》，中国民主法制出版社 2006 年版，第 322 页。

权接受救济的权利也会被忽略、省略乃至被遗忘。这样，从另一个角度而言，指纹证据又会对人权保障造成巨大影响。美国著名指纹专家格瑞弗（Grieve）指出：对本质上具有诱惑的过程所得出的结果强加一个绝对相同的推论，是强人所难，是一种无效的尝试……这种无条件的绝对相同的要求，没有特别的科学原理，仅仅是一种惯例，更是一种对教条的效忠，没有科学基础。一旦付诸实施，这种绝对相同，而且只有一种可能性结论的假设，被社会的教化所坚持，没有原因，而且获得了如此圣洁的仪式，甚至一些关于其前提应当重新考虑的温和建议也立即被认为是对该理论的亵渎。不管这是什么，反正不是科学。[①] 这既表达了对指纹鉴定科学性的怀疑，也表达了对指纹鉴定可能侵犯人权的担忧。

三、指纹证据审查标准的确立及评价：以美国为例

（一）从“普遍接受”到法官全面审查义务

在美国，从1911年People V. Jennings[②] 案件开始，美国伊利诺伊州法院初次根据指纹证据判决被告Jennings犯谋杀罪。此后，指纹证据为美国各法院所采用，人各不同加上绝对可靠的特性，使得指纹对比对法院而言，成为一项新颖的主张，加上贝迪永人体测量法（bertillonage）之瑕疵，在Jennings案判决之后的1911年至1920年间，指纹对比以极快的速度广为法院接受，且各法院多径为援引，鲜深入论述者。到1932年，除了少数州认为指纹证据并非有效的科学证据（valid scientific evidence）之外，在美国已被普遍接受。[③]

在美国上述采信指纹证据的多数法院中，其基本上是遵循

---

① Robert. Epstein：Fingerprints Meet Daubert：The Myth Of Fingerprint “Science” Is Revealed [J]. North California Law Review 2002. 3. p612.
.

② People V. Jennings,96 N. E. 1077(III. 1911).

③ 朱富美：《科学鉴定与刑事侦查》，中国民主法制出版社2006年版，第317页。

1923 年 DC 地区联邦法院审理 Frye V. United States 案中确立的“被普遍接受”规则，即如果某原理或发现“在该技术领域中被普遍认可”，才能够被法庭采纳。但是，并不是所有的州都在指纹鉴定证据方面接受 Frye 规则。

在 1993 年 Daubert（多伯特）案中，法院认为联邦证据规则第 702 条的“科学知识”是指依据科学方法产生的推论（inference）或主张，要求法官对科学证据的“专家证言”承担实质性审查的义务，但是，对“技术或者其他专业知识”却没有此义务。这会导致控方把指纹证据列入“技术或者其他专业知识”，以此来规避法官的审查，因此，在 1999 年 Kumho Tire V. Carmichael 一案中，法庭规定多伯特规则适用于所有专家证言，包括专家、技术或者其他专业知识。这样，Daubert 规则和 Kumho 规则逐渐为美国绝大多数法院所接受。

纵观美国指纹证据发展的历史，从 Jennings 案的“普遍接受”和绝对相信，到 Daubert 案以及 Kumho 案的法官对指纹审查义务的确立，表达了美国对于指纹证据从盲从到理性的过程，这其中既有美国指纹鉴定证据造成错案的契机，其深处却蕴涵着对人权保障的深切关怀，也是对个人价值理性反思的结果在指纹鉴定中的体现。

（二）Daubert 规则指纹证据发展中的价值

Daubert 规则是美国指纹证据发展史上的关键一环。这是因为，在 Daubert 案中，法庭的裁定确立了一项新的指纹证据判断规则。该规则包括：（1）法官必须审查科学证据与案件的相关性以及可靠性；（2）审查的主要内容不是得出来的结论，而是这种科学证据的原理和方法；（3）法庭还应当考虑以下因素：检测及证明正确，同行的评价，错误率，普遍认可。

在 Daubert 案判决前，根据 Frye 规则，被告人一方难以对指纹证据进行有力挑战。一方面出于对指纹证据的迷信，一方面出于对惯性思维的依赖，上级法院法官也基本上很难对依据指纹鉴定证据裁决的案件进行改判。这是因为，如果以 Frye 规则为衡量指纹证据是否可采的标准，那么指纹证据由于普遍被科学界接受，导致指纹证据不被采信的可能性非常之小。更何况指纹证据并不是只在科学界被普遍接受，在普通大众中的可信度也几乎达到了人皆共知的地步，这更增加了法官对类似案件改判或者重审的难度。

这样，根据 Daubert 案的判决，以及因此而确立的 Daubert 规则，指纹证据在法庭上也同样没有特权，指纹鉴定证据也只是证据而已，也必须接受法官的审查，并在审查的基础上形成心证。虽然指纹证据在指纹鉴定界获得了普遍的认可，但是，一个指纹鉴定学界也会存在一个团体，其根据自己的利益制定一些规则或形成一些潜规则，以此保证指纹鉴定证据的稳定性和可信性，其他同行对某案件指纹鉴定结果的认同，可能只是这种团体互相利益维护的结果，不能绝对相信他们对其同行的鉴定说出实情，何况还有专业知识、业务能力、人格素养不同而导致其他鉴定专家不能正确地对其同行的鉴定结果进行评估。何况，指纹鉴定证据并不是纯粹的客观结果，还会受到鉴定人主观因素的影响。此外，在美国，早期指纹鉴定专家都是为警察局等部门服务，因此，在鉴定结果方面，他们与侦控机关的追诉行为具有一定的利益关系，这增强了指纹鉴定结论的可疑性。Daubert 规则是指纹鉴定历史上的里程碑，它改变了过去一味对指纹鉴定证据盲目迷信的现象，确立了法官在指纹鉴定证据中的重要实质审查地位，是对司法最终审查原则在科学证据方面的一次重大落实。但是，由于法官在指纹鉴定证据方面专业能力的不足，因此，如何审查，审查的效果如何，仍然是值得考虑的问题。

四、指纹鉴定在我国司法中的思考

（一）在指纹鉴定对比标准上应体现程序与实体公正并重原则

在指纹鉴定证据上，体现了程序公正与实体公正的冲突与对垒。在指纹鉴定对比标准上，可以清晰地发现各国立法中对此类问题的价值取向。由于目前在指纹鉴定工作中尚无明确的国际统一标准，各国对此规定也不尽相同。许多欧洲国家规定，指纹作为法庭证据使用时必须达到规定的匹配特征数量标准。例如，瑞士规定法庭上的指纹鉴定的匹配特征点不应少于 8 个；德国规定指纹鉴定的匹配点在指纹清晰且为箕型纹、斗型纹时不得少于 8 个，其他情况不得少于 12 个；西班牙采用 10～12 个特征点标准；荷兰、奥地利和法国明确规定具有 12 个以上匹配特征的指纹鉴定才能成为法庭证据；而英国更为保守，采用 16 个特征点原则。另外，有些国家规定指纹鉴定特征点的最低限值更高，如 15、24、27。①

在规定指纹鉴定证据匹配点时，规定匹配点多的国家，如英国，采用 16 个特征点原则，只有两份指纹的特征点有 16 个相符时，才能予以采用，体现了对人权的尊重与对错案的谨慎态度。英国至今很少听说有指纹证据导致错案问题。当然，在英国，可能由于无法从残缺、模糊的现场指纹中找到 16 个匹配点，不利于犯罪的打击。但是，刑事诉讼是一个充满风险的过程，不仅对犯罪嫌疑人或者被告人，对司法人员也是如此。“法令承认提供的事实并根据事实来宣布指定的法律后果。但是事实并不是现成地提供给我们的，确定事实是一个充满着可能出现许许多多错误的困难过程，错误认定导致过许多错判。为了预防舞弊和诈骗而规定各种办事规则和形式的必要性，由于一般安全的迫切需要牺牲了何止一个可贵的案件。边沁说过，在每一个法庭里都应当悬挂亚拿尼亚和撒菲拉②的肖像。”③

没有必要因为追究犯罪而把任何一个公民的基本权利当作试验品，特别是通过指纹证据定案的时候，这种错误往往很难改正。在我国指纹鉴定中，指纹鉴定方面一直没有规定最低的特征数量标

① 李力，黄镇国：《对当前指纹鉴定标准适用情况的分析》，载《上海公安专科学校学报》2005 年第 3 期。

② 亚拿尼亚及其妻子撒菲拉，是指《圣经》中记载的因为诳言而受天殛的一对夫妻。

③ ［美］庞德：《通过法律的社会控制》，商务印书馆 1984 年版，第 29 页以下。

准，因此，在实际办案过程中，有时会遇到一些案件仅根据三四个特征点得出结论，也有的根据相邻的二三枚指纹中的一个、二个或三个特征点得出结论。但是，大多数的指纹检验人员认为在对指纹进行检验时，其内心也都有一定的数量标准，要得出肯定的结论，一般需要七八个以上的特征点。① 选择匹配点较少的做法，当然会提高侦控机关追击犯罪的效率，但是，以牺牲善良公民为代价的效率，只能是负效率，并不能达到任何好的司法或者社会效果。“每一个错误的判决都导致资源的无效率使用。”② 因此，指纹鉴定时应当采取匹配点较多的做法，一般情况下，应当选择 12 匹配点的做法，在指纹证据存在与其他证据矛盾的时候，可以提高到 16 个匹配点，以减少错案发生的机会以及公民权利被侵犯的可能性，同时也体现了实体与公正价值并重，在二者冲突时，优先选择公正价值的做法。

（二）确立指纹证据鉴定是否可采的程序和规则

法律一般通过两种方式决定鉴定中所运用的科学范围。一方面辨认公认的科学学科的正确边界，确定合法的理论和技术被恰当运用于法庭；另一方面是区分已在法庭运用的伪科学，并将其“驱除出”法庭。有效的科学才能有助于追诉诉讼的公正，伪科学仅会产生不公正。只有通过一些可靠的有效的制度，才能将伪科学在诉讼中过滤出去。③ 在美国，指纹鉴定证据受 Daubert 规则、美国联邦证据规则以及 Kumho 规则的制约和规范，即使属于指纹鉴定证据，如果没能满足上述规则的要求，指纹证据同样不具有可采性。在我国，既没有对指纹鉴定证据中的“科学”到底包括哪些内容进行规定，更没有制定相关的法官在衡量指纹证据等科学证据

---

① 罗亚平：《谈指纹鉴定特征数量标准》，载《中国人民公安大学学报》（自然科学版）2001 年第 6 期。

② ［美］迈克尔．D. 贝勒斯：《法律的原则：一个规范的分析》，张文显等译，中国大百科全书出版社 1996 年版，第 24 页。

③ 黄维智：《鉴定证据制度研究》，中国检察出版社 2006 年版，第 37 页。

时的标准和规则，难免会导致对指纹证据的适用带来一些困扰和迷惑，因此，制定相关的具体规则和标准成为当务之急。

（三）建立指纹鉴定技术顾问制度

基于指纹鉴定证据的专业性及复杂性，并不是每位法官都会对其原理以及证明力轻易地了解，当事人也同样缺乏指纹鉴定证据相应的知识，因此，确立技术顾问制度成为必要。在这方面，两大法系的一些国家都作出了相应的立法表率，意大利则是这方面的典范。根据意大利刑事诉讼法典第 225 条规定，在决定进行鉴定后，公诉人和当事人有权任命自己的技术顾问；而且在国家司法救助法规规定的情况和条件下，当事人有权获得由国家公费提供的技术顾问的协助。第 233 条规定，在未作出鉴定决定的情况下，各方当事人均可任命自己的技术顾问，其数目不超过两人；如果在任命技术顾问之后决定进行鉴定，先前任命的技术顾问仍享有规定的权利。第 230 条规定了技术顾问的权利，即参加聘任鉴定人的活动并向法官提出要求、评论和保留性意见；参加鉴定工作，向鉴定人提议进行具体的调查工作，发表评论和保留性意见；如果技术顾问是在鉴定工作完成之后任命的，可以对鉴定报告加以研究，并要求法官允许他询问接受鉴定的人和考察被鉴定的物品和地点。

但是，意大利的技术顾问制度是为当事人服务的，因此，也应借鉴英国民事诉讼规则的做法，在刑事诉讼中引入为法官服务的技术顾问，协助法官掌握指纹鉴定的技术问题和经验事项，这也是有必要的。

（四）确立指纹证据补强规则

指纹证据虽然被一些人称为“证据之首”，但一般而言，其性质仍然是间接证据，需要其他证据进行补强，不能仅凭指纹证据定案。但是，在特殊情况下，其也可起到直接证据的作用。例如，在持枪杀人的案件中，如果在被告人身边、住处发现涉嫌枪支，或者涉嫌枪支归被告人拥有，并且在枪支上有被告人的指纹，在没有其他证据的情况下，在没有得到被告人一方合理解释时，也可以仅凭指纹证据定案。

第四节 测谎原理、冲突与法律思考

测谎鉴定是通过测谎仪对受测者进行提问，测谎仪将受测者心理引起的生理变化记录下来，最终形成图谱和数据，通过对图谱和数据的分析，得出受测者是否说谎的结论，即测谎结论。测谎仪最初在18世纪由意大利犯罪学家龙勃罗梭制造和应用，而现代犯罪侦查史上的第一次真正使用测谎仪进行侦破案件的是美国加州的伯克利警察局，他们于1921年正式使用测谎仪测试犯罪嫌疑人。进入现代社会以来，除了美国外，加拿大、日本、以色列、韩国、土耳其、俄罗斯、波兰、罗马尼亚等国也是积极研究和使用测谎技术的国家。据统计，世界上已有50多个国家在不同程度上使用着测谎技术。[①] 但是，也有很多国家对测谎结论的适用，无论是理论上还是在实际司法生活中，都持保守和怀疑的态度。这其中既关系到法律传统的原因，又有人权保障和打击犯罪冲突的影子，也是对测谎本身科学性存在疑虑使然。

一、测谎仪和测谎的原理

揭开测谎仪的面纱，近距离进行考察，其实并不神秘。当今各国使用的测谎仪主要包括多极性测谎仪和语言分析仪，二者工作原理基本相同。不同之处在于多极性测谎仪主要通过心理——生理应激反应，测量受测人的血压、脉搏、呼吸频率、皮肤电阻等参量。而语言分析仪通过记录附在受测者的声音中的次声波来测试受测者是否说谎。此外，多极性测谎仪和受测者身体接触，语言分析仪则不需要接触。

分析测谎仪的工作原理，必须从考察人的生存本能开始。人有

① 澳大利亚：《The Queens Land Police Union》，June，1997。

两种最基本的本能，第一是繁殖，第二是自卫。繁殖产生生命，自卫保护、延续生命。在测谎中，特别是犯罪嫌疑人在接受测试时，很有可能以说谎的方式来自卫，这是人的自卫行为的最基本的表现。但说谎时会带来紧张、内疚、负罪、抗拒等诸多复杂情绪。同时，由于犯罪嫌疑人所经历的特殊涉嫌犯罪事件或涉案场景，当被讯问时会带来强烈的生理刺激，而这种刺激会引起相应的生理变化，如血压升高、呼吸频率变快、皮电阻增高、内分泌异常。这种变化不是由人的主观意志决定的，而是由植物神经控制的。这样通过对传感器进行信号采集，然后对采集的信号处理，通过信号转换成的数字进行分析，就可以得出受测人是否说谎的结论。

测谎主要是以测谎人对被测人询问的方式进行的。在询问时有一个重要因素就是询问问题的设计。询问的问题包括：中性问题——与调查事件无关的问题。中性问题是在测验中用来安定被测验人情绪的，如主持测试人可能会问："你吃饭了吗"，对被测人不会产生多大的影响和刺激，而对中性问题的询问则一般不会引起被测人任何反应。相关或主题问题——与所调查事件有关的问题，对被测人会产生较大刺激，被测人对主题问题的测试往往会产生异常生理反应。准绳或对照性问题——与所调查的事件无关，但预计被测人会说谎的问题。虽然这些问题不是正规的问题，但与主题问题却有着相类似的性质。例如，审问杀人嫌疑犯："你伤害过别人吗?"这个问题的生理反应记录（或无生理反应记录）将与从主题问题中获得的反应作比对，就会得出被测人是否说谎的结论。

二、测谎蕴涵的冲突

（一）实体公正与程序公正的冲突

马丁·路德·金有句警世名言："手段代表了正在形成之中的理想和正在进行之中的目的，人们不可能通过邪恶的手段来达到美好的目的，因为，手段是种子，目的是树。”[①] 在测谎过程中，由于测谎属于新的技术应用，如果没有法定的程序规则予以规制，在追诉目的的需求下，往往会使测谎越过法律的底线。此外，测谎人员往往是接受侦查机关聘请进行测谎，难免会有一定的利益纠缠，在这种利益纠缠或者正当程序缺位的前提下，即使可以通过测谎查获犯罪嫌疑人，查明犯罪，但是，根据公正的含义，公正不但必须做到，为了令人信服，它还必须被人看到。看不见的正义是一种无形的手，它能够使当事人对自己的命运无从捉摸，对司法无边的权力无比畏惧，使司法获得行政的压迫力量。在很多测谎过程中，由于缺乏严谨而科学的操作规程和评判规则，侦查人员自己或者通过聘请的测谎人员，往往会对测谎数据或者图谱作出有利追诉的解释，对于证明被测试人无罪的证据会有意无意的忽视，在这种情况下，不但使程序正义受损，而且使实体正义的目的也不能达到。

（二）正确与错误之间的争议

对于测谎理论而言，存在着其是否为科学的争议，或者说存在着测谎结论是否准确，以及准确率能够达到多少的激烈争议，因为，这可能直接决定了侦查或者起诉的方向，或者直接决定了法官对案件的裁决结果。对于测谎正确性的争议，某种程度上与测谎专家在测谎鉴定中的倾向性有关。对于专家而言，似乎都有对自己领域内的知识具有无比自信的倾向。“他们出于习惯，总是以肯定的语气作出判断，发表观点。……专家们不愿承认他们自己和他们研究方向的局限性，特别是因为他们自己也不一定清楚这些局限时就更不会承认。”[②] 专家的这种倾向，增加了错误风险的可能性，也增强了人们对这项技术的担忧。

① 冀祥德：《程序优先：实体公正与程序公正的冲突选择》，载《诉讼法论丛》2003 年第 9 期。

② ［美］肯尼斯．R. 福斯特等：《对科学证据的认定——科学知识与联邦法院》，王增森译，法律出版社 2001 年版，第 68 ~ 69 页。

测谎原理在美国就存在很大争议，在美国 Frye V. United States[①] 案中，DC 地区联邦法院以“未获得符合标准的科学认同”驳回了有关被告测试结果的专家证据及被告向陪审团提出的测验要求。美国众议院政府职能委员会主席杰克·布鲁克斯说，有时候猜镍币比测谎器反而要准确。美国一位检察官甚至把测谎试验斥为“妖术”，美国有 10 多个州已作出了禁止使用测谎仪的决定。[②] 但是，1962 年，在合众国诉瓦德斯案件中，亚利桑那州最高法院裁定心理测试原理的论证具有先进性，认为作为一种检验确定信任度的方法，尽管心理测试检查器还不完善，仍有许多工作要做，但对它的论证不断深入发展足以保证其在特别领域中得到普遍承认。此后，这一观点在新泽西州最高法院得到进一步明确：“测谎试验在刑事案件中发展到如此的可信度，以致被告和联邦州政府均可运用协议的规定，并要求被告申请进行测谎试验”。并提请司法注意，“测谎工作在警方、执法部门和私人侦探机构得到了越来越广泛的使用”，“测谎试验将毫无疑问地成为一种科学工具，不断地使用下去”。[③] 1997 年美国测谎协会（APA）在其专业杂志《多道心理测试》上，公布了一项由 80 篇测谎研究论文形成的综合结果，这 80 篇研究论文是从 50 多个不同的科学杂志上收集而来的。这些研究源于世界上很多个国家，如美国、加拿大、以色列和日本等，而且在实践和实验室两个方面考察了测谎程序的有效性和可靠性。该结果表明，在实践中使用测谎程序的平均准确率达到 98%；在实验室进行的测谎准确率达到 80%。[④]

---

① Frye V. United States, 293 F. 1013 (D. C. Cir 1923).

② 裴苍龄、魏虹：《测谎的科学性到底有多少》，载《光明日报》2002－03－22（B1）。

③ 宋英辉，吴宏耀：《刑事审判前程序研究》，中国政法大学出版社 2002 年版，第 225～226 页。

④ APA，1997 年，第 219～220 页。转引自［美］约翰·帕尔马特等：《“测谎”在中国——何去何从?》，载《证据学论坛》第五卷。

从美国理论和实务界对测谎结论的观点来看，测谎证据既处于程序公正和实体公正斗争的中心，也处于正确与错误争议的旋涡。

（三）维护公共利益与人权保障的冲突

测谎既是惩罚犯罪的工具，同时也是区分无辜的重要手段，但是，在其价值取向上，则是以打击犯罪为其主要的目的。在刑事诉讼中，通过测谎查明案情本身具有维护公共利益的属性，因此这类特权是公共利益与个人利益之间进行价值评价并作出平衡与取舍的结果。作为一种特殊的利益调整，即当法律面临着两类利益同时需要法律的保护与促进，而这两类利益之间又存在着矛盾与冲突的时候，所作的一种妥协与折中。我们必须承认在国家追诉目的上的正当性，查明案情、实体真实是各国法律所极力促进和追求的。但是，因为测谎涉及公民的诸多权利保障问题，范围包括受测人的社会背景、知识层次、心理素质、宗教信仰、风俗习惯、生活方式、所处环境、犯罪经历等几乎所有情况，因此，必须在公共利益和个人利益之间进行权衡，这种权衡要看牺牲公民个人利益是否值得，此外，还需要满足一定的条件，在个人利益具有一定的保障下，赋予包含公共利益的优先权。这些条件包括：（1）赋予被测人的自愿选择是否接受测试的权利，这不仅是保障其人权的需要，也是保证测量结果准确的要求。（2）使用本民族语言进行测试的权利。有权使用本民族语言进行刑事诉讼活动是一条重要的宪法权利，在测谎中也不应当例外。（3）测试时律师在场权。律师是刑事诉讼中被测人或者犯罪嫌疑人、被告人重要的法律依托和精神寄托，律师在场不仅能够有效地监督测试程序客观、公正、具有科学性，也能保证被测人在身体完整得到维护，人格尊严得到保证，精神不被压迫的情况下进行测试。（4）拒绝回答无关问题的权利。侦控机关通过测谎的方式掌握案件的事实，是以追诉为目的的，公共利益是测谎的法理正当性的基础，以猎奇、戏耍等无关目的都不能获得测谎的正当性，这是被测人人格尊严、宗教、伦理等权利的保证。（5）测谎救济权。如果被测人认为测谎程序不公正，或者具有其他正当理由，可以申请重新测试，因为测谎结果关系到被测人在刑事诉讼中的命运，其当然有在影响其命运的程序中享有参与权和发表意见的权利。

三、测谎证据法庭适用的情况和模式

（一）以美国为代表：满足一定条件下认可测谎证据的价值

在1923年，在哥伦比亚特区联邦法院审理的弗赖伊诉合众国案（Frye v. United States）中，法官以“这种测谎技术在生理学和心理学领域内尚未获得普遍的认同，其检验还没有确立统一的科学标准，其结论的可靠性难以确定，因此不能采纳为诉讼中的证据”为理由，没有采纳有关被告人测谎结果的专家证言，从而确立了“普遍认可”的弗赖伊规则，这是美国关于测谎结论的第一个判例。但是，1962年审理亚利桑那州诉瓦尔德斯一案（State v. Valdez）的州最高法院裁定：“尽管测谎仪作为一种审查陈述可靠性的方法还有很多地方需要完善，但我们认为该技术的发展已达到足以获得可采性的程度，当然需要有诉讼双方认可的测谎协议。”[①] 表明法官已经开始认可测谎证据的可采性，也就是说，测谎的科学性达到了“普遍认可”的程度。但是，这种认可必须满足一定的条件。在1966年的波特斯案中，伊利诺伊州上诉法院在判决书中很好地概括了测谎技术运用于法院的条件，该判决书指出：第一，测谎协议必须以书面形式，而且要有被告人及其律师的签名；第二，如果测谎人员不称职或测谎条件不合格，审判法院仍有权拒绝采纳测谎结论；第三，诉讼双方都有权对测谎人员的培训情况、测谎条件、可能出现的技术错误以及其他有关问题对测谎人员进行交叉询问；第四，法官应当就该测谎结论的证据效力明确指示陪审团，如该结论仅具有补强证据的价值，不得直接用来认定犯

---

① ［美］乔思．R．华尔兹：《刑事证据大全》，何家弘译，中国人民公安大学出版社1993年版，第452～462页。

罪事实的构成要件，该结论只能用来证明被告在接受测谎时说的是真话还是假话，不能用来证明在测谎之前或之后的陈述的真假。[①]

从美国对测谎证据态度的演进中，可以看出，近年来美国法院的基本态度是在保障被测人基本权利的前提下，认可了测谎证据的价值。这些权利保障中，被测人自愿接受测谎成为一个重要的考虑因素，这个因素甚至可以决定案件的胜负成败。1972 年，在新泽西州诉麦克达维特案（State v. McDavitt）中，被告人在与检察官达成协议的情况下接受了测谎，但是测谎结论对他不利，他便反对将该结论作为证据。审判法院在一审中采纳了该测谎结论，并判被告人有罪。被告人随后提出上诉，认为法院将该测谎结论作为证据是错误的。新泽西州最高法院的裁定肯定了该测谎结论的可采性，并指出："在刑事案件中，只要被告人和检察官达成协议让被告人接受测谎审查并将测谎结论提交法庭作为证据，那么该协议就应该是有效的"。该法院还以司法认知的方式确认了"测谎技术在警察机关、执法机关和私人保安业都已经得到了广泛的应用"。[②] 该案例表明了美国法院程序价值和实体价值并重的理念，这就是，在保障被测人的相应权利下，也加强了对追诉犯罪的实体价值的追求。在当今，测谎证据在美国法庭已经被相当普遍地适用，在 1989 年合众国诉皮奇诺纳案（United States v. Piccinonna）的裁决中，"近年来在测谎技术方面取得意义重大的进步……以至于其检测结果作为法庭证据已被科学界所认可"。[③] 当然，测谎证据的适用也是存在于不断的争议之中。

除美国外，其他不少国家在满足一定条件下，也认可了测谎结

① 黄维智：《测谎鉴定问题——从高检的批复谈起》，载《中国刑事法杂志》2004 年第 2 期。

② 何家弘：《测谎结论与证据的"有限采用规则"》，载《中国法学》2002 年第 2 期。

③ ［美］乔恩. R. 华尔兹：《刑事证据大全》，何家弘译，中国人民公安大学出版社 1993 年版，第 452 ~ 462 页。

论的证据可采性，这包括日本和澳大利亚等国。在日本，测谎结论是可以作为证据在法庭上使用并具有证据能力的，只要满足：(1)根据日本判例，检查者的技术、经验、检查器具所检查的结果值得信赖；(2)准确、忠实地记载检查的经过和结果。

(二) 以德国为代表：测谎证据在法庭上不具备证据资格

根据德国刑事诉讼法典第136条a［禁止的讯问方法］，(1)对被指控人决定和确认自己意志的自由，不允许用虐待、疲劳战术、伤害身体、服用药物、折磨、欺诈或者催眠等方法予以侵犯。只允许在刑事诉讼法准许的范围内实施强制。禁止以刑事诉讼法的不准许的措施相威胁，禁止以法律没有规定的利益相许诺。(2)有损被指控人记忆力、理解力的措施，禁止使用。(3)第(1)、(2)款的禁止规定，不顾及被指控人承诺，必须适用。对违反这些禁令所获得的陈述，即使被指控人同意，也不允许使用。尽管条文中所列举的各项也未能涵盖所有违法讯问的方法，其实只要对自由陈述权有碍的讯问方法，都应视为法律所不允许。因此，德国联邦最高法院的见解认为，测谎器的使用应加以禁止，因为藉由生理反应对无意识状态下的精神活动之测试，亦将伤害到不得被侵害的人格权核心。但新近有人主张，如果测谎器的使用为当事人所期望时，则依证据法的一般原则，该项测试应被允许。也有学者主张，如果测谎之使用之限制用于调查程序中，并且该测谎措施的直接结果被规定不得在审判程序中作为证据之用（有证据力）时，则在被告同意时，应可施行测谎试验。但也有学者持反对意见，认为测谎试验无论如何均违反刑诉法第136a条第3项之规定。[①]

在意大利刑事诉讼中，“个人精神自由原则”是收集证据的一项基本原则。根据意大利刑事诉讼法典第188条，不论利害关系人是否同意，不得使用可能影响其自我决定的自由或影响其记忆的评

---

① ［德］克劳思·罗科信：《刑事诉讼法》（第24版），吴丽琪译，法律出版社2003年版，第232～233页。

价能力的方法或技术收集证据。因此，被测人的同意也不能保证测谎结论的可采性。

可以看出，在测谎结论使用的问题上，美国、英国、日本等英美法系国家秉承开放的风格，在保证被测人基本权利获得的情况下，承认测谎证据具有可采性。但是，对于大陆法系的德国等国家而言，在测谎证据问题上，仍不改其传统的严谨的司法和立法风格，不承认测谎证据在法庭上的地位。传统大陆法系国家意大利在其刑事诉讼制度由职权主义改为当事人主义以后，在测谎证据问题上，仍然保持着比较警惕的理念。这其中既有两大法系本身理念不同的原因，也与各个国家的具体国情有着密切的联系。这其中包括测谎证据的技术水平、理论研究等技术因素，也包括民众对测谎证据的容纳和接受程度。

四、测谎结论在我国法庭审判中的价值评析

在侦查中，通过测谎结论为媒介，可以引燃案件事实真相的火把，从而回溯犯罪的过程和场景；通过测谎结论，可以促进科学证据观的形成，从而减少非法取证现象的发生，以体现民主、公正的诉讼价值观；可以区分无辜公民，确定犯罪嫌疑人，体现公正和效率的双重要求。在侦查阶段，测谎确实可以起到“科学秘书或者助理”的重要辅助作用。但是，测谎结论是否可以在法庭上使用却有较大争论。至于测谎结论是否能够在我国法庭上被采用，首先，必须看它是否与我国刑事诉讼法律、法规的规定相一致。其次，测谎结论是科学发展的结果，决定测谎结论是否作为证据在法庭上适用，还要看它是否具备科学性及准确性。笔者认为，至少在我国现阶段，测谎结论不能作为证据在法庭上使用，原因如下：

（一）不符合证据客观性要求

物质具有客观性，这种客观性是不以人的意志为转移的。同时物质又具有反映性，观念中的东西无非是反映到大脑里的物质性东西而已。我们必须承认，反映到被测人大脑里的可能是被测人当时所经历的事件或看到的场景。但是，反映既有对客观事物正确的反映，也有对客观事物歪曲的反映，以现在的科技条件，还不能准确回答反映的具体内容、性质以及反映与结果的关系，这就违背了证据规则中的客观性要求。

（二）不具备证据合法性的特征

我国刑事诉讼法第42条明确规定了7种证据形式，但并没有对测谎证据的规定。最高人民检察院1999年9月10日发布的《关于CPS多道心理测试鉴定结论能否作为诉讼证据使用问题的批复》中明确指出：关于CPS多道心理测试（俗称测谎）鉴定结论与刑事诉讼法规定的鉴定结论不同，不属于刑事诉讼法规定的证据种类。人民检察院办理案件，可以使用CPS多道心理测试鉴定结论帮助审查、判断证据，但不能将CPS多道心理测试鉴定结论作为证据使用。因此，通过司法解释的方式，明确地将测谎结论排除于刑事诉讼证据种类之外。有的学者认为测谎结论等同于鉴定结论[①]，理由是其符合鉴定结论的定义或者特征，即“所谓鉴定结论，是指具有鉴定资格的专业人员就案件中的专门问题向司法机关提供的结论性意见”。[②] 但是，笔者对此有不同意见，首先，这是一种学理性的解释，虽然对立法有一定的参考价值，但是不是对法律的有效解释，更不能代替法律。其次，即使测谎结论完全符合鉴定结论的特征，满足其要求，但是，对法定证据国家而言，法律规定是实质，特征或者条件只是形式。满足某类证据的特征和形式也不能当然说是某类证据。在合法性问题上，有的学者认为测谎证据

---

① 持此观点的人可参见何家弘：《测谎结论与证据的“有限采用规则”》，载《中国法学》2002年第2期；戴中祥：《测谎结论的证据资格分析》，载《人民检察》2005年第5期（下）；王戬：《论测谎鉴定》，载《法学》2000年第11期；张泽涛：《美国测谎制度的发展过程对我国的启示》，载《法商研究》2003年第6期。

② 何家弘：《测谎结论与证据的“有限采用规则”》，载《中国法学》2002年第2期。

应当具备合法性。[①] 但是，这是应然的范畴，不是实然的范畴，法律“应当如此”的东西并不能代表法律的现实。不能把逻辑的前提当成逻辑的结论。在美国，测谎证据具有可采性，由于其是判例法国家，只要有相应先例可循，那么测谎结论当然就可以获得证据资格，我国作为严格的法定证据制度的国家，证据的形式由法律事先规定，不具备相应的证据形式则就不具备证据资格，因此，也就不具有合法性的身份。

（三）不具备科学证据的可解释性特征

在测谎运作中，在心理——生理应激反应关系里，当今科学尚不能回答两个关系：（1）说谎和清晰的情绪反应有直接而牢固的关系；（2）情绪反应与生理反应的关系。这两个关系回答的缺失，就会造成测谎结论和案件事实关联关系的断裂。美国联邦法官威廉·奥弗顿认为，作为证据的科学应有如下条件：（1）由自然法则所引导；（2）必须参照自然法则且具有可解释性；（3）在具有实践性的世界上具有可检验性；（4）结论是试探性的，即不必是最终结论；（5）具有错误的可证实性。[②] 测谎结论是科技发展的产物，具有一定的科学性，但是，基于在测谎的心理——生理应激反应的关键关系里，出现了参照自然法则不能解释的问题，因此，其不能作为科学证据在法庭上被采用。20 世纪 90 年代 Neufeld PJ 法学博士对鉴定方法提出三个标准：（1）基础科学理论必须得到科学界的认同；（2）该方法在技术上的可靠性必须为众人所知；（3）必须表明该鉴定技术在某种特定的场合恰当地使用过。[③] 在测谎证据问题上，一些基础问题也难以得到科学的解释，因此，其科学性是难以得到有效的保障的。

---

① 戴中祥：《测谎结论的据资格分析》，载《人民检察》2005 年第 5 期（下）。

② ［美］肯尼斯. R. 福斯特等：《对科学证据的认定——科学知识与联邦法院》，王增森译，法律出版社 2001 年版，第 68 ~ 69 页。

③ 唐瑞成，吴杰：《论笔迹鉴定的发展趋势》，载《云南警官学院学报》2007 年第 3 期。

（四）测谎结论的准确性在我国并不能得到保证

在我国，测谎存在的种种缺陷和弊端让人忧思，表现在：测谎机构缺乏独立性和专门性；测谎运作缺乏监督性和公正性；被测人对测谎及其背景资料缺乏充分的了解；鉴定证据的交叉询问和质证制度不完善；对测谎原理存在着认识上的误区等。这与美国等发达国家测谎技术应用中的当事人充分有效的知情权；鉴定主体的独立地位；测谎证据的有限采用；充分完善的质证和开示等不能同日而语。也使得后者的科学性及准确性有了相当的保障。自测谎技术问世以来，美国及其他国家的学者进行了许多关于测谎准确率的调查研究。这些研究结果表明，由合格的受过专门培训的测谎人员进行的测谎，其结论的准确率在85%～98%之间。其中，美国学者进行的一项对1909起真实测谎案例的调查表明，检测结果认定被测人“说真话”的结论的准确率为97%，认定被测人“说谎话”的结论的准确率为98%。[①]

但是，即使在美国，测谎技术也是处于争议的旋涡之中。由于测谎结论正式被美国法庭接纳为证据是近些年的事情，与指纹证据、DNA证据经过长期采用和理论以及司法实践的严格检验和审核不同。在我国，除了测谎仪器和技术问题存在不足外，对测谎人员的培训、测谎理论的研究等都存在着严重不足。特罗维罗在1939年撰写测谎历史时写道：“在古代和中世纪的大多数探测诚实的尝试中，都缺乏科学方法、科学技术和心理洞察力这三项因素。”60多年后，这句话仍适用于中国目前的测谎现实。[②] 此外，测谎证据还有一个认同问题。证据制度也是诉讼文化的一种，应当获得大众的普遍认同，如果一般公民对一项证据的科学性尚存在疑虑，那么，即使测谎结论为真实的，也会削弱其公正性以及解决纠

---

① 澳大利亚《The Queensland Police Union》，June，1997.

② 贺晓彬：《测谎结论的证据价值》，载何家弘主编：《证据学论坛》第一卷，中国检察出版社2000年版，第400页。

纷的功能。再者，即使科学技术发达的德国，对测谎结论也持禁止的态度，这也不是仅仅其立法保守能予以解释的，也是与测谎结论的科学性与准确性的缺失有一定关系的。

但是，在测谎结论问题上，可以采取“有限采用规则”，在《布莱克法律词典》中，“有限采用规则”，是指言词或实物证据可以为某一限定的目的而被采纳为证据。例如，某人先前的矛盾陈述可以用来对该人进行质疑，但不能用来认定案件事实某证据可以采用，但只能针对一方当事人而不能针对另一方当事人。[①] 对于测谎结论而言，可以在质疑时起到辅助作用，而不能用作定案的根据，更不能仅凭测谎结论予以定案。

一般而言，我们应当承认测谎在侦查中有其特定的地位和作用。但是，也必须考虑测谎结论在审判中适用的现实条件，离开具体的现实条件谈科学，只会适得其反。因为测谎结论能否在法庭作为证据使用，不仅关系到价值取向问题，更是现实问题，现实问题要求我们必须现实地作出回答。

第五节 笔迹鉴定的理论与法律思考

笔迹鉴定具有悠久的历史，也在数个领域发挥着作用，进入现代社会以来更是如此。一般认为，笔迹鉴定结论具有科学性的一面，但是，这种科学是一种“准科学”，或者说是一种不完善的科学，因此，当其在刑事诉讼中发挥作用的同时，争议与冲突也同时存在。矛盾和冲突是正常的，无论在哪一种证据中都会或多或少地存在，问题的关键是如何进行调适、重构以及消弭存在于其中的冲突和矛盾，扬长避短，保证笔迹鉴定结论在案件事实发现中的价值

---

① Black's Law Dictionary(Seventh Edition), West Publishing Co. 1999, p. 48. 转引自黄维智：《测谎鉴定问题——从高检的批复谈起》，载《中国刑事法杂志》2004 年第 2 期。

和效用最大化。

一、笔迹鉴定的历史沿革

西方笔迹鉴定发展可以分为三个阶段。第一阶段为形成时期。从17世纪到1872年和1889年法国神甫米尚的两本当时最著名的笔迹学专著的出版，这属于笔迹鉴定的初步阶段。期间，在1622年，意大利的卡米洛·巴尔迪发表了第一篇有关笔迹学的论文，即《根据字迹判断写字人的性格和气质》。在这个阶段，笔迹鉴定学从无到有，从初步的理论到理论的基本形成，特别是米尚关于笔迹专著的发表，标志着笔迹学成为一门独立的学问。第二阶段为发展时期。从米尚发表专著到20世纪30年代，笔迹学开始与其他学科结合，诸如结合了生理学、心理学等学科的内容，正式在科学领域登堂入室。在此期间，1895年，意大利法学家龙勃罗梭发表了《笔迹学指南》。第三阶段为成熟时期。在这个阶段主要指20世纪30年代以后，特别是20世纪60年代以后，笔迹学融合了控制论、系统论、概率论等理论的内容，从而真正成为一门科学。同时，也为世界许多国家所广泛应用，不仅在司法领域，也应用于其他领域并获得了长足的发展。

在我国，西汉时期的学者扬雄就在《问神》中提出了“书，心画也”、“心画形面人之邪正分焉”的论点，这是笔迹学理论萌芽的最初体现。1600多年前，在《三国志·魏书·国渊传》中，就有了通过笔迹侦破案件的记载。在明朝，在明人孙能传的《益智篇》，记载了唐朝通过笔迹侦查案件的记录。明朝冯梦龙则在《增广智囊补》中记载了一个笔迹鉴定的案例。随着近代西方笔迹学传入中国，我国的笔迹理论也得到了进一步的发展。1943年徐圣熙编写出版的《笔迹学》专著，代表了我国当时笔迹学的的典型成就。特别是近些年来，我国笔迹鉴定更是获得了蓬勃发展，无论在理论和实践上都取得了巨大的成就，已经成了民事、刑事、经济以及生活中不可或缺的内容。

二、笔迹鉴定的理论基础

（一）同一认定原理

同一认定，是指具有证据调查权的人依法对相关客体及其痕迹的本质特征相同或一致所进行的技术鉴别活动。[①] 同一认定在笔迹鉴定中具有重要的价值。通过对检材与样本之间的一般特征和细节特征的对比，得出肯定的或者否定的同一认定结论，会在尽量短的时间内发现案件事实问题，从而有助于刑事诉讼中的法律问题的解决。此外，由于笔迹鉴定具有科学知识、技术知识或者特定知识的特征，是专门人员根据自己的经验及专业知识对案件特定事实的分析和认定，一般容易获得大众的认可，在心理上满足了大众对公正司法的部分要求。

在笔迹鉴定中，需要注意的是同一认定和种属认定、相似之间的关系。种属认定是具有专门知识的人为了确定客体的类型、属性或比较两种物质的属性是否相同而对客体留下的特征反映体或对物质本身进行检验的一种特殊的科学活动。[②] 同一认定不能等同于种属认定，但是，同一认定离不开种属认定。从广义上说，同一认定是种属认定的一部分。种属认定属于确立大范围的活动，是分清和区分此种与彼种界限的过程。通过种属认定，确定一个相对具体明确的范围，然后再进行是否与自身特征同一的认定。美国物证技术学的先驱保罗·柯克强调了区分同一认定与种属认定的重要性。他指出，种属认定的等级是无限的，一个客体可以被限定在一个较大的种类范围内，也可以被限定在一个较小的种类范围内，但是，只有当该客体被限定的范围小到只有一个客体时，这才是同一认定。他说，同一认定要求确认个体，如在侦查中通过指纹来确认某人是罪犯；而种属认定要求确认种类，如确认罪犯是人，或者是某一种

---

① 何家弘：《证据调查实用教程》，中国人民大学出版社2000年版，第58页。

② 徐立根：《物证技术学》，中国人民大学出版社1990年版，第38页。

人等。[①]

因此，可以看出区分种属认定与同一认定中的重要价值。根据种属认定，可以确定笔迹鉴定的大的范围，提前排除不必要的干扰，为同一认定确立基调。根据种属认定的原理，鉴定人可以初步将检材和样本按照书写水平进行划分，如果检材和样本书写水平都是属于同一水平的，那么，在种属认定中属于同一种属类别，然后才进行下一步的同一认定。

同一不是相似，但又与相似有着密切的联系。同一认定往往是从相似开始的。同一认定的过程，是根据客体的特征排除相似，确认真正相同，即与自身同一的过程。种属认定解决的是书写水平、字的形体等的种类所属是否相同的问题，其实质解决的是笔迹的相似程度问题；而同一认定是通过笔迹的一般特征和细节特征来解决笔迹是否同一的问题，即作为检材的被寻找客体与作为样本的受审查客体是一个实体还是两个实体的问题。[②] 而种类认定解决的是客体的种类所属或者种类是否相同的问题。一个解决相似问题，一个解决同一问题，这是种属认定和同一认定的根本区别。[③]

在笔迹鉴定问题上，同一认定需要确定鉴定客体标准问题。鉴定客体标准包括了鉴定客体的条件标准、鉴定客体的特征价值标准和鉴定客体特征的描述标准。鉴定客体的条件标准即确定鉴定客体是否具有鉴定条件，能否作出肯定或否定同一的结论，具体指笔迹检材的特征数量、质量是否达到反映特定的书写习惯；鉴定客体的特征价值标准，是指客体的特征的个性化程度即特征的特定性和稳

① 何家弘：《同一认定——犯罪侦查方法的奥秘》，中国人民大学出版社 1989 年版，第 100 页。

② 梁坤：《试析笔迹鉴定中的种属认定和同一认定》，载《江西公安专科学校学报》2007 年第 3 期。

③ 何家弘：《同一认定——犯罪侦查方法的奥秘》，中国人民大学出版社 1989 年版，第 173 ~174 页。

定性是否达到人各不同。①

有的学者认为，“检材具有鉴定条件的最低标准是：普通正常书写汉字要有5个；正常书写签名要有2个汉字；正常书写拼音文字与阿拉伯数字要有5个字母或5个数字，且不同的字母或数字不少于3个；伪装笔迹要有10个单字；普通汉字模仿的检材要有5个汉字；模仿签名笔迹检材2个字以上可作为认定模仿书写事实的最低标准；摹写签名一般不能认定摹写人。”② 在这里，问题的关键是：在同一认定中，应当确定笔迹鉴定检材的数量的最低标准，该标准的确定，不能太高，否则影响对犯罪的打击。但是，也不能太低，否则容易导致笔迹鉴定结论的不准确，导致错案的发生。在确定检材的数量时，应当与检材的质量以及其他要求结合在一起考虑，以得出相对合理、明确的鉴定客体的条件标准。

确定一个明确的标准，对于法官在笔迹鉴定结论的审查方面，发挥守门人作用也十分重要。否则，仅凭法官的专业知识，很难把握笔迹鉴定检材的数量及质量的要求。

（二）系统论等原理

系统论由奥地利生物学家贝塔朗菲首创，是20世纪40年代诞生的一门新兴科学。系统论采用逻辑和数学的方法综合考察整体和它的各个部分的属性、功能，并在变动中调节整体和部分的关系，选取各个部分的最佳结合方式，借以达到整体上的最佳目标，如最佳的经济效果，最佳的工作效率等。

在笔迹鉴定中，系统论同样发挥着重要的指导作用。它从考察系统与要素、系统与环境之间的关系出发，综合、全面地考察笔迹鉴定的真伪，以实现对案件事实的发现。诸如，笔迹鉴定时间属于笔迹鉴定中非常困难的问题，在考察笔迹鉴定的时间时，应当对构

---

① 唐瑞成、吴杰：《论笔迹鉴定的发展趋势》，载《云南警官学院学报》2007年第3期。

② 邹明理：《侦查与鉴定热点问题研究》，中国检察出版社2004年版，第415页。

成笔迹的各个要素进行综合考虑。例如，应当考察笔迹的内容、文字、书写工具、笔画油墨、印章印文等，以此形成精确的判断，而孤立地考察其中的任何一个因素都不会达到很好的效果，而对各个因素进行综合考察，则会产生理解上的合力作用。考察笔迹的细微特征，可以得出某个人具体的书写习惯，确定笔迹属于某人所为。考察墨水的成分，可以知道笔迹大致在哪一段时间产生。考察纸张的具体特征，也有助于鉴定人对笔迹形成时间的认定。考察文字的内容，也可以使笔迹鉴定更具有针对性。通过对上述因素综合、全方位、多角度的考察，对鉴定人正确地认定笔迹形成时间，无疑大有裨益。

此外，概率论、控制论也对笔迹鉴定具有重要的作用。例如，通过概率论原理，可以用统计或者实证的方式对笔迹进行研究。这具有良好的说服作用，因为实证的东西一般总是比单纯说理更令人信服。

（三）巴甫洛夫关于高级神经活动的理论

巴甫洛夫认为，具体事物作为条件刺激物所建立起来的条件反射叫做第一信号系统。用词语作为刺激物建立起来的反射叫做第二信号系统。条件反射可以通过语言来形成和强化，也可以通过语言来减弱以至消退。书写活动是在形象刺激物（字形）和抽象刺激物（词和概念）的双重作用下产生的，而且抽象刺激物在其中起到主导的作用。所以，只有懂得语言并能理解刺激物的人才具有完全的书写机能，没有语言活动便不能产生书写活动。[①] 在书写的过程中，通过条件反射原理，第一系统和第二系统相互之间交互作用原理以及高级神经活动类型的原理等，使人们得以从理论上阐述笔迹同一认定的科学基础。[②]

① 邹明理：《侦查与鉴定热点问题研究》，中国检察出版社2004年版，第401页。

② 何家弘：《同一认定——犯罪侦查方法的奥秘》，中国人民大学出版社1989年版，第79页。

三、笔迹鉴定证据适用及冲突考察：以美、德为例

证明笔迹的真伪方法有二。其一是书写人自行证明，但是这在实务中很难办到。除了遗嘱争议和文书制作人死亡的情形外，制作人否认其制作文书，或者制作人自己也是利害关系人时无法根据其陈述而决定真伪。其二是由目睹或写下系争文件之证人作证，即目击证人的证词。[①] 但是，由于人是利益的动物，让自己证明对自己不利的事项如同捏着自己的喉咙让自己窒息一样困难，而目击到笔迹的产生也与目击一项惨剧的发生具有类似的几率。更何况，即使有人目击，受主客观各种因素的影响，是否能够找到目击人或者其是否愿意作证也是一个大的问题。这一切因素，导致了笔迹鉴定产生和发展的必要。

（一）美国笔迹鉴定的争议和冲突

在美国，笔迹鉴定科学在 Patrick 案之前虽然在美国法庭上偶尔使用，但是尚未形成规模。由于 1900 年发生的 Patrick 案，使笔迹鉴定在美国变得家喻户晓。在该案中，代理律师 Albert T. Patrick 涉嫌用三氯甲烷杀死其以前的雇主——得州富豪 William Rice，以侵吞其巨额财产。该案的关键证据就是 William Rice 所写的遗嘱。在该案中，根据检方提供的鉴定专家的笔迹鉴定，Patrick 被判处死刑。虽然 Patrick 向纽约州州长上诉，被减免为无期徒刑，但是，该案确实对笔迹鉴定在法庭上的推广起到巨大的作用。

20 世纪的第一年，当 Patrick 案开始审理后，就有许多专业的笔迹（文书）鉴定者，投入时间研究调查文书鉴定，自此，在美国国内开始形成笔迹鉴定的专家圈子。有人著述，笔迹对比在短时间内成为在民事和刑事诉讼中重要的科学证据，从此笔迹鉴定证据

---

① John Henry Wigmore, Anglo – American System of Evidence in Trials at Common Law § 1991 (2d ed. 1923). Jennifer L. Mnooking, Scripting Expertise: The History of Handwriting Identification Evidence and Judicial Construction of Reliability, 87 Virginia L. R. p. 1761.

开始在法庭活跃了将近90年。① 但是，到了2000年，笔迹鉴定开始遭受到严厉的指责，因为没有办法证明其的确拥有真正的专业。在过去的十几年里，笔迹鉴定专家在法庭上的地位再度受到挑战。在被法庭普遍接受为科学证据的一个世纪之后，现在却对其科学性是否有效产生争议。首先对笔迹对比存在专业知识提出质疑的是D. Michael Rising、Mark P. Denbeaux及Michael J. Saks三位法学教授。对存在争议的法律文书，如对鉴定人出示某人以往书写的标准本，笔迹鉴定者真的能决定是否该人所写？就像占星术真的能够预测一个人的未来？气象学者真的能预测天气一样吗？要回答这个问题，三位学者认为实证研究是最重要的。Rising、Denbeaux及Saks三位教授经过实证研究，并且认真地对结果进行了分析，检视所谓笔迹鉴定专家所提出的专业知识凭据的研究资料，发现无法证明有笔迹对比这门专业知识的存在，亦即在经验上无法验证证实这些专家所称的专业知识。这篇文章当时虽然引起文书鉴定专家、法科学家、证据法学者的注意，但尚未使长期接受笔迹对比专业知识的法院改变态度。②

笔迹鉴定证据发展历史的真伪冲突也是与一系列的证据规则分不开的。在美国，根据“弗莱伊规则”确立了“普遍接受标准”。在弗莱伊案件中，联邦法院裁决，“一项科学法则或者发现，在实验或实用阶段是难以界定的。在此交叉点上，科学原理的证明力必须被确定，法院判断是否允许专家证言的过程中，必须以普遍接受之科学或发现为根据，该原理必须满足在其所属专门领域获得普遍接受。”按照“弗赖伊规则”的标准，确定一个科学原理是否获得普遍接受需要两个步骤：（1）确定该科学原理所属领域及相关的科学领域；（2）确认该科学领域是否接受该科学原理以及产生证

① 朱富美：《科学鉴定与刑事侦查》，中国民主法制出版社2006年版，第352页。

② 朱富美：《科学鉴定与刑事侦查》，中国民主法制出版社2006年版，第353～360页。

据的方法或程序。在笔迹鉴定问题上，不论是美国科学界还是司法界，由于笔迹鉴定在没有被质疑之前被普遍接受，因此，根据“弗莱伊规则”，笔迹鉴定证据在法庭上具有证据能力。

在Daubert案中，联邦最高法院认为：“依1975年制定的联邦证据法第702条规定，弗赖伊规则依有无被该专门领域‘普遍接受’作为判断科学证据容许性的唯一标准应被推翻，科学证据若符合‘相关性’及‘可靠性’二要件，就有可采性。专家证人提出科学证据时，就‘可靠性’建立新的标准如下：（1）该科学理论是否可被证实；（2）有无正式发表并被同行审查；（3）误差率多少；（4）是否被相关科学领域所普遍接受”。根据多伯特规则，法官承担起判断科学证据是否可靠的责任，从而承担了“守门人”的角色。

在Daubert案以后，第一个面临决定笔迹鉴定是否有证据容许性的是1995年U. S V. Starzecpyzel案。被告律师依据Daubert案之标准及上述三位法学教授的文章希望法院能排除专家证言，或举办听证会以决定其证据容许性。其理由是，依据Daubert案之标准，笔迹之法科学鉴定之专门技术从未被认为是可信赖的科学或技术上的知识，因此并不符合联邦最高法院在Daubert案所揭示可信赖性的要求，法院同意辩方举行听证。在听证会上，被告聘请专家提出文书鉴定并非科学，认为Daubert案之“科学上有效”之标准适用于联邦证据规则第702条所有的专家证言①。

在本案的裁决中，法官也认为笔迹鉴定并不是科学知识，但是，这并不妨碍笔迹鉴定证据具有可采性，因为在本案中法官把笔迹鉴定视为联邦证据规则第702条规定的“特殊知识”，所以并不受Daubert规则“科学上有效”标准的制约。笔迹鉴定虽然不是科学知识，但是，鉴定人以其训练及经验为基础的实际技巧帮助陪审员，因此，其作出的笔迹鉴定在法庭上具有可采性。

---

① 880 F. at 1028.

由于 Daubert 案只适用“科学知识”，因此，导致了相对于“技术或其他专业知识”在适用专家证言时的矛盾。在 Kumho Tire 案后，最高法院认为，应确保专家证人的证言具证据可采性，多伯特规则不只适用于科学知识，更适用于所有鉴定证据，包括“科学知识”、“技术或其他专业知识”，联邦法官在联邦证据规则下负有“守门员”义务。

但是，Kumho Tire 案的裁决，并没有使笔迹鉴定证据的采用标准更加明晰起来。在美国各个法院，对于笔迹鉴定可采性问题，有的法院仍然由笔迹鉴定专家作证。有的法院采用一种所谓的折中的办法，既容许笔迹专家比较笔迹的相似性及歧义性，但不采其判断之结论[①]。还有一种做法是排除笔迹鉴定证据。

（二）笔迹鉴定证据在德国的适用及冲突

在德国，一般而言，法院承认笔迹鉴定证据的证据能力。在大陆法系国家中，有无笔迹鉴定的必要，由法官或检察官自由决定，认为“一、裁判官其自身知识、经验，缺乏客观性；二，其知识、经验与事实之认定，是否正确有疑问；三，须凭鉴定，使能获得较客观、正确之资料[②]”。在德国，根据德国刑事诉讼法典第 93 条的规定，如果发现文书以及制作文书人的真伪，应当由鉴定人对比其笔迹。因此，法官或者检察官在笔迹鉴定中处于支配地位。但是，德国被告可以提出申请，要求重新进行鉴定。如果被告人一方认为鉴定人不具备专门知识，鉴定依据的事实不相关，鉴定意见相互矛盾，新的鉴定人的鉴定方法更加优越，可以申请法院重新委托其他鉴定人重新进行笔迹鉴定。

对于笔迹鉴定结论，在德国，鉴定专家会作出“有高度可能属于某人书写”的鉴定结论，但这并不足以使被鉴定人被定相关罪名。这是因为，虽然具有高度的可能性，但是，仍然存在着怀

---

① 参见 United States V. Rutherford, 104 F. Supp. 2d. 1190, 1193 – 94, Id. At 1837。

② 陈朴生：《刑事证据法》，台湾地区海天印刷有限公司 1979 年版，第 421 页。

疑，对于刑事案件而言，存在合理怀疑显然是不足以定罪的。对于德国笔迹鉴定专家经常作出的“接近确信可能性”的鉴定结论，在现代德国的司法实践中，认为这种证据属于间接证据，基于人类认知能力的不完善，达到这种最高可能性的确信，已经没有怀疑的理由，因此具备了法庭上的证据能力。

四、笔迹鉴定的我国现实路径

（一）采取笔迹鉴定不须获得被鉴定人的同意，但应保障其相应的权利

德国刑事诉讼法典第81条b规定：“为刑事诉讼进行之目的或为辨认之目的所必要时，得违反被告之意思予以照相或取得其指纹，测量身体或为类似之行为。”德国联邦法院于1986年判决认定刑事诉讼法第81条b仅使被告须忍受辨认（对比）措施之义务，但被告不须积极提供对比之方法。对被告之重大侵入行为能强迫被告者，仅限于勘验时被告之忍受义务，亦即被告人作为勘验客体之证据功能，其能被强迫者只限于被动的协力参与。因此，通说的见解是被告人并不付之以行动自证己罪的义务，亦不须“主动”协助刑事追诉机关之调查行为或鉴定人。德国联邦最高法院一直以来都强调，被告应有自行决定是否愿意主动协助调查事实之自由。其与德国联邦宪法法院采取相同见解，认为欲以强制之方法，要求被告必须供述作为刑事裁判其有罪之前提事实是不可期待的，且不符合人性尊严。

在美国，联邦最高法院于1966年之Shemerber一案认为不自证其罪之特权系为保障被告免予被强迫作证对抗自己，或免予被强迫提供证言、书面证据等具意思表达本质之证据给予政府；实务上亦有许多法官采取加州最高法院法官之意见。基于上述理由，有的我国台湾地区学者认为笔迹并非是身体动作，撰写者如何运笔左右笔迹之表现，故其性质应属意思传达，与供述类似，加之被告并不付之以积极行动自证其罪之义务，应得拒绝当庭书写提供笔迹对

比，且不应以其拒绝作为对其不利之评价。[①] 但是，笔者在此有不同看法。第一，现代社会刑事诉讼制度的价值追求取向是程序公正与实体公正的衡平。在我国新的刑事诉讼法修改中，也是将程序公正与实体公正并重作为一项关键的修法理念。因此，并不能以人权为借口让渡出国家保护公共秩序以及普通公民的权力，否则国家也失去了其存在的价值根基。因此，在笔迹鉴定是否需要被鉴定人同意的问题上，在照顾其基本权利的前提下，如救济权利，异议权利，申请回避权利，在鉴定时不须征得其同意。第二，德国刑事诉讼法典第 81 条 b 明确规定了对照相或取得指纹，测量身体或为类似之行为可以不须被告人同意。一般而言，笔迹鉴定应当属于“类似行为”范畴之内，因为笔迹鉴定无论在内容上还是在形式上，或者其蕴涵的价值上，看不出有比照相或取得其指纹更值得保障的地方。如果笔迹鉴定属于意思表达，那么指纹鉴定更是属于意思表达。第三，侦查机关对笔迹鉴定的目的是查明案件事实，其目的是真实的，并不是借此虚伪地强迫被告人拒绝，并且也没有这个必要。第四，与测谎相比，测谎之所以采取被测人同意的做法，因为其关涉到被测人最基本的人格尊严，侵入到人的精神内部。但是，笔迹鉴定则达不到这个程度。

（二）笔迹鉴定证据应当接受交叉询问

为了查明笔迹鉴定的真相，应当采用控辩双方交叉询问的方式来实现。所以，让结论不同的双方鉴定人出庭，面对法官各自陈述作出鉴定结论的理由，有利于让法官在争议、冲突、矛盾中发现问题，以形成正确的心证。在我国，即使有人对笔迹鉴定的科学性存在疑虑，但在司法实践中，笔迹鉴定已经具有了相当的证据垄断或者特殊地位。笔迹鉴定结果关系到案件的成败。但是，笔迹鉴定的结果并不具有无可置疑性。从笔迹鉴定的性质分析，它具有二重性：一方面，它通过客观的技术对客观形成的内容进行解析和判

① 朱富美：《科学鉴定与刑事侦查》，中国民主法制出版社 2006 年版，第 384 页。

断，具有客观性；另一方面，毕竟笔迹鉴定结论是鉴定人运用主观思维进行主观分析的结果，因此，不可避免地具有主观性。此外，由于笔迹鉴定属于特定的专业知识，其分析方法、经验规则，理论基础对外行的法官和当事人而言，无疑是一种专业对业余的角逐，使法官深嵌于鉴定结论之中，对法官的自由裁量权形成重要限制，这其实是科学或者说专家向司法争权的行为。因此需要通过交叉询问的方式进行解释和释明。笔迹鉴定涉及案件的关键问题，能够决定罪与非罪、罪轻与罪重，因此，通过交叉询问的方式，通过控辩双方对鉴定人的询问，道理愈辩愈明，从而最大限度地揭示笔迹鉴定所要证明的内容，保证笔迹鉴定采信的科学化、公开化、公正化。

（三）确立证据补强规则

笔迹鉴定虽然具有一定的科学性，但是，其毕竟很少有统计学上的资料能够予以正面证明，在各国刑事理论和司法实践中，也存在着种种的争议和问题。因此，对于无论是证据本身还是与案件的相关性都存在疑问的证据而言，很难说能够单独证明案件主要事实，因此，其属于间接证据。在其证明力上，必须与其他证据结合，需要其他证据的补强，才能够证明案件事实。对于笔迹鉴定证据而言，补强规则作为法官自由判断证据原则的例外，其成立理由主要有两点。第一，笔迹鉴定科学性尚存在怀疑，如果不对存在怀疑的证据进行补强，那么，这种怀疑可能就会蔓延到司法裁判本身。第二，笔迹鉴定本身就是比较专业性的东西，特别对于我国法官而言，如果没有专业知识，很可能导致对笔迹鉴定证据的纯粹依赖，使笔迹鉴定代替法官的判决，补强的证据则会对笔迹鉴定证据达到加强或者纠正审查的作用。

第三章　公诉程序篇①

——以权力和权力（利）关系为视角

引言：公诉是侦查和审判承上启下的重要阶段。在公诉中，表面上是以公诉机关为主体的，各个主体之间的力量的冲突与博弈。但实际上，这种冲突和博弈的背后隐藏的是公诉权与侦查权、司法权、被害人权利、被告人权利等之间的冲突和矛盾。公诉实际上是公诉权为主推动进行的，而公诉权与其他权力（利）之间的关系，也是推动公诉进行的动力之一。可以说，这些权力和权力（利）也存在于一定的结构和系统中，在该结构和系统中必须形成一种相对稳定的状态。因为权力和权力（利）之间的冲突不可避免，因此，关键是如何考虑使这些冲突的正面作用发挥至最大，负面影响消减至最小。其最终目的是：既要保证公诉的正常运作，完成其依法律而为的追诉任务，同时也要对公诉权进行适当的制约，使其在正常的轨道上运作，而不是暴露其权力恣意的本性，在侵犯社会所珍视的基本权利，侵入他种权力（利）的疆域的同时，也会造成自己在运行轨道上颠覆的结果。

每一项法律规则，都可以被认为是社会为了使它的成员在他们的行动中不致发生冲突而建立起来的一道道屏障或一条条边界。②

——Paul vinogradoff

---

① 此章由作者与蔡国芹合作。

② Paul vinogradoff：Common - sense in law（London and New York，1914），p. 70. 转引自［英］弗里德里希·冯·哈耶克：《法律、立法与自由》（第二、三卷），邓正来等译，中国大百科全书出版社2000年版，第49页。

第一节　公诉权与侦查权的冲突与衡平

侦查权和公诉权是国家在刑事诉讼中的两项重要权能。从程序的实际运行来看，不论是大陆法系广义上的刑事诉讼还是英美法系狭义上的刑事诉讼，均起始于对涉嫌罪案的侦查或调查，并在查明犯罪事实和获得充分证据后将犯罪行为人交付审判，以期实现国家的刑罚目的。基于“不告不理”的司法原则，没有公诉就不存在刑事审判。但如果不经过侦查而获得相应的证据事实，公诉则不可能取得成功。虽说法院的定罪和量刑是对犯罪嫌疑人、被告人的终极和权威之法律评价，但侦查和公诉显然对审判效果起着不可忽略的前期制约作用。就其性质而言，侦查权和公诉权都是承担追诉犯罪职能的公权力，具有一定的同质性。但由于侦查权和公诉权分属于不同的国家机关行使，且各自的程序任务不尽相同，因而两种权力在服务于刑事诉讼目的的过程中难免会发生分歧，甚至有相互冲突的情形，从而导致程序效率的消减。因此，在刑事诉讼中适度衡平侦查权和公诉权的权力配置，既是程序科学运行的技术性制度安排，也是防范权力滥用的程序法治问题。

一、公诉权与侦查权的基本属性

从其语义上来看，公诉权和侦查权是相互区别的两项公权力。公诉权和侦查权在刑事诉讼中的关系定位主要源于其基本属性。

（一）公诉权及其基本属性

公诉权是相对于自诉权而言的。对于公诉权的定义，不同的学者给出的定义不尽相同。有学者认为，公诉权，即刑事追诉权，是检察机关运用公权力对违反刑事法律构成犯罪的人诉请国家审判机关依法追究其刑事责任的权力。① 有学者则认为，公诉权是法定的专门机关代表国家主动追诉犯罪，请求审判机关对犯罪嫌疑人予以定罪并处以刑罚的一种诉讼权力。② 也有人认为，刑事公诉权，是指法定的专门机关为了维护公共利益和被害人的利益而代表国家主动追诉犯罪，请求审判机关对犯罪嫌疑人予以定罪并处以刑罚的一种诉讼权力。③ 尽管各个表述不完全相同，但公诉权的内容基本涵盖：公诉权与追究犯罪人的刑事责任相关联；公诉权是一项国家权力，主要由代表国家利益或社会公共利益的检察机关行使；公诉权是一种程序性的司法请求权，包含审判发动请求权和有罪判决请求权两项内容。就其具体权能而言，公诉权在横向上可划分为积极的公诉权和消极的公诉权。前者指提起公诉的权力，后者则指不起诉的权力。④ 在纵向方面，公诉权的权能则包括：公诉提起、公诉支持、公诉变更（包括公诉的改变、追加和撤回）、抗诉权。⑤ 甚至有学者认为，公诉权的基本权能可以更宽，包括立案控制权或决定权、提起公诉的权力、决定不起诉的权力、出席支持公诉的权力、变更起诉的权力、上诉的权力、申请再审的权力和监督刑罚执行的权力等方面。⑥

如果从其程序特征进行分析，公诉权是一种程序意义上的司法请求权，是诉权的一种类型。虽然公诉权主体能就案件是否起诉作出程序性决定，但它并不是一项实体处分。因为公诉权在世界各国

---

① 张智辉：《公诉权论》，载《中国法学》2006 年第 6 期，第 109 页。

② 徐鹤喃：《公诉权的理论解构》，载《政法论坛（中国政法大学学报）》2002 年第 3 期。

③ 许尚金、胡冬平：《刑事公诉权性质研究》，载《国家检察官学院学报》2003 年第 5 期，第 71 页。

④ 林国强：《我国建立公诉权制约机制的设想》，载《河南科技大学学报（社会科学版）》2007 年第 4 期，第 109 页。

⑤ 许尚金、胡冬平：《刑事公诉权性质研究》，载《国家检察官学院学报》2003 年第 5 期，第 71 页。

⑥ 张智辉：《公诉权论》，载《中国法学》2006 年第 6 期，第 109 页。

几乎都是检察机关独享的一种国家权力，是检察权的一种标志性的权力，所以公诉权的性质往往与检察机关在国家权力结构中所处的地位相联系。检察机关的宪政地位从根本上决定着公诉权的法律性质，因此学界对公诉权的性质定位总是以一国的政治体制为背景。在英美法系国家“三权分立”的政体框架下，检察官具有公务员身份，其基本角色定位一般为“公诉律师”或者是政府一方的律师，其所行使的公诉等权力固然属于政府的行政权力之一部分，检察机关即为公诉机关，其行使公诉权属于单纯的政府为控制犯罪而行使的刑事追诉权，不具有司法性质。因此，即便当今的检察官越来越具有相对独立的法律地位，公诉权仍然属于行政权的范畴。而在大陆法系国家，检察官被定位为“法律的守护人”。正如德国20世纪的著名刑事诉讼法学者 Eb. Schmidt 所言：“检察官乃国家法意志的代表人，而非政府的传声筒”。[①] 检察官不仅具有侦查权的主体，还具有侦查或指挥警察侦查行为的职能。公诉人行使公诉权的同时还有监督法官的职权，因而公诉权被界定为既不是纯粹行政权也不是完全意义的司法权之间的“准司法权”。在以前苏联为代表的社会主义国家，检察机关的地位独立于政府，并与法院平行建制，被定位为专门的法律监督机关。检察机关不仅享有侦查权、公诉权，还具有监督侦查警察和审判法官的权力。检察机关的公诉活动以正确适用法律为目的，其监督职能更具有明显的“法制守护”的性质。因此，这种体制下的公诉权被定性为“司法权”。而我国检察机关可以说是前苏联检察机关的翻版，国内的学者也普遍认为

① 林钰雄：《刑事诉讼法》，中国人民大学出版社2005年版，第102页。

"公诉权是具有司法性质的权力"。①

（二）侦查权及其基本属性

我国刑事诉讼法第82条第（一）项规定，侦查，是指公安机关、人民检察院在办理案件过程中，依照法律进行的专门调查工作和有关的强制性措施。作为一项权力，侦查权是对涉嫌犯罪案件事实的强制调查权力。侦查的目的是为了查清刑事案件的事实，收集犯罪证据和抓获犯罪嫌疑人，决定是否移送控诉机关提起公诉。②侦查权的行使常常伴有限制人身自由或财产处分等刑事强制措施，大多数国家的法律规定只能由特定的国家机关享有。③对于侦查权的性质，西方国家的认识比较趋同，即侦查权为执法性质的行政权。特别是在英美法系国家，行使侦查权的警察机构是政府领导下的执法机关，负责调查犯罪事实、收集证据并查获犯罪嫌疑人。尽管对犯罪事实进行调查时的有关强制措施应受到司法审查，但与负责公诉的检察机关各自独立，积极、主动的侦查始终不具有司法性质。在法律上确立"检主警辅"侦查权力分配格局的大陆法系国家，检察官成为侦查程序的主导者和控制者，是刑事侦查权的法定主体，

① 谢鹏程：《论检察权的性质》，载《法学》2000年第2期；徐益初：《析检察权性质及其运用》，载《人民检察》1999年第4期；刘立宪、张智辉：《司法改革热点问题》，中国人民公安大学出版社2000年版，第78页。但以陈卫东教授为代表的学者们认为，"以公诉权为基本内容的检察权不可能具有终局性、中立性、被动性、独立性的特点，检察机关的设置也不同于审判机关的组织体系，在这个意义上认为检察权在本质属性上、在终极意义上应该属于行政权。"陈卫东：《我国检察权的反思与重构》，载《法学研究》2002年第2期。而以陈瑞华教授为代表的学者则认为："检察权尽管在中国目前的宪政体制下被界定为司法权，但就其权力的性质而言，也应属于广义上的行政权。只不过，与警察机构相比，检察机构更强调公正地进行刑事追诉活动，甚至强调维护国家法律的实施。在这一意义上，检察机关确实带有一定的准司法机构的性质。"陈瑞华：《司法权的性质》，载《法学研究》2000年第5期。

② 周欣：《侦查权与检察权、审判权关系解析》，载《法学杂志》2007年第3期。

③ 有些西方国家，侦查分为强制侦查和任意侦查。其中，任意侦查不使用强制力，对相对人重要生活权利的干预程度较弱。甚至当事人聘请的律师或私人侦探也可以展开任意侦查。

警察机关则是检察官的辅助机关。[①] 由于检察机关的技术训练和仪器装备不如警察机关，警察成为实际的侦查主体。检察官作为侦查行为的领导者，并没有改变其侦查权的行政法律性质。也正是侦查权是一种行政权，才使得检察官有控制和监督的法治需求。

按照我国刑事诉讼法的规定，危害社会治安和公共安全的刑事犯罪由公安机关侦查。[②] 也许受刑法第 94 条“本法所称司法工作人员，是指有侦查、检察、审判、监管职责的工作人员”之规定的影响，故有人认为应当将公安机关的侦查权定性为司法权。[③] 公安机关是维护社会治安的政府机关，负责刑事侦查的警察人员属于公务员系列。我们认为，公安人员在行使侦查权时遵循的是一般行政执法“上命下从”的行为模式。侦查行为的积极、主动、效率之特征，使得它无法具有中立、独立、被动、自治、判断等司法行为的基本特质。因此，作为国家控制力量和反映政府意志的侦查权，在本质上属于行政权。即便其法定程序的约束性较为严格，充其量是一种较为特殊的行政权而已。

二、公诉权与侦查权的程序冲突

在应然的角度上，公诉权与侦查权也必然存在着冲突，这是因为，虽然二者都属于国家权力的重要组成部分，但是，审前权力的大蛋糕在总量一定的情况下，权力之间存在的竞争状态就是一种必然。所以，二者之间必定存在着此消彼长的态势，在公诉权力更大时，侦查权可能就会收缩、减小；反之依然。从权力掌握者本人的

---

① 万毅：《程序正义的重心——底限正义视野下的侦查程序》，中国检察出版社 2006 年版，第 177 页。

② 按照我国现行法律规定，危害国家安全的犯罪案件由国家安全机关侦查；违反军人职责的现役军人犯罪则由军队保卫部门侦查；检察机关则负责侦查贪污受贿犯罪和国家工作人员的渎职犯罪案件。

③ 张孝刚：《侦查权性质论纲》，载《公安研究》2007 年第 11 期；黎亚薇、黄捷：《论我国侦查权的性质》，载《求索》2007 年第 12 期。

角度上出发，作为公诉权的行使者的检察官与侦查权的主要行使者的警察也会发生矛盾和冲突，这是由人的本性决定的，任何人都不敢说自己能够轻易抵挡权力带来的巨大诱惑，即使有法律和道德的约束也是如此。这样，检察官和警察之间的冲突也是公诉权与侦查权冲突的一种展示。

从职权的程序运行终极目标来看，公诉权和侦查权都承载着国家对犯罪行为的刑事追诉职能。但由于程序角色定位的不同，两种权力在分工的基础上担负着略有差异的诉讼使命。公诉权的重心在于审查是否具备起诉条件以及在有必要追究犯罪嫌疑人刑事责任时正式向法院提出“诉请或控诉”，权力外化表现多为司法请求；而侦查权的着力点却在于“查”，以案件事实为作用对象，目的在于查明真相，并在有犯罪事实时收集证据及查获犯罪嫌疑人。就权力的运行次序而言，侦查权和公诉权呈先后递进形态。只有侦查权的先行启动，才有进一步落实公诉权的前提基础。在形式上，侦查权与公诉权只是权限的分工领域不同，两者相互配合以完成打击犯罪的法律任务应该说不存在矛盾。然而，现代法治国家刑事诉讼的价值目标不仅仅是惩罚犯罪，而是旨在实现惩治犯罪与保障人权的有机统一。基于社会秩序的行政管理职责，实施侦查权的警察机关更为关注犯罪真相和对犯罪嫌疑人的有效控制。侦查机关实施的人身强制措施和财产强制措施通常会严重干预犯罪嫌疑人的基本权利。同时，国家权力扩张的本性，使得侦查权的行使很容易超越法律的界限。因此，对侦查权设置相应的权力制约机制是程序法治的内在要求。公诉权的设置，就是在侦查与审判之间设置了一道程序过滤器或者说缓冲机制。此权力的存在，可以防范实施侦查权的警察机关在证据不充分的情况下匆匆将犯罪嫌疑人交付审判，这既是保护公民基本人权的需要，也有利于避免司法资源的不当消耗。

实践中，公诉权与侦查权的程序冲突主要源于相关国家对公诉机关和侦查的宪法性定位。出于权力制约和统一法制的考虑，当今很少有国家将侦查权和公诉权的主体完全合二为一。至少对于严重的刑事犯罪案件是如此。行使公诉权的检察官，不仅仅是侦查至审判之诉讼程序中承前启后的权力纽带，更是具有相对独立地位和对案件行使程序审查判断权的权威主体。作为公诉主体的检察官，也是国家整体利益和社会公共利益的代表，对于警察侦查终结而移送的案件，在权衡多方利益或根据当时的国家刑事政策，有时会对案件决定不起诉或者减轻对犯罪嫌疑人的刑事指控。此时检察官的决定就不一定是警察侦查目标的延伸。当公诉主体和侦查主体对案件的法律价值判断存有分歧时，公诉权与侦查权的程序冲突则应然而生。在具体的程序操作中，实施侦查的警察机关意图将犯罪嫌疑人交付审判而获得刑罚制裁，但垄断公诉权的检察机关却基于更多方面的考虑而决定不起诉。此时的警察机关有可能不服检察机关的不起诉决定，毕竟其前期侦查的“成果”遭遇了程序阻却。在另一方面，从侦查策略考虑或者无法收集到充分证据，警察机关放弃对某一犯罪嫌疑人的刑事责任追究却不被检察机关所接受而受到督促。在实行“检察领导警察”侦查体制的大陆法系国家，警察拟逮捕犯罪嫌疑人的令状申请必须经由检察官向预审法官提出，而检察官与警察也有可能在逮捕的必要性和证据的充分性方面认识不一致，尤其是在有些社会主义国家，检察机关负责提起公诉而且还行使逮捕批准权以及立案监督权，检察机关的不起诉、不批准逮捕、补充侦查或者要求立案侦查的指令，均有可能不被实施侦查的警察机关所认同。当公诉机关与侦查机关对案件的处理意见相左时，刑事诉讼就有可能产生程序逆转或中止。尽管也可以从权力制约的角度来理解侦查机关与公诉机关对案件的意见分歧，但程序行进中的权力冲突却事实存在。如果这种权力冲突仍在可控制的范围，倒是有利于实现权力监督与制衡。假如冲突超出了一定强度，则有可能导致权力机关之间的消极懈怠，从而降低诉讼效率。

三、我国公诉权与侦查权的冲突表现及其原因

在我国，刑事公诉案件之程序始于立案，侦查作为一独立的诉

讼阶段，其权力由公安机关等部门专门行使。[①] 刑事诉讼法第3条第1款规定："对刑事案件的侦查、拘留、执行逮捕、预审，由公安机关负责。检察、批准逮捕、检察机关直接受理的案件的侦查、提起公诉，由人民检察院负责……"第7条又规定："人民法院、人民检察院和公安机关进行刑事诉讼，应当分工负责，互相配合，互相制约，以保证准确有效地执行法律。"在体制上，侦查权是一项与公诉权、审判权平行、独立的国家权力。从理论上来说，侦查权与公诉权都承担着国家追诉犯罪的控诉职能，诉讼的基本目标具有一致性。由于我国宪法第129条规定了"中华人民共和国人民检察院是国家的法律监督机关"，因而刑事诉讼法第8条也就作出了"人民检察院依法对刑事诉讼实行法律监督"的原则性规定。如此一来，检察机关除了审查起诉、提起公诉和自行侦查外，还肩负着对刑事侦查、审判和执行实施法律监督的职责。在现有宪政框架内，监督公安机关等机关的侦查权行使，既是检察机关的宪法性权力，也是其宪法性义务。在程序运行中，公安机关的侦查行为在诸多方面受到检察机关的制约和监督。具体表现为：其一，公安机关需要逮捕犯罪嫌疑人的，应当提请检察机关批准。根据刑事诉讼法第68条的规定："人民检察院对于公安机关提请批准逮捕的案件进行审查后，应当根据情况分别作出批准逮捕或者不批准逮捕的决定……对于不批准逮捕的，人民检察院应当说明理由，需要补充侦查的，应当同时通知公安机关。"《人民检察院刑事诉讼规则》第102条的规定："对于人民检察院批准逮捕的决定，公安机关应当立即执行，并将执行回执及时送达作出批准决定的人民检察院；如果未能执行，也应当将回执送达人民检察院，并写明未能执行的原因。对于人民检察院决定不批准逮捕的，公安机关在收到不批准逮捕决定书后，应当立即释放在押的犯罪嫌疑人或者变更强制措

---

① 除检察机关的自侦案件外，其他案件由公安机关或者国家安全机关、军队保卫部门、监狱和海关立案侦查。

施，并将执行回执在收到不批准逮捕决定书后的三日内送达作出不批准逮捕决定的人民检察院。”另外，《人民检察院刑事诉讼规则》第103条还规定：“人民检察院办理审查逮捕案件，发现应当逮捕而公安机关未提请批准逮捕的犯罪嫌疑人的，应当建议公安机关提请批准逮捕。如果公安机关不提请批准逮捕的理由不能成立的，人民检察院也可以直接作出逮捕决定，送达公安机关执行。”其二，检察机关对公安机关移送审查起诉的案件，可以退回补充侦查或者作出不起诉的决定。根据刑事诉讼法第140条的规定，人民检察院审查起诉时，对于需要补充侦查的，可以退回公安机关补充侦查，也可以自行侦查。对于补充侦查的案件，应当在1个月以内补充侦查完毕。补充侦查以二次为限。对于补充侦查的案件，人民检察院仍然认为证据不足，不符合起诉条件的，可以作出不起诉的决定。另外，根据刑事诉讼法第142条的规定，发现犯罪嫌疑人属于不需要追究刑事责任的法定情形的，应当作出不起诉的决定；对于犯罪情节轻微，依照刑法规定不需要判处刑罚或者免除刑罚的，也可以作出不起诉决定。其三，人民检察院对公安机关的侦查违法行为，有权要求予以纠正。刑事诉讼法第76条规定：“人民检察院在审查批准逮捕工作中，如果发现公安机关的侦查活动有违法情况，应当通知公安机关予以纠正，公安机关应当将纠正情况通知人民检察院。”① 同时，第87条还规定：“人民检察院认为公安机关对应当立案侦查的案件而不立案侦查的，或者被害人认为公安机关对应当

---

① 根据《人民检察院刑事诉讼规则》第381条和第382条第一款的规定，侦查监督主要发现和纠正以下违法行为，（1）对犯罪嫌疑人刑讯逼供、诱供的；（2）对被害人、证人以体罚、威胁、诱骗等非法手段收集证据的；（3）伪造、隐匿、销毁、调换或者私自涂改证据的；（4）徇私舞弊，放纵、包庇犯罪分子的；（5）故意制造冤、假、错案的；（6）在侦查活动中利用职务之便谋取非法利益的；（7）在侦查过程中不应当撤案而撤案的；（8）贪污、挪用、调换所扣押、冻结的款物及其孳息的；（9）违反刑事诉讼法关于决定、执行、变更、撤销强制措施规定的；（10）违反羁押和办案期限规定的；（11）在侦查中有其他违反刑事诉讼法有关规定的行为的。……发现违法情况，应当提出意见通知公安机关纠正。构成犯罪的，移送有关部门依法追究刑事责任。

立案侦查的案件而不立案侦查，向人民检察院提出的，人民检察院应当要求公安机关说明不立案的理由。人民检察院认为公安机关不立案理由不能成立的，应当通知公安机关立案，公安机关接到通知后应当立案。”此外，《人民检察院刑事诉讼规则》第378条规定，对于公安机关不应当立案而立案侦查的，人民检察院应当向公安机关提出纠正违法意见。

当然，公安侦查机关并不是被动地接受检察机关的单向监督。相反，它对检察机关的监督行为也有一定的反向制约机制。刑事诉讼法第144条规定：“对于公安机关移送起诉的案件，人民检察院决定不起诉的，应当将不起诉决定书送达公安机关。公安机关认为不起诉的决定有错误的时候，可以要求复议，如果意见不被接受，可以向上一级人民检察院提请复核。”《人民检察院刑事诉讼规则》第297条第2款和第298条第2款规定：“人民检察院应当在收到要求复议意见书后的三十日内作出复议决定，通知公安机关。”“上一级人民检察院应当在收到提请复核意见书后的三十日内作出决定，制作复核决定书送交提请复核的公安机关和下级人民检察院。经复核改变下级人民检察院不起诉决定的，应当撤销下级人民检察院作出的不起诉决定，交由下级人民检察院执行。”

如果比较相互之间的作用力，我国的检察机关对公安机关的法律制约似乎更强，因为检察机关处于侦查终结后诉与不诉的关键环节。检察机关依照宪法和刑事诉讼法对侦查行为实施监督，不只是确保起诉的准确性和成功率，同时也是为了保护犯罪嫌疑人的合法权益和法律的正确执行。我国不少学者认为，检察机关的公诉权本身具有监督性，其中，批捕权、执行监督权、对生效判决的抗诉权的直接目的在于防止公权力出错，明显是一种监督，从其特点上看属于主观型监督。[1] 但由于我国刑事诉讼运行机制为“流水作业式”构造，警、检、法机关各自独立地实施诉讼行为，事实上互不隶属。[2] 现实中，由于社会治安的政治压力日益加大，实际权力不断膨胀的公安机关，在实施侦查时更重打击而轻保护，接受检察监督的自觉性通常有限。由于检察机关对公安机关侦查行为没有实质的控制或指挥权，所谓的监督也呈事后性和书面性，因而监督和制约的效果并不理想。侦查权与公诉权的冲突时有显现。主要表现有：检察机关补充侦查的要求，公安机关将案件搁置一段时间后重新移送起诉。对于立案侦查的要求，也可以给出多种理由而久拖不决。如果侦查中的违法行为无法在案卷材料中反映，即使偶尔有所发现，至多只能是纠正诉讼文书的瑕疵或者补充证据材料，而对有关当事人业已造成的实际损害之弥补却往往为时已晚。如此情形，实现检察对公安侦查的监督只能是一种良好的愿望而已。在另一方面，由于检察机关的起诉依赖于侦查时收集的证据材料，为服从自身的公诉目标，检察机关也并不乐于断然否定公安机关侦查行为的效力。可以说，基于控诉立场的一致性，承担公诉职责的检察机关与实施侦查权力的公安机关，出于法律利益的考量而更趋于相互合作。不予批准逮捕或者退回补充侦查，更主要的原因是错误的逮捕将会使检察机关面临国家刑事赔偿责任的承担。决定不起诉，则是由于单位内部对起诉定罪率实行量化的指标考核。起诉务必达到被判定罪的诉讼结果，底气不足时就只能作出不起诉决定。在这种体制下，不批准逮捕、不起诉或退回补充侦查的决定，与其说是履行诉讼监督职责，还不如说是规避法律风险的自保行为。对于习惯于以人身强制措施来保障侦查效果的公安机关来说，也有错误刑事拘

---

① 所谓主观型监督，是指权力部门的具体活动仅以监督为目的，其权力的实施就是负责监督权力的运行，防止权力被滥用，它是一种积极的、主动的监督方式。谢佑平：《论公诉权的监督性》，载《法学》2007年第9期。

② 陈瑞华：《刑事诉讼的前沿问题》，中国人民大学出版社2000年版，第232页。

留的国家赔偿风险，一旦对犯罪嫌疑人采取了拘留措施，就极不希望出现不予批准逮捕或决定不起诉的结局。正是法律利益的冲突，才导致了两种权力相互制衡的表象。其结果只能是犯罪嫌疑人的诉讼主体地位被边缘化，其法律利益被忽略。其中，补充侦查必然引起程序逆向回流和反复，使得犯罪嫌疑人受羁押的时间顺势延长。基于拘留和逮捕的事实而坚持公诉，不仅徒加审判的压力，还有可能使被告人受到不公正的刑罚。

笔者认为，我国目前公诉权与侦查权的相互制约并没有达到立法的预期目的，反而形成了两种权力的不当冲突。它不但不能使公权力的违法行为得到有效遏制，而且还导致程序效率的降低。造成我国侦查权与公诉权程序运行冲突的原因主要有：一是检察机关的诉讼监督权威并未真正树立。虽然检察机关在名义上具有法律监督职权，但其社会公信力却远远不够，至少还没有达到令国家行政权力自觉接受其监督的足够高度。检察机关在侦查与审判程序之间担任过渡性角色，其相对独立性及其自由裁量权的制度缺失，也是其监督权力受阻的主要根源。二是检察机关对公安机关侦查行为监督的滞后性。我国的刑事侦查是个相对独立的诉讼阶段，承担公诉职能的检察机关并不实质介入。报请批捕多是在刑事拘留以后提出，而移送起诉则是侦查终结后的程序步骤。当侦查行为成就为事实后，检察机关拟提出监督纠正意见的，前者通常会因担心错案责任的追究而尽力坚持。同样，事后的行为补救因为平添了侦查工作量，也会导致被监督者的消极应付态度。三是检察机关不能对侦查机关实施有效制约。公安机关和检察机关对案件的法律认识存在分歧属正常现象。虽然法律规定检察机关有权纠正侦查机关违法行为，但其中并没有设定相应的程序制裁机制。决定不批准逮捕和不起诉只是一种被动应答行为。即使退回补充侦查，也不含具体的侦查指令。前述决定作出后，公安机关该如何纠正违法行为，仍然是侦查权限范围内的事务。而针对有案不立的违法行为，检察机关只能是向公安机关提出纠正违法意见。对检察机关意见不落实或者懈怠、拖延的，却没有进一步的法律后果。① 四是检察机关行使批捕权易导致其与侦查机关形成对立。公诉权与侦查权都承担着控诉职能，两者的诉讼基本立场具有同向性。在依赖于侦查材料才能有效起诉的前提下，却由检察机关行使公安侦查的批捕权，即便这种程序性的审查决定可能有利于确保起诉材料的合法性，但毕竟彼此的诉讼利益相关联。当批准逮捕后，为避免错误逮捕情形的出现，也许双方会相互配合。一旦报请批捕受阻，则容易导致权力冲突。

四、域外公诉权与侦查权诉讼关系的程序协调

基于权力分工和业务细化的需要，将公诉权与侦查权分立已成世界通例。如何协调两种权力在程序中运行的关系，则与各国的宪政体制、司法传统、法律文化和诉讼模式有关。从诉讼运行机制来看，域外的公诉权与侦查权之间也有一定的制衡机制，但总体上公诉权的自由裁量范围较侦查权宽泛，因而所谓的权力制衡也主要以防范警察侦查权力滥用为出发点。在英美法系国家，公诉权和侦查权在“三权分立”体制下被定性为行政权力，而不具有司法权性质。虽然法律属性相同，但两种权力的具体运行却有所差异。一般而言，警察行使侦查权时更具执行性和管理性，所受到的程序制约较多。特别是有关的人身强制措施，实行令状主义，事先应当经过司法审查程序。相比之下，行使公诉权的检察官虽然隶属于政府部门领导，但在行使职权时却不受行政首长的具体指令，而是享有相对独立的自由裁量权。在美国，检察官分为联邦检察官和地方检察官。作为刑事诉讼中的政府律师，美国的检察官可以在决定起诉、

① 《人民检察院刑事诉讼规则》第 377 条规定：“对于由公安机关管辖的国家机关工作人员利用职权实施的重大犯罪案件，人民检察院通知公安机关立案，公安机关不予立案的，经省级以上人民检察院决定，人民检察院可以直接立案侦查。”但除此类案件以外的其他案件则不能直接立案侦查。事实上，如果完全由检察机关对公安机关不立案的案件进行兜底性立案侦办，不论是技术还是人力，都不具有现实可行性。

决定撤诉和辩诉交易三个方面行使自由裁量权。[①] 尤其是在“选择性起诉”和“辩诉交易”中，美国检察官的自由裁量权最为明显。经警察侦查的案件，“并非所有犯罪都必须被起诉到法院接受审判，检察官可以根据案件的具体情况和有关的社会政策，有选择地起诉一部分犯罪，而对另一部分犯罪持宽容的态度。至于哪些犯罪和哪些犯罪人应该截留在司法程序之外，完全属于检察官的自由裁量权，而且这种权利具有几乎不受审查和监督的独断性”。辩诉交易也是检察官的专有权利。在有多名被告人的共同犯罪案件中，检察官完全可以根据自己的意愿来决定同其中的某个被告人进行辩诉交易。而且检察官的辩诉交易是不受审查的，法官也不得干涉检察官辩诉交易。[②] 由于美国检察官的社会威信很高，公众信任其对案件所作的判断和处理决定。除了犯罪嫌疑人申请陪审团审查起诉后，检察官在法律范围内的自由裁量权不受行政权和司法权的任何干涉。很显然，实施侦查的警察也不可能对检察官的决定提出异议。当然，检察官也无权对警察的具体侦查行为实施干预或监督。由于检察官不对侦查措施进行司法审查，其起诉自由裁量权又具法律保障，因而，公诉权与侦查权各自良性运行，并无程序冲突。

在大陆法系的德、法、日等国及我国台湾地区，“检察官之职责不单单在于刑事被告之追诉，并且也在于国家权力之双重控制：作为法律之守护人，检察官既要保护被告免于法官之擅断，亦要保护其免于警察之恣意。”[③] 因此，负有客观义务的检察官，在审前阶段应当依法全面收集和保全证据；在审查起诉阶段不得违背证据和公平原则进行差别追诉；在审判阶段不能片面地追求获得有罪判决和对被告人的从重处罚；有罪判决之后还可以为被告人的利益提

① 胡国平：《美国检察官及其自由裁量权》，载《人民检察》2003 年第 1 期，第 59 页。

② 徐家力：《美国检察官在刑事诉讼中的主导作用》，载《国家检察官学院学报》2002 年第 1 期，第 91 页。

③ 林钰雄：《刑事诉讼法》，中国人民大学出版社 2005 年版，第 102 页。

出上诉或者再审。[1] 其实，法国最初创设检察官制度是出于对法官权力的分割，以防止法官集权擅断，进而改造纠问式诉讼制度。检察官法律地位的确立，将“纠问法官”还原为“审判法官”。根据1808 年拿破仑治罪法典确立的职权原则和分权原则和之后的一系列司法改革及调整，法国的现代检察制度框架为：检察官服从于司法部长的命令，检察机关完全独立于审判机关，并在刑事诉讼中有权指挥司法警察的犯罪侦查；提起公诉；维持追诉；指挥监督预审法官；执行裁判；出席关系到公益的民事诉讼案件的审判并发表意见；监督审判以及在司法行政上有权监督警察、律师等。[2] “法官与检察官彼此监督节制，借以保障刑事司法权限行使的客观性与正确性”[3] 的控审分离原则的确立，使得大陆法系国家的刑事诉讼程序分为审前程序和审判程序两个阶段。承担审判职能的法官成为审判程序的主持人，而承担控诉职能的检察官则成为审前程序的主导者。原来属于预审法官的侦查职能，同时由检察官继任。检察官也就逐渐成为“有权调遣警察，有责任客观公正地评价事实”[4] 的侦查权的法定主体。而德国在创制检察制度的过程中，对检察官的地位和权限进行了相应的改造。为保证检察官权力行使的客观性，将德国原属于行政官性质的检察官归类为非审判的司法官，并使检察系统脱离行政系统而附设于法院。检察官作为“法律守护人”、“民权保障者”的功能因此得到进一步开掘。之所以法、德等大陆法系国家将检察官确定为“侦查程序之主导者”的刑事侦查体制，其目的在于“控制警察活动的合法性，摆脱警察国家的梦魇”。在

---

① 孙长永：《检察官客观义务与中国刑事诉讼制度改革》，载《人民检察》2007 年第 17 期，第 6 ~ 8 页。

② 黄东熊：《中外检察制度之比较》，台湾地区文物供应社 1986 年版，第 10 页。

③ 林钰雄：《刑事诉讼法（上册）》，台湾地区元照出版有限公司 2004 年版，第 116 页。

④ ［德］托马斯·魏根特：《德国刑事诉讼程序》，岳礼玲、温小洁译，中国政法大学出版社 2004 年版，第 40 页。

“检主警辅”的侦查权力分配格局中，检察官是侦查权的法定主体、侦查程序的主导者和控制者，警察机关则是检察官的辅助机关。检察官有权指挥、调度警察。由于警察机关在犯罪侦查技术训练、仪器设备、刑事鉴定知识和人力资源等方面明显比检察机关更具优势，因而警察成为第一线的实际侦查主体。检察官一般只在重大、复杂的案件，如涉及谋杀、严重的经济犯罪、环境犯罪等类型的案件中直接参与侦查，在其他案件中则行使补充侦查权和机动侦查权。[①] 虽然警察实际承担了犯罪侦查的主要工作，但由于在法律上，检察官是犯罪侦查程序的主导者，并对犯罪侦查负最后责任，因而其中的检警关系并非属平等关系，而是一种上命下从的关系。检察官对侦查警察的实际控制权，不仅可以节制警察权直接危害公民的权利和自由，减少侦查程序违法的几率，而且还可以有效指导警察全面收集相关证据材料。值得一提的是，检察官对侦查警察的控制权并不包括对犯罪嫌疑人实施逮捕和羁押的权力。侦查时需要逮捕和羁押犯罪嫌疑人的，由检察官提出申请，最终由法官进行司法审查后签发逮捕令，进而减少了检察官与侦查警察权力的正面冲突。另外，侦查终结后，是否提起公诉完全属于检察官的职权范围。对于刑事追究利益不大的案件，负有客观义务的检察官在斟酌程序的经济性和法律政治利益等因素后，可以自主裁量对犯罪嫌疑人不起诉。也正是由于大陆法系国家的检察官在刑事审前程序中始终居于主宰者的法律地位，公诉权在大部分情况下监督和制约着侦查权特别是警察的实际侦查权。从其实际运行的效果来看，法、德、日等大陆法系国家的公诉权与侦查权相互消耗或程序冲突的现象实为罕见。

---

① 万毅：《程序正义的重心——底限正义视野下的侦查程序》，中国检察出版社2006年版，第116～120页。

五、我国公诉权与侦查权关系衡平的基本路径

如前所述，我国的公诉权与侦查权是根据刑事诉讼法关于“警、检、法三机关在刑事诉讼中分工负责、互相配合、互相制约”基本原则而配置的。由于承继列宁关于社会主义国家检察权性质的基本理论，我国检察机关在现行宪政体制中具有专门法律监督机关的地位，以至于在刑事诉讼中也承载着较多的法律职能。应该说，为保护公民的基本权利和自由，防止公安机关在执法时因滥用权力而危害法治秩序，将我国检察机关定位为负有客观、公正义务的“法律权威的捍卫者”或者“法律守护人”，确有其深远的法治意义。但由于公诉权与侦查权呈平行关系以及公诉行为对侦查结果的程序依赖性，以至于检察机关对公安机关侦查行为的制衡较难达到理想状态。在双方诉讼利益既捆绑又冲突的前提下，公诉权与侦查权的法律关系难免显得尴尬。一方面期望检察机关在行使批捕权和审查起诉时来纠正公安机关的侦查违法行为，另一方面又没有赋予检察机关有效控制或者制裁警察侦查违法行为的权限和机制。公诉权与侦查权的制约与反制约在理论上是成立的，但在事实运行中却成了不当冲突。虽然检察机关承担着公诉职能，但它并不纯粹是仅追求有罪判决结果的一方当事人。刑事诉讼法第 43 条规定：“审判人员、检察人员、侦查人员必须依照法定程序，收集能够证实犯罪嫌疑人、被告人有罪或者无罪、犯罪情节轻重的各种证据……”《人民检察院刑事诉讼规则》第 332 条也要求：“在法庭审理中，公诉人应当客观、全面、公正地向法庭提供证明被告人有罪、罪重或者罪轻的证据。”检察机关不是政府机关的传声筒，公诉人也不是侦查人员的代言人。公诉权从纠问法官审判权中分割出来之日就开始扮演着刑事诉讼进程中过滤器的角色，既要对法官审判的对象进行把关，又要防止侦查权的滥用。我们认为，保证检察机关在刑事诉讼程序中相对独立的法律地位并发挥其监督和制衡警察侦查权力的职能，符合我国现行的宪政体制。但要避免两种权力

在程序进程发生不当冲突，公诉权与侦查权的法律关系则需作进一步调适。

其一，建立检察机关对公安机关侦查行为的指导机制。如果从实现控诉职能的角度出发，公安机关侦查的先前行为将直接影响到公诉的质量，甚至关系到将来裁判的客观性与正确性。“侦查中所犯的错误往往具有不可弥补性，许多实证研究指出，错误裁判最大的肇因乃错误侦查。再好的法官、再完美的审判制度，往往也挽救不了侦查方向偏差所造成的恶果。”① 从佘祥林、杜培武、聂树斌等冤假错案的反面教训来看，公安机关的侦查权力确有监督的必要。国内不少学者纷纷建议借鉴大陆法系“检警一体化”模式来重新理顺公诉权与侦查权的关系，以实现公诉权制约侦查权的目的。但这种权力分配重新洗牌的思路未必符合中国的现实。笔者认为，在“检警分立”体制下，要落实检察监督职能，可以通过“检察指导侦查”② 方式来扩大检察机关对公安机关侦查活动的“参与”和“控制”程度。检察机关介入侦查活动，可以建议和引导公安机关的侦查行为以公诉为中心目的，使证据的收集能围绕起诉需要。同时，还能及时发现违法行为，提请侦查机关注意并予以纠正，变事后被动监督为有效预防和及时纠正，切实保障犯罪嫌疑人及其他有关公民的合法权益不受非法侵犯。

其二，将批准逮捕改造为司法审查，避免公诉权与侦查权发生正面冲突。由检察机关行使公安侦查的逮捕批准权，不但监督的效

---

① 林钰雄：《刑事诉讼法》，中国人民大学出版社2005年版，第104页。

② 所谓检察指导侦查，是指在现行法律框架内，为了提高刑事案件的质量，及时、全面、合法地获取指控犯罪所必需的证据，检察机关通过参与公安机关案件的侦查活动，采取法律规定的诉讼手段，对侦查机关证据的收集、提取、固定及侦查取证的方向，提出意见和建议，并对侦查活动进行同步法律监督，促使侦查机关准确、全面地收集和保全指控犯罪所需证据，保证侦查活动的依法进行。检察指导侦查是严格按照刑事诉讼法的规定进行的，它只是一种工作机制创新，并不改变我国现存的警检关系。其核心内容是建立起一种以公诉为中心，侦查服务公诉的新型办案机制。史耀阁：《检察指导侦查的诉讼价值及运作模式》，载《国家检察官学院学报》2002年第5期，第94页。

果极为有限，还易导致公诉权与侦查的正面冲突。当检察机关批准逮捕后，它与公安机关即成为诉讼利益共同体，在成功公诉目标的指引下，制约侦查违法行为的愿望相应降低。如果不批准公安机关要求逮捕犯罪嫌疑人的申请，则会引发公安机关的不满。特别是退回补充侦查，很容易使两机关的关系由信任而变得紧张。一方面，检察机关会认为侦查行为的不合法，将严重影响公诉的质量。另一方面，公安机关则认为检察机关阻碍了其打击犯罪目标的推进。如果改诉讼地位中立的法院进行司法审查，则更容易使公安机关认识到诉讼行为的程序缺陷。至少是离定罪量刑的目标还有相当的距离。虽然审查批捕的标准不需变化，但把检察机关从侦查权力的对立面转移出来，检察指导侦查也将有一定的参照标准，侦查人员也会更容易接受指导意见。

其三，建立职务豁免制度，消除程序推诿现象。不合理的错案责任追究制，是导致侦查权与公诉权不当冲突的另一原因。对于公安机关而言，提请逮捕了，就不能退回补充侦查；移送起诉后，就不希望有不起诉的结果。否则，将记录为错案。对于检察机关而言也是如此，决定了逮捕或者提起了公诉，假如出现最终没有定罪的判决结果，也有可能招致错案责任的追究。为避开行为的责任风险，行使侦查权的公安机关一旦实施某个行为就会坚持立场到底。对于侦查中无法修正的缺陷，检察机关“明智”的做法就让案件实现程序回流。其实，不论是不批准逮捕或不起诉决定，都是检察机关审查判断的结果。不批准逮捕可能是证据材料还不足，或者是犯罪嫌疑人社会危险性还达不到应该逮捕的程度。不起诉，也许是出于其他社会公共利益的考虑。总之，两种情形都不能当然得出错案的结论。笔者觉得，如果相关人员在程序上没有违法情形，即便在事实或法律判断上有失误，也应该实行职务责任豁免。没有了职业上的不当风险，不论是公安机关还是检察机关，接受监督的自觉性才会增强。

第二节　公诉权与司法权的冲突与衡平

公诉权和司法权是现代刑事诉讼基本构造的组成要素，分别承载着控诉职能和审判职能，缺乏其中的任何一项，刑事公诉案件的审判程序均无法展开。尽管二者在法律本质上都属于国家公权力，但由于权能内容和主体诉讼立场的不同，致使两种权力的程序运行方式存在差异。以实现追诉目标为使命的公诉权，总是表现出积极、主动的进攻性，并与刑事诉讼的中心主体——被告人形成争讼关系，而司法权则是在控辩双方之间发挥其终极判断的评价功能，并对控辩主张作出最高权威的认定。由于刑事诉讼的最后落脚点为被告人的刑事责任问题，因而两项权力在程序进程中关系的定位，不但决定着刑事诉讼模式的形式特征，还将直接影响到犯罪嫌疑人、被告人的程序处遇。在控、辩、审三方关系的坐标上，虽然公诉权与司法权不是对立统一的关系，但也不宜过于亲近或形成冲突。否则，被告人的权利则会因权力袒护的利益联盟或者不当冲突而有被边缘化或侵扰的危险。保持公诉权和司法权的适度制衡，既是宪政体制的基本要求和程序法治的现实需要，也是世界法治国家刑事诉讼的通例。在我国现行的刑事诉讼体制中，公诉权在宪法明确授权的背景下已经突破了权力制衡的基本底线，导致了公诉权与司法权的不当冲突，进而有碍刑事诉讼程序的良性运行。个中问题的严重性，有必要纳入刑事司法改革的议题。

一、角色的定位：公诉权与司法权的异质性

就其渊源而言，公诉权与司法权的形成历史并非同步。司法权是随着诉讼制度的产生而形成的，即当国家现象出现后，统治阶级将有可能危及其根本利益的社会纠纷纳入公力救济范围时，司法权即随之产生。即使在“弹劾式”诉讼时期，刑事诉讼由原告以私人名义起诉，司法权就开始发挥其居中行使裁判权的作用。在

“纠问式”诉讼年代，尽管性质严重的刑事纠纷不再由当事人自诉，但作为裁判者的法官集侦查、控诉和审判大权于一身，犯罪嫌疑人、被告人沦为诉讼客体，尽管实质的公诉已经存在，由于司法权与公诉权之间没有明确的界限，程序意义上的公诉权概念却无从谈起。真正独立意义的公诉权是现代刑事诉讼的产物，它最早起始于中世纪的法国。13世纪末，法国国王设立“代理人”，代替其办理私人事务。到了14世纪中叶，国王代理人一改其国王私人代理之身份，而跻身于国家官吏队伍，成为以原告身份为被害人提供公权力救济的检察官。1285年，法国国王菲力普四世将之改为检察官，普遍设于各级法院。检察官的职权主要有：以国家公诉人的身份对犯罪进行侦查和起诉，参与法院的审讯；代表国王对地方当局进行监督，成为国王在地方的耳目；在涉及王室利益的诉讼中出庭维护王室的利益。16世纪以后，法国检察官的主要职务是实施刑事追诉。在英国，英国国王从1243年开始派律师代替其进行诉讼。从1311年国王代理人开始正式成为国家官员。1461年，在新任国王代理人的任命特许状中，使用了“总检察长”一词，同时任命一名“国王初级律师”作为国王的辩护人。1515年，“国王的辩护人”定名为“副总检察长”，从而正式建立了英国的检察制度。①代表和维护公益的检察官制度的确立，并通过其承担起控诉职能的方式，成功地将“检察官”这一新的诉讼角色和新元素注入刑事诉讼制度中，从而使控审职能分离成为现实，一种新的诉讼分权模式得以塑成。②公诉权法律地位的确立，使得它与司法权正式分野，并逐渐形成性质相互差异的两种程序角色。

在理论上，公诉权，即刑事追诉权，是检察机关运用公权力对

① 温辉：《检察官：从国王代理人到公共利益代表》，载《广西大学学报（哲学社会科学版）》2007年第3期。

② 万毅：《程序正义的重心——底限正义视野下的侦查程序》，中国检察出版社2006年版，第113页。

违反刑事法律构成犯罪的人诉请国家审判机关依法追究其刑事责任的权力。[①] 作为一种追诉犯罪的权力，公诉权的实质是在特定的犯罪案件中，国家垄断行使对犯罪行为的控告权。这种权力不具有实体处分的性质，仅仅是一种请求权。[②] 在性质归属上，两大法系对国家公诉权的界定并不一致。在英美法系国家，基于“三权分立”的宪政体制，检察机关隶属于行政机关，检察官提起公诉时代表的是政府意志，并以一方诉讼当事人的身份，平等地与被告人进行对抗。尽管检察官在履行职务时享有近乎不受干涉的自由裁量权，但公诉权依然是行政权的范畴。在大陆法系国家，检察官在执行职务时负有法定性义务和客观性义务。其职责不单单在于对刑事被告追诉，还在于对“国家权力的双重控制”。作为法律的守护人，检察官既要保护被告免于法官的擅断，亦要保护其免于警察之恣意。检察官既不可能被定位于“一般的行政官”，也不可能被解释为“独立的法官”而自成一格，是居于两者之间中介的“司法官署”或称“自主之司法机关”。[③] 因此，公诉权被认为是一项独立的国家权力。在我国，学界对公诉权的性质观点不一。有“司法权说”；[④]“行政权说”；[⑤] “准司法权说”；[⑥] 以及“监督权说”。[⑦] 至于具体的权能，各国的公诉权都包含审查起诉、决定起诉、决定不起诉、变更起诉、出庭支持公诉、上诉（抗诉）等内容。在大陆法系国

① 张智辉：《公诉权论》，载《中国法学》2006 年第 6 期。

② 徐鹤喃：《公诉权的理论解构》，载《政法论坛（中国政法大学学报）》2002 年第 3 期。

③ 林钰雄：《刑事诉讼法》，中国人民大学出版社 2005 年版，第 102 ~ 114 页。

④ 谢鹏程：《论检察权的性质》，载《法学》2000 年第 2 期；徐益初：《析检察权性质及其运用》，载《人民检察》1999 年第 4 期；刘立宪、张智辉：《司法改革热点问题》中国人民公安大学出版社 2000 年版，第 78 页。

⑤ 陈卫东：《我国检察权的反思与重构》，载《法学研究》2002 年第 2 期。

⑥ 陈瑞华：《司法权的性质》，载《法学研究》2000 年第 5 期。

⑦ 许尚金、胡冬平：《刑事公诉权性质研究》，载《国家检察官学院学报》2003 年第 5 期；谢佑平：《论公诉权的监督性》，载《法学》2007 年第 9 期。

家，公诉权甚至还包括申请再审、监督审判和侦查等权限。

与公诉权相比，理论界对司法权的内涵和性质有着较为一致的认识。在刑事司法领域，提及司法权，人们往往将其置换为刑事审判权。所谓司法，是指国家司法机关根据法定职权和法定程序，具体应用法律解决纠纷，处理案件的专门活动。① 从宪政体制的角度来看，司法权是相对于立法权、行政权的第三种国家权力。相对于立法权而言，司法权是一种裁判权，并且是通过将一般的法律规则适用于具体案件来发挥其裁判案件的功能。② 因此，作为一项权力，传统意义上的司法权指的就是法院的审判权。它包括审理和裁判两方面的权力内容，即在查清案件事实的基础之上，才能就相关法律争议问题进行裁判。③ 司法是在事实认定的基础上适用法律的过程，是一种理性思维判断活动。在公力救济制度产生之初，由于行政司法不分，司法只是行政权的一项功能。作为独立形态的司法权，却是在近代启蒙运动以后，才从行政权中分离而产生的。④ 司法权的分立，是为了权力制衡和保障自由的需要。要防止滥用权力，就必须以权力约束权力。因为“如果司法权不同立法权和行政权分立，自由也就不存在了。……如果司法权同行政权合而为一，法官便将握有压迫者的力量”。⑤ “现代国家庞大的立法和行政部门有时压制性地对大范围的活动进行干涉，给作为国家第三部门的司法机构带来新的责任。……强大的立法和行政之间的平衡机制同样需要一个强大的司法，这对于司法来说似乎是一项重要任务，

---

① 孙辙：《司法、司法权及其他》，载《法律适用》2003 年第 8 期。

② 陈瑞华：《司法权的性质——以刑事司法为范例的分析》，载《法学研究》2000 年第 5 期。

③ 陈兴良：《独立而中立：刑事法治视野中的审判权》，载《华东政法大学学报》2007 年第 6 期。

④ 谢佑平、石伟：《配置与运行：论刑事诉讼中的权力关系》，载《社会科学》2007 年第 1 期，第 74 页。

⑤ ［法］孟德斯鸠：《论法的精神》，张雁深译，商务印书馆 1961 年版，第 154 ~ 156 页。

因为其对于类似的社会自由的存续是至关重要的。”① 司法权制衡其他国家权力通常以超然的角色对社会纠纷作出权威判定。为体现“司法最终解决”的社会公信力，它总是以克制、独立、中立、被动并以程序自治的方式来发挥权力效用。由于“司法部门既无强制，又无意志，而只有判断；而且为实施其判断亦需借助于行政部门的力量”。② 因此，独立即成为司法权的基本保障。在程序方面，司法权则呈现被动性、公开和透明性、多方参与性、亲历性、集中性和终结性等基本特征。③

在宪政层次上，公诉权与司法权并不是同一位阶的并列关系。虽然许多社会主义国家的检察机关与审判机关具有同等的宪法地位，但公诉权只是检察权的具体权项，并不直接来源于宪法的分权规定。在刑事诉讼中，公诉权与司法权则直接交锋，相互影响。公诉权以其积极、主动的运行方式来执行法律，即便负有同时关照被告人的义务，但对被告人展开的事后追究活动最终还是以求刑处罚为其诉讼目标。而具体到刑事诉讼中的审判权，则以平衡权力与权利的冲突为重心，在法律事实认定的基础上依法作出公平的裁判。此时的司法权不仅不是公诉权的程序延伸，相反，它还应该为处于相对弱势的被告人提供程序救济，以避免作为国家公权力的公诉权不当侵扰公民的基本权。司法权的被动开启，是因为它是诉讼两造的“公器”，而不应成为任何一造的“私器”。司法权是一种特殊的权力，它是介于国家权力和社会权力之间的权力，且是社会属性

① ［日］小岛武司等：《司法制度的历史与未来》，汪祖兴译，法律出版社 2000 年版，第 209 页。

② ［美］汉密尔顿、杰伊、麦迪逊：《联邦党人文集》，程逢如等译，商务印书馆 1980 年版，第 391 页。

③ 陈瑞华：《司法权的性质——以刑事司法为范例的分析》，载《法学研究》2000 年 5 期。

多于国家属性。[1] 在现代法治社会中，司法权不再是治罪的国家暴力机器，而是调节社会纠纷、平衡权力与权利冲突的正义使者。

二、审判的缘由：公诉权对司法权的程序制约

在纠问式诉讼时期，法官集公诉权与审判权于一身，实行控审合一，两种权力的界限不仅模糊，甚至在程序中交替作用于被告人，使得被告人沦为诉讼客体，因为“如果控告人成为法官，那就需要上帝来做律师”。[2] 当公诉权从法官权力中分离出来后，公诉权与司法权开始在程序中承担不同的诉讼职能。公诉权作为独立承担控诉犯罪的国家权力，不仅取得了时间维度上的先行程序效力，而且对司法权还形成了制约作用。

首先，司法权必须遵守“不告不理”原则，只能因公诉权的发动而引起。公诉权独立存在，意味着审判程序的启动不再由法官控制，而是取决于公诉权的诉请。没有公诉权行使的前提，对案件的司法审判则无从开始。公诉权在侦查权与司法权之间具有程序过滤的功能。对于侦查终结的案件，检察官既可以决定起诉，也有权决定不起诉。对于不起诉的案件，司法权将没有用武之地。对于已经起诉的案件，检察官还有权进行撤诉，进而导致司法审判程序的终止。是否对重罪轻判的一审判决提起抗诉，也属于检察官的考量范围。由检察官控制审判程序的入口，一方面是确保司法权的中立性，另一方面则是防止法官对被告人产生先入为主的主观臆断。法官失去了选择案件或被告人的程序主动权，将有利于其平等对待控辩双方的主张和意见。

其次，公诉权决定着司法权的审理范围。不仅司法权的开启依

---

① 周永坤：《司法权的性质与司法改革战略》，载《金陵法律评论》2003 年秋季卷，第 38 页。

② ［德］拉德布鲁赫：《法学导论》，米健译，中国大百科全书出版社 1997 年版，第 121 页。

赖于公诉权的行使，而且哪些被告人将交付审判、指控的犯罪事实、证明犯罪的诉讼资料等也由检察官来决定，法官不得在控诉方的主张范围之外另行确定审理对象。基于公共利益的政治考虑或者犯罪人事后的悔罪表现，检察官有时会对某些犯罪情节轻微的犯罪人作非罪化处理或者减轻指控，此时的司法权不能实施干预。按照刑事辩论原则的要求，法官只能在控方主张并经过控辩双方辩论过的事实基础上作出认定。只要控方没有主张，即便法官发现了某些“客观”的犯罪事实，也不能据此作出有罪判决。在具体的审理过程中，检察官还可以变更诉讼请求，进而改变司法审判的对象。例如，在日本，检察官可以申请法院允许对起诉书中记载的诉因或者罚条进行追加、撤回、变更。[①] 而在美国等英美法系国家，检控方与被告方还可以在正式起诉前达成诉辩交易，然后交由法官以判决形式予以确认而不受干涉。

最后，公诉权有权监督司法权的行使。在大陆法系国家，由于国家主义的传统思想，除了以控审分离来防范法官滥用权力外，还赋予检察官通过公诉活动监督诉讼过程的权力。[②] 在德国，“检察官的责任是提出指控，并监督法院遵守程序规则”。[③] 在法国，“检察机关对其提起的刑事诉讼有指挥与监督的权力”。[④] 在沙皇俄国时期，除了在枢密院设立总检察长和副总检察长外，沙皇还在各委员会和各地方法院设立检察官。检察官对各委员会的活动和法院的审判进行监督。[⑤] 前苏联则根据列宁关于“检察长的唯一职权和必

---

① ［日］松尾浩也《日本刑事诉讼法》，丁相顺译，中国人民大学出版社 2005 年版，第 279 页。

② 谢佑平：《论公诉权的监督性》，载《法学》2007 年第 9 期。

③ ［德］托马斯·魏根特：《德国刑事诉讼程序》，岳礼玲、温小洁译，中国政法大学出版社 2004 年版，第 129 页。

④ ［法］卡斯东·斯特法尼：《法国刑事诉讼法精义》，罗结珍译，中国政法大学出版社 1998 年版，第 133 页。

⑤ 温辉：《检察官：从国王代理人到公共利益代表》，载《广西大学学报（哲学社会科学版）》2007 年第 3 期。

须做的事情只有一件，即‘监视整个共和国对法制有真正一致的了解，既不顾任何地方上的差别，也不受任何地方上的影响’”①的理论，赋予检察机关以专门法律监督机关的宪法地位，使得行使公诉权的检察机关有权监督侦查机关的侦查行为、审判机关的司法活动以及执行机关的刑罚执行。从其制约形式来看，公诉权对司法权的监督主要是提出要求纠正审判违法行为的检察意见，或者依法提起抗诉程序而引起案件的再审，直至撤销原判或改判。

三、请求的目标：司法权对公诉权的终极评判

虽然公诉权是启动刑事审判程序的前提因素，但它毕竟是一种反映政府意志及公共利益的诉权。公诉权引发审判是为了实现检控方的诉讼请求。在与被告人的诉讼立场呈对立、抗争的状态下，公诉方不仅须先行向法院提出其求罪和求刑的诉讼主张，而且还应当根据“谁控诉、谁举证”的基本要求，积极、主动地提供证据以证明其主张的成立。基于“无罪推定”原则，唯有司法机关才享有定罪权，因而公诉方对被告人及其涉嫌犯罪的任何事实认定，都只是控方的单方面意见，并不具有终极效力。相反，公诉方提出的所有事实主张和诉讼请求，要经过控辩双方在法庭质证、辩论后，最后由法官作出权威的认定。虽然公诉方对司法机关的初审或二审判决不服时可以提起上诉，但最终是否对被告人予以定罪、量刑仍是法官的权力范围。未经审判机关的终审判决，任何人都不能在法律上定性为罪犯。特别值得一提的是，法官对公诉方的控诉主张并不是简单地予以程式化的确认，审判程序应当遵守“非法证据排除”、“控辩平等”、“言词辩论”等正当法律程序要求。由法院来行使定罪权，其目的就是对以惩治犯罪为主要使命的公诉权实现程序性制约。由于审判程序是控辩两造同时表达主张和诉求的集合过

① ［前苏］斯克沃尔佐夫：《苏联东欧国家的检察长监督》，梁启明译，中国检察出版社1990年版，第36页。

程，处于中立角色的法官在全面审查诉讼证据和听取各方意见的基础上作出公正裁判，既是对被告人基本人权的程序保障，也是防止公诉权为追求“打击犯罪”目标而过度使用权力的一种平衡器。尽管许多国家的法律都规定了检察官的客观义务，但权力自我克制的效果总是有限的。“如果审判权是自由的核心，且审判权属于法律事务，那么就必须维护法律，反对专断意志。最能捍卫法律的机构，从前是而且仍然是，一个诚实、能干、博学、独立的法院。”①有了司法权的终极评判装置，对公诉权的制约将成为可能，被告人可以通过辩护权的行使，来向法院申请司法救济，以保护自己的基本权利。

古典刑法学家李斯特认为，刑法不只反对犯罪人，也要保护犯罪人，它的目的不仅在于设立国家刑罚权力，同时也要限制这一权力，它不只是可罚性的缘由，也是它的界限，因此表现出悖论性：刑法不仅要面对犯罪人保护国家，也要面对国家保护犯罪人，不单面对犯罪人，也要面对检察官保护市民，成为公民反对司法专横和错误的大宪章。②

在现代社会，由于刑罚思想的转变和刑事政策的调整，犯罪被理解为社会冲突的一种，而刑事诉讼则被理解为国家和公民个人之间解决冲突的方式。③ 在解决这种冲突的活动中，“显然，国家更为强大有力，故而，这里的关键问题不是如何解决此冲突，而是如何保障手无寸铁的公民个人的人权特别是宪法权利。实际上，通过人为创造这种（国家与公民个人之间）在法律面前的平等，刑法在这里创造了一种‘冲突’。当然，刑法这样做的同时，也创造了

① ［美］C. H. 麦基文：《宪政古今》，翟小波译，贵州人民出版社 2004 年版，第 118 页。

② ［德］拉德布鲁赫：《法学导论》，米健译，中国大百科全书出版社 1997 年版，第 96 页。

③ 谢佑平、石伟：《配置与运行：论刑事诉讼中的权力关系》，载《社会科学》2007 年第 1 期。

公民个人所享有的针对国家的一种自由”。[①] 在侦查或审查起诉阶段，缘于对比力量的悬殊，犯罪嫌疑人在抗争手段上明显处于弱势，基本上是受控方控制的对象。但在司法权的运行状态下，行使公诉权的公诉方只能是诉讼一方当事人，其不仅不能更优越于被告人，而且还负有证明犯罪成立的诉讼义务，这使得公诉权沿着其单方意志运行的意志受到了边界的阻却。

就现代国家而言，对控诉主张通过审判程序作出终局判决是司法权对公诉权最主要也是最有效的程序制约。但在英美等实行陪审团制度的国家，检控方对被告人提出重罪控告时，被告人还享有要求陪审团对起诉进行事先审查的宪法权利。在美国，实践中有大、小陪审团之分。“大陪审团的主要职能是起诉，通过审查检察官出示的证据，并经秘密评议，从而决定是否对被告人提起公诉。赋予大陪审团起诉职能的本旨在于对检察官的起诉权进行审查和制约。”[②] 在英国，刑事案件由刑事法院审理时，被告人也可以要求陪审团对起诉进行审查。不论是英国还是美国，只要是由陪审团审查起诉，在听证的过程中检察官和被告人的辩护律师均有权向陪审团出示己方的证据并展开辩论。如果没有被陪审团达到法定的票数认定罪名成立，检察官将不得对该被告人提起公诉。虽然英美等国的陪审团制度正在逐渐萎缩，如在英国，理论上说陪审团适用于由刑事法院审理的2%的刑事案件，但是在实践中适用陪审团审判的比例甚至更低，只有约0．8%，因为在刑事法院审理的刑事案件中，61%的被告做了有罪答辩，因而并不适用陪审团审判，[③] 但是，只要这种制度没有在法律上完全被废止，由司法权来审查检察

① 卜思天．M．儒攀基奇：《刑法——刑罚的理念批判》，何慧新、邓子滨等译，中国政法大学出版社2002年版，中文版序言第2页。

② 丁以升：《两大法系陪审制度比较研究》，载《贵州警官职业学院学报》2007年第6期。

③ 赵娜：《英国陪审制度的运行机制及其积极作用》，载《湘潭师范学院学报（社会科学版）》2006年第6期。

官的公诉仍有可能。尽管陪审团有别于职业法官，但它与法官分权行使审判权，由被告人的“同类人”进行审判却是不争的事实。

四、现状的分析：我国公诉权与司法权的冲突表现

在我国，刑事案件的公诉权和司法权分别由检察机关和人民法院行使。刑事诉讼法第3条第1款规定：“对刑事案件的侦查、拘留、执行逮捕、预审，由公安机关负责。检察、批准逮捕、检察机关直接受理的案件的侦查、提起公诉，由人民检察院负责。审判由人民法院负责。除法律特别规定的以外，其他任何机关、团体和个人都无权行使这些权力。”同时，第7条又规定：“人民法院、人民检察院和公安机关进行刑事诉讼，应当分工负责，互相配合，互相制约，以保证准确有效地执行法律。”权力的制约，是出于对犯罪嫌疑人、被告人基本人权保障的考虑，以实现司法公正的目标。其中，公诉权与司法权之间的运行机制，除了以起诉与裁判即国际通行的分权制约方式外，我国的立法还设计了“人民检察院依法对刑事诉讼实行法律监督”的具体的程序性规定。按照“不告不理”的诉讼原则，刑事公诉案件的审判程序只能依赖于检察机关的起诉，审理的范围和对象也应由公诉机关具体确定。在诉讼过程中，公诉机关还可以撤诉或者变更诉讼请求而使审判程序终止。当然，未经人民法院终审判决的认定，任何刑事犯罪的指控均不具有法律意义上的定罪效力。不论是简单还是复杂的刑事案件，人民法院对被告人受指控罪名是否成立的公诉请求，都应当以开庭的方式进行审理。公诉人与被告人及其辩护人进行质证和辨认，是法庭认定案件事实和适用法律的必经程序。可以说，庭审程序的存在，使得公诉权受到了辩护权的直面交锋和司法权的有效制衡。

从权力的相互作用力度来看，我国的公诉权与司法权并不完全是平行的制衡。依照我国宪法规定，检察权和审判权是宪法规定下的与行政权并列的国家权力，都应当接受立法机关的监督并向其负责和报告工作。由于宪法赋予了检察机关专门的法律监督权，刑事诉讼法第 8 条也对此作了明确规定，因而刑事诉讼中的侦查权、司法权和执行权均在检察监督的范围之内。虽然公诉权并不当然等同于检察权，但它作为检察权具体化的权项，使得公诉权在程序中具有了优越的法律地位。在控审分离的诉讼体制内，公诉权的基本角色本应是控诉职能。当它与监督权结合在一起并由同一主体行使时，以司法权为至上权威的常规诉讼结构则要发生改变。因为监督权的作用导致了拥有司法权的法官对公诉请求所作的程序评判不确定，理应终极的裁判却变得不终极。在我国现行的宪政框架内，具有授权至高性的检察监督权，其本质是一种有权约束其他主体的国家权力。它具有强制性、绝对权威性、上下性和单向性等特点。①当检察机关对审判机关行使监督权时，它意味着前者比后者的权力位阶更高，即公诉权不仅凌驾于司法权之上，而且还有监察、督促司法权行使的主宰命令之权。同时，基于监督的强制性和单向性，司法权只能无条件地接受监督并不得反向牵制。

在审判活动必须接受检察监督的体制下，司法权与公诉权的权力制衡实际已异化为不当的程序冲突。如果说，检察机关对未生效的一审判决提起抗诉是正常的上诉请求权，那么，对生效判决的抗诉则是一种超级程序支配权。虽然说此时抗诉的法理基础是法律监督，但它实际上是以支配——服从的方式运行。刑事诉讼法第 205 条第 3 款、第 4 款规定："最高人民检察院对各级人民法院已经发生法律效力的判决和裁定，上级人民检察院对下级人民法院已经发生法律效力的判决和裁定，如果发现确有错误，有权按照审判监督程序向同级人民法院提出抗诉。人民检察院抗诉的案件，接受抗诉的人民法院应当组成合议庭重新审理，对于原判决事实不清楚或者证据不足的，可以指令下级人民法院再审。"《人民检察院刑事诉讼规则》第 397 条规定："人民检察院认为同级人民法院第一审判

① 陈卫东：《刑事诉讼法实施问题调研报告》，中国方正出版社 2001 年版，第 115 页。

决、裁定有下列情形之一的，应当提出抗诉：（一）认定事实不清、证据不足的；（二）有确实、充分证据证明有罪而判无罪，或者无罪判有罪的；（三）重罪轻判，轻罪重判，适用刑罚明显不当的；（四）认定罪名不正确，一罪判数罪、数罪判一罪，影响量刑或者造成严重的社会影响的；（五）免除刑事处罚或者适用缓刑错误的；（六）人民法院在审理过程中严重违反法律规定的诉讼程序的。”如此一来，检察机关针对生效刑事裁判提出抗诉时，只要符合前述的几种情形，人民法院就应当进行再审。由于相关法律或司法解释并没有对抗诉的期限和次数作出任何限制，因而在理论上，不论判决生效的时间有多长，检察机关均可以提出抗诉。只要具备抗诉的形式要件，人民法院还不得拒绝对案件进行再审。抗诉行为的不可违抗性，致使人民法院终极裁判的司法权威受到了动摇。

除了没有多少限制条件的抗诉以外，检察机关还可以就人民法院的庭审活动是否合法实行监督。《人民检察院刑事诉讼规则》第392条规定：“审判活动监督主要发现和纠正以下违法行为：（一）人民法院对刑事案件的受理违反管辖规定的；（二）人民法院审理案件违反法定审理和送达期限的；（三）法庭组成人员不符合法律规定的；（四）法庭审理案件违反法定程序的；（五）侵犯当事人和其他诉讼参与人的诉讼权利和其他合法权利的；（六）法庭审理时对有关程序问题所作的决定违反法律规定的；（七）其他违反法律规定的审理程序的行为。”虽然这种监督是在庭审后以人民检察院的名义，通过书面提出纠正意见，但意见本身就意味着对某种作为或不作为的指令。一方面，公诉机关通过诉讼证明的方式请求人民法院对其公诉请求作出裁判，另一方面又有权对审判行为进行评价并发出该如何而为的法律意见。假如审判案件的人民法院不认同其所谓的违法行为纠正意见，司法权与公诉权的正面冲突则不可避免。

五、比较的视野：域外公诉权与司法权的程序定位

在现代刑事诉讼中，公诉权与司法权分立与制约，既各国刑事程序立法的通例，也是保障基本人权，特别是犯罪嫌疑人、被告人基本人权的现实需要。公诉权本身作为分割大权独揽的法官权力的产物，它在程序启动上首先制约了法官的追诉权，而控诉请求的范围也划定了司法权作用于被告人的边界。“不告不理”和“控审分离”的诉讼原则，不仅使得审判法官处于程序中立的地位，更重要的是被告人从此获得了诉讼主体的程序待遇。在域外，虽然公诉权是启动审判程序的主导因素，但审判开始后公诉人就只能与被告人及其辩护律师平等对抗，并最终以诉讼一方当事人的角色服从法官的终极评判权威。在英美法系国家，审判程序呈等腰三角形结构，法官在庭审过程中拥有至上权威，检控官与被告人诉讼地位完全平等，检控官除了负有证明被告人罪名成立的诉讼义务外，并不享有监督法官审判行为的权力。对法院判决的上诉，只是检控方不服判决而进行异议的表现，并不意味着其享有可以强制支配法官的监督权。相反，检控官的诉讼行为却受到法官的具体指挥，并不得有任何藐视法庭权威的不当行为，否则，将受到法官的程序性制裁。当法庭判决宣告被告人无罪时，程序即为终止，检控官不得以公共利益代表的名义再次起诉或抗诉，真正体现司法最终解决的法治原则。此外，为防止检控方在证据不充分的情况下轻率地将被告人交付审判，受到重罪指控的被告人依据宪法享有由陪审团审查起诉的权利。陪审团对起诉条件的审查，是英美国家司法权事先制约公诉权的重要机制。在美国，这种审前预审程序通常在地区法院进行，检察官和被告人均应出庭，辩护律师也可以出庭，证人需要出庭作证，被告人也可以对控方证人进行交叉询问，被告人可以出示证据，但没有义务这样做。主持预审的法官以后不能再主持庭审，

以防止对案件形成预断。[①] 英国的预审程序和美国的相似，即如果检察官认为案件证据充分，起诉又符合公共利益，就先起诉到治安法院。治安法院预审后，决定案件移送起诉时，就由刑事法院进行正式审理程序。当案件继续到刑事法院时，检察署指令一名律师或专业初级律师出庭公诉。[②] 1996 年，英国刑事诉讼与侦查法对原有的预审程序进行了改良，把在预审程序中进行审查的证据全部限制为书面方式。但控辩双方仍然可以就是否应当移送刑事法院审判或撤销案件作出口头陈述。[③] 不论是哪一种方式预审，只要是被陪审团裁决认定起诉的证据不足或者被告人的罪名不能成立，检控方就应当撤销指控而不能对案件进行起诉。需要说明的是，英美法系国家的司法权只能对检控方的起诉进行审查，对检控方不起诉的决定则不得实施任何方式的干预，这也是检察官的独立性和自由裁量权的应有之义。

在大陆法系国家，检察官作为“法律的守护人”，不仅指导警察的侦查行为，还依法担当起刑事公诉的职责。公诉人在起诉时负有既要注意不利于被告人的一切，也要注意有利于被告人的各种事实。虽然对被告人提起公诉是检察官的职权，但为了保障公民的基本权利不受公权力的不当剥夺，公诉时却应受到司法的审查。在德国，当检察官提起公诉后，并不当然开启审判程序，而是进入中间程序（适用简易程序的案件除外），由管辖法院裁定是否应开启审判程序。具体程序是，检察官向法院移送全部案卷，然后由法官对全部卷宗进行审查，决定是否有充分的证据将被告人提交审判，此时被告人可以要求法院收集证据。经过审查后，有三种结果：一是如果法院认为起诉证据充分，可以进入审判程序，则裁定开始审理案件，必要时可以在检察官提出的事实的基础上，变更其法律评

---

① 卞建林、刘玫：《外国刑事诉讼法》，人民法院出版社 2002 年版，第 305 页。

② 李洪朗：《英国检察制度评介》，载《法学评论》2000 年第 1 期。

③ 卞建林、刘玫：《外国刑事诉讼法》，人民法院出版社 2002 年版，第 355 页。

断；二是如果法院认为指控中不存在需要维护的公共利益，则有权撤销案件，但必须征得检察官的同意；三是如果法院认为被告人没有足够的犯罪嫌疑时，可以拒绝受理案件。[①] 不过，进行中间程序审查时，检察官应当全案移送案卷，其实质是实体性审查。其后的开庭审理又由负责审查公诉的法官担任庭审法官。因此，庭审法官通过审查全部起诉卷宗，就会对相关案件事实形成有罪预断，这对被告人是不利的。因此，部分德国学者对此提出了批评，认为应该实现中间程序审查法官与庭审法官的分离。[②] 在意大利，也通过预审程序（初步庭审程序）来过滤不当起诉。根据意大利刑事诉讼法典第二部分第 9 章、第 10 章第 416 至 437 条的规定，在公诉人将提交审判的要求储存在法官的文书室之后，由预审法官审查有无充分的理由将被告人移送法院审判。法官认为应当移送法院审判的，则作出提交审判令，如果认为不应当提交审判则作出不追诉判决。[③]

从程序的具体运行情况来看，出于对被告人基本权利和自由的保障，两大法系的公诉权与司法权之间均设有权力平衡机制，以防止权力的滥用。基于司法权的社会公信力，域外国家普遍以司法权来约束表现为积极、主动追诉的公诉权。由于公诉权的行使主要是代表政府意志和社会公益，检察机关出于打击犯罪的目标追求，忽略甚至限制或剥夺被追诉对象的基本权利时，被告人则需要相应的程序机制来实现其权利救济。具有中立、被动、独立、自治、终极性质的司法权，以实现社会正义为己任，可以相对超然地在政府权力与个人权利之间实现适度平衡。公诉权对司法权的启动和审理范

① 林国强：《我国建立公诉权制约机制的设想》，载《河南科技大学学报（社会科学版）》2007 年第 4 期。

② ［德］克劳思·罗科信：《刑事诉讼法》，吴丽琪译，法律出版社 2003 年版，第 378 页。

③ 李昌林：《论对公诉的司法审查》，载《西南民族大学学报（人文社会科学版）》2007 年第 1 期。

围的限制，并没有使司法权沦为公诉权支配的对象。大陆法系国家检察官虽然可以对审判活动进行监督，但由于不具有强制性的抗诉权力，也不可能破坏司法判决的安定性。其对起诉行为的审查制约和对司法判决效力的尊重，充分体现了司法权的至高权威。

六、应然的思考：我国公诉权与司法权的衡平路径

避免法官集侦、控、审等权力于一身，是对纠问式诉讼弊端的深刻反思，以“不告不理原则”来限制司法权的能动性，意在确保其超然、中立的诉讼地位，以便公正地对待控辩双方的诉讼主张，实现公平裁判。在控审分离的诉讼体制下，被告人及其辩护人与装备精良、训练有素的控诉机关进行抗争的有效手段只能是辩护权与沉默权（也可以说是一种消极的辩护权）。辩护权能否发挥其防御功能，则取决于司法机关给予的司法救济。法官作出理性判断，不能没有意志独立和思想自由的司法空间。对司法权的滥用保持一定警醒，也并非没有道理。但是，如果司法权完全地受到他方支配或牵制，则会丧失其中立的基础，甚至于成为支配者的工具。从现行状况看，我国刑事诉讼公诉权与司法权之间的分权与制衡的立法本意已经异化成一种有损于司法权威的权力冲突。公诉权作为一种代表国家意志、本应接受司法权的终极法律评判的诉讼请求权，反过来却对司法权主体——法官具有强制性的支配权，这显然已经突破了司法平行制衡的程序法治框架。检察机关对生效判决的不受期限、次数限制的抗诉权，使得公诉权实质凌驾于司法权之上。它不仅打破了控辩双方的平等地位，而且使得生效判决失去了终审效力。在理论上，只要检察机关认为判决结果不公正，就可以进一步提起抗诉，直至达到目的为止。判决效力的不确定性，是对司法权威的极大损害。

造成我国公诉权与司法权冲突的根本原因是现行宪政体制使然。宪法赋予检察机关以专门法律监督机关的权力定位，意味着检察机关除了接受国家权力机关的监督外，还具有了监督其他国家机

关、社会团体、企事业单位和个人的权力。如此一来，检察机关监督审判活动就有了明确的宪法性依据。公诉人同时具备公诉和监督的双重职能，使得它不可能以诉讼一方当事人的角色介入刑事诉讼程序，而我国的检察机关也从来不认为它是与被告人平等对抗的两造。司法权作为实现社会法治秩序的关键因素，应当具有独立性，其权力的终极性和社会权威理应受到维护。不然，司法权作为社会正义的最后一道防线，就失去了应有的权力基础。

与此同时，对司法权设置检察监督也是因为对司法权的不信任所致。由于我国长期以来把司法机关定性为阶级专政的工具，司法机关军事色彩颇浓，法官队伍的大众化、司法体制的行政化、法官整体素质参差不齐以及司法的自律性不强，加之司法腐败现象的不时发生，致使司法权的社会公信力不高。当人们不加怀疑地误以为检察机关是天然的防腐机构时，就指望以公诉权来牵制司法权的专横，企望克服形形色色的各种司法腐败现象，殊不知，检察机关也有滥用公诉权的可能。当然，牺牲司法判决的稳定性和权威性，并没有完全阻止司法违法行为的发生，反而导致了谁来监督监督者的循环怪圈。正是由于过多监督和制约因素，司法权的独立性和自治性才丧失殆尽。当公诉人以监督者自居时，其对司法判决权威的服从就成了乌托邦。如果完全指望以抗诉机制来纯洁法官队伍，最终也只能违背刑事诉讼规律并以降低司法的社会权威为沉重代价。其中，被告人的合法权益，也成了权力冲突的直接受害者。程序的反复启动和判决效力的不确定，使得被告人难以预见自己的法律命运。因此，有效缓解公诉权与司法权的不当冲突，就应当对两者的诉讼法律关系予以重新定位。

一是尊重司法权对案件判决的终极效力。在我国目前的宪政体制下，如果监督权还无法从公诉人角色中分离，就应当对公诉机关的无限抗诉权进行适用限制。公诉机关对未生效判决的抗诉可以认为是对司法判决的异议权，而对生效裁判的抗诉，即便是监督使然，也不能没有止境。考虑到我国的法制传统，可以允许抗诉一次，但应当在法定期限，如裁判生效的一年或者两年内提出。基于诚信原则，如果未曾提出过引起二审的抗诉的，公诉机关则不得以任何理由对生效裁判进行抗诉。

二是对公诉权实行必要的司法审查。为避免公诉权的滥用，防止公诉机关在没有充分证据的情况下轻率地对被告人提起公诉，有必要对公诉进行司法审查，以实现司法权对公诉权的程序制约。考虑到 1996 年以前公诉案件起诉时实行全案移送，审判法官事先形成预断，进而导致庭审程序虚化的弊病，对公诉的司法审查可以设置预审程序进行，即由预审法官和被告人及其辩护人共同进行开庭听证审查。必要时还可以传唤证人出庭。预审的法官不参与日后的正式审理程序。经预审，认定为不具备正式起诉条件的，案件不得交付正式审判，但公诉机关可以进一步收集证据。

三是遵守“不告不理”的诉讼原则，确保司法权运行的被动、中立。为尊重公诉权的程序启动主导权，人民法院不得自我开启审判程序或任意扩大审理范围。其一，改革现有上诉程序全面审理的做法，二审的审理必须限定在上诉或者抗诉请求的范围内。对于抗诉请求没有提出的事项，二审法院不得主动进行裁判。其二，对于当事人没有申请再审以及公诉机关未提出抗诉的生效裁判，人民法院在任何时候均不得依职权主动决定再审。

第三节　公诉权视角下的被害人权利

在有被害人的刑事案件中，刑事诉讼程序通常以被害人的控告而引发。如果将刑事诉讼诸主体进行阵营划分的话，公诉机关与被害人在一般情况下可以结成诉讼战略同盟，并肩与犯罪嫌疑人、被告人形成立场对立的争讼关系。公诉人追诉惩治犯罪的诉讼主张，基本上可以契合被害人的报复心理需求。但是，由于公诉机关是作为公共利益的代表参加诉讼，而被害人则以实现个人的权利为要旨，因此，大方向的一致性并不意味着彼此之间就不存在任何分歧。事实上，基于不同的利益考量，公诉机关与被害人对某些重大的诉讼问题完全有可能产生不一样的看法，甚至是利益冲突。在强调刑事司法的人权保障时代背景下，犯罪嫌疑人、被告人的权利保护备受关注。作为刑事犯罪的直接受害对象，被害人既是公诉机关实现刑事追诉目标的重要支持者，也是诉讼主体之一。如果只追求社会公益而忽略被害人的具体权利需求，那显然不符合刑事正义的法则。因此，在保障公诉权顺利运行的同时，被害人的程序待遇也应当得到关照，因为这是实现刑事司法人文关怀的基本要求。

一、公诉人与被害人：诉讼目标同向却又有差别的诉讼参与主体

就诉讼角色而言，公诉人是刑事诉讼中承担控诉职能的诉讼主体。所谓控诉职能，是指向法院揭露、证实犯罪并要求法院对被告人确定刑罚权的职能。① 在现代刑事诉讼中，公诉人是代表检察机关参加刑事诉讼的公职人员。惩罚犯罪、维护法律的权威和尊严是检察机关的法定职责。作为公共利益的代言人，公诉人重点关注的是谁犯了罪、触犯了国家刑法的什么规定、行为人应当受到什么惩罚、如何获得充分证据来支持控诉主张等。公诉人要求审判机关运用刑罚权来追究被告人的责任，其目的是为了维护国家法律，并教育、改造犯罪人本人，震慑潜在的违法分子，以恢复业已被破坏的法律秩序。但是，公诉人概念并不是伴随刑事审判制度的产生而出现的。在弹劾式诉讼时期，对犯罪人的诉讼由被害人提起，国家官吏只负责居中裁判。在纠问式诉讼时期，因控审合一，专业意义上的公诉人也不存在。到了中世纪，欧洲大陆的法国、英国等国设立了国王的代理人制度，以代理国王的私人事务。当代理人取得国家官吏身份后，检察官制度也随之形成，并由国王的代理人演变为公共利益的代表。其中，以国家公诉人的身份对犯罪进行侦查和起

① 樊崇义：《刑事诉讼法学》，法律出版社2004年版，第55页。

诉，参与法院的审讯即为检察官的主要职权之一。①

当控审分离的现代刑事诉讼制度产生后，对于重大的刑事犯罪案件一般都由检察官来代表政府向法院提起公诉，只有少数侵犯私人权益的轻微刑事案件允许被害人自诉。在如今的日本，对犯罪人的刑事起诉，则完全由检察官垄断。因此，作为刑事案件从侦查到审判程序的过滤者，公诉人是刑事审判程序中的重要诉讼主体之一。

被害人是受到犯罪行为直接侵害的对象。在公力救济的早期，被害人成为有权直接起诉犯罪人的原告，是刑事审判程序的启动主体。但当国家把犯罪定性为是对国家法律的严重违犯，也即是自国家从具体的受害者身上“偷走”了被害人概念之后，被害人就从直接向司法机关控诉犯罪的角色中淡出，取而代之的是公诉人以政府代表的名义向法院提出控告。在我国，被害人在立法上具有诉讼当事人的身份，对刑事案件的公诉也只能由检察机关进行。在大多数国家，被害人通常以证人身份出庭支持公诉人对犯罪行为的指控。虽然被害人失去了原告的起诉资格，但其要求追究犯罪人刑事责任的诉愿并不因身份的变化而改变。被害人对犯罪行为的控告或报案，积极向侦、控机关提供证明犯罪的事实材料，其基本诉求就是使犯罪分子受到应有的惩罚的同时，实现其受到损害的人身权利和财产权利。即便是证人身份，也基本上是控方的证人。被害人关于案件事实的陈述，多半为支持公诉人主张却不利于被告人的证据材料。这与公诉人依职权追究犯罪人刑事责任的法定职责具有同向性。希冀追究犯罪人刑事责任的相同诉讼意愿，使得被害人与公诉人共同与凭借辩护权进行防御的犯罪人形成诉讼对立关系。当然，由于二者的诉讼使命和主体身份的不同，公诉人与被害人只能是诉讼目标同向却又有差别的刑事诉讼参与主体。公诉人参加诉讼是法

① 温辉：《检察官：从国王代理人到公共利益代表》，载《广西大学学报（哲学社会科学版）》2007年第3期。

律赋予的职责使然，个人不在其中谋求诉讼利益，也并非是被害人的利益代表，其诉讼目标是致力于实现整体的司法正义。而被害人参加诉讼只能是以其个人的名义，表达的是个人的权利意愿，要求保护的对象也是受到损害、具体化的人身或财产权利，追求的是个体正义。这明显区别于公诉人维护法律秩序和社会稳定的宏观法律任务。

二、惩治犯罪目标下公诉权与被害人权利的协同性

虽然说刑事诉讼的程序价值是打击犯罪和保障人权相结合，但程序的发生主要还是以追究行为人刑事责任为起因。在尊重基本人权的正当法律程序中揭露和证实犯罪，是公诉人的主要职责。受到犯罪行为直接侵害的被害人，出于憎恨犯罪的人性本能，总是希望犯罪行为得到几乎相当的痛苦。但由于国家已经将起诉权垄断为己有，故被害人只能借助于公诉权的行使来实现其报复心理诉求。可以说，如何使犯罪受到应有惩罚，是被害人与公诉人最可靠的合作基础。尽管公诉人有装备有素的侦查机关予以起诉所需的证据准备，然而，亲身经历事件经过的被害人仍旧是其实现控诉目标的战略盟友。被害人的出庭陈述，不仅能让法官加深对指控犯罪证据的客观印象，更为重要的是，血泪般的亲口控诉有可能从心灵上震撼犯罪人转向认罪、悔罪。因此，诉讼角色的差异，并没有完全抵消公诉权与被害人权利的协同性。总体而言，权力与权利的相互支持是以惩治犯罪为基本目标。

其一，公诉主张可以迎合被害人的仇恨愿望。证明被告人有罪、罪重或加重的证据材料，是对被害人控告犯罪的加强，决定提起公诉是对被害人控告请求的正面支持和程序延续。同样，以重罪轻判为由的抗诉（上诉），也多半会得到被害人的认可。当被害人不服下级法院的判决时，还会主动请求公诉人及时抗诉（上诉）。此外，如果公诉人责令被告人向被害人赔偿损失或者赔礼道歉，这也正好满足了被害人的权利保护愿望。在法庭上，被害人应公诉的

要求而陈述作证，也给了被害人一个宣泄情绪的机会。

其二，被害人的支持将增强公诉人的控诉力量。不论在大陆法系还是英美法系国家，被害人的陈述都是公诉方一份具有相当分量的诉讼证据。证明犯罪成立的书证、物证，在被害人陈述的佐证下，更能有效复原犯罪事实的经过。在不少西方国家，设有被害人影响陈述（Victim Impact Statement）制度。据此，被害人可以以口头或者书面的方式在量刑阶段向法官陈述犯罪对其个人或者家庭造成肉体上或者精神上的伤害，或者对其财产造成的损失，或者产生的其他影响，甚至是关于量刑的个人建议。[①] 当法官对犯罪造成的危害后果产生真切的感受之后，将更容易加深对控方意见的印象，从而更准确地判处刑罚。另外，被害人的个人因素也会构成影响法官量刑的事实情节。譬如，被害人的个人特征，包括年龄特征、性别、健康状况；被害人的人身伤害的具体后果；被害人与犯罪人的关系；被害人在受害事件中的过错的程度；事后被害人对犯罪人的态度等。如果被害人愿与公诉人积极配合并提供相关信息和材料，必将有利于公诉人提出较为客观的公诉请求。

三、公诉权与被害人权利在程序进程中的分化与冲突

将加害人置于哪种力量之下处置，实际上反映了国家与个人的力量对比关系。同时，这直接与刑事诉讼的发展成熟程度相关，并且折射了人们对待刑事诉讼的一种态度。它说明国家是排斥个人力量还是重视个人力量，是侧重国家秩序还是重视利益衡平，从而体现了整个社会的一种理念和价值观的嬗变和重构。与此相适应，被害人的地位也呈现出一个波浪式前进的曲线。

（一）公诉权与被害人权利在程序进程中的分化

在古代奴隶制社会，“是否将犯罪诉交国家司法机关，凭借国

---

① 房保国：《被害人的刑事程序保护》，法律出版社2007年版，第166页。

家力量来惩罚犯罪人，取决于被害人的意志。”① 这是因为，在这个时期，所有的诉讼程序还是处于最原始的状态，没有原告就没有法官，采用的诉讼规则是“不告不理”。在整个诉讼阶段，诉讼程序因被害人而起，并且被害人对诉讼程序的进行和结束起着非常关键的作用。

在中世纪，被害人的自诉权经历了一个从完全的状态到限制状态的转化过程。“中世纪的犯罪在相当程度上是对所涉及的个人的侵害，这种犯罪的私法性质观念，合乎逻辑地与刑事程序中民事程序相对应。”“按照中世纪的刑事程序法，只有受害人起诉，才能引起程序的开始，被告人的供言无须审查。”“中世纪晚期（的德国）大量刑事行为不受惩罚这一事实，促使国家权力恍然省悟到追究犯罪不仅要受害人参与，国家本身也有责任参与。”②

进入现代社会以来，世界主要国家基本上确立了国家主导或者垄断对犯罪的追诉。现代法律遂以禁止私力救济为原则，私力救济往往在民法上构成侵权行为，在刑事上成为犯罪行为。③

近代以来，人权理念的发展使被告人处于人权保障的核心。世界文明国家的刑事诉讼改革基本都是针对被告人权利保障进行的。其刑事诉讼程序也主要是为增强被告人权利和地位设计的。在刑事诉讼中，起码在道义或者正义的神坛上，被告人的利益似乎成为近代刑事诉讼关注的唯一焦点。被害人地位沦落，“仅仅被当作一个客体，被当作一个用来对犯罪人定罪的证据”④。被害人权利被严重忽略，“他们感觉到案件中被告人的权利高于他们的权利，并且指出他们感到‘被遗弃在黑暗中’，在许多时候，人们认为是被害

---

① 卞建林：《刑事起诉制度的理论与实践》，中国检察出版社 1993 年版，第 14～15 页。

② ［德］拉德布鲁赫：《法学导论》，米健译，中国大百科全书出版社 1997 年版，第 120 页。

③ 梁彗星主编：《民法总论》，法律出版社 1996 年版，第 52 页。

④ 郭建安主编：《犯罪被害人学》，北京大学出版社 1997 年版，第 208 页。

人在受到审判，而不是被告人"①。直到第二次世界大战以前，刑事诉讼的正义似乎只是被告人的正义。对于被害人而言，似乎基于种种原因而远离正义了。结果导致了其正当权利被删减、忽略乃至遗忘，从而使被害人在遭受犯罪侵害后，又遭受到程序对其双重侵害的不公正待遇。

近些年来，在对被告人权利的保障程序日趋完善之后，随着被害人学的勃兴，被害人在刑事诉讼中的地位问题日益受到各国关注，并且终于被提上了刑事司法改革的日程。被害人在刑事诉讼中的权利得到了相当大的提升，被害人人身保护和赔偿得到一定的保障，被害人在一些国家不再仅仅是刑事诉讼程序的旁观者，而是能够对刑事诉讼程序产生一定影响的刑事诉讼参与人。一些国家被害人在刑事诉讼中获得了当事人或者准当事人的地位。目前世界各国，除了美国、日本等少数国家只采取公诉一种起诉方式外，多数国家在实行公诉的同时，也允许自诉，由被害人作为原告直接向人民法院提起诉讼。② 但是，尽管世界各国放松了对自诉权的限制，对于公诉权而言，仍然由国家所掌握和控制。

（二）公诉权与被害人权利的冲突

第一，公诉权与被害人权利追求目标的差异性。使犯罪人受到刑罚的目的追求相同，并不意味着公诉人与被害人可以结成利益完全一致的共同体。相反，由于所代表的利益不同以及考虑问题的立场差异，致使公诉人与被害人在程序进程中会产生意见分歧，从而造成权力与权利的直接冲突。从理论上讲，公诉人代表的是国家利益和社会利益，被害人代表的是个体利益，公诉目标的实现，自然也就实现了被害人的个体正义，二者在根本上并不矛盾。但在事实上，被害人的利益并不完全融于国家和社会利益之中，公益维护主

---

① 陈光中，郑旭：《追求刑事诉讼价值的平衡—英俄近年刑事司法改革述评》，载《中国刑事法杂志》2003 年第 1 期。

② 王若阳：《刑事被害人制度之比较》，载《外国法译评》1999 年第 2 期。

要是站在国家和社会的立场上，更注重全方位维护社会的安全和秩序；而被害人利益的维护是站在个人的立场上，更侧重于个人的人格、尊严、名誉和财产等利益的维护。[1]虽然说被害人利益也是社会整体利益的一部分，但终究是以个体形式体现的利益，因而社会利益并不当然等同于个人利益。

具体来说，公诉人与被害人有可能在以下几个方面产生意见上的分化：一是公诉人决定不起诉被告人，可能有悖于被害人的报复心理。二是公诉人减轻对被告人的正式指控，可能引发被害人的失望。三是不批准逮捕犯罪嫌疑人的决定，可能引发被害人不满。四是物质损失的赔偿请求落空，可能导致被害人对公诉人的误解。被害人是犯罪的直接侵害人。对于被害人而言，其肉体或者精神上的损伤，或者是财产、金钱等物质的损失是其他与其利益无涉的人难以体会的。“以牙还牙、以眼还眼”，报复此时就会成为其最初的反应以及原动力。此时，公共秩序或者公共利益很少会成为被害人考虑的内容，其所关心的是如何使自己的物质、精神的伤害获得相应的满足。而对公诉权而言，其服务目标针对的是整个国家。因为公诉权是基于自诉的缺陷而设计的，其目的是避免被害人一方和加害人一方互相报复，使冤冤相报而成为世仇，从而防止整个社会秩序产生裂痕，使社会处于可控状态。如果被害人眼中是仇恨的话，那么在公诉权眼中看到的就主要是公益。

第二，公诉权与被害人自诉权体现价值的冲突。在是否由被害人起诉或者由国家垄断起诉的问题上，在人类社会追诉犯罪的起源以及历史和现实中，一直存在着价值冲突。因为自诉是私力救济的工具，而公诉则是公力救济的手段。这二者的冲突，实际上反映了自由与秩序的价值冲突。自由是社会以及法律所珍视的重要价值之一。“自由是法律所必须和必然追求的价值目标之一。离开了自由

① 高德道、孙付：《被害人在刑事诉讼中的地位控析》，载《山西高等专科学校学报（社会科学版）》2001 年第 10 期。

这一价值目标，法律就会成为空洞的外壳，自由的价值对于法律来说是内在的。很难设想，一个不尊重和不保障自由的法律是一个好法律，甚至它是否还是一个法律本身就存在问题。……事实上，自由在法律的价值目标序列中处于非常重要的地位，以至于我们可以这样说，一个没有充分尊重和适当保障自由的法律，是一个非正义法律。换言之，是否尊重和保障自由是评判法律优劣的一项重要标准[①]。”正如阿克顿勋爵所看到的：自由并不仅仅是成就其他价值的工具，自由本身就是最珍贵的价值。[②]

对于持有自由价值观念的人而言，特别是对个人主义自由价值观念而言，是否追诉加害人的责任，则应当属于被害人所控制和掌握。站在国家的角度，虽然其可以通过惩罚来传达被害人的报复愿望，但是，与“私力”报复的性质不同，“公力”报复是理智的行为，是“有节制”的反应。[③] 在公力救济的视野里，所有的人，包括加害人，首先其必须是正常的、服从和服务于整体社会的人，然后，才予以通过刑事诉讼的安排，对其定位。在私力救济的眼中，加害人可能首先是仇人，然后才是一个社会共同体中的人，或者由于被复仇的情感所燃烧，根本就不考虑加害人的其他定位问题。

德国现代政治家卡尔·施密特曾言：“传统政治的主体是国家，现代政治的主体是人民。”[④] 作为一种真知灼见，卡尔·施密特准确地揭示了现代政治的最为重要的范式转换：传统政治的核心要求是以国家为政治载体的秩序的建构，以国家为名义的秩序的建构，垄断了政治的几乎所有的合法性。而现代政治的中心却发生了重要的转向，即实际上是“人民”获得了政治的几乎所有合法性，

---

① 吕世伦，文正邦：《法哲学论》，中国人民大学出版社 2002 年版，第 537 页。

② 刘海涛：《从秩序到自由：政治文明之传统性到现代性的价值转换》，载《南昌大学学报（人文社会科学版）》2007 年第 2 期。

③ 陈兴良：《刑法哲学》，中国政法大学出版社 1999 年版，第 283 页。

④ ［德］卡尔·施密特：《宪法学说》，刘锋译，上海人民出版社 2005 年版，第 43 页。

政治国家不再是秩序的主宰，而是“人民”建构秩序的工具。政治发展的核心价值也因此由传统的通过政治来建立秩序的价值追求，变换为对政治自由的追求，也就是政治的核心价值在于人类通过政治来获得自由。因此，政治文明的重心也由具有明显传统性特征的秩序的政治转化为具有典型的现代性特征的自由的政治。①

公诉代表的秩序价值曾经并且一直到现在都发挥着非常重要的作用。但是，作为一种从秩序到自由的价值转换趋势，已经成为现代文明的重要表征。在刑事诉讼中，这种价值理念也应当能够得以体现。如果被害人基于程序原因不能享有当事人地位和权利的话，那么，起码在程序中应当给予其与价值转换理念相符合的地位和关照。的确，公诉的特点是符合程序正义、平抑对抗、排除恣意、吸收不满、强化服从②。但是，国家毕竟不是被害人自己，也不是被害人的父母或者至亲。其基于对整个社会公共利益的关注可能更会忽视被害人的利益和情感。作为国家代表的检察官也是主要基于公共利益、国家政策等方面进行考虑。这种主要基于秩序价值考量的行为，就会转化为国家垄断追诉权而忽视被害人自由权利的倾向。其实，在价值的位阶上，秩序和自由价值在是同位的、同阶层的。被害人在不知道或者不情愿的情况下，为了保证社会共同体的良好运转，而被无偿剥夺了其自由价值。或者说，被害人作为社会共同体的一员，通过打包的方式把自己的权利交给国家来行使，由国家代替其起诉。但是，即使国家基于公共利益的目的也不能完全忽略被害人的自由权利，这样会造成国家本位的秩序价值的过分扩张，被害人个人本位的自由价值的过分萎缩，这存在着明显的不公平之处。因为，毕竟被害人是权利的源泉，对被害人权利的过分压制等于伤害权利的实际的主人，这就等于被害人授权别人伤害自己，这

① 刘海涛：《从秩序到自由：政治文明之传统性到现代性的价值转换》，载《南昌大学学报（人文社会科学版）》，2007年第2期。

② 季卫东：《法治程序的建构》，中国政法大学出版社1999年版，第36页。

是不符合人道主义理念的，是不人道的。所以，完全由国家独占追诉权，往往会造成在追诉权运用时的官僚化倾向，导致行使追诉权时背离被害人与市民法律感情。这种危险如果与起诉裁量主义结合在一起，情况就更为严重。①

第三，诉讼角色以及结构的冲突。在刑事审判中，如果被害人享有当事人的地位和权利，在主体角色地位上也会产生一系列的冲突和碰撞。因为，在现代刑事诉讼的理念中，被害人基本上是作为证人的角色出现在刑事审判中的，在英美法系国家尤其如此。如同足球场上的比赛监督不能是运动员一样，被害人同样也很难兼具证人和当事人的角色。因为二者价值指向是相反的。由于被害人身受犯罪的侵害，根据一般的经验常识，如果其再兼具当事人的角色，那么，就会很容易利用这种条件，扩大自己的进攻优势，使本来被告人在检察官的强大攻势下的弱势地位被更加放大，使本来就不很稳固的控辩结构更加失调和倾斜。经过经验以及逻辑验证的控、辩、审的三角结构也会因此面临重组或者重构。正常的诉讼程序可能会因此而混乱，有导致公正与效率低下之虞。在被害人作为诉讼当事人的情况下，诉讼对抗的二元制变为多元制，法官审理案件，面临两个方面的诉讼请求，即检察官所提出的规范性的诉讼请求，与被害人从自己的特定角度提出的非规范性诉讼请求。法官需以检察官的诉求为审理对象，但又不能不在一定程度上关心被害人诉讼要求与意见。双方对抗变为多方对抗，诉讼的有序性实现较难。而且任何一个证据均须经被害人及其代理人质证，增加了诉讼的时间，降低了诉讼的效率。②

---

① ［日］田口守一：《刑事诉讼法》，刘迪等译，法律出版社2000年版，第38页。

② 龙宗智：《被害人作为公诉案件诉讼当事人制度评析》，载《法学》2001年第4期。

四、求同存异：域外公诉权与被害人权利的程序协调

被害人在公诉程序中有诸多权利，但是，站在公诉权的角度上，其主要的权利包括自诉权、辩诉交易的控制权，等等。这里主要择其二者予以说明。

（一）域外公诉权与被害人自诉权的协调

在整个刑事犯罪追诉体系中，大陆法系国家实行公诉为主、自诉为辅的原则，而英美法系国家实行人人享有追诉权，但检察官实际支配着对犯罪的追诉。大陆法系诉讼理论认为，公诉权与自诉权的性质不同。公诉权被认为是绝对权，是否行使应当依照法律规定，公诉裁量权受严格限制；自诉权是相对权，是行使主体的权利而非义务，权利主体可以与加害人进行和解或者由法院居中调解。①

但是，即使大陆法系国家的公诉权具有绝对权的性质，也并不表明没有例外的情况存在。例如，在德国，如果被害人对检察机关的不起诉决定不服，有权通过强制起诉程序予以制约。根据德国刑事诉讼法典第 171 条至 177 条的规定，检察机关作出不起诉决定后，应当通知被害人，阐明理由，并告知相关权利。如果被害人对检察机关不起诉决定不服，有权在接到通知后两周内向该检察机关的上级官员抗告。上级检察官审查后可以继续诉讼程序，也可以维持不起诉决定。被害人对于上级检察官维持不起诉的决定不服，可以在 1 个月内向州高等法院申请裁判。申请书必须有 1 名律师签名，并且写明认为应当提起公诉的事实，提出证据。州高等法院收到被害人申请后，有权要求检察机关移送所有的案件材料、证据，自行进行调查或委托调查。必要时，他们还可以将强制起诉程序的提起和进展情况通知犯罪嫌疑人，要求其在规定期限内答辩。州高等法院对被害人申请进行审查后，认为没有足够的提起公诉理由

① 王新环：《公诉权原论》，中国人民公安大学出版社 2006 年版，第 263 页。

时，裁定驳回；在听取犯罪嫌疑人陈述后，认为被害人申请正当时，裁定准予提起公诉。这时，检察机关就必须起诉，并出庭支持公诉。根据德国刑事诉讼法典第395条规定，被害人有权启动附带诉讼程序，选择作为检察机关“辅助起诉人”参加审判，支持所提起的公诉。①

在以日本为代表的国家，采取公诉垄断模式，刑事追诉权只能由检察机关提起。采取国家追诉主义是基于这样的认识：由公正的、不受报复感情及利害关系所左右的国家机关行使追诉权，是最恰当的。检察官垄断起诉权，不仅可以在公诉方面实现最大限度的公正性，避免陷入私人可能产生的报复和滥诉的弊端，而且还能最大限度上保证起诉标准的统一。② 在日本，如果被害人对检察机关的不起诉决定不服，可以通过启动准起诉程序来维护自己的权利。根据日本刑事诉讼法典第262条至269条的规定，检察官作出不起诉决定后，应当告知被害人，并说明理由。对于日本刑法典第193条至196条、破坏活动防止法第45条、规制大规模杀人团体法第42条至43条，以及监听通信法第303条所规定的公务员滥用职权罪，如果被害人对检察机关的不起诉决定不服，有权在接到通知7日内，向作出不起诉决定的检察官提出请求书，请求该检察官所属检察厅所在地的管辖地方法院将案件交付审判。检察官认为被害人请求有理由时，应当提起公诉。认为没有理由时，可以坚持不起诉，并将请求书、案件及证据送交管辖地方法院。法院应当组成合议庭进行审查，必要时可以自行调查或委托调查。如果法院认为被害人请求不合法或没有理由，裁定驳回；认为有理由时，裁定将案件交付有管辖权的地方法院审判。这时，视为案件已经提起公诉，

① 兰耀军：《论刑事诉讼中的“强制起诉”》，载《国家检察官学院学报》2007年第5期。

② 宋英辉译：《日本刑事诉讼法典》，中国政法大学出版社2003年版，第11页。

由法院指定一名执业律师履行检察官职能，担当公诉。①

此外，在我国台湾地区，通过采取“交付审判制度”来对检察官的决定进行制约。根据台湾地区“刑事诉讼法”第255条至258条的规定，检察官作出不起诉或缓起诉处分后，应当制作处分书，说明理由，并送达被害人。被害人在接到处分书后，有权在7日内以书状叙述不服之理由，经原检察官向直接上级法院检察署检察长或检察总长申请再议。如果没有申请再议的人，原检察官应依职权径送直接上级法院检察署检察长或检察总长再议，并通知被害人。上级法院检察署检察长或检察总长认为申请有理由时，命令继续侦查或提起公诉；认为申请没有理由时，裁定驳回。被害人对上级法院检察署检察长或检察总长维持不起诉的决定不服，有权在接到决定书后10日内委任律师提出理由状，向该案第一审法院申请交付审判。法院应当组成合议庭进行审查，并有权进行必要的调查。法院经审查后，认为被害人申请不合法或没有理由时，裁定驳回；认为申请有理由时，裁定将案件交付审判，视为案件已经提起公诉，并且由检察官出庭支持公诉。交付审判制度是我国台湾地区2002年修改“刑事诉讼法”时借鉴德国强制起诉程序而增设的，其“性质上属于介于侦查与审判之间的特别程序”。②

综上所述，在德国强制起诉程序、日本准起诉程序以及台湾地区交付审判程序中，三者既有相同之处，又有差异存在。相同之处在于：第一，三种程序都是被害人行使自诉权的体现，即通过对公诉机关的公诉权的限制，来保证其自诉权的行使。第二，三者适用的前提都是在穷尽公诉权救济，与检察一体化原则相一致。这是因为三者都是首先在检察机关内部进行复查或者复审。根据检察一体

① 兰耀军：《论刑事诉讼中的“强制起诉”》，载《国家检察官学院学报》2007年第5期。

② 林钰雄：《刑事诉讼法》（下册），中国人民大学出版社2005年版，第77～84页。

化原则，上级检察机关或检察官有权改变或撤销其下级检察机关或检察官所作出的处分或决定，整个检察机关以整体一致的方式行使其职权。第三，在上述三种程序中，都有强制性的导致公诉的效果。如果法院将案件交付审判，就等于与案件提起公诉效果无异，或强制检察机关提起公诉，而无须被害人自诉。第四，在德国、日本以及我国台湾地区的这三种程序中，虽然法律对其进行了明文规定，但是，其实际作用发挥却不是很明显。例如，在日本，据统计，自 1948 年日本刑事诉讼法典实施至 1997 年 10 月间，法院通过准起诉程序而决定交付审判的案件只有 17 件；而自 1997 年至 2002 年间共有 1552 件案件申请交付审判，没有一件被裁定起诉。[①] 2002 年全台湾地区共有 482 件案件申请交付审判，但并无一件被裁定交付审判。[②]

三者虽然都是通过被害人行使自诉权限制公诉权的行为，但是，也存在着一些差异。第一，在案件范围上。对于德国强制起诉程序的案件适用范围，其不应适用于“无被害人犯罪”案件。日本的准起诉程序适用的案件，限于日本刑法典第 193 条至 196 条、破坏活动防止法第 45 条、规制大规模杀人团体法第 42 条至 43 条，以及监听通信法第 303 条所规定的公务员滥用职权罪的范围，目的是保护那些因公务人员滥用权力而受到损害的人。台湾地区交付审判制度没有明确限制适用范围。第二，为了避免被害人滥诉给对被告人造成不必要的侵扰，以及减少诉讼资源的无谓消耗，在上述三种程序中，都设置了一些其他的限制条件。例如，德国和我国台湾地区实行律师保证制度。在德国必须有一名律师签名。在我国台湾地区，如果被害人向法院提出交付审判申请，必须出示委任律师的

---

① ［日］Tamashita Terutoshi：《日本的起诉制度》，庞君森等译，载樊崇义：《刑事审前程序改革与展望》，中国人民公安大学出版社 2005 年版，第 762 页。

② 林钰雄：《刑事诉讼法》（下册），中国人民大学出版社 2005 年版，第 77 ~ 84 页。

理由状。德国和日本还设有被害人担保制度。

（二）域外辩诉交易程序中公诉权与被害人权利的协调

在美国，被害人在辩诉交易中的地位、权利因身份差异而有所不同，且因州而异。“英美刑事司法根据被害人贵贱不同而给予被告人不同的量刑，已经有悠久的历史了。美国法律就继承了这一传统，就是在死刑案件中，不仅没有减少的趋势，而且有增强的迹象。被害人与陪审团成员相同之处越多，陪审员越能体会到被害人的痛苦、恐惧和惩罚犯罪人的愿望。这种情况一般都会在陪审团成员作出的判决中体现出来。”①“在辩诉交易中行使自由裁量权和是否寻求适用死刑，检察官受到影响最大的仍然是种族差异。”“凡是具备可能因为被害人的社会名望、个人成就以及无辜行为等对陪审团产生影响的被害人陈述的案件，就进入审判程序；凡是被害人陈述缺乏感染力这一重要因素的案件，就在辩诉交易中解决了。”②

在美国，被害人参加辩诉交易并非其宪法性权利。但是，检察官在进行辩诉交易前，通常要征求被害人关于辩诉交易的意见，被害人则通过其在法庭上的作证来迫使检察官听取其意见。“有些州辩诉交易的进行必须征得被害人的同意，而有些州即使被害人反对进行辩诉交易或者不同意辩诉交易的结果，辩诉交易仍然有效。”③从总体上看，美国刑事诉讼中，漠视被害人地位与权利是长期的、比较普遍的现象。“美国辩诉交易中排斥被害人。”④

但是，在对被告人权利关注的浪潮后，对被害人权利关照也正成为美国司法制度的重点所在。“据凤凰卫视4月17日报道：现任总统布什2002年4月16日在美国司法部的演讲中阐明，社会不能

① 杨正万：《刑事被害人问题研究》，中国人民公安大学出版社2003年版，第288页。

② 杨正万：《刑事被害人问题研究》，中国人民公安大学出版社2003年版，第289页。

③ 陈光中：《辩诉交易在中国》，中国检察出版社2003年版，第228页。

④ 马贵翔：《辩诉交易程序结构解析》，载《政法论坛》2002年第6期。

仅仅注重被告人利益的保护，被害人利益的保护也应该受到重视。”[①] 这样，在美国辩诉交易中，加强被害人权利保障正在被提上日程。

五、权力关照权利：实现我国公诉权与被害人权利衡平的基本进路

保证秩序与自由、国家利益与个人利益、被告人利益和被害人利益的衡平是现代刑事司法制度成熟和理性的标志，也是具体和实质正义的真正要求。在公诉权与被害人权利衡平问题上，一般可以从强制起诉制度和辩诉交易制度中予以考察和关照。

（一）引进与重构强制起诉制度

台湾地区学者蔡墩铭认为：“利益之侵害之被害人之保护高于一切。”[②] 在国际社会领域，对被害人权益予以关照呈现愈来愈明显的趋势。1948 年通过的联合国《世界人权宣言》第 8 条规定：“任何人当宪法或法律所赋予他的基本权利遭受侵害时，有权由合格的国家法庭对这种侵害行为作有效的补救。”1985 年 11 月 29 日联合国大会第七届预防犯罪和罪犯待遇大会通过的《为罪行和滥用权力行为受害者取得公理的基本原则宣言》第 4 条提到：“对待罪行受害者时应给予同情并尊重他们的尊严。他们有权向司法机构申诉，并为其所受损害迅速获得国家法律规定的补救。”第 5 条也指出：“必要时应设立和加强司法和行政机构，使受害者能够通过迅速、公平、省钱、方便的正规或非正规程序获得司法补救。应当告知受害者他们通过这些机构寻求补救的权利。”现代国家如美国、德国、日本等纷纷通过立法对被害人权利予以关注和保护。因此，保护被害人利益已经成为国际社会、现代国家刑事诉讼的一项

---

① 杨正万：《刑事被害人问题研究》，中国人民公安大学出版社 2003 年版，第 276 页。

② 蔡墩铭：《刑法基本理论研究》，台湾地区汉林出版社 1980 年版，第 383 页。

重要内容和使命。在我国，对于被害人追诉权的保护，首先是通过“公诉转自诉”制度实现的。对于“公诉转自诉”制度适用的案件，指刑事诉讼法第170条第3项规定的“被害人有证据证明对被告人侵犯自己人身、财产权利的行为应当依法追究刑事责任，而公安机关或者人民检察院不予追究被告人刑事责任的案件”。“公诉转自诉”制度具有公诉权与自诉权并存、公诉优先、自诉补救的特征。对于公诉转自诉制度的缺陷，很多人予以评价和探讨。诸如，被害人基于取证能力的先天不足而使其真正难以实现诉权，被害人由于其与被追诉人的仇恨而滥用诉权，混淆了公诉案件与自诉案件的性质，削弱了国家公诉的权威性，等等。在比较法的角度上，通过比较，可以看出德国强制起诉制度有“公诉转自诉”制度之利而少其弊。因此，可以予以引进并适当改造。具体而言，可以适用下列的程序设计：即被害人收到检察机关的不起诉决定书后，其可以首先向上一级人民检察院申诉，如果对上一级人民检察院的决定不服，可以向人民法院提出申请，要求人民法院裁决对案件进行强制起诉。在强制起诉制度中，应当注重以下问题：

1．适用案件范围。可以借鉴德国的做法，强制起诉制度适用于有被害人的国家公务人员的职务犯罪。之所以适用于有被害人的犯罪，而不适用于无被害人的犯罪，这是因为，虽然在形式上，强制起诉是为了限制检察机关过于膨胀的对是否起诉的裁决权力而设立的，但是，其实质上是为了保护被害人的诉权，其着眼点关键在被害人本身。如果案件本身就没有被害人，那么，该案件主体的保护范围就没有必要再进行扩大至其他利害关系人。至于强制起诉制度适用于国家公务人员的职务犯罪，这是因为，有的国家，如我国，国家公务人员职务犯罪本身在法定量刑上就低于同类性质的犯罪，并且对职务犯罪的不起诉率也一直高于其他犯罪，且不论检察官本身是否因为都是国家公职人员而在决定不起诉时有情感倾向，实际上，国家公务人员由于本身的背景和个人所掌握的社会资源强于一般人，那么，很可能其将这些条件转化为改变检察官是否起诉的关键因素，而这又会导致法律神圣权威的削弱，人们信仰的动摇，因此，对此类案件采取强制起诉制度可以确立一个有力的外部监督机制。此外，这也与德国、日本等大陆法系国家的先进相关立法相契合。

2．采取强制起诉担保制度。为了防止被害人滥诉，从而危及被告人的合法权利，防止被告人由于无端诉讼而使其地位陷于不断变动状态之中，提高诉讼资源的利用率和诉讼效率，兼顾刑事诉讼参与人的利益平衡，以及刑事诉讼构造的稳定等原因，在被害人申请进行强制起诉时，应当出具申诉书，上面应当说明理由和根据。如果法院经过审查，认为被害人申请可能会给国家、犯罪嫌疑人带来损失，那么，应当提供金钱或者物质类担保，作为因与被害人请求有关的程序所产生的费用的一部分的赔偿。否则，则驳回申请。当然，担保的数额应当酌情而由法院裁定。因为，毕竟强制起诉制度目的是为了鼓励被害人来通过程序保障自己的权利，如果规定门槛过高，则不利于此目的的实现。但是，如果被害人生活确有困难，如能提供相关证明，则可以免于提供担保。

3．采取强制起诉法律援助制度。这可以分为两个方面。其一，如果被害人一方经济确有困难，经过申请，可以由国家提供法律援助律师代为其法律咨询，书写具有事实和理由的强制起诉申诉书，等等。其二，在法院裁决准予被害人一方强制起诉的申请后，应当在国家法律援助机构委托具有一定资历和能力的律师代替检察机关起诉。这实际上是对检察机关公诉权的一种剥夺，同时也是对其公诉权的一种制约。在法律援助律师负责起诉后，检察机关应当将所有有关的案卷移交前者，如果法律援助律师认为需要调查或者侦查，可以持法院的命令自行进行调查，或者委托有关侦查机关进行侦查。

4．保证被害人知情权与参与权。应当保证被害人充分的知情权与参与权。信息的对称意味着能力的对称或者增强，被害人应当有权获得不起诉书，有权知道不起诉书的理由和根据，有权知道刑事诉讼的进程，有权了解相关的证据，有参加与其利益有关的整个诉讼程序的权利。等等。

总之，强制起诉制度将我国的公诉转自诉制度进行了改造，部分地矫正了后者的弊端和缺失。譬如，减轻了被害人一方的举证责任，消除了因被害人一方收集证据能力不足而使公诉转自诉制度浮于形式的流弊。但是，这还是存在一些很难解决的问题。譬如，在我国具有浓厚的官本位色彩的环境下，负责强制起诉的法律援助律师如何能指挥侦查机关进行侦查。当然，可以通过法律规定检察机关或者侦查机关不配合法律援助律师调查的法律责任。但是，即使有法律的存在，也不一定有法律的现实，这既是一个法律问题，又是一个价值观念问题。

（二）在辩诉交易中对被害人权利予以关照

现行辩诉交易主要是基于效率的价值取向而设立的，在对特定的价值过度追求的同时，难免会带来种种的失衡与缺失。譬如，重效率而轻公正，重国家利益而轻个人利益，重被告人利益而轻被害人利益，这在对被害人保护的问题上表现得尤其明显。但是，在有被害人的案件中，被害人毕竟是犯罪的直接牺牲品，其有权获得与受到的侵害相应的对待，其权利应当被保障，尊严应当被尊重，即使以国家的名义，公共利益和秩序并不总是具有无可置疑的正义性。必须保障被害人在辩诉交易中最基本的权利，这是不能克减、删除或者打折扣的。具体而言，这些基本的权利包括：

1. 有限制的否决权。否决权具体指是否采取辩诉交易，一般应当经过被害人同意，否则辩诉交易的结果就不具有法律效力。在这里，必须明确的是，这种否决权是具有一定前提条件的，即否决必须具有相应的理由。在被害人向主持辩诉交易的检察官提出否决申请时，必须具有相应的证据或事实根据，如果检察官驳回否决申请，被害人一方可以向相应法院起诉，要求法院予以裁决。法院裁决一审终审，具有最终的法律效力。这一方面可以保证被害人在辩诉交易中的权利，同时也防止其利用否决权干涉辩诉交易的进行。

此外，由法院进行裁决，可以保证司法最终裁决原则的贯彻和实现，防止检察官在辩诉交易中的裁量权过于膨胀。

2. 辩诉交易中的知情权。被害人知情权，是指被害人有权获知辩诉交易内容以及进展的的权利。1985 年联合国第 40/34 号决议通过的《为罪行和滥用权利行为受害者取得公理的基本司法原则宣言》指出，要强化对被害人合法权益的保护。知情权是国际社会关注的被害人的合法权益的重要内容之一。具体而言，在被害人知情权保护方面，应当在刑事诉讼法律中明确规定被害人有获知辩诉交易相关信息的权利，如司法部门应告知被害人犯罪调查的进展情况、检察机关掌握的证据、对犯罪嫌疑人的拟定罪名、犯罪嫌疑人保释申请情况、有关辩诉交易进展情况和信息等。

3. 辩诉交易的参与权。辩诉交易的参与权，是指被害人可以参加辩诉交易的全过程，以保证自己的权利时时处于自己的看护和关照之下。对于被害人而言，参与权是一种重要的权利，这对国家或者其代表的检察官而言就是义务。因此，检察机关应当努力保证被害人的参与权利的真正实现。如果被害人提出物质或精神赔偿，在符合一定条件的情况下，检察官可以进行调解或者协调，尽量保证被害人合理利益得以实现。为了保证被害人能够参加辩诉交易，检察机关应当提供被害人参加刑事诉讼的交通费、食宿费等基本费用。如果被害人无力或者不愿自己聘请律师，检察机关应当为被害人提供免费的法律援助。

第四章　审判程序篇

引言：审判程序是侦查程序和起诉程序的总结。因此，审判程序的大厦是建立在侦查和起诉程序的基础上的。审判程序又是侦查、起诉程序的审核阶段，审前的法律事实将被通过法院裁判的形式予以承认或者认可。审判程序又是侦查、起诉程序蕴涵冲突的延续，因为审判程序之果实从来都是审前程序之枝结下的。审判程序更是审前程序的冲突的解决阶段。譬如，在证据方面，法官会对证据中蕴涵的实体价值和程序价值的冲突予以破解，到底是追求实体价值，还是追求程序价值，还是对二者兼顾，审判程序都会给予一定的答案。但是，审判程序在解决侦查、起诉程序中的冲突的同时又会产生新的冲突。这其中包括司法权与外部权力的冲突、司法权与内部权力的冲突、审判价值之间的冲突，审级设置上的矛盾与冲突、证人作证蕴涵的伦理与现实的冲突、法官角色之间的冲突，这些冲突之间，基于刑事审判正常运行的需要，必须进行选择和协调，衡平和妥协。这一切既充满了挑战的色彩，也蕴涵了迷人的技术或者艺术。这其中既要有法律上的考虑，也要有政策、伦理道德、风俗传统、历史传统、现实文化等诸多因素的考量，关系到刑事审判权的正常运作，关系到当事人基本权利的保障，关系到人们对法律的信仰，因此，不能不慎重为之。

允许我们默认一种错误的理论的唯一前提是尚无一种较好的理论，同样，使我们忍受一种不正义只能是在需要用它来避免另一种更大的不正义的情况下才有可能。作为人类活动的首要价值，真理和正义是决不妥协的。[①]

——［美］约翰·罗尔斯

第一节 司法权的外部冲突、定位与抉择

司法权是国家权力构成中非常重要的权力，是国家权力系统的平衡器。司法权的有效运作，不仅为国家权力过分集中提供了减压阀，同时，还为法院或者法官独立裁决案件提供了空间。司法权与立法权、行政权的冲突与衡平展开了现代政治社会最基本的画面，缔造了国家权力运作的最基本的格局。司法权、立法权、行政权分立是三权分立的最初样态，但即使是现代西方欧美国家，其权力的分立程度和运作方式也是不同的。在刑事司法的运作中，解决权力分立和制衡的重要路径之一是司法独立，但是，司法独立并不仅仅涉及权力的分割和划分问题，其最本质的含义在于通过对权力的分割和划分，为权利提供一个较为独立的防卫堡垒，使之不至于在权力的压制之下变形。

一、司法权与立法权、行政权冲突

（一）司法权与立法权的冲突与衡平

与中国传统的“人之初，性本善”的儒家思想不同，西方基于基督教的原罪观，从而发展出“性恶论”的理念。这也决定了其对权力的不信任的传统和现实。“一切有权力的人都容易滥用权力，这是万古不易的一条经验”，“要防止滥用权力就必须以权力约束权力”。[②] 这已经成了人们耳熟能详的格言，也是三权分立的

---

① ［美］约翰·罗尔斯：《正义论》，何怀宏等译，中国社会科学出版社1998年版，第3~4页。

② ［法］孟德斯鸠：《论法的精神》，商务印书馆1982年版，第154页。

法理根源和动力机制。此外，自然界最大的恐惧是对死亡的畏惧，而人类社会最大的恐惧则是来自于对权力的恐惧。正如孟德斯鸠所言，当立法权与行政权集中在同一个人或同一个机关之手，自由便不复存在了。因为人们将要害怕这个国王或者议会制定暴虐的法律，并暴虐地执行这些法律。如果司法权不同立法权和行政权分立，自由也就不存在了。如果司法权同立法权合而为一，则将对公民的生命和自由实行专断的权力，因为法官就是立法者。如果司法权同行政权合而为一，法官便将握有压迫人的力量。如果同一个人或是由重要人物、贵族或平民组成的同一机关行使这三种权力，即制定法律权、执行公共决议权和制裁私人犯罪或争讼权，则一切全完了。①

从权力的构成角度，如果把国家的权力看作是一个总体的话，基于权力容易放纵恣意的特点，任何权力必须在一个固定的系统内运行，通过一种内部或者外部的制约或者均衡力量防止其恶性裂变。所以，在这个权力的大蛋糕上，现代西方国家进行了切割，即立法权、行政权和司法权。对于这三种权力的总体而言，其本身就存在着冲突。首先，冲突是权力内含的冲动发诸于外的结果，权力都有扩张的本性，那么在权力总量一定的情况下，一种权力的扩展，就意味着另一种权力范围和界域的缩小，所以这三种权力的竞争态势和现实是必然存在的。其次，从三权分立创立者的本意而言，这三种权力在应然范畴也是冲突的。否则，就达不到互相制约的目的，很难想象立法、行政以及司法权之间和谐相处、相安无事、互相协调，就能够达到制约的结果。

在立法与司法的关系上，其实也深刻地体现了一国的权力构成和政治体制状况，也反映了司法与立法的对垒和冲突。如果立法具有最高或者最终的解释权，那么这个国家就是以立法为主导的国家；如果司法具有了最高的或者最终的解释法律的权力，那么，这

① ［法］孟德斯鸠：《论法的精神》，商务印书馆 1982 年版，第 156 页。

个国家就是以司法为主导的国家。一般认为，由于制定者不能正确地把自己的利益与立法行为析离，所以立法者不应当就是法律的解释者，正如美国的宪政体制，联邦最高法院拥有最高的解释权。其好处在于，能够使权力真正实现分离。在司法权与立法权具体的冲突方面，首先，立法者虽然制定了法律，但是，法官不是法律的售货机，在具体的个案中，法官必须通过理性的思维，进行事实、法律的判断，以及政治政策、价值观念的权衡与取舍，决定是适用此法律还是彼法律，或者在同一部法律里，究竟是适用这个法律条文还是适用那个法律条文。很难说司法权的裁判主体适用的法律正是立法者本意所指向的法律。此时，立法权原意和司法权个案裁量就没有发生对接，而是发生了矛盾和冲突。其次，即使对同一法律而言，由于法官本身学识、能力、经验的差异，对法律的理解也存在着较大的不同，并且法律作为一门人文社会科学，并没有一个通用的标准公式，可供广大的法官群体参考，或许这正是法律的魅力所在，但是，这也是一个不容忽视的立法权与司法权冲突的根源。再次，如果说法官在能力上的缺失，导致对法律理解的偏差，还是出于过失的话，基于私利、私情、恶意、偏好等原因，曲解法律、歪曲法律的愿意，则就属于故意范畴之列了。此时，立法权和司法权的冲突以一种非正常的、极端的方式表现出来。之所以这么说，因为在第一种情况下，法律冲突是正常的，是属于立法权和司法权在权力正常轨道上运转的结果。但是，在最后一种情况下，此时司法权与立法权的冲突，就有了个人假借司法权的名义挑战立法产物——法律的意味。

但是，二者不总是存在冲突关系。在立法权和司法权之间的关系上，立法权的运行即是民意总结的权力运作，立法者通过一种科学设计的程序，将民意进行过滤后，以成文的形式出现，因此，立法只是民意集合体的法律表现，即“公共利益在某种意义上必定是所有个人利益的总和”。[1] 但是，这种私人利益的集合体必须经过过滤，以保证其符合普遍大众的意志，即应当具有普适性。而司法权则是把这种公共意志或者利益的法律形式在个案中适用。这样，没有立法权，也就没有了代表普民意志的法律，那么，司法权的行使就会失去法律依据。但是，没有司法权，普遍的公民意志也不能与个案结合，立法权的效力也会成为虚设。从分工的角度而言，立法权在于推行某种价值，通过将承载的某种法律价值的规范法典化、模式化和权威化，使法律价值在形式上处于立法者期望达到的状态。……而司法权则通过对推行和实施法律过程中所产生的纠纷处理来维护这种法律价值。因此，从实现法律价值这一角度，不妨称立法权为“创设”的权力，行政权为“管理”的权力，司法权为“判断”的权力。从立法到行政再到司法的过程，就是一个创设价值到推行价值，再到需求价值救济的完整过程，而司法权毫无疑问是法律价值实现的最后屏障，对整个社会秩序的稳定在事实上起到了一个难以替代的防波堤的作用。所以说，司法权对于立法权的顺利实现具有深远意义。公共权力通过法院的工具性的活动产生影响。但是，社会公众对法律的认同也是关键。“如果因这些法律而处于不利地位的那些人决定不服从或抵制这些法律，甚至拒不予以合作，一个社会就很快地陷入混乱。”[2]

（二）司法权与行政权的冲突与协调

相对于立法权、行政权而言，司法权显得势力弱小。在美国，特别是在司法获得监督立法是否正当的权力之前，更是如此。“司法部门既无军权、又无财权，不能支配社会的力量与财富，不能采取任何主动的行动。故可正确断言：司法部门既无强制、又无意

① J. Bentham, An Introduction to the principle of Morals and Legislation (London, 1823), Vol. I, p.4.

② ［英］阿蒂亚：《法律与现代社会》，范悦等译，辽宁教育出版社 1998 年版，第 90 页。

志，而只有判断；而且为实施其判断亦需借助于行政部门的力量。”① 司法权的力量与其被动、中立、消极的性质有必然的联系。如果说被动、中立、消极决定了司法权的命运和力量的话，那么，具有主动、积极、强迫性质的行政权正是事物的另外一面。行政权以上下级关系为分层，以上令下从为模式，以此保证国家政令的畅通。但是，正是由于这种特征，行政部门非常恰当地被认为是危险的根源，并且因为其对自由的野心应该引起密切防备。人民应该提防和竭力戒备的正是这个部门的冒险野心。

司法权对行政权的制约也是很明显的。由于行政权是通过灵活的手段以达到更好的管理效果，并在其中体现对效率的追求。那么，在效率与公正的价值权衡中，就容易重效率而轻公正，从而易于导致对公民权利的侵犯。那么，立法权属于授权性的权力，当权力已经授出，一般而言，其对行政权力的制约就显得无足轻重。此时，司法权就担当其对行政权制约的主要角色。通过司法的救济，从而实现对行政权侵害的权利的矫正。哈耶克认为，法官的职责乃在于通过对妨碍或侵扰秩序的行为进行矫正，以维护一种不断展开的行动秩序。②

虽然权力都有扩张的本性，但是，在立法、行政和司法权中，没有比行政权更能够体现出这种咄咄逼人的力量了。在现代国家中，政府已经成了“大政府”，政府的作用和影响力无所不在，在国家权力划分中，在实质意义上，行政权力已经占据了上风，即使在发达宪政国家，如美国，也是如此。在美国，总统通过对联邦大法官的任免，根据自己的党派或者个人利益，选择符合自己利益的大法官，这在美国已经是一个不争的事实。这是通过任免的方式实

---

① ［美］汉密尔顿、杰伊、麦迪逊著：《联邦党人文集》，程逢如等译，商务印书馆1980年版，第391页。

② ［英］哈耶克：《法律、立法与自由》（第1卷），邓正来等译，中国大百科全书出版社2000年版，第153页。

现对司法的影响或者控制。此外，在具体的个案中，美国总统可以根据民意赦免一些被法官判处重刑的罪犯。各州的州长也可以享有此项权力，很难说其不为本党派或者个人声望的考虑。但是，在司法权与行政权的限制方面，司法权对行政权的意义重大。由于行政权力本身并不能实现对其公正性质的维护，而司法权则是在外部对其进行警醒的关键力量。在其偏离时，予以纠偏；在其变质时，予以恢复，从而保证了行政权在普通公众中的威信。而威信恰恰是行政权发挥作用的关键。丧失了威信，就等于剥除了其华丽的外衣，那么，其高效管理将会受到很大限制，因为没有了公众的信服，仅凭强力去实现管理任务，不仅增加了管理成本，也没有了正义性的根基。从社会关系的调整与弥合看，在三权之中，司法权是关键。司法权是法律实践的先驱者，是法律权威的塑造者。① 美国学者范德比特认为，在法院而不是立法部门，我们的公民最初接触到冷峻的法律边缘，如果他们尊重法院的工作，这种尊重可以克服其他政府部门的缺陷，如果他们失去这种尊重，则会对社会构成极大的危害。②

但是，行政与司法存在着互动关系。行政权力的良性运作，可以保证行政管理行为的高效合法，从而减少社会关系中的不必要摩擦，为司法权的行使确立了良好的基础条件。而司法权的合法有效运用，也会建立井然有序、有条不紊的社会法治观念和法治秩序，而这会限制行政权的恣意性、盲动性，保证行政权的警惕与自律，推动行政权力的高效运作。

二、三权划分及其冲突衡平：比较法的视角

权力是"一种组织性的支配力………是制定法律维护法律与

① 汪习根：《司法权论》，武汉大学出版社 2006 年版，第 16 页。

② Arthur T. Vanderbilit, The Challenge of Law Reform, Princeton, NJ, Princeton University Press, 1955, pp. 4 – 5. 转引自汪习根：《司法权论》，武汉大学出版社 2006 年版，第 16 页。

运用法律之力”。[1] 权力是社会所承认的迫使人们不得不服从的力量。[2] 但是，在立法权、行政权以及司法权之间，权力的能动性、积极性是不一样的，因此决定了其功能趋向的不同。而司法权的被动与中立性，决定了其客观性与理性，是对前二者进行制约和监督的天然的选择。因此，在三权分离制度设计之初，司法权除了担当解决纠纷的职责，西方国家还设计了其监督制约的重要功能。这是基于权力本性考察后的选择，防止了立法权和行政权做大而对公民权利的侵扰，保证两种权力本身不因此变质。在社会不同利益发生对立和纷争时，司法权以仲裁者的角色，矫正立法权与行政权可能的偏差，消弭民众激愤，从而为西方的宪政体系奠立了基石。

（一）美国司法权、立法权与行政权三权分立的理论与实践

在人类的历史长河中，三权分立是人类的智慧结晶和规律性的总结。在司法权、立法权与行政权三权中，互相制衡，互相限制，从而达到稳定的、衡平的结果。这是现代社会理性提炼的结果。在三种权力上，康德认为国家的三种权力可以同实践三段论中的三个命题相比：大前提是立法权，它制定作为一种意志行为的普适法律；小前提是执行权，它依据法律使一个命令可以适用于一个行为；结果论是司法权，它包含对受审理的具体案件中权利的处置或判决。权力分好之后，康德又论证了制衡的比喻：他说每个职能都只应当由政府的恰当部门来行使，各种权力与其他权力是同等的；同时每一种权力又都服从于其他权力，这样就没有任何权力可以篡夺其他权力的职能；各种权力都以自己的原则为基础，并通过一个特定的个人而保持着自己的权威。[3]

在美国，基于对孟德斯鸠的分权学说的完善和发展，美国奠立

① 谢瑞智：《宪法辞典》，台湾地区文笙书局1979年版，第61页。

② 孙英：《权利义务新探》，载《中国人民大学学报》1996年第1期，第32页。

③ ［英］M. J. C. 维尔：《宪政与分权》，苏力译，三联书店出版社1997年版，第231页。

了自己的政治制度。三权分立的思想也得到了很好的诠释与体现。在美国宪法正文的第1条至第3条中，规定了立法权、行政权和司法权的内容与运作方式。美国联邦的三权分立制度主要包括：第一，三种权力分属不同主体所有。联邦的立法权属于国会，司法权属于联邦最高法院，行政权由总统行使。第二，立法权、司法权与行政权的相互制约。对法院判例确定的某类案件，国会可以制定法律，以取代判例法的作用。但是，联邦最高法院具有违宪审查权，可以审查国会的立法是否违背宪法；最高法院的法官由总统提名、国会批准产生。但是，最高法院可以对行政机关的违法行为进行独立审判；总统拥有广泛的权力，但这些权力的行使要受制于参议院。总统对国会的议案可以行使否决权，国会不能因为总统否决自己的议案而弹劾总统。麦迪逊认为，这三种权力并非完全分立，而应在一定程度上互相依赖。每个部门均应有其行使特权的领域，但这种特权受制于其他部门的潜在否决权。很显然，在制约和不干涉之间有条界线，美国宪法对这条界线的设置体现在以下两个方面：

第一，用分权机制与程序机制实现对政府权力的排除性控制：政府机构被划分为国会、总统、法院，限制了权力过分集中，三个机构各有各的运行程序，同时代表着不同的机构利益，从而提供了一种内部制约的可能性。三个机构各自行使自己的职能，职能精神和专业技术的养成在一定程度上排除了互相行使不当控制和影响的可能性。同时，三个部门的工作人员是各自专属的。也就是说立法机关的工作人员不能同时任职司法机关、行政机关，同理亦然。这是由于权力始终由人来控制，身份若重叠，权力就无法制衡。

第二，用否决机制与弹劾机制实现对政府权力的反抗性控制：分权机制与程序机制使三个机构只能限于行使其自身的职能，这本身就是对政府权力的一种控制。但是，如果出现某一个机构试图不恰当地行使自身权力或者越界行使其他机构的权力时，就会侵蚀其他机构的职能以及侵害公众利益,[①] 这“就要给予各部门的主管人抵制其他部门侵犯的必要法定手段和个人的主动”。[②]

（二）法国司法、立法、行政三权分立思想的理论和实践

作为三权分立发祥地的法国，其三权分立架构具有如下特点：第一，以法国总统为代表的行政权具有强大的势力。在法国的政治传统中，共和国总统的地位是最基本的。正如戴高乐所言：“总统是唯一的国家权力掌握者和代表者。”实际上，共和国总统监督宪法的遵守，他通过自己的仲裁，保证公共权力机构的正常活动和国家的持续性。第五共和国宪法第5条规定：“共和国总统应保证宪法获得尊重。”第64条规定：“共和国总统应是司法权力独立的保障者”。第五共和国总统不但享有崇高的威望，而且具有广泛的实权。总统对内阁具有任免权。总统不仅负责颁布法律，还有参与立法的有限权力。该宪法第10条规定：“在最终采纳的法律被转交给内阁后的15天内，共和国总统应颁布法律。在此期限截至前，他可要求议会再次考虑法律或其某些条款。这项要求不得被拒绝。”第五共和国总统还拥有主管军事和国防的权力等。第二，法国的三权分立中强调司法独立，但是，这种司法独立却指的是普通法院或法官不得以任何方式干扰行政权，也不得对执行公务的行政官进行查询。这表明，在法国，其司法独立的意旨首先是指它不能干预立法和行政事务。因此，司法权与立法权、行政权绝对分立。这无疑与美国的“分权与制衡”含义具有明显差异。因此，法国的行政法院与其他大陆法系国家不同，不是属于司法系统，而是属于行政系统，与普通法院性质截然不同。这也表明了在法国，虽然司法独立受到普遍重视，但是，其对行政权的限制还是较弱的。

（三）英国三权分立的构造与形式

1688年资产阶级革命后，英国建立了君主立宪制。在18~19

---

① 刘钰，赵文：《美国分权制衡原则探悉》，载《法制与社会》2007年第11期。

② ［美］汉密尔顿、杰伊、麦迪逊著：《联邦党人文集》，程逢如等译，商务印书馆1980年版，第264页。

世纪，英国又先后形成了议会至上，议会民主，内阁制，议会两院制等重要的政治制度。20 世纪后，这些制度得到进一步发展。在英国的政治制度中，议会地位最高，是最高的立法机关和司法机关，行政机关由首相领导。由于政府由议会中的执政党或多数党组成，执政党领袖即政府首相，执政党议员即政府大臣，也就是说，政府由议会产生，并向议会负责，行政权只不过是立法权的一个“责任权力”。因此，从严格意义上讲，英国的三权分立实质只是“二权分立”。①

在英国，在司法权、立法权与行政权之间的关系上，包括如下内容：第一，司法权对行政权的限制。在英国，在有关行政机关或行政官员违法、失职、越权等行政案件中，可以通过普通法院和行政裁判处理，通过这种司法的方式，可以实现司法权对立法权的制约，保证行政权不超越其法律规定的权力行使界限。第二，行政权对立法权的限制。在英国，内阁总揽行政权力并向议会负责，实行内阁制。英国内阁实质上就是最高行政机关，作为内阁的首脑，即首相而言，其可以以“不信任投票”案的方式，提请英王解散议会，从而实现行政权对立法权的限制。第三，立法权对司法权的制约。在英国，立法权属于下议院，而司法权则属于上议院。上议院是英国的最高司法机关，受理各种民事、刑事案件。英国的下议院会利用自己的地位对司法活动施加影响。

根据对上述各国司法权与立法权、行政权的关系的比较中可以发现：第一，司法权在现代西方宪政国家的作用举足轻重。这在美国如此，在英国、法国也不必赘言。第二，司法权的行使也必须有所限制，以免打破司法权、立法权以及行政权的衡平状态，从“立法”国家变为“司法”国家。以美国为例，20 世纪以来，通过联邦法院司法审查的方式，司法权的权力逐渐汇集，政府机构某

---

① 庞金友：《“终极还是范式”西方三权分立思想的再解读》，载《宁波党校学报》2006 年第 3 期。

些权力已经被转移到司法机关手里。因此，已经有美国学者提出对司法部门进行一次必要的“保守革命”的建议，对司法权、立法权以及行政权间的关系进行重新调整，以行政权或立法权制衡司法特权，恢复立法、行政、司法三权的“恰当平衡”。第三，司法权、立法权、行政权三权分立只是一个基本样态。至于如何分立，分立的权限和程度如何，各国又有不同，英国甚至出现了两权分立的状态。但是，通过权力与权力之间的制约，从而达到一种衡平、稳定、和谐，实现对权利的保障，这是三权分立下面隐藏的深层思想。至于具体形态，可以有所不同。

三、我国司法权与立法权、行政权关系的现状

西方现代国家主要以分权理论和权力制约学说为理论基石，确立了司法、立法与行政三权分立的权力基本架构，尽管各个国家具体样态和运行模式有些差异，但是，其本质和框架基本上具有一致性。与西方司法、立法、行政三权分立的权力模式不同，我国采取议行合一的权力结构。在我国权力位阶上，最高权力层是全国人民代表大会及其常务委员会，行政权、司法权皆出于人民代表大会，司法权和行政权需要对立法权负责。因此，决定了立法权对司法权以及行政权制约的单向性。司法独立不是指独立于立法权，而是指司法权独立于行政机关、社会团体和个人。

在司法权与行政权应然关系范畴中，司法权可以通过案件裁判的方式，裁决行政机关的相关行政决定或者命令无效。但是，在实然的范畴上，由于我国权力本位的长期历史积淀，司法权只是行政权推行其意志或者政策的工具，由此形成了对行政权力的敬畏与服从心理，这与我国传统君权至上而民权意识和主体意识薄弱有着密不可分的关系。可以说，一直到现在，司法权都没有摆脱行政权附庸的现实，司法权对行政权的制约，基本上停留在理论层面。在司法权与行政权的关系上，更多体现的是互相配合，互相支持，其目的是完成行政机关推行国家政策，高效管理社会的需要。这样，司

法就变异成政治，法官变成了行政官员，法律的逻辑变成政治的逻辑，政治权力策略取代了法律知识的推理与判断，法律的判决变成了行政意志的体现和总结。

因此，在我国司法权、立法权以及行政权之间，其划分不是为了权力制约的需要，而是为了有效管理社会的需求，司法权在某种程度上成了行政权的一个部门。我国司法权、立法权以及行政权在一定程度上具有同质性，这样，从权力的本质、地位、结构、来源以及现实上，司法权都丧失了对立法权和行政权的制约和监督的基础、依据以及动力。

但是，在法律上，我国的司法独立却具有宪法和作为“应用宪法”的刑事诉讼法的法律支持。我国宪法第 126 条规定：“人民法院依照法律规定独立行使审判权，不受行政机关、社会团体和个人的干涉。”人民法院组织法第 4 条规定：“人民法院依照法律规定独立行使审判权，不受行政机关、社会团体和个人的干涉。”但有学者对此提出异议，按照宪法第 126 条和人民法院组织法第 4 条的规定，人民法院只是不受行政机关、社会团体和个人的干涉，而对于各级党组织的干涉，各级国家权力机关的干涉和企业事业组织的干涉，人民法院该如何对待，则不得而知。宪法采取的列举方式列出人民法院不受行政机关、社会团体和个人的干涉是有遗漏的，其科学性和公平性是令人怀疑的。[①] 如果从字面含义来看，这似乎可以得出各级党组织、各级国家权力机关、企业事业组织、传媒都可以干涉人民法院依法独立审判的结论，甚至还可以得出法院之间没有独立性的结论；但是，从系统解释的角度，我国宪法和法律不但规定了法院独立于行政机关、社会团体和个人，还规定法院应当以事实为依据，以法律为准绳进行诉讼。对法院独立审判的干涉显然背离了以事实为根据，以法律为准绳的原则。因此，把这两个原则结合起来看，国家机关、武装力量、政党、社会团体、企业事业

① 谭世贵：《司法独立问题研究》，法律出版社 2004 年版，第 83～84 页。

组织、个人都不得干涉法院独立审判。此外，刑事诉讼法第 3 条还规定，除法律特别规定的以外，其他任何机关、团体和个人都无权行使审判权。我国法律没有规定中国共产党、人民代表大会可以行使审判权。任何直接或者间接地行使审判权的方式，都是与刑事诉讼法第 3 条规定的裁判权专属原则相冲突的。把党对政法工作的领导、人民代表大会对司法的监督理解为党委、人民代表大会可以干涉司法，是对党的领导、人民代表大会监督的误解，也是对审判独立原则的误解。① 此外，从立法者本意上，其也不会保障各级党组织、各级国家权力机关、企业事业组织、传媒可以“依法”干涉人民法院依法独立审判。这些制度的设计在宪法以及刑事诉讼法层面上确立了司法独立原则，保证了司法机关的独立地位。但是，法律的存在不一定等同法律的现实，司法独立在实际运行中却发生了变异。虽然法院不能生活在政治的真空中，但是，其对政治的过分参与，无疑将会影响其独立、中立，使司法权力异化为政治权力，最终影响公民对其的尊重。一般而言，我国目前司法独立在理念和现实中的障碍主要表现在：

（一）在外部，缺乏制度化的支撑

在法律制度上，仍然采取法院隶属行政的做法，实行的是党委领导，人民代表大会和上级法院监督指导，这种异化的司法体制缺乏科学性，无法为司法独立的宪法原则提供切实保障，与司法独立原则所强调的机构独立与人员独立的要求仍存在一定距离。在物质保障制度上，采取政府管理人、财、物的体制，实行地方一统化，地方行政机关掌握着法院的经济命脉。而经济上的依附，往往导致司法裁决中的不独立。在人员任免制度上，司法人员也由地方人民代表大会机关任命，地方司法机关的司法行政职务由地方各级人民代表大会机关选举、委派和罢免。在法律上没有依仗，在物质保障

① 李昌林：《从制度上保证审判独立——以司法独立的国际标准为参照》，载《西南政法大学学报》2005 年第 3 期。

上没有依托，在人事任免制度上没有保障，在这些至关重要的问题上不能独立，导致了司法独立只能体现在理论和纸面上。从纸面到现实，将是漫长之路。

（二）在内部运行上，缺乏制度化的保障

在我国法院的审判中，缺乏对诉讼规律的认识，仍是沿用行政化的管理方式，这会导致很多问题发生。第一，在人民法院的内部管理制度上，院长、庭长可以影响甚至决定法官的升迁等政治上的前途，这导致了法官在独立裁判时，受制于人，以致裁判不能独立。第二，根据人民法院组织法规定，我国行使审判权的主要形式是审判委员会、合议庭和独任庭。但是，对这三者之间的具体职责范围并未明确规定，这导致司法实践中问题的出现，突出表现在审判委员会或合议庭决定案件的命运方面。根据我国刑事诉讼法规定，审判委员会或合议庭可以讨论和决定案件，且其决定合议庭应当执行。但是，在个人法律水平和业务素质上，决定重大疑难案件最终命运的审判委员会成员并不一定强于一般审判法官，同时也由于审判委员会或合议庭均由法院行政领导和少数庭长担任，其也没有时间或者精力对每个案件进行仔细的研究，也不会事必躬亲对案件亲自开庭审理，这严重违背了直接言词原则，导致公开审判形同虚置，司法独立流于形式。如此的法院内部制度，决定了“审者不判”，“判者不审”以及先定后审、先判后审、审判分离的情况发生，严重违背了基本的诉讼规律。

（三）在理念上，缺失理念的外部环境维系

我国传统的社会、政治文化，体现的是以服从为天职，采取权力本位而不是权利本位，集体至上而不是个人至上。与西方文艺复兴培育了主体观念与西方资产阶级革命催生了民主精神不同，我国政治思想长久地浸泡在浓厚的儒家传统精神中，服从几乎成了一种惯性的选择，忍受成为一种值得赞美的德行。反映在司法制度上，在权力至上、政治优越的观念之中，呈现出司法行政化，法官公务员化的现象。在纸面上，司法和行政权存在着差异，但是，在社会甚至法院、法官本身的认同中，其与行政机关却旨趣相符，思维相近，裁断案件也会采取类似行政机关相近的做法，如单纯追逐效率价值，而忽略以公正价值为导向，审理案件以压制和威压为手段，而不是以引导和说理为方法。司法权在某一定程度上成了行政权的执行权，成为贯彻政治政策或者意图的司法工具，而没有奠立自己本身具有的地位。司法独立在理念基础不足，导致司法独立缺少一种精神和意志上的支撑。而这种不足往往是致命的，因为法官和法院本身缺乏一种独立的气质，不战而屈，因而，即使法律规定司法独立，法官和法院在某种程度上也不能真正独立。

四、司法独立国际化的过程及基本内容

法院是法律帝国的首都，法官是帝国的王侯[①]。这是当代美国著名法学家德沃金在《法律帝国》中一句对司法权定位的经典名言。在英美法系国家，法官与法院的确配得上、也的确享有如此崇高的地位与权威。但是，司法权相对孱弱的肩膀上很难担负起如此重大的职责，为了保证其能够实现制度设计者的愿望，制定相关的配套制度就成为必然。这种制度应当保证法官或者法院在对立法或者行政审查时，在没有利益牵涉的前提下，同样也不应有后顾之忧。这就是司法独立产生的重要内容，其应包括：独立审判，法官薪酬保障、法官任职保障等措施，以及禁止行政、立法干预等。

司法独立是文明社会很长时间为之追求的目标，其本质在于人民对自己权利命运的关注以及对权力恣意放纵的警醒，而不是单纯让司法权在与立法权、行政权的竞争中占有更多的份额。司法独立的制度设计无疑是西方法律传统中的最亮点：它历经一个从无到有的过程，至今已经成为西方国家经常引以为自豪的一项政治成就、一个法治学说、一种制度文明，并以其独特的观念制度而成为近代

① ［美］德沃金：《法律帝国》，李长青译，中国大百科全书出版社 1996 年版，第 361 页。

西方法律传统中一道亮丽的风景，具有非凡魅力。[①] 在司法独立已经成为世界趋势的情况下，采取何种方式的司法独立，如何司法独立，已经成为一个时代的重大话题，也成为一种验证或者区分文明发展程度和阶段的一项重要标准。可以说，司法独立是现代社会文明发展的一项重要成果总结。从传统型司法制度向现代型司法制度进行历史转变，使司法独立从形式走向实质，从纸面走向现实已经成为必要。司法独立是人类理性发展在刑事司法中的体现，是对刑事司法规律发展的概括性总结，因此，其取得了超越文明、国界、民族、种族、文化的地位，体现为一种普适性的价值，获得了放之四海而皆准的真理价值，也成为文明国家司法制度共同遵守的准则。联合国也将其作为一项基本原则予以确立，并且通过一系列的国际条约或者法律文件予以体现。

1948 年 12 月第二届联合国大会审议通过的《世界人权宣言》，1966 年 12 月联合国大会通过的《公民权利和政治权利国际公约》，都是司法独立的基石性国际法律文件，从而开辟了司法独立国际化的绚丽国际篇章。其中，《世界人权宣言》第 8 条规定："任何人当宪法或法律所赋予他的基本权利遭到侵害时，他有权由合格的国家法庭对这种侵害行为作有效的补救。"第 10 条又明确规定："人人完全平等地有权由一个独立而无偏倚的法庭进行公正的和公开的审讯，以确定他的权利和义务并判定对他提出的任何刑事指控。"《公民权利和政治权利国际公约》第 14 条规定，在判定对任何人提出的任何刑事指控或确定他在一件诉讼案中的权利和义务时，人人有资格由一个依法设立的合格的、独立的和无偏倚的法庭进行公正和公开的审讯。上述两个国际法律文件，标志着司法独立在国际社会上正式被认可和确立。此外，联合国人权委员会就《公民权利和政治权利国际公约》通过的一般意见认为，上述规定要求法

① 李艳华：《司法独立的学说在西方的轨迹和魅力》，载范中信、陈景良主编：《中西法律传统》第一卷，中国政法大学出版社 2001 年版，第 292 页。

庭必须依法成立，宪法和有关立法应有关于司法、行政、立法部门相互独立以及如何设立法庭、如何委任法官以及委任的条件、任职期限、晋升、调职、停职的条件等规定。[①]

在上述国际法律文件确立了司法独立的目标和方向后，20世纪80年代联合国又制定了一系列的国际法律文件，对司法独立原则进行细化。在1980年召开的第六届联合国预防犯罪和罪犯待遇大会的第16号决议中，要求犯罪预防和控制委员会把拟定有关法官的独立、法官和检察官的甄选、任职条件等作为优先事项。1982年国际律师协会第十九届年会制定并通过了《司法独立最低标准》，对实现司法独立过程中法官的独立事项进行了明确的规定。1983年召开的世界司法独立第一次会议一致通过了《司法独立世界宣言》，再次强调了司法权的独立性质。1985年8月26日召开的第七届联合国预防犯罪和罪犯待遇大会制定并通过了《关于司法机关独立的基本原则》，该基本原则属于司法独立的总结性法律文件，同时又将司法独立的有关规定系统化和细致化，这标志着司法独立国际标准的基本形成。1989年，联合国制定并通过《〈关于司法机关独立的基本原则〉的有效执行程序》的决议，对各国如何执行司法独立的国际标准，以及确立本国司法独立的内容，同样也具有良好的推动作用。

五、衡平我国刑事司法权与立法权、行政权关系的断想

通过一定的法律或者政策，使司法独立或者相对独立，是根据司法权的本质属性确立的权力分配机制及其过程，也是我国司法权当前的追求和定位。具体而言，可以从如下几个方面进行分析和设计：

---

① 信春鹰等：《依法治国与司法改革》，中国法制出版社1999年版，第151页。转引自谢佑平主编：《刑事诉讼国际准则研究》，法律出版社2002年版，第118页。

（一）司法权的独立

对于司法权独立，最初发端于司法权、立法权、行政权三权分立，以此达到互相制衡，同时保证司法权的独立。但是，这里不能仅看三权分立的形式，而忽视其实质目的。无论三权还是两权分立，其关键是通过对权力的制约达到对权利保障的目的，这是考虑问题的理论基石和关键所在，并不一定三权分立才能保证实现此目的。英国就是两权分立。而在法国，出现以总统为代表的行政权一权独大的现象，但是，这并没有妨碍其对公民权利的保障。因此，对于我国的司法独立，并不一定要求三权分立。在实行议行合一的政治制度，保证人民代表大会政治制度的前提下，照样可以实现分权、限权以及司法独立的目的。因为国家权力主要由司法权、立法权、行政权组成，将这几项权力分别由几个不同的主体行使，在权力总体一定的情况下，分权本身就是制衡。倘若相反，司法权也由立法机关行使，则属于权力的重叠与垄断，就达不到制衡的目的。但是，在立法权与司法权的关系上，立法权对司法权的监督和限制应当属于普遍的监督，而不是个案监督，属宏观的限制而不是微观的限制。从而保证司法权有限度的独立。在司法权与行政权之间，则需要保证彻底的分权，明确二者之间的权力界限，而不能出现行政权干涉司法权的现象。

（二）法院与法官的独立

这包括法院独立于立法机关和行政机关，法官独立于法院内部机关，法院和法官独立于其他国家机关、组织或者个人。在法官独立审理案件时，法官是案件的唯一主人，在对自己的事物，即案件的处理中，他的权力是排他性的、垄断性的，法官不会接受对案件裁判的任何实质挑战，他要做的只是根据法律、事实和自己的良心，对案件作出自己的独立裁决。在法院独立时，其他机关在实体和程序问题上，在如何定罪和量刑问题上，不能通过对法院的人、财、物制度的限制予以干涉，以此要挟法院，达到绑架法官意志的目的。法院的独立是法官独立的外部屏障和堡垒。法院独立为法官独立造就了一个相对自由的空间，在这个空间内，法官可以依靠事实和法律的权杖，对案件进行自由裁决。可以说，没有法院的独立，法官独立就难以实现。但是，法院独立如果没有法官独立予以体现，也同样没有意义，法院独立的意义通过法官独立来彰显。除了立法机关和司法机关不能对法院和法官的独立予以干扰外，其他国家机关、组织或者个人也可能会侵犯司法独立的领地。特别在利益高度纠缠的现代社会，每一条利益之链可能都会盘根错节，这为其他机关、组织或者个人侵犯司法独立提供了动力。司法独立，不仅独立于立法权和行政权，而且也应当独立于其他权力，这从司法独立的最本源意义和目的上也可以探知，司法独立就是构建司法权独立行使的空间，避免其他权力的越界或者越轨行为，以此保障公民权的独善其身。因此，对于司法权，除了立法机关和司法机关，其他任何国家机关、组织或者个人，以任何理由或者名义，也不能对司法权进行欺凌和侵犯。

（三）法官在审理和裁判案件时意志独立

法官是法律帝国的国王，但是，这是在应然范畴上。在实然范畴上，法官能否左右其审判的案件的最终命运，其意志独立是司法独立的关键之一。欲保证法官意志独立，应做到以下几点：第一，确保法官本身具有较高的法律素质、业务能力，这是意志独立的法律素质要求。第二，法官应当具有较高的伦理品质和道德修养，这是法官意志独立的道德品质要求。第三，制定一定的法官薪酬保障、任职保障等保障制度，这是法官意志独立的物质保障。在这三点要求和条件中，最关键的是第三点。当然，没有人会否定法律素养和伦理素养对法官意志独立、尊严保障的重要作用，但是，对于一个现代国家而言，最主要的是提供一个正常的制度，这种制度结构能够保证其需要的特定的状态形成，相比前两个条件而言，这是可控的，能够通过现实的具体制度建设完成的。诚然，对于第一点而言，法官必须具有相当的法律素质和业务能力，否则，自己就可能面临随时被排除出法官队伍的境地，何谈对上级法院或者本级法院领导保持独立和尊严。对于第二点而言，在特定情况下，即使在没有薪酬保障、任职、升迁保障的条件下，法官高尚的品质也会让他在权势以及非法、不当干涉下保证独立，但是，这毕竟属于个别的情况。对法官伦理、道德的培育和养成，在现代社会中，是保障法官意志独立的一个因素，但不是主要的因素。

第二节　刑事审判价值的冲突与衡平

在刑事审判阶段，在所有的价值冲突范畴中，价值之间的冲突无疑是令人注目的一类。刑事审判价值之间的冲突，既有其技术上的表现，也有理念上的对垒，而如何衡平审判价值的冲突，最终表达了人们对刑事审判的态度，即传达了人们对刑事审判究竟如何运作，在不同的情况下如何协调的观点，从而对其需要的价值进行选择。

一、刑事审判的工具价值

保护实体权利、维护法治秩序无疑是审判的重要价值。这种价值也是审判的目的性价值，即审判行为最终实现的价值，也是刑事审判的工具价值，而工具性价值主要指其实体公正价值。

可以说，除了正义或者公正外，在人类思想发展史上，可能其他任何哲学范畴都没有引起这么多的争议。可以说，1000 个哲学家的眼中，就有 1000 个正义。但是，“在这些不同的正义问题中，社会结构的正义是首要的正义。所谓社会基本结构是指一整套的主要社会制度、经济制度、政治制度、法律制度。……社会基本结构的正义包括两个基本方面：首先是社会各种资源、社会合作的利益和负担的分配方面的正义；其次是社会争端和冲突解决方面的正义。前者可谓‘实体正义’，后者可谓‘形式正义’或‘诉讼正义’”。①

在法律程序中，正义对应地被划分为程序正义和实体正义，也被称为程序本位主义和程序工具主义，在二者之间的地位关系上，如同对于正义本身的争议一样，也是学界一个经久不衰的争议话题。

在程序工具、程序本位谁主谁仆的争论中，在程序工具主义方面，功利主义鼻祖边沁坚持纯粹的程序工具主义观，他认为程序必须且只能是为实体服务的，即“程序法的唯一正当的目的是实现实体法”。②

除了边沁的纯粹功利主义程序观外，还有一些学者试图从经济甚至道德的角度对程序的工具价值予以解释，这包括经济耗费理论和道德耗费理论。

经济耗费理论的代表人物是波斯纳，他认为，最大限度地减少法律实施过程中的经济耗费是评价和设计法律程序时应考虑的重要价值，也是法律活动所要达到的价值目标。为了实现这一价值，两种耗费应当尽量减少。一是直接耗费（Direct Cost），即在法律实施过程中所耗费的经济资源，包括公共耗费和私人耗费两部分：前者包括法官的薪金、陪审员和证人的报酬、法庭的设施损耗等；后者包括当事人委托律师的费用、聘请鉴定人的费用等。二是错误耗费（Error Cost），即由于法院作出的错误判决而发生的经济耗费。对于法律程序的分析就是降低上述经济耗费的总和。

道德耗费理论的代表人物是美国的德沃金。他认为，在评价和设计一项法律程序时，应当最大限度地减少法律实施中的道德耗费

---

① 张文显：《法哲学范畴研究》，中国政法大学出版社2001年版，第203～204页。

② J. Bentham, The Principles of Judicial Procedure, in 2Works, of Jeremy Bentham 1.6 <J. Bowring ed. 1838 - 1843>.

(Moral Cost)。要对道德耗费作出清晰的认识，必须把它与所谓的“纯粹耗费”区别开来。例如，在刑事审判过程中，一名无罪的犯罪嫌疑人最终受到错误的定罪和刑事处罚，这里的纯粹耗费主要是由刑罚的错误实施、无罪者被投入监狱等因素引起的。但是，道德耗费的产生来源于人的权利受到剥夺，是指由于错误地惩罚无辜者所带来的非正义，因为剥夺了一个人应得的权利本身就是不公正地对待他：拥有一项权利就等于从社会获得其权利应当受到保护的承诺，破坏了这种承诺也就是不公正的对待权利的享有者。①

虽然经济耗费理论和道德耗费理论存在着差异，在经济耗费理论中，衡量一项程序是否具有价值的标准是看其是否能够最大限度地减少必要的经济耗费；而在道德耗费理论中，衡量一项程序是否具有价值的标准是看其能否最大限度减少道德耗费。后者虽然引入了权利的概念，但是，这种道德上的要求最终是为能否产生好的实体结果服务的。二者表达虽然存在着差异，但在程序属于实体的附庸，实体为重、程序为轻的观念上是没有质的差别的，因此，把它们都归为程序工具主义的行列。

在20世纪90年代，我国台湾地区的一些知名的学者也是坚持程序功利主义或者工具主义，如蔡墩铭教授就认为：“刑法所规定者为刑罚权之内容，与此相对，刑事诉讼法所规定为刑罚权实现之方法，由于二者之规定均与刑罚权有关，故刑法被称为实体刑法，而刑事诉讼法被称为形式刑法”。②

可以看出，在过去很长的一段时间里，程序与实体价值的绝对主义说曾经占据了主要的地位。“相对于实体法而言，程序只是工具，程序法只是‘附从法’（Subsidiary Law or Adjective Law），它

① R. Dworkin, A Matter of Principle, 1985 by Oxford: Clarenden Press; R. ADuff, trial and Punishment, P. 110 - 114, 1986 by Cambridge Univ. press，转引自陈瑞华：《程序正义论纲》，载《诉讼法论丛》第1卷，第40页。

② 蔡墩铭：《刑事诉讼法论》（修订版），台湾地区五南图书出版公司1993年版，第3页。

本身不具有任何独立的价值。”①

刑事审判程序的实体价值其实是人们对审判活动的一种最直接、最本能的理解和表达，这种本能主要来自于经验的力量，因此，在相当大程度上比逻辑说服更有分量。另外，在更深的层次上，这是与当时人们对经济、政治的追求的次序有关，而这最终取决于当时的经济发展水平。确实，在某种程度上，人们都是功利的，趋利避害是先民赖以生存的根本，而哲学首先面对的是与人类生存最直接和密切的东西，这是程序工具主义认为实体优于程序的深层原因。不可否认，“实体价值主义具有重要的意义：它们发现和阐释了法律程序在保证正义方面所具有的价值，提醒人们在评价或者设计法律程序时要将工具性作为重要的标准和尺度，在其他方面情况出现相似的两种法律程序中，人们有理由优先选择出现错误结果几率或者可能耗费的经济资源较少的一个。”②

在刑事审判中，实体价值更是证明了经验积累和历史沉淀的作用，并且得到了现实的政策和民意的支持。它的生命力是一种程序选择的结果，是国家和民众以一种不通过投票的方式进行的意志表达。因此，忽视刑事审判的实体价值，或者不承认实体价值是刑事审判的一种选择，在经验上不能验证，在逻辑上不能说服，在经济和政治因素上也难以找到依托的基础。所以说，无论如何，刑事审判的目的之一都是实体价值，即通过法定的程序，查明案件事实，使有罪者得到惩罚，使无罪者得到解脱，使受害者得到物质或者精神上的慰藉或补偿，使破坏的秩序得到弥补，使社会重新回到一种安全有序的状态。美国学者诺内特、塞尔兹尼克也正是持有这个观点：“好的法律应该提供的不只是程序正义。它应该既强有力又公

---

① 陈瑞华：《程序价值理论的四个模式》，载《中外法学》1996 年第 2 期。

② 陈瑞华：《程序正义论纲》，载陈光中、江伟主编：《诉讼法论丛》（第 1 卷），法律出版社 1998 年版，第 43 页。

平；应该有助于界定公众利益并致力于达到实体正义。”①

但是，为了确保刑事审判实体价值的实现，刑事审判活动也不是妄为的、盲动的，必须有序进行，必须理性地对刑事审判进行控制。

首先，从权力制约的主体而言，应当具有广泛性。其中，既包括受到权力侵犯或者影响的人们，也包括其他没有直接利益关系的主体，正是这些主体基于利益或者正义的关注而不让自己的监督权利（力）睡眠，才使权力的行使者有了畏惧之心。美国前总统肯尼迪曾经说过：“创造权力的人对国家的强大作出了必不可少的贡献；但质疑权力的人作出的贡献同样必不可少，特别是当这种质疑与私利无涉时。正是这些质疑权力的人们在帮助我们作出判断：究竟是我们使用权力，还是权力在使用我们？”② 因此，虽然法院作为司法机关而言，应当独立审判，不受其他权力的干扰和侵犯，但是，这并不代表其不受任何力量的监督。例如，舆论监督本身就是被称为“第四种权力”，其虽然并没有通过法律以明确地颁布，但是，其却可以使法官保持对当事人权利的尊重之心，以及对案件正确处理的警醒之心。

其次，从权力制约的方式上看，基于权力制约的目的是为了保证权力在正常的轨道上行驶，而不是采取阻却、禁止、扼杀的方式使之胎死腹中。因此，权力制约的技巧至关重要，轻则可能难以防止其恣意泛滥，重则违背了国家制定法律的本义。可以说，对刑事审判的制约问题，既是一个法律问题，更是一个技术问题。对刑事审判的制约不是无章的、无序的、任意而为的，制约必须按照一定的方式进行。在外部方面，对于立法、行政以及司法权力，应当采

① ［美］P. 诺内特、P. 塞尔兹尼克：《转变中的法律与社会——迈向回应型法》，张志铭译，中国政法大学出版社 1994 年版，第 81～82 页。

② ［德］约阿希姆·赫尔曼：《德国刑事诉讼法典》，李昌珂译，中国政法大学出版社 1995 年版，第 6 页。

取权力分离和权力分层的方式，划清不同种类权力行使的界限，这既是对其他权力的一种有效的制约，同时也避免了司法权和其他权力重叠对当事人权利造成双重甚至多重威压。在程序制度建设方面，可以赋予公民上诉、申诉、申请再审等权利，保证公民的不满和冤情能够通过程序机制疏导，使法官真正谨慎地审理案件，客观中立地对案件进行裁决。因为法官出于自然人的特点，其也有个人的爱憎和偏好，有个人的性格和脾气，因此，通过一定的方式，创造保证法官公正的制度，在单纯道德杠杆难以保证法官独立公正的前提下，也不失为一种明智和理性的选择。

此外，为了保障刑事审判实体公正的实现，现代各国的刑事诉讼法基本上都规定了诉讼时限制度。迟来的正义非正义，案件事实只有被迅速查明才能达到最佳的效果，这无论从诉讼经济的角度，减轻、吸收被害人苦痛的角度，避免被告人无谓折磨的角度，以及刑罚效果最大化的角度都是如此。因此，要求法官应当充分认识自己的神圣使命，尽心尽责，迅速准确地查明案件事实，给国家、社会以及个人一个交代。当然，诉讼时效的设计必须具有合法、合理化的特征，被告人的基本诉讼权利应该得到保障，不能为了“赶时间”而忽视了对被告人权利的保障。否则，打击犯罪可能变成了伤害无辜，保卫社会成了动摇社会，维护法律成了玷污法律。这样通过外部的分权以及程序制度的自我控制和监督，能够最大限度地保证刑事审判实体价值的实现。

二、刑事审判的内在价值

对事物的追求达到极端就可能会走向反面，对刑事审判实体价值的追求也是如此。诚然，刑事审判是查明案件事实，实现国家刑罚权的活动。但并不能为了实体价值而不顾一切，如果片面追求实体真实而侵犯人权，因为热衷于刑事审判的实体价值而不择手段，那么无辜者很可能遭到侵害，法律程序的尊严就会遭到践踏，不但会使刑事审判程序价值难以实现，实体价值也难以完成。而对于刑事审判而言，最大的讽刺就是使无辜者蒙冤获罪，而让真正的犯罪者逍遥法外了。

出于对人类未来命运的终极关怀，在 20 世纪中期，西方一些学者开始对诉讼价值的另一方面，即程序内在价值进行深刻反思。这既有自然正义理念对人们思维的积淀性影响，从根本上也是人类文明和经济发展的一个体现。

而如果要真正理解程序内在价值的含义，必须通过程序正义进行源头梳理，因为程序内在价值主要是指程序正义而言。打开 1215 年英国大宪章，我们可以清楚地看到程序正义的影子。英国大宪章第 39 条明确规定，除根据英国法之外，任何公民不受人身监禁、侵占财产、剥夺公民权、流放等其他任何形式的惩罚，也不受公众的攻击和驱逐。而英国大宪章中正当程序理念的产生，也是有基础和文化背景的，它深植于英国法律传统中的“自然正义”，是“自然正义”原则在特定时代的经济和文化等积累到一定程度后在法律中的彰显和反映。

以自然正义为理论源泉，以英国程序正义为现实模本，美国在美国联邦宪法中提出了“法律正当程序”观念。至于什么是法律正当程序，许多美国学者提出了自己的看法，但是，一般公认的正当程序为：任何权益受判决结果影响的当事人都有权获得法庭审判的机会，并且应被告知控诉的性质和理由，……合理的告知，获得法庭审判的机会以及提出主张和辩护等都体现在“程序性正当程序”中。[①] 至于正当法律程序在英美法中获得重大发展的原因，日本的谷口安平认为有以下几个原因：“一是陪审裁判以及作为其前提的当事人主义诉讼结构；二是先例拘束原则；三是衡平法的发展导致了在当事人因无法找到适当的法律依据而提出救济时，法官可以考虑一切事实和情节，运用自由裁量权作出适当判决。在这里，

① 《Black's Law Dictionary》, the Fifth Edition. “Due process”.

保证结果正确的依然是程序”。①

从上面的论述我们可以看到这么几点问题：第一，什么是程序性正义，对于这个问题，可以说是百家争鸣，中外争鸣。有的主张程序性正义是法律程序自身所保护的建立在社会契约理论基础上的正义价值；有的认为是人的自然权利、基本自由价值和人的尊严；还有的则认为是所谓“将人视为目的而非手段”的道德原则。但无论如何，他们都认为程序正义是独立于实体结果而存在的，基本上包括：对影响自己命运的诉讼的参与权、在程序中的平等地位，以及人生而自由尊严的地位的保障。即使一项符合这些价值的法律程序或法律实施过程可能会形成正确的结果，但是这种程序和过程的正当性并不因此得到证明，而是取决于程序或过程本身是否符合独立的程序正义标准。换言之，一项法律程序或者法律实施是否具有程序价值，不在于是否产生正确的结果，而是看它能否保护一些独立的内在价值。第二，程序性正义价值有其特定的土壤，是来源于自然法流行的英美法系国家，其传播具有丰厚的文化土壤，先天具有优势，国民也对此从文化上和理念上比较熟悉和认同，而后天又得到了近代欧美一些思想家的大力传播；而我国传统上是以“家庭本位”的伦理为思想基础，以“君君臣臣，父父子子”儒家道德为价值依据，这种理念在千百年来一直影响着中国的文化社会，并且一直在当今社会上仍然发挥着巨大的潜在影响。因此，在考虑我国的侦查行为程序价值构建时，不应当忽视这一点，否则就会造成“南橘北枳”的结果。

对于刑事审判的程序公正价值，它除了有助于形成公正的实体结果外，它还具有以下独立意义：

第一，保障被告人的人格尊严和自主意志。一般说来，被告人希望得到平等的对待，希望能够自主地主宰自己的命运，希望参

① ［日］谷口安平：《程序的正义与诉讼》，王亚新、刘荣军译，中国政法大学出版社 1996 年版，第 4～5 页。

与，这既来源于人类趋利本性和自我保护的心理，也来源于人类天生希望受到尊重的愿望。而在刑事审判中，实体价值实现是其重要目标，当然更不能排斥对程序价值的追求。实际上，参与、尊重、平等、公开都是刑事审判的应有之义，也是刑事审判程序价值的重要内容，更是被告人的人格尊严和自主意志得到保障的关键。

第二，有助于审判人员成为理性的、负责任的主体。一项合乎程序正义的刑事审判过程，本身就显示了审判人员对被告人的尊重和关注，它表明审判人员作出的有利或不利的决定并不是轻率的，而是经过慎重的分析以后得出的。这个理性支配下的对被告人独立主体地位关注的过程，也是审判人员理性、公正品格的形塑过程。

第三，有助于全民形成对法律敬畏、景仰的氛围。具有程序正义品格的刑事审判过程，有助于被告人从心理上真诚接受和承认刑事审判的结果。相信其公正性和合理性，即使刑事审判结果对其不利，也有助于社会公众对国家法律制度的权威性产生普遍的信服和尊重，因为正义在他们的眼中进行了检验，从而释清了因暗箱操作带来的狐疑。

刑事审判实体公正价值与程序公正价值如同人之双足，鸟之双翼，任何一方的缺位就会导致程序的跛行或者坠落，这可以通过一个著名的历史案例得到证明。公元前 399 年，哲学家苏格拉底被雅典的一个人民法庭判处死刑，并且死刑是通过一种民主公正的程序进行的，即通过投票的方式决定是否应当判处苏格拉底死刑。这也说明了程序公正的局限性，“公正的程序是产生公正结果的必要而不是充分条件，也就是说：公正的程序不一定产生公正的结果。苏格拉底之死已成为历史，而稍具正义感的人都会认为苏格拉底的确不应被处死。然而，苏格拉底竟然死于十分公正的程序——雅典人通过真正的民主程序杀死了他”。[①] 以 281 票对 220 票宣布他有罪，

① 梁治平：《从苏格拉底之死看希腊法的悲剧》，载《法辩》，贵州人民出版社 1992 年 6 月版，第 164 页。

这可以说是代表了相当程度的民意，而不是几个强权者判处了苏格拉底的死刑。

在刑事审判程序中，程序内在价值主要体现为以下几个原则，其中包括：控辩平衡原则、程序自治原则、程序制约原则，等等。现在择其要者予以介绍。

其一，控辩平衡原则。在刑事审判的构造中，如果达到控辩双方的平衡，基本上可以有两种思维进路：一是削弱控方的力量。二是增加辩方的力量。这两种方式可以同时采取，亦可以单方面进行，其最终目的是达到二者的有机平衡。控辩平衡主要体现在控辩双方法律地位以及形式上的平等性。对于控辩双方而言，二者都是刑事诉讼的当事人，在刑事诉讼运行的过程中，并不能因为控方是国家的代表者就有诉讼特权。与辩方一样，控方是依靠证据以及在证据基础上的事实来证明其指控的内容，而不是依靠其背后的国家强制力量来对辩方威压或者对法官的独立审判进行干涉完成其追诉任务。法官对案件的裁断也是建立在证据基础上，通过控辩双方的举证和辩论而作出的抉择，而不是建立在控辩双方的身份或者地位上的。在法律意义上，控辩双方都是法律下的平等子民，没有谁是法律的宠儿而另外一个是法律的弃儿。此外，法官应当对控辩双方的权利同样尊重，对双方的意见和主张同样重视，不应当厚此薄彼，在形式上给旁观者以公正的交代和满足。

此外，控辩平衡不能等同于控辩平等。平衡是一种相对的、动态的平衡，是控辩双方的力量之间维持在一种不至于倾斜的状态。也就是说，只要在最低限度内满足了被告人一方的基本权利要求，也就达到了控辩平衡的初步目标。例如，被告人有获得律师帮助的权利，有对不利于自己的指控进行自我辩护的权利，有申请适用本民族语言进行诉讼的权利，等等。对于这些具有宪法根基或者意义上的权利，应当予以满足，否则，就不能达到最低限度的控辩平衡。当然，控辩平衡的最终目的是达到控辩双方的最高意义上的平衡，即控辩平等。但是，基于刑事诉讼的特质，控辩平衡在审判程序中却很难获得。这是因为，控方在实际上、理论上以及道义上，是占尽天时、地利、人和的，被告人基本上是以一己之力与整个国家对抗。在审前阶段中，控辩双方获得证据的能力及查明案件事实的手段一般不是相同和平等的，而审判是以审前获得的证据以及查明的案件事实为基础的，所以，审前的控辩不平等决定了审判过程中的控辩不平等。因此，刑事审判的基本要求只是保证控辩双方达到有机平衡，不使双方在力量的天平上一个过重一个过轻，从而导致审判构造有倾覆的危险，其结果就会动摇整个刑事诉讼的价值及技术根基。真正的控辩平等属于比较理想化的状态。

其二，程序自治原则。程序自治是由法律自治转化衍生而来的概念，意指程序在决定犯罪嫌疑人、被告人的实体命运时，只有通过当事人权利的正常表达，才能实现程序自己控制自己的运行轨迹的目的，而不受任何的外来干扰和侵袭。对于法律的自治性，伯尔曼认为，在西方，法律被认为具有它自己的特征，具有某种程度的相对自治。[①] 昂格尔则认为法律的自治性主要表现在实体内容、机构、方法与职业四个方面，其中，在实体内容上的自治性是指存在一套独立的法律规范体系；在机构上的自治性是指存在一套独立的司法系统；方法上的自治性是指具有与科学和道德的、政治的、经济的结论不同的法律推论技术和特别的正当化方式；职业的自治性则表现为具有经过特别训练的法律职业集团操纵规则、充实法律机构及参加法律争诉的实践[②]。除了第一项外，其他的三项都表达了程序自治的意思。其中，机构上的自治性可以保证在刑事审判中司法机关的独立和自治。方法上的自治性可以保证审判人员根据法律人的理性精神对案件进行技术上的操作，以此作出裁决结果。这是

① ［美］哈罗德.J. 伯尔曼：《法律与革命——西方法律传统的形成》，贺卫方等译，中国大百科全书出版社 1993 年版，第 9 页。

② ［美］R. M. 昂格尔：《现代社会中的法律》，吴玉章、周汉华译，译林出版社 2001 年版，第 45 ~ 50 页。

因为，刑事审判作为一种高度专业的技术，一般应当由专门的法律人士进行，或者在专门法律人士的指导下进行。即使在人类社会不同时期，法官的担当者可以有一些不同，但是，具备一定的法律知识是个常识问题，这在1612年的英国著名的“星期日上午会议”法律典故中可以得到证实。当时，英国大法官柯克面对国王詹姆斯一世要求从法庭调出案件来自己审判时，他针锋相对地指出，国王没有这种权力，因为国家的司法权专属法官。国王反驳道：法律是奠基于理性之上的，而他同法官一样也具有理性，因此可以判案。柯克反驳说，尽管造物主赋予了国王以极高的智慧，但国王“对英国的法律并不精通”。法律是一门“人为理性”，一个人只有经过长时期的学习和实践才能掌握，在未达到这一水平前，任何人都不能从事案件的审判工作。法律是一门特殊的专业学问，能否审理案件并作出裁决是由能力和专业水平决定的，和外在的、附加的权力和地位是无关的，以法律之名，即使是国王也不能插手案件的审判。当然，现在普通法国家采取基于公民管理司法的考虑，采取了陪审员制度，但即使如此，陪审员也得在一些专业问题上接受法官的指导。

此外，在提倡法律自治的大家中，诺内特与塞尔兹尼克更是非常重视程序在自治型法律制度中的作用，“程序是法律的中心”，他们认为自治型法律体系所提供的最显著、最别具一格的产品就是程序公平①。我国有的学者也对程序自治表达了自己的见解。有的学者认为，“程序自治是指刑事审判程序在产生裁判结果方面具有唯一的决定性作用”。同时，该学者还概括了程序自治三方面的要求：一是法官裁判的作出须产生于审判之后；二是法官的裁判须建立在其在法庭审判过程中对案件事实和适用法律问题所形成的理性

① ［美］P. 诺内特、P. 塞尔兹尼克：《转变中的法律与社会——迈向回应型法》，张志铭译，中国政法大学出版社2004年版，第73页。

认识之上；三是法官的裁判应当兼听各方的意见、证据而作出。①

对于刑事审判的程序自治的功能而言，主要表现为两个方面：一方面，程序具有屏蔽作用，可以将干扰程序正常运作的其他因素排除在外，保证裁判的结果建立在符合诉讼规律运作的基础上。另一方面，程序具有场景化作用，可以使案件的进程置于公众的监督之下，通过监督，帮助程序实现自治。如果前一种功能是借助程序本身排除外来的因素干扰的话，后者主要是通过其他外来因素对程序的监督来帮助程序实现自治。

在刑事审判中，程序自治主要体现在：第一，在审理和裁决中，程序是独立的，不受任何外在的因素对程序权威的挑战，程序是决定案件实体结果的唯一主宰。第二，程序的自治与程序参与人的角色和地位是分不开的，也与具体的程序制度建构有着密切的联系。而在其中，法官无疑起着至关重要的作用。法官独立则程序独立，法官自治则程序自治。因此，必须给予法官充分的隔音的空间，自主地根据事实、证据以及控辩双方的辩论结果作出裁决。

总而言之，在刑事审判中，无论是从刑事审判的运行动力上，还是从其追求的终极目标上，还是从现实的国家政策趋向上，刑事审判的实体价值和程序价值都是审判人员追求的目标。但是，在刑事诉讼程序中，程序公正的价值也应当有所侧重。在审前的侦查程序中，应当侧重于实体公正价值；在刑事审判的过程中，应当侧重于程序价值。可以说，后者是对侦查程序中犯罪嫌疑人权利受到相对更大抑制的一种程序上的补偿，前者则是使审判真正具有程序公正价值的基础。因为不能在最大限度上查明案件事实的话，无论如何都难言程序公正。

三、刑事审判的价值冲突

冲突是现代政治、经济、法律制度等的一大特点，对于刑事审

---

① 陈瑞华：《刑事审判原理论》，北京大学出版社 1997 年版，第 69 页。

判制度也不例外，其如同矛盾一样贯穿和渗透于刑事审判的全部和始终。之所以如此，这是由人类资源的稀缺性以及人类本质上都是利益的动物的特性所决定的。前者决定了冲突的必然性，后者决定了冲突的应然性。这也表明了刑事审判价值冲突的不可避免性。具体说来，刑事审判的价值冲突体现在以下几个方面：

第一，实体公正和程序公正的冲突。实体公正和程序公正之间的冲突主要表现在以下几点：首先，在通常情况下，强调审判的程序公正会直接导致诉讼资源耗费增大，从而降低诉讼效率，导致实体公正的目标不能实现。如果实现程序公正，必然要求一套周密的、具体的，在某种情况下甚至是烦琐的程序。过于简单的程序不能使当事人相信整个司法审判过程是符合程序公正的，因为其不能使当事人的意见和主张得到充分的表达和尊重，也不能使其在诉讼过程中有效地把握自己的诉讼命运，而是将自己的至关重要的权利掌握在与己无关的他人之手。其次，二者之间实现的手段存在冲突。实体公正实现要求一切有利于查明案件事实的手段都是能利用的。譬如，在刑事审判中，对于非法证据，如果符合案件真相，有利于刑事案件的解决，也可以被采用，这在实体公正上是完全符合逻辑的，是没有问题的。但是，其却违背了程序公正的要求，因此，即使证据有利于实体价值的实现，如果其是以侵犯公民的基本权利为代价的，这种方式也是不可取的。

第二，程序公正和刑事审判效益之间的冲突。一般而言，程序公正和刑事审判效益之间成反比，即刑事审判程序公正性的增强会导致审判资源耗费的增加，从而降低刑事审判的经济效益。这是因为，程序公正性的增强意味着被告人的权利得到更加完善的保障，证据规则更加复杂，如证人应当到庭作证，对证据应当进行交叉质证等，这无疑增加了庭审的时间，从而导致在单位时间内审结的案件数量降低。所以，刑事审判程序公正性的增强是以刑事审判效益的降低为代价的。对刑事审判效益的过分追求往往会使程序正义的要求难以实现。

第三，实体公正和刑事审判效益之间的冲突。实体公正的最高宗旨是不枉不纵，在理论上，即使是一个罪犯都不能让其逃脱。根据刑事审判效益的要求，应当在尽可能短的时间内，以较小的成本投入，终结诉讼程序，取得最大的诉讼效果。但是，在世界的范围内，案件率总体呈不断激增趋势，即使是经济发达、科技先进的国家，其审判资源也难以满足这种趋势。因此，世界各国纷纷通过一定的司法改革，保证刑事审判资源用于更需要的案件中。例如，采取辩诉交易制度、审前分流制度。而这些制度很可能会导致实体正义的牺牲，辩诉交易就是一个很明显的例子。

国家必须投入司法资源以满足刑事审判效益的需要，而国家的司法资源的有限性，决定了实体公正的受限性。此外，司法资源配置的科学性与否也关系到刑事审判的目的能否实现。审判效益决定了实体正义的实现的有限性。有些案件的刑事审判虽然是符合实体公正的要求，但可能是违反审判效益的，这印证了实体公正和审判效益之间的冲突。

四、刑事审判价值冲突的衡平

在刑事审判的价值内涵中，实体公正和程序公正之间存在着一个张力，由于张力的存在，使实体公正和程序公正之间能够保持平衡。一方面能够维持二者内部质的统一，另一方面能够达到对外的社会性作用。研究刑事审判实体公正和程序公正之间的关系，必须寻求它们的平衡点，使它们由妨碍实现社会自由秩序等价值目标的潜在或现实力量转化为推定社会进步的积极力量。

在实体公正和程序公正关系上，应当坚持底线原则，即确定程序公正的底线标准，作为二者协调的准则和基础，以此为基准来建构实体公正和程序公正的关系。之所以如此，这也是和实体公正相对性的特征有关，纯粹实体公正是不可能实现的，而程序公正则相对比较容易把握。

刑事审判实体公正和程序公正都是刑事审判所追求的重要价值

目标，在二者能够实现均衡发展时，当然是刑事审判的理想状态。当二者之间的冲突非常激烈、难以协调时，存在“非生即死，非此即彼”的情况下，那么，应当选择程序公正而放弃实体公正，这是因为：

第一，程序公正背后代表的是当事人的基本人权，对于基本人权而言，它是最低的、最优先的权利要求，是一个文明社会发展所不可或缺的组成部分，是一种绝对的保护要求，任何对其分解、割裂或者侵犯都是对现代法治国家基本理念的挑战。

第二，社会和政府必须以保护基本人权为导向。因为按照自然法的观点，自由、平等、人权是与生俱来的，不可剥夺的。在现代政治体制的构建中，人的基本权利是以基石的角色出现的。公正是一切权利体系的基础，没有公正，整个权利大厦就会坍塌。公正不是被授予的，而是每个人权利中本质存在的东西，没有最低限度的程序公正、平等及基本人权，就会与未开化的野蛮社会没有任何差别。所以，在刑事审判中，必须公正地对待我们的同类，即使他是一名罪犯，但必须记住，他首先是一个人。我们可以以公正的程序对其处以较重的刑罚，但不能以不公正的程序处以较轻的刑罚。因为这样会侮辱法律，也会侮辱人类自己。

第三，由于种种原因，打击已然犯罪，威慑未然犯罪，是作为国家机器之一的审判机关的重要使命之一。但是，实体公正表现之一的高效率在某种程度上往往意味着高失误。从法律经济学的角度来看，不能仅仅考虑法律成本问题。如果无辜者无罪却受到刑事惩罚，法律将轻如薄纸，权威也荡然无存，这显然成本太高。因此，没有了最低限度程序公正的保障的实体公正，与抽去水分的绿色植物没有什么两样。

第四，程序公正是刑事审判的前提条件，也是实体公正的基础。罗尔斯指出，一个社会无论效率多高多大，如果它缺乏公平，则我们不会认为它就比效率较差但比较公平的社会更理想。效率是实体公正的重要表现和指标，但是，如果单纯为了实体公正的效率而放弃了程序公正对权利保障的追求，那么，最大的效率意味着对当事人权利最大的侵害危险。我们需要程序公正王国的正常效率，也不要暴政国度里的高效，这是一个大是大非的问题。

第三节 证人拒证的伦理冲突与现实考察

拒绝作证，是指基于特定的原因，在法律上具有作证资格的人，在刑事案件中不提供其所知道的案件事实的行为。我国在汉代就有了基于“亲亲相隐”而拒绝作证的法律规则。据《汉书·宣帝纪》记载，汉宣帝诏书：“自今子首匿父母，妻匿夫，孙匿大父母，皆勿坐”。《唐律》在其总则《名例律》中明确规定“同居相为隐”的总原则：“诸同居，若大功以上亲及外祖父母外孙，若孙之妇，夫之兄弟及兄弟妻，有罪相为隐，部曲奴婢为主隐，皆勿论。”这样就确立了同居相隐不为罪的刑法原则。在现代，基于职业、业务等建立的特殊信任关系，基于特定职务涉及国家利益等原因，拒绝作证的主体范围进一步扩大，其涉及的冲突和制度建构也更加复杂。

一、证人拒绝作证的法理基础

拒绝作证有自由的价值意蕴，对于自由（Liberty，Freedom）而言，其实蕴涵着两层意思。其中，Liberty 包含了自我约束的含义，而“Freedom”主要是指“他律”的解除，从字面上主要是指不受拘束地做个人喜欢做的事情。在哲学意义上，自由意味着对必然性客观规律的把握。“形而上学及伦理学中的意志自由所牵涉到的问题乃是决定论是否为真或合理的问题。”[①] 形而上学及伦理学中的意志自由是基于理性进行划分的，如果这种理由是理性的，那么其就是自由的，如果其是依靠自己感性来决定自己的行为，那么

① 石元康：《当代西方自由主义理论》，上海三联书店 2001 年版，第 4 页。

其就是不自由的。在理性控制下的自由是“内在自由”，“所指涉的乃是这样一种状态，在这种状态中，一个人的行动，受其自己深思熟虑的意志、受其理性或持恒的信念所导引，而非为一时的冲动或情感所驱使。”① 一般而言，在法律层面上，自由指的是在国家法律允许的范围内进行一切活动。在没有违反其他人利益的情况下，人人都有自由做其愿意做的一切事情，可以不被强迫做自己不愿意做的事情，这就是自由的本质含义。

的确，恰如马克思所言，人的自由是建立在一种律令或者规则之下的自由，以此才能获得其自由的存在。即“人的全部尊严，人作为目的本身，都建立在人对于绝对律令的实践之上。只有建立在绝对律令之上的意志自律，才使人成为真正自由的存在。只是在实践理性中对道德律的筹划才使作为人格的人之存在成为可能，人格是由对道德律的敬畏决定的。”② 但是，问题在于，在没有法律强制规定的情况下，个人对是否作证在法律上就有选择权，是否拒绝作证也是人的自由价值体现。同时，这也反映了个人对社会的认知水平和社会对人的改造程度，也就是公民的证人伦理观的发展水平，反映了个人对自由和良知之间均衡的认识态度。

从人道主义的角度看，拒绝作证也有人道的价值根基。在作证有可能使自己陷于获罪的不利境地时，强迫其作证无疑是强迫其自伤或者自杀，相比于他杀或者他伤而言，这更是不人道的事情。在刑事案件中，如果作证指控自己的亲人，虽然不是反对自己，但是，即使是在自然界，动物一般也不忍心对自己的至关重要的“亲人”进行伤害，作为灵长之王的人类而言，让其在法庭上斩断亲情，牺牲自己的感情维系，而陷其亲人于被刑事惩罚或者危险之中，也是相当难以取舍的行为。即使以国家利益的名义，也对人道

---

① ［英］哈耶克：《自由秩序原理》（上卷），邓正来译，上海三联书店2003年版，第9页。

② 马克思：《1844年经济学哲学手稿》，人民出版社1985年版，第76~77页。

构成了巨大的挑战。对基于特殊信任而执业的群体而言，如律师与当事人，医生与患者，如果强迫其作证，也就是强迫使律师、医生公开承认自己的职业道德有损、品行有亏，这在人道角度而言，也是难以让其忍受的行为。

二、证人拒绝作证蕴涵的伦理冲突

我国刑事诉讼法第48条第1款规定："凡是知道案件情况的人，都有作证的义务。"这就是说，一切了解案件情况的人，不分性别、职业、职务、种族、政治情况、财产状况、与当事人有无利害关系等，都可以作证，不能以任何理由拒绝向司法机关提供证言。我国刑事诉讼法只在第48条第2款对证人资格作了一定的限制："生理上、精神上有缺陷或者年幼，不能辨别是非、不能正确表达的人，不能作证人。"对于生理上、精神上有缺陷或者年幼，也只是在不能辨别是非，不能正确表达的情况下才不得作证人，但如果能辨别是非、能正确表达的情况下，也可以作证人。可见，能够"辨别是非"和"正确表达"是取得证人资格的必要条件，而"生理上、精神上有缺陷或者年幼"则是丧失证人资格的相对条件。同时刑事诉讼法还规定证人有意作伪证或者隐匿罪证的，要负法律责任。公民有作证的义务，这不仅是法律义务，而且是伦理和道德上的义务。

在伦理意义上，每个公民都生活在社会共同体之中，在最基本的需求层面，为了他人以及自己的生存、发展或者延续，基本的生存伦理要求每个公民应当对共同的利益进行维护。在刑事诉讼中，也就要求每个能够作证的人应当作证，因为犯罪不仅伤害了特定的个人的利益，而且损害了整个社会的利益，危害了整体的生存环境，所以，虽然侵犯、伤害的可能是一个陌生人，但是，在联系的最远端，最终将侵犯每个人的利益。在普遍联系层面上，在每一个事物的两岸，一边是原因，另一边是结果，不论它们相隔有多远。在较高的伦理层面上，人之所以与其他动物有区别，是因为人能够思考，有羞耻感和社会良知，如果对发生在自己面前的犯罪都无动于衷，漠然置之，那么，人与一般动物又有什么区别？这需要每个公民有善恶感、羞耻心，能够见义勇为，在保护他人以及社会的前提下完成其精神和伦理的涅槃和升华。

但是，人又都是趋利避害的利益动物。在作出每一个行为之前，指挥其行动的首先是利益驱动或者阻止，然后才是伦理和道德意义上的考虑。对于西方具有乐于作证的传统下熏陶出的公民而言，作证意识以及为公益服务的意识已经深入其骨髓内部，那么，在考虑公共利益以及个人利益的冲突时，高层次的伦理意识就可能会取得先机和占得优势。而对于传统上中庸谨慎的国人而言，即使对于自己的利益，都会由于耻讼、厌讼而不去保护，更何况对于他人利益了。在这里，传统与现实、理念与实践、伦理与利益在作证问题上就发生了激烈碰撞。

虽然我国刑事诉讼法对能否拒绝作证的证人没有明确划分，但是，证人由于其当事人的关系、职业、职务的不同，却有必要进行明确区分。根据保护内容的不同，拒绝作证的证人可以分为反对强迫自我归罪的特权证人，配偶、近亲属特权证人，职业和公务特权证人等。

一般而言，根据我国现在的立法精神，是不存在拒绝作证的特权的。这是一种将每个公民在道德上假设为剔除人类弱点的理念。它将每个社会主义公民都设计为符合大公无私、大义灭亲的道德完人的理想模式。但是，目前我国刑事诉讼法无条件地要求符合证人条件的人都履行作证义务的规定，存在违背伦理道德的缺陷，在某些情况下会将符合条件的人置于一种尴尬的两难境地。当了解案件情况的人具备特定的身份，同时，在需要出庭作证时，与被指控的犯罪嫌疑人、被告人存在着特定社会关系，如配偶关系、亲属关系、律师与委托人的关系，此时，这一矛盾尤其突出。这种情况下，符合证人条件的人出庭作证，势必会受到背负着婚姻家庭亲情关系破裂、职业前途受损等伦理道德观念的冲击；不出庭作证，又承担行为违法的后果，面临法律的惩戒。但是，对于要求证人作证问题，不应当是单线条的思维，应该放宽视界进行考虑。在人类社会中，维系社会运转的制度结构是多元的，包括经济、政治、法律、宗教、伦理等各种要素，各种具体的制度应当保持适当的和谐和统一。一般情况下，在某一领域具体制度的实施不应以对其他领域的社会关系的破坏为代价，当不同的制度所维系的社会关系产生冲突时，制度设计的价值取向应当遵循“两害相较取其轻”的原则。①

的确，如果出于国家利益的考虑，把每个能够作证的人设计或者想象成没有私人利益的人、超越自然人阶段的人，那么每个能够作证的人应当作证，这是无可厚非的，并且如果其不作证，出于维护整体利益的考虑，可以强制其作证。但是这一强制性规定必然会对证人的自由权利构成一定的限制。所以，这种大前提本身就是错误的，由此得出结论的合理性无疑值得怀疑，其生命力也会让人思量。尽管我们从确保社会公正的角度来审视这一规定，或者即便从一般的个人利益与社会利益的平衡来看，都不会去怀疑立法的目的。然而，同样在证人权利和社会、法律利益的比较之间，在法律强制之下的证人作证对他们自身造成的损害也是令人十分惊讶的。这不得不使我们对良好意图支配下制定的法律在适用于社会现实时，法律的妥当性是否还能保全产生深刻的怀疑。②

因此，我们在考虑对于两种不同的利益进行衡量时，应当理性地对其进行分析，看牺牲一种利益去保存另一种利益是否值得，是否还有其他的替代措施，以及是否可以以牺牲最小的利益达到最佳效果的可能性。证人作证义务与拒绝作证的自由之间的冲突，实质上是一种国家本位主义和个人本位主义之间的利益冲突，在这里更应该考虑国家利益是否总是大于个人利益的问题。当为了保全国家

① 刘根菊等：《刑事司法创新论》，北京大学出版社2006年版，第34页。

② 刘荣军：《论证人的证言拒绝权》，载《法学》1999年第5期。

利益而牺牲做证人的至关重要的利益时，就必须对这种牺牲仔细衡量。例如，对于亲属作证，可能使其失去家庭或者亲情，律师或者医生作证可能失去职业信赖，而对于他们的职业而言，职业信任就是他们的生命，失去了职业信任，他们就失去了从业的基本前提和保障。这无疑是伦理上的巨大损伤，其伦理代价是正常民主社会所不能忍受的。

三、证人拒绝作证的国外考察

（一）婚姻、亲属关系拒绝作证权

英美法主要规定了配偶之间的拒绝作证权，称为婚姻特权，是指不能强迫夫妻中的一方提供在婚姻关系存续期间从对方获知的情况。美国法律规定，配偶一方在所有刑事案件中，都可以拒绝为起诉方作证。[①] 美国 1999 年统一证据规则第 5 条规定，在刑事诉讼中，被告人的配偶享有拒绝作对被指控的配偶不利的证言的特免权。英国很早就有了配偶拒绝作证的相关内容，并在 1898 年英国刑事证据法中予以进一步明确：在普通刑事案中被告人的配偶可以作证但只能当辩护证人，不能强迫其作证。如果被告不让配偶出庭作证，控诉方也不得对此加以评论。[②] 在英国现代诉讼中，刑事、民事证据规则分别对拒证权进行了规定。英国的刑事诉讼中，根据英国 1984 年警察与刑事证据法第 80 条，被告人的配偶（包括业已离婚的）在某些特定的刑事案件中不享有拒证特权，他们将被强迫作证。

日本刑事诉讼法典第 147 条规定，任何人在法定的近亲属可能被追究刑事责任或可能被处有罪判决时均可拒绝作证。具体而言，

---

① 余为青，孟庆保：《对我国刑事诉讼中证人作证问题的思考》，载《江西社会科学》2002 年第 9 期。

② ［英］鲁帕特·克罗斯：《英国刑法导论》，赵秉志等译，中国人民大学出版社 1991 年版，第 289 页。

享有拒证权的人是：（1）自己的配偶、三代以内的血亲或两代以内的姻亲，或者曾与自己有此等亲属关系的人；（2）自己的监护人、监护监督人或者保护人；（3）由自己作为监护人、监护监督人或者保护人的人。

意大利刑事诉讼法典第199条规定，被告的近亲属没有义务作证。但是，当他们提出控告或控告申请时，或者他们的近亲属受到犯罪侵害时，应作证。法官应告知上述人员有权回避。

德国刑事诉讼法典第52条规定了因身份原因拒绝作证权，包括：被指控人的订婚人、被指控人的配偶（即使婚姻关系已不存在）、被指控人现在或者曾经在旁系三等内有血缘关系或者二亲等内有姻亲关系的人员。第55条规定，每个证人均可以对如果回答后可能给自己及其亲属造成因为犯罪行为、违反秩序行为而受到追诉危险的那些问题，予以拒绝回答。①

（二）反对强迫自证其罪的拒绝作证权

反对强迫自证其罪的拒绝作证权发端于“任何人无义务控告自己”的古老格言。它主要指证人基于陈述可能使自己受到刑事追究或处罚的考虑，有权拒绝作证。在美国宪法第五修正案中规定：“任何人不得被强迫在任何刑事诉讼中作为反对他自己的证人。”在英国法律中，这一权利被称作拒绝自陷于罪的特权，即证人回答了某个问题就会自陷于罪，享有拒绝回答该问题的特权。法国刑事诉讼法典第198条规定：“证人无义务就他可能因之承担刑事责任的事实作证。”德国刑事诉讼法典第55条规定：“每个证人均可以对如果回答后有可能给自己、给第52条第1款所列亲属成员中的一员造成因为犯罪行为、违反秩序行为而受到追诉危险的那些问题，拒绝予以回答……”日本宪法第38条规定：“任何人都不受来强迫作不利于自己的供述。”第146条规定：“任何人可以

① 《德国刑事诉讼法典》，李昌珂译，中国政法大学出版社1995年版，第13～14页。

拒绝提供使自己受到刑事追诉或者受到有罪判决的证言。”

（三）职业秘密的拒绝作证权

对于从事特定职业的人而言，如果其因为职业或者业务关系而知道有关秘密，在没有得到有关人同意的前提下，不能就此作证。在美国普通法和制定法中，对于职业秘密的特权而言，主要有律师与委托人之间的特权、医生与病人之间的特权、牧师与信徒之间的特权，为提供情报者身份保密的特权。在英国法律中，对于职业秘密的特权，主要指律师有权对与当事人之间秘密交谈和通信拒绝作证。德国刑事诉讼法典规定，牧师、律师、医师及他们的辅助人员和定期刊发的新闻杂志等报道机构的发行人、编辑、印刷人等，均可对其职业秘密拒绝作证。

（四）公务秘密的拒绝作证权

就公务秘密是否有拒绝作证权问题，不仅关系到国家利益以及其他重要利益，还关系到职业伦理问题。因为公务而知道的秘密，在某一定程度上不是某人自己的秘密，如果某人就此强烈要求作证，在牺牲国家利益或者其他利益的同时，无疑会对其职业忠诚、职业神圣问题产生怀疑。在美国，联邦政府根据透漏的证据会给美国国防或美国国际关系造成损害危险的恰当可能性，有权拒绝提供证据或者阻止任何人提供证据。在合众国诉雷诺兹（1953 年）一案中表现得尤为突出：三个非军方观察员在一架军用飞机坠毁事故中遇难，他们的妻子对联邦政府提起诉讼，试图获取空军正式的事故报告（其中一些数据与空军正在试验的电子装备有关）。最后，最高法院未予支持。其解释为，军事和国家机密特免权已“在证据法中得到充分的确立”，这项特免权的存在“从未受到怀疑”。①在英美法系国家，因此公务特权拒绝作证的主体包括政府机关的行政首脑、代表政府的律师或检察官。德国刑事诉讼法典第 54 条规

① ［美］乔恩．R．华尔兹：《刑事证据大全》，何家弘等译，中国人民公安大学出版社 1993 年版，第 298 页。

定对有关公务秘密可以拒绝作证。日本刑事诉讼法典第144条、第145条规定，对公务员或者曾任公务员的人得知的事实，本人或者该管公务机关声明是有关职务秘密的事项时，非经该管监督官厅的承诺，不得作为证人询问；众议院或参议院的议员或曾经担任过此职务的人，非经该院承诺，内阁总理大臣或其他国务大臣或担任过此职务的人，非经内阁承诺，不得作为证人询问。但该管监督官厅、众议院、参议院和内阁，除有妨碍国家重大利益的情形以外，不得拒绝承诺。

四、证人拒绝作证的原则构想

美国证据学大家华尔兹曾经就拒绝作证权表示："社会期望通过保守秘密来促进某种关系。社会极度重视某些关系，宁愿为捍卫保守秘密的性质，基于不惜失去与案件结局关系的重大情报（例如，很难想象有什么事情比'律师——当事人'豁免权更能阻碍事实的查明）。"① 这是拒绝作证的经典理由。具体而言，我国应当在理念上进行重构，在制度设计上应当进行接轨，具体而言，应当在证人拒绝作证问题的立法和实践中遵循以下原则：

（一）适用范围特定原则

作证是公民的一项义务，不论有无法律保证强制实行，这已经成了现代社会刑事诉讼立法的一个常规性制度设计，这是当事人主义控辩式诉讼结构正常发挥作用的关键性技术设计。基于特定利益的衡平考虑，一部分具有特定亲属身份或者职务关系的人可以拒绝作证，但是，这必须有法定的理由，并且范围也不应当过于宽泛。一般而言，下列主体可以拒绝作证：（1）证人与被指控人有配偶、五亲等内的血亲、三亲等内的姻亲亲属关系的；（2）证人现任或曾任被指控人的律师、医生并在其职务活动中知悉有关秘密的；（3）国家公务员、人大代表在其任职过程中获知国家秘密，未经

① 苛葛壮：《刑事诉讼法比较》，福建人民出版社1999年版，第283页。

其主管部门批准的，作证会损害国家利益的。

对于公证人、注册会计师而言，笔者认为不应当将其列入拒绝作证的主体之列，这是因为，其与雇主并不是主要基于信任而建立的关系。对于宗教人士而言，由于我国与西方国家天主教、基督教为主宰的文化传统不同，宗教在我国社会、文化生活中的作用也不能与其等量齐观，至少在现在，还不应当将宗教人士列入拒绝作证特权人的范围之列。

（二）国家利益、个人利益衡平原则

作为一个社会共同体的成员，有维护这个共同体生存、延续的义务，因此，就共同利益而言，即使存在着亲属关系、职业信任关系的特定人也有作证的义务。但是，对于上述的特定拒绝作证的人而言，其在国家利益和个人利益衡量中，应当优先考虑个人利益，因为这些个人利益是其最基本的利益，是对其精神或者物质生存必不可少的。可能会因为律师或者医生的拒证权而放纵了一个罪犯，但是，这总比使一个文明制度下的高尚的执业者都成为道德的侏儒、良知的奴隶要强得多。因为，毕竟“存在着比准确的司法更为重要的东西”，为了保护这些特定的关系，“这个代价并不是特别大”①。泄露对你至信之人的隐私，并使之因而获罪，对一个以信誉为生的职业而言，就是双重犯罪。这会导致对一个国家司法制度信赖和崇敬的崩塌，从而丧失国家作为一个正义符号的根本。即使放纵了个案的罪犯，但这维护了人类至关重要的尊严和信誉，而这种尊严和信誉是文明社会赖以生成、发展和延续的关键，这也是值得的。对于亲属拒证权而言，如果可以选择，除非一个圣人、傻子或者被某种热情燃烧过度的人，没有谁愿意因为作证而失去自己亲人的信任。因此，在特权证人的作证问题上，应当坚持国家利益和个人利益衡平，个人利益优先原则，只有在危及国家重大安全的

① John R. Waltz and Roger C. Park, Evidence—Case and Materials, 9th Edition, University Case book series, New York Foudation Press, 1999, pp. 553－554.

情况下，才能有拒绝作证权的例外情况。

（三）司法审查与救济原则

拒证权的行使并不是任意的。各国通常都规定行为人在行使该权利时，应当明释其拒证理由，是否准许应由法官裁定。通常法院有两种处理办法：一种是准许其拒绝作证，另一种是宣布豁免该证人因此将受到的刑事追诉而令他们进行作证。在大多数国家，一旦法庭驳回证人的拒证理由时，该证人必须作证，否则将受到相应制裁。例如，英国有关法律明确规定，证人向法庭提出拒证理由后，应由法庭根据案情内容来决定是否允许证人拒绝作证①。

在我国的具体程序设计上，可以在法律中明确规定拒绝作证的理由。在诉讼进程中，警察、司法机关应当保证将拒绝作证权利告知有关证人。证人如果拒绝作证，应当书面说明理由，理由不成立，就应当出庭作证。否则，将强制其到法庭作证，或接受对其不利的法律后果，可以对其处以经济甚至刑事处罚。对于法院作出的是否准许豁免作证的裁定，有关被要求作证之人可以申请有关基层法院重新审查，如果不服有关基层法院决定，可以向上级法院的专门法庭上诉，上级法院作出的决定为终审裁决。对于基层法院作出的经济或者刑事处罚，也可以经过申诉或者上诉程序，力求在法律义务和法律救济之间达到平衡。

第四节 法官角色的冲突衡平与定位

法官是个古老的职业，法官的角色具有多重性。在法官的多重角色中，既有神学意义上的身份，也有社会意义上身份，生物意义上的身份，更有法律意义上的身份。对于法官多重性角色的认识，直接决定着对法官在司法活动中功能的认识。法官的多重角色既可

① 汪建成、黄伟明主编：《欧盟成员国刑事诉讼概论》，中国人民大学出版社2000年版，第93页。

以对司法审判有正面价值，同时也对司法审判有负面的影响。在现代社会中，必须明确地对法官的身份进行还原和定位。

一、法官是多种角色的扮演者

人是具有多重属性的复合体。根据阿奎那的思想，人所属的秩序分为三种，也就是说“在人的身上可以发现三重性的秩序”。第一种是自然法的指导而建立的秩序，即自然秩序；第二种是受神法的指导而形成的秩序，即神的秩序；第三种则是政治秩序。这三种秩序集于人的一身，缺一不可。① 对于法官而言，其性质也具有多重性，这包括神圣人的性质、法律人的性质、社会人的性质以及自然人的性质。美国政治学家摩根索也强调：“真正的人是‘经济人’、‘政治人’、‘道德人’、‘宗教人’等的复合体。一个人如果仅只是个‘政治人’，别的什么都不是，那他会成为野兽，因为他会丝毫不受道德的制约。一个人如果只是个‘道德人’，别的什么都不是，那他会是一个笨蛋，因为他会丝毫不懂深谋远虑。一个人如果只是个‘宗教人’，别的什么都不是，那他会是一个圣人，因为他会丝毫没有尘念。”② 人具有多方面的属性，法官也具有不同的角色，这是现代法律所无法回避的事实。

（一）神圣人的角色

法官作为神圣人的角色是与法律的神圣性密切相关的。在西方法律文明创立之初，就开始了法律神圣化的过程。法的神圣化的过程亦即把法律与上帝相提并论，使法律成为一种至高无上的无所不医的灵丹妙药的过程。法的神圣化体现在文本的圣化和解释者的圣化上。犹太教对法的圣化应该有首义之功。那著名的西奈山上上帝授法予摩西的故事，到今天仍然栩栩如生。基督本人也说，他是为

---

① 徐爱国：《西方法律思想史》，北京大学出版社2002年版，第69页。

② ［美］汉斯.J. 摩根索：《国家间的政治》，杨岐鸣等译，商务印书馆1993年版，第30页。

了发展法律而来。摩西《十诫》和《圣经》作为权威文件所享有的至高无上的地位只有《古兰经》可以和它媲美。由于权威文件的神圣化，使得它们的解释者也获得了神圣性。犹太教中的拉比，基督教里的教士都被看作是神命的传达者。① 阿奎那也认为法律具有神圣化的属性。根据其观点，法律分为四类：永恒法、自然法、神法和人定法。永恒法即上帝的法律，是最高的法律；自然法是赖以辨别善恶的自然理性之光，不外乎是永恒法对理性动物的关系；自然法乃沟通上帝和人的桥梁；神法是上帝通过《圣经》赋予的法律，用以补充比较抽象的自然法；人定法则是指世俗统治者所制定的法律，即把自然法的箴规应用于个别的和具体的情况。阿奎那提出，上帝创造了宇宙并赋予法律以进行管辖。人们可以通过神的启示和自身的理智而认识这些法律。作为上帝创造的秩序中的一部分，世俗统治者的权威来自上帝，故此必须服从上帝。② 在希腊的早期，法律与宗教没有什么区别，人民经常援引特尔斐神庙的名言作为行为的准则，因为那被认为是阐明神意的权威性意见。宗教仪式渗透在立法和司法的形式中，祭司也在司法中起着作用，人们认为国王作为最高法官，其职责及权力都是宙斯亲自赐予的。③ 这样，法学成为传达神意的一门科学，是神意在人类社会中的书面体现，法学"作为一门科学，它是关于人类的与神明的事物之一知识，是关于是与非的一种理论"。④

这样，在人类社会早期，既然法律是神圣的，是上帝或者神的意志的书面表达，那么，对适用法律裁决案件的法官而言，无疑是神意的传达者，上帝旨意在人间的代理人，神意通过法官在个案中

① 于兴中：《自然法学与法的神圣化和世俗化》，载《法律科学》2002 年第 3 期。

② ［英］登特列夫：《自然法》，李日章译，台湾地区联经出版事业股份公司 1984 年版，第 35～44 页。

③ 徐爱国：《西方法律思想史》，北京大学出版社 2002 年版，第 17 页。

④ ［英］登特列夫：《自然法》，李日章译，台湾地区联经出版事业股份公司 1984 年版，第 13 页。

得以实施和体现。人们最初在设定和拟制法官时还含有自然属性特征和天然的权威角色，因为法官的权威只有与“神治”的权威合而为一，社会秩序的运行才能和谐一体。但不久，法官的权威便被置于更高实体权威控制之下。在法官权威与宗教信仰相互融合过程中，一方面，宗教中的许多教义成为法官基本的价值判断标准，进而指导司法实践；另一方面，宗教强化了人们对法官的尊重，当世俗的法官借助神或上帝的名义颁布判决的时候，它就获得了终极意义上的合理性。此时，法官充分体现了人为化和神秘化的双重特征。① 其时，宗教的神秘色彩为法官的神圣性提供了前因和保障。在现代社会，法律本身的公正、正义确保了法律的神圣性，即使现代理性主义可以对上帝的神圣色彩进行除魅，但是，这并不能减弱法律通过其本身正义、公正而获得神圣性。现代社会的法官的神圣性，也依靠法律的神圣性获得了保障。

法官是会说话的法律，要保障法律具有神圣性，如果没有法官的神圣性作为依据，法律的神圣性将是一句空话。法律的神圣要通过法院的神圣、法官的神圣、裁判的神圣表现出来，这里面法官的神圣恰恰是一个连接点，同时又是裁判神圣的基础，法律界应该倡导法官神圣，这是我们精神伦理的要求。德国法学家拉德布鲁赫也说过：“法律借助于法官而降临人世。”②

在人类社会早期的神法时代，法官作为神圣人可以根据神圣的法律对社会纷争调整和裁决。进入现代理性社会，除魅化使法律本身失去了上帝赋予的神圣性的重要根源，但是，从应然的角度而言，法官本身具有的神圣人的角色并没有因此完全消失，其法律职业的神圣性保证了其本身的神圣性，神圣性是法官威严的保证。法官作为公平正义的代表和发言人，其应当在道德或者伦理上是社会

① 王申：《西方法官职业的历史建构》，载《法律科学》2008 年第 2 期。

② ［德］拉德布鲁赫：《法学导论》，米健译，中国大百科全书出版社 1997 年版，第 100 页。

公众的楷模。神圣性是法官裁决可以接受的一个重要理论根源，这可以通过当事人对法律或者实施法律的法官的崇拜和敬仰，从而产生对案件裁决的信服心理来体现。

在现代社会中，通过对法官特定的服装、仪表的要求，如法官穿法袍、持法锤，在一种仪式化或者戏剧化的场景中，表现出法官超凡脱俗的身份，无疑增加了神圣性的色彩。

（二）法律人的角色

法律人是以法律为职业，具有特殊的社会角色和职业特征的特定的主体。正是因为这些人主要依靠法律获得自己的社会、经济地位或者身份认定，那么，法律正是其与其他职业分界的标准，也是区别于其他职业的要素。对作为法律人的法官而言，理性是其重要特征。至于何谓理性，在英文中为 reason（相应的德文为 Vernunft），理性或人类理性作为一个哲学概念，本是一种人为的拟制。它作为人类对自身心智状态的一种近似描摹，所隐含的乃是人类对于社会行为的一种预设和预期。[①] 这里的理性并不是完善理论知识的、运用成熟的伦理学和美学原则的核心代表，而是达到这种知识和原则的能力；它也不是答案，而是问题、观点、形式与范畴的总和。观点是人们向给定现实提出的，形式则必须通过对给定素材的认可，范畴经过在给定材料上的运用，才能提供内容确定的判断和评定。这种内容确定的知识和价值评判绝不是“纯粹”理性的产物，而是永远只对给定的现实才有效的。[②] 洛克认为，一个人不能受不是对他公布的法律的约束，而这个法律既然是由理性公布或发表的，那么他如果还不能运用理性，就不能说是受这个法律的约

① 许章润：《新潮法语：法律理性是一种世俗的实践智慧》，http://www.legal-info.gov.cn。

② A. P. d'Entreves: Natural Law: An Introduction to Legal Philosophy. 李日章译，台湾地区联经出版事业股份公司1986年版，第95页。

束[①]。法官作为法律的适用者与贯彻人，当然应当受到法律的约束，并应当根据法律条文认定案件事实，裁决案件，即使自由裁量也是建立在法律的基础之上的。而裁量案件的过程，就是结合现实，通过对证据或者证据证明的案件事实的认定，从而作出案件的裁决。这当然也是理性的运用过程，这同时表明了作为法律人的法官应当具有的理性角色。

作为法律人的法官，还应当具有公正、独立和中立的精神。其中，公正是对作为法律人的法官的总的要求。在诉讼基本理念中，或者在诉讼的生命力中，关键维系于诉讼的公正。而诉讼的公正在相当大程度上取决于法官的公正。公正是法官的生命，也是诉讼的生命。法官独立以及中立是法官公正的具体体现和保障，是把法官公正进行场景化的过程。

（三）社会人的角色

法律的社会性决定了法律信仰主体是具有一定的群体性和普遍性特征的社会人。[②] 法律的社会性主要是由维系社会公共生活秩序以及保障人民人身安全方面的规范和法律化的各种技术性规范两类法律规范的性质和作用决定的。这两类法律规范并不以阶级分野和矛盾的存在为前提，而是管理社会生产、管理社会公共事务、维系社会公共秩序和保障社会成员的基本自由和权利所必需的，其存在与整个人类社会共始终，他们体现了全体社会成员的公共利益和意志。因此，法律是社会生活规范，法律具有社会性。法律的社会性无疑会保证其信仰者的社会性，未开化的野蛮人或者动物是不会相信法律的。法学是“从正义而生活之学”，[③] 法官作为法律的适用

---

① 洛克：《政府论》（下篇），叶启芳等译，商务印书馆1982年版，转引自中国经济网，2008－01－22。

② 王荔：《法律信仰的精神内蕴及法律人的使命》，载《河南社会科学》2007年3月。

③ 转引自王勇飞编：《法学基础研究参考资料》第1册，北京大学出版社1980年版，第42页。

者与操作人，法律之于法官就如土地之于农民一样，当然会对法律怀有深刻的敬仰，因此，法律的社会性使法官具有社会人的角色。

但是，法官毕竟不是生活在真空中，他也是社会的人。人只有在共同体中才能使固有的身体素质得到发展，因此人从本性上说是一种社会存在，人的精神也只能在人与人之间的交往中才能发展起来。人也只能在其共同体中成为一个完全的人，一个能承担责任的人。① 人在本质上是社会的动物，是依靠社会获得成长和发展的。在这点上，即使法官也不例外。

在案件的裁决中，法官也不是单纯凭法律进行裁决，他必须考虑历史因素、民族习俗、伦理道德、公共政策，如果不会转圜变通，法律的裁量也就成为按图索骥，法官就会成为真正的法律机器。所以，即使格外青睐"去我化"的法官角色，也无法与艺术角色中的判官同日而语，注定只能是一个真实生活中的裁判者。② 此外，法官作为社会的成员，其利益也是与整个社会交织在一起的，不能不受到社会各个方面的影响，特别是在司法不能独立的前提下，行政权力、立法权力等对作为社会人的法官的影响特别重要。因为行政机关、立法机关可能会决定法官薪酬、任免、升迁。这些社会利益的纠缠会给法官带来负面影响。这同时也说明了法官也是社会的动物，也可能会根据社会利益取舍来调整自己的裁决方向，以满足特定利益集团或者个人的需要，影响司法的公正。

（四）自然人的角色

法官虽然受过专业的法律培训，一般而言，能够将自己的喜好、偏见、情绪、脾气以及其他主观的、非理性的因素排除在诉讼过程之外。在应然角度上，在案件的裁判中，法官对案件的裁决也不应当体现出非法律的因素。但是，我们却不能否认法官自然人的特性。即使通过神圣化、法律化以及社会化的过程，法官也会和普

---

① 胡玉鸿：《"法律人"建构论纲》，载《中国法学》2006年第5期。

② 汪习根主编：《司法权论》，武汉大学出版社2006年版，第2页。

通人一样具有七情六欲，也具有个人的主观偏好和情感倾向。在审理案件中，即使没有任何理由，法官可能会对某些当事人具有特别好感，对另外一些当事人特别厌恶。在法律容许的幅度内，获得好感者可能会得到额外照顾，让法官生厌者可能在无形中获得不利后果。这样，法官的自然人的角色可能会对诉讼的公平、中立带来不应有的损害。这是单凭管辖制度、回避制度、陪审制度、起诉状一本主义等制度解决不了的。

二、法官深陷于冲突之中

（一）神圣人角色和法律人角色的冲突

这其实体现了附魅化与理性主义的冲突。理解附魅必须理解除魅，所谓除魅（Entzaeuberung），是韦伯在谈中世纪新教伦理与资本主义精神中出现的。中世纪教会掌握了谁能上天堂、下地狱的关键，教会也是经济上剥削的机构，因为人民必须要交什一税，教会、神职人员是中介人与上帝的角色。路德的宗教改革开始，将教会这种中间的代理者取消，人可以直接与上帝坦白、独自面对上帝，以个人为单位，为他们自己的道德、行为负责；以路德为基础的神学提供了理性和去魔术化的理念。荣耀上帝不需要上教堂，可以在各自的工作岗位上进行，将修道院的门墙拆开，荣耀上帝在日常生活中就可以做到，这就是除魅。法官在理性主义发达和张扬之前，在很大程度上承担了一种类似于祭司的角色。法官作为一个特殊的群体，可以领会并解释神意。在证据制度的沿革中，神判法和神誓法的出现就是法官附魅化的体现。例如，古希腊人认为，司法裁判的职责不能掌握在人的手中，而只能掌握在诸神的手中；法官之所以能够就案件作出裁决，是因为他们有神的帮助。于是，司法裁判被认为是神的旨意，当事人不是用证据和理由去说服法官接受其诉讼主张，而是祈求神灵才证明其诉讼主张的正确性。[1]

---

① 何家弘、刘品新：《证据法学》，法律出版社 2004 年版，第 5 页。

在现代社会中，法官借助于法律的公正性还是获得了相当大程度的神圣性。但是，随着人类认识能力的全面提高和发达，在现代审判中，法官一般都是基于理性主义的精神，通过严肃甚至刻板的程序架构，通过逻辑清晰、分析严谨的判决，以法律条文为主要依据，从而完成判决的生成过程。这个过程无形中就是法官除魅化的过程。此外，基于理性的考虑，近现代欧陆国家立法者深信，法律是可以无懈可击的，法官只需将法律套在具体案件上即可。“只要通过理性的努力，法学家便能塑造出一部为最高立法者指挥而由法官机械地运用的完美无缺的法典。”① 这样，近现代欧陆国家制定的大部头法典几乎面面俱到，以致法官面对案件时只需按图索骥就行，几乎成了照本宣科的法律机器，正如孟德斯鸠所言，法官不过是法律的代言人，不过是一些呆板的人物。② 这无疑使法官的神圣性大为降低，其威严也在一定程度上受到减损。人们对于裁判的尊敬，好像不是基于对法官的神圣性的崇拜和信服引起的，而是基于法官背后代表的国家强制力导致的。在这里，法官的神圣人角色与法律人角色就发生了碰撞和冲突。

（二）法律人角色和社会人角色的冲突

在理论上，法官乃公平正义的化身，法官审判就是在当事人之间保持不偏不倚，不受干扰地作出裁判。法官审判的过程就是“法的空间”形成的过程，在这个过程中，法官始终是中立、独立的。法官形象和角色是神圣的、不可侵犯的。法官作为法律的代表，在理论上具有无可置疑的法律最高性。这在仍是封建王朝时期的英国就可以看到先例。在 1612 年 11 月 10 日，詹姆斯一世国王应坎特伯雷大主教的奏请召见英格兰的法官们，召开了历史上著名

① ［美］罗斯科·庞德：《法律史解释》，杨知等译，华夏出版社 1989 年版，第 13 页。

② 孟德斯鸠：《论法的精神（上册），张雁深译，商务印书馆 1961 年版，第 163 页。

的“星期日上午会议”。在这次会议中，在司法权与国王行政权的关系上，大法官柯克不畏强权，引用布莱克通的名言对国王发出了振聋发聩的反驳：“国王不应服从任何人，但应服从上帝和法律”。此外，马克思也认为，法官是法律世界的国王，除了法律就没有别的上司。[①] 但是，法官毕竟是生活在现实社会中，是社会利益链中的不可缺少的一环。首先，法官生活在权力编织的网络中。在现代社会，权力并没有随着民主发展而收缩，相反其触角通过各种方式更广泛地深入到社会各个方面。法官作为社会的一个成员，难免会受到权力的影响，也难免会屈从于权力而违心地作出自己的选择。譬如，在我国，由于地方各级人民法院在人、财、物等各个方面受制于同级地方党委和政府，因此，作为法院的一个成员，法官不可避免地会受到通过法院传导的权力的影响，导致司法权地方化。此外，在人民法院内部，法官也会受到合议庭、审判委员会、庭长、院长的有形无形的制约，其升职、福利等政治、经济待遇也维系于法院内部的行政部门领导手中，因此会导致法官的裁判权异化的现象。在这里，作为法律人的法官与其社会利益牵涉在一起，导致法官法律人角色和社会人角色的冲突。其次，法官作为社会的一员，其不可避免会有亲朋故旧以及各个方面的关系。而对一些亲属关系而言，如血缘关系，这虽然不如行政权力等那么具有强制性的威压，但是，其却难以斩断或者割舍而对法官具有一种特殊的压力。除非法官脱离了任何亲属关系，在感情上修炼成机器，那么，其无疑会受到这种亲情压力。此外，法官还会有其他的利益关系导致其法律人角色和社会人角色的争斗和矛盾。当然，这可以通过回避等制度来解决，但是，一方面，很多亲属关系难以查清；另一方面，一些利益关系的影响力远远超过回避等制度能完全解决的范畴。

（三）法律人角色和自然人角色的冲突

尽管作为法律人的法官在应然层面上应当具有理性的精神，但

① 《马克思恩格斯全集》第1卷，人民出版社1956年版，第76页。

是，其还被其他非理性的因素所控制，这些非理性的因素无疑是其作为自然人的组成部分。这些非理性因素包括个人的无端感情爱憎，主观偏好、脾气性格等。基于这些自然人的非理性因素的影响，法官会对案件的审理具有先入为主或者主观预断的倾向，导致法官不能在诉讼中做到中立与客观。美国现实主义法学代表弗兰克曾经说过："法律规则并不是美国法官判决的基础，因为司法判决是由情绪、直觉的预感、偏见、脾气以及其他非理性因素决定的。"[①] 为了论证自己的观点，弗兰克还列举了 1914～1916 年对纽约市治安法院几千个轻微刑事案件处理的统计数据，结果表明法官的脾气、个性、教育、处境和个人特点对案件的处理造成了惊人的差别。[②] 因此，在诉讼程序之外，法官的自然人的角色也会对案件的客观、公正审理带来巨大的挑战，并且这种法律人角色与自然人角色之间的冲突比较难以通过诉讼制度的建构来解决。

三、现代法官角色的定位

（一）公正的法官

作为法律人的法官应当具有公正的精神。公正对于法官而言，如同真理对于理想具有同样的价值。法官公正是司法公正的发言人。通过法官公正，司法公正之灵魂被塑造成具体的形状，使人们对冰冷的司法能够触摸、了解和接受。法官的公正角色可以在诉讼过程中得以体现。譬如，平等地对待双方当事人，给予控辩双方同样的尊重和对待，不因其身份地位不同而有所差异。客观中立地对控辩双方的争点进行裁决，公正而人道地对待作为弱者的被告人的权利，等等。此外，这些诉讼过程中的公正会通过法官裁断的公正来放大或者总结。培根曾经言及："一次不公的判断比多次不平的举动为祸尤烈。因为这些不平的举动不过是弄脏了水流，而不公的

① Frank, Are Judges Human? 80U. Pa. L. Rew. 17,233(1931).

② 沈宗灵：《现代西方法理学》，北京大学出版社 1992 年版，第 340～341 页。

判断则把水源破坏了。”[①] 丹宁勋法官也曾经说过：“我们决不考虑政治后果，无论他们可能有多么可怕，如果某种后果是叛乱，那么我们不得不说：实现公正，即使天塌下来。”[②]

（二）中立的法官

在现代文明、科学的诉讼中，一般都呈现出控辩对抗，法官居中审判的构造。在这个典型的诉讼三角构造中，欲保证控辩平衡，法官中立是一个必不可少的因素。公正是诉讼的生命，而“法官中立常常与程序公正乃至诉讼公正画上等号，法官中立是程序公正乃至诉讼公正实现过程中最基本也是最重要的因素”。[③] 法官中立可以使程序公正得到具体展现，使神秘的诉讼公正具有可视性的形象，这样，才容易使当事人或者社会公众对程序正义有确切的认识，裁判结果也容易获得当事人的服从和遵守，也容易获得社会公众的心理认同，从而达到诉讼解决社会纠纷、消弭社会冲突的目的。法官中立也是实现刑事诉讼功能的其他的必需前提。“中立性是程序正义的基础。如果没有这一前提条件，那么程序的正统化功能、强制保障功能、疏导功能等便都无从落实。”[④]

对于法官中立的要求，可以在戈尔丁程序中立观点中得到体现，戈尔丁认为程序中立包括：（1）任何人不能作为自己案件的法官；（2）结果中不应包含纠纷解决者个人的利益；（3）纠纷解决者不应有支持或反对某一方的偏见。[⑤] 至于如何保证法官中立，必须创造法官中立的具体条件，建造一个制度性的结构，以保证法官中立机制的生成。该生成机制可以分为外部政治制度、内部诉讼

---

① ［英］培根：《培根论说文集》，水天同译，商务印书馆 1983 年版，第 193 页。

② 熊云辉：《法官的“神话”》，来自 http://dfzr.fyfz.cn/blog/dfzr/index.aspx?blogid=130154。

③ 陈桂明：《诉讼公正与程序保障》，中国法制出版社 1996 年版，第 13 页。

④ 季卫东：《法制秩序的建构》，中国政法大学出版社 2000 年版，第 37 页。

⑤ ［美］马丁.P. 戈尔丁：《法律哲学》，齐海滨译，三联书店 1987 年版，第 240 页。

制度以及基本保障制度。在外部政治制度上，可以根据具体国情确立符合本国条件的司法独立制度，使司法权远离其他权力的干涉。在内部诉讼制度上，可以确立回避制度、陪审制度、起诉状一本主义、判决书说理制度等相关制度，确保在最大限度内保证法官的中立。在基本保障制度上，应当建立法官任职终身制度、薪酬保障制度、身份保障制度，这是保证法官独立的重要一环。在基本利益上保障法官独立，会对法官的实质独立起到关键作用。

（三）独立的法官

作为法律人的法官必须具有独立的品性。法官独立与法律的独立是分不开的。法律是所有公民私人利益的总和，在过滤掉不必要的成分，保留共性的同时，成为全民意志的总结。任何侵犯全民法律独立的行为，就是向全民进行挑战，就会成为人民的公敌。而法官是法律帝国的帝王，在法律的疆域里，其具有无可置疑的独占权力。在法律的名义下，任何其他权力不能侵占、分解、割裂其权力。因此，依据法律，法官独立就获得了实质意义的根源。法官除了法律就没有别的上司。①

法官独立与法官公正具有重要的关系。法官独立一般无求于其他利益，能够客观理性地履行自己的职责，法官独立使法官公正具有一种可视性的作用。如果法官不能保证独立，在行政权力的重压下，在其他权力的纠缠中，法官即使公正也难以看出，导致正义被减损，真相被蒙蔽。但是，保证法官的实质独立也是处于种种的压力和困扰之下。这里有行政权力、立法权力以及其他权力的控制和影响，在具体方面，这些权力通过对法官的薪酬以及任职保障等方面来发挥作用。正如汉密尔顿所言，对某人的生活控制权就能对其意志有控制权。②

---

① 《马克思恩格斯全集》第1卷，人民出版社1956年版，第76页。

② 汉密尔顿、杰伊、麦迪逊：《联邦党人文集》，程逢如等译，商务印书馆1980年版，第264页。

司法独立具有政治意义，这是指司法机关独立于其他机关团体和个人，因此，司法独立是一种“国家权力的结构原则”。此外，司法独立还具有技术上的意义，司法独立的意旨是在司法程序中保障法官司法权以维护程序正当性和结果正确性，因此也是“技术性的司法规则”。

（四）理性的法官

理性是法官审判思维的灵魂，是其作为法律人的关键。法官的理性角色表明其具有不为强权所左右的最高性和独立性。“法就是最高的理性”（西塞罗），“理性高于上帝，上帝也无法根本改变理性”（格劳秀斯）。作为法律守护者的法官而言，其最基本的行为方式是依照法律对案件进行独立、中立、公正、客观的审理，其审判的最高目的在于维护社会秩序和人类共同福利，对任何强权的弯腰都是对理性的亵渎。

法官的理性价值还表达了法官在审判中的一种理智和人道的态度。历史经验已经证明，残酷暴虐的程序必将被唾弃和淘汰，而人道、理性的程序将越来越散发出光辉。这要求法官必须对被告人展现人道的关怀。一个被告人无论多么罪大恶极，必须把他作为一个独立的诉讼主体来对待。因此，在审判中，必须加强对被告人人格尊严的保障。法官不能仅凭感情冲动和不羁的意志来行事，只能根据被告人的涉嫌罪行，按照法和理性的要求与指示进行审理和裁决。

第五章　特殊程序篇

引言：特殊程序与普通程序相比，本身就意味着更多的冲突和对垒。因为对于普通程序而言，其基本上是按照程序设置的正常思路进行的，并且经过了更多经验和实证的检验，其本身的权力、权利配置也较为合理，价值取向上一般能做到兼顾。特殊程序一般都是进入现代社会以后根据特定的时代或者政策形势而专门制定的，在普适性、通用性等方面与普通程序不能相比。对于特殊程序而言，往往“鱼和熊掌不可兼得”的现象特别明显，通常会对某一方面的价值予以特别追求，而对另一方面的价值予以忽视、省略或者遗忘。在辩诉交易、审前分流以及刑事和解中就是如此。在这些特殊程序当中，或者是针对特定的价值取向，或者是针对特定的主体予以特别关照，对其他的价值或者主体则相对难以兼顾，因此，其中蕴涵的冲突就更为尖锐，在程序技术设计时也会面临着更大的难度。在特殊程序设计中，单纯的妥协主义并不可取，否则，就达不到特殊程序的“特殊”目的，但是，也不能过分照顾特定价值、特定主体的利益而置其他价值或者主体的利益于不顾，这里存在着一个底线问题。底线之上，属于法律、道德、正义、良知等忍受的范畴，越过这个最低限制，刑事诉讼也就失去了其本来的平衡各种因素、保证程序正常运行的功能，特殊程序也就会失去其本来的价值和意义。

作为规范改进和形成的激发器，冲突使与已经变化了的社会条件相对应的社会关系的调整成为可能。①

——［美］科塞

第一节　辩诉交易的冲突及模式选择

诉辩交易，又称答辩谈判（Plea negotiation）或答辩协议（Plea agreement），是于20世纪60年代至70年代兴起自美国的一种特殊刑事诉讼制度。根据《布莱克法律辞典》，诉辩交易，是指在刑事被告人就较轻罪名或者数项指控中的一项或几项作出有罪答辩以换取检察官的某种让步，通常是在获得较轻的判决或者撤销对他指控的情况下，检察官和被告人之间通过协商达成的协议。② 辩诉交易制度的确立，是人类进入现代社会以来，基于案件发案率上升，以及案件积压等现象而作出的一种应激性反应，是人类理性思维的成果，既具有一定的法理基础，又具有相当的现实意义。但是，对于是否引入和构建辩诉交易制度而言，却不如事物表面表明的那样是简单的加减运算，需要进行综合的考察、认真的分析，理性的预断，科学的构建。

一、辩诉交易蕴涵的冲突

（一）公诉权与裁判权的冲突

在辩诉交易中，一般而言，检察官具有极大的裁量权。譬如，在美国，检察官通常由选举产生，宪法或州的法令赋予检察官广泛的自由裁量权，只要他认为能最好地为选民服务，他的决定实际上就是不可推翻的。美国检察官的广泛的裁量权，为辩诉交易的盛行

① ［美］科塞：《社会冲突的功能》，孙立平等译，华夏出版社1989年版，第114页。

② see Black's Law Dictionary 7th Ed. West Group,2000. p. 1173.

从制度上提供了便利条件。[①] 并且美国检察官行使职权的基本模式是个人负责制，检察工作是由个人决定和个人负责，不是由集体决定和集体负责的。[②] 因此，辩诉交易使法官的权力发生转移，从而动摇了法官保留原则，不是由法官最终裁决案件，而是由检察官行使了这项对于现代刑事司法来说至关重要的权力。特别是在辩诉交易中，法官由司法的最终裁决者以及最后一道守门人，变为检察官的助手。法官对于检察官建议的辩诉交易的量刑，基本上不做审查，没有特别严重的违法情形，一般对于辩诉交易的内容都予以认可。法官只是承担了检察官的“橡皮章”的作用。这样，检察权就篡夺了法官的司法裁量权。

但是，在现代刑事诉讼中，法官保留原则属于一个正当程序的基石原则。对于法官保留以及司法最终审查，实质上是一个权力配置问题，通过把最终裁决权赋予形式和理论上中立无偏的法官，使正义以场景化的方式展现，确保程序公正和实质公正的落实和实现。检察官对于辩诉交易的控制权，的确是对传统诉讼理念的重大考验。是主要基于效率的要求采取检察官控制辩诉程序，还是坚持法官保留原则，或者选择其他的路线，是现代刑事司法制度面临的困难抉择。

（二）程序公正与诉讼效率的冲突

资源的稀缺性决定了效率在近代社会越来越得到更多的关注，这种基于人类在自然社会的忧虑被投射到人文社会领域，使诉讼效率的价值也被提升到一个新的高度。美国学者理查德.A. 波斯纳认为：“衡量法律是非好坏的标准是看它的适用能否提高效率，并且增进社会福利。在公平与效率发生冲突时，公平应给效率让

① 戴中祥：《辩诉交易的条件分析》，载《武汉理工大学学报》（社会科学版）2004年第1期。

② 杨诚、单民：《中外刑事公诉制度》，法律出版社2000年版，第107页。

路。”[①] 但是，公正也是刑事诉讼中永远被珍视的目标，美国学者罗尔斯认为：“公平与效率的地位不能等量齐观，公平是第一原则，效率是第二原则”[②]。公正和效率在刑事诉讼这个总的容器里，一般呈此消彼长的态势，鱼和熊掌不可兼得，这也是二者尖锐对立的原因，在辩诉交易中更是如此。

辩诉交易是博弈论在刑事诉讼中的典型应用。对于检察官而言，一方面，案件的大量积压不能及时得到处理，因此需要减少在庭审中对证据的审查，这是辩诉交易的直接原因。特别是对于庭审中的证据审查方面，在美国，对于非专业人士的陪审员而言，更是一个考验。当事人一方为了获得“突袭”的效果，往往将证据保持在最后一刻，这在很大程度上影响了庭审事实的认定。美利坚大学的法律教授尼古拉斯·基特里说：“‘突如其来的证人、文件或物证’往往影响了陪审团的事实认定。”[③] 另一方面，检察官出于对案件败诉的担忧，防止自己职业名誉受损也是采取辩诉交易的重要理由。美国学者乔治. T. 费尔肯思曾说：“如果有太多的被告人从他（控方）的手指间滑了过去，并且没有使他的案子胜诉从而使被告人逃避了惩罚，就有可能被认为这是对他担任检察官能力的不利反映，他可能被戴上不称职的帽子。”[④] “对于检察官来说，最为重要的是在大多数检察官的业务记录上，无论哪一种有罪答辩都算作一次定罪。当他在重新选举出现在选民面前时，他可以拿出像样的定罪业绩。实际上这些‘定罪’包含了所有的妥协——检

---

① ［美］理查德.A. 波斯纳：《法律的经济分析》，蒋兆康译，中国大百科全书出版社1997年版，第26页。

② ［美］罗尔斯：《正义论》，何怀宏等译，中国社会科学出版社1988年版，第1页。

③ 《美国新闻与世界报道》编辑部：《美国的司法——它实际上是如何工作的》，原载1982年11月1日《美国新闻与世界报道》。转引自中国政法大学《刑事诉讼法参考资料》第三辑，1984年11月，第107页。

④ 唐永禅、刘克强：《我国新刑事审判方式面临的问题及对策——关于我国设立证据先悉制度程序的展望》，载《法商研究》1998年第3期。

察官以这种方式避开讼累，将他的最好的精力花费在轰动一时和政治上有意义的案件当中去……”①

对于被告人而言，有时在监狱服刑的时间会超过辩诉交易中控方建议的时间，这样，虽然可能没有犯罪，或者没有犯该罪，但是为了实际利益的考虑，被告人会通过辩诉交易的方式，及早认罪，使案件及早得以处理，以尽早结束其羁押状态以及审判带来的精神压力，这其实也是其理性的选择。

对于法官而言，基于效率这一关键因素的考虑，在检察官与被告方达成协议的基础上，放弃对事实真相的追求，对其交易的结果予以确认。虽然辩诉交易可能违反无罪推定原则，法律禁止在没有被最终确定有罪之前，对任何人进行有罪归责。但是，法律并不禁止被告人自己承认犯罪。无论认罪与否，在法律规制的范围内，是被告人的权利，正因为是权利，当然其可以进行认罪选择。

在美国，辩诉交易制度几乎深深嵌入刑事诉讼的骨骼之中，成为刑事诉讼不可缺少的一部分。同时，辩诉交易又是推动当今美国刑事诉讼运行的主要动力，没有辩诉交易，其就可能会面临迟滞甚至停滞的状态，这不是危言耸听。“在美国州和联邦两级每年全部刑事案件中至少有90%没有进入审理阶段，而适用辩诉交易程序解决了。”② “没有‘辩诉交易’，就没有目前的美国刑事审判制度。”③ 基于辩诉交易在美国起到了如此巨大的作用，关于其正义性的呼声已经相当微弱。其实，这也说明了其代表了相当大的一部分民意，而民意也是正义的含义之一。

辩诉交易取得了比较好的效果，但是，这并不表明其必然达到了双赢的效果。这是因为，这种双赢是没有把被害人的利益加诸其

---

① 张建伟：《辩诉交易与讨价还价中的正义》，载《法律适用》2004年第3期。

② 宋冰：《读本：美国与德国的司法制度及司法程序》，中国政法大学出版社1999年1月版，第393页。

③ 宋冰：《读本：美国与德国的司法制度及司法程序》，中国政法大学出版社1999年1月版，第438页。

中的，而可能是以被害人利益为代价的。虽然犯罪侵犯的总的客体是公共利益和社会秩序，但是，这种客体是通过被害人的具体损伤体现的，仅仅为了公共利益损害被害人的利益没有天然的合理性。以公共利益之名，把被害人的利益当作交换的筹码，这也许是辩诉交易引起争议之处。通过辩诉交易，被告人应当受到的惩罚被模糊掉了，不知道犯罪是否为被告人所为，也不知道犯罪是谁所为，案件似乎以“和稀泥”的方式处理掉了，惩罚的对象从一个具体的被告人变成一个不明确的犯罪人。即使从公共利益考虑，辩诉交易也不一定能得到满足。因为辩诉交易增加了无罪人承担犯罪的风险，给有罪人逃脱惩罚的机会，即使这是以效率的名义，其结果也让人疑虑重重。正如一位美国法官所说：“选择有罪答辩的被告人得到的是宽容，而经过法庭审判后被判决有罪的被告人得到的是正义。”①

辩诉交易会放纵警察、检察官怠惰的心态，使案件不是建立在证据以及查明案件事实的基础上，而是控辩双方对利益进行权衡的结果。这样会使案件的实质公正目的落空，使法律的尊严沦为一种游戏。

对于被告人而言，虽然辩诉交易满足了被告人对诉讼标的以及诉讼中实质问题的自由处分权，体现了民众对个人自由和正当程序的追求。但是，在案件中，受到辩护律师能力及业务水平的限制，诉讼结果过于依赖律师的活动。结果从被告人对诉讼实质问题的自由处分权，变成律师对诉讼标的和诉讼实质问题的处分权。对于律师而言，刑事法律的应用已成为“信任游戏”，在这个游戏中，辩护律师成了“双重代理人”，他忠诚于刑事法律而非当事人。② 这

---

① 孙洪坤，陈世平：《美国辩诉交易是非之争及我国辩诉交易制度之构建》，载《国家检察官学院学报》2003 年第 4 期。

② Michael L. Ruhinstein and Teresa J. White, Alaslsa's Ban on Plea Bargaining," and Sam W. Callan, "An Experiment in Justice without Plea Negotiations" Law and Law Review 13 (Winter 1979). p. 242 – 246.

也导致了律师地位与角色，以及其与委托人关系的一定冲突。

（三）传统刚性刑事司法与柔性刑事司法之间的矛盾

传统的司法属于刚性的性质。以法律为评价案件的唯一标准，以查明案件事实为目标，以证据运用为查明案件事实的手段，对于案件的裁决不是建立在双方合意或者协商的基础上，而是通过强制的方式对案件作出裁定。而对于柔性司法而言，重视控辩双方的协商，强调被告人的主体地位及对诉讼标的独立处分权。对于案件的处理，不是建立在证据或查明事实的基础上，而是通过一种转换程序，使案件的处理建立在双方的协商或者合意的基础之上，国家以某种权力的丧失来获得诉讼效率的实现。

在刑事诉讼效率和公正价值目标的实现上，柔性刑事司法能够与刚性刑事司法形成互补。它能够在有限的刑事司法资源前提下，使效率与公正之合力达到一个较高的水平。但是，二者的冲突也是比较明显的，柔性刑事司法在某种程度上软化或者修改了刑事诉讼的基本原则，如辩诉交易修改或者扭曲了公开审判原则，被告人有权获得辩护原则、无罪推定原则，而同时这些原则又具有宪法上的意义，因此，这又可能违背了宪法原则。如何使二者在一种国家刑事司法内进行最低限度内的磨合、协调、重构，是各国刑事司法制度面临的一个难解的问题。

（四）刑事诉讼主体地位的冲突

在辩诉交易中，刑事诉讼主体的地位被颠倒，各个诉讼主体脱离本刑事诉讼定位的角色，辩诉交易框架重构了与其本来职能不同的身份。法官成为“审核者”而非“裁判者”；检察官成了“裁判者”而非“公诉人”；被告成了“认罪者”而非“被指控人”，律师成了“咨询者”而非辩护人。诉讼角色的混乱成为欧陆学者诟病辩诉交易程序的一大论据。例如，依传统理论，检察官应代表社会，负责确保法律的适用。而在辩诉交易中，检察官却俨然成了“歪曲法律的作俑者”、“法定量刑打折扣”、“规避公开庭审”等均成为批评者的重要论据。①

但是，在辩诉交易中，刑事诉讼主体角色互换也有一定的必要。首先，辩诉交易本来就不属于普通诉讼程序序列，其刑事诉讼主体的活动及职能也就有可能超越常规界限，否则，其作用也就无从发挥，也达不到特殊程序的目的和功用。其次，刑事诉讼主体职能也具有宽泛性。法官无疑具有“裁判者”的职能，但是，审核职能也蕴涵在裁判职能之中。检察官是“公诉人”，但是，其未必在任何时候都不具有裁判的职能。譬如，根据便宜起诉原则，检察官就具有一定的裁判权，在符合法律规定的情形下，可以决定是否起诉，这已经为各国法律所确认。律师属于“辩护人”，但是咨询也是其重要的职责之一，接受辩护律师的咨询也是犯罪嫌疑人、被告人的一项重要诉讼权利。

然而，诉讼主体角色明确，地位清晰，各司其职，各尽其责，是刑事诉讼的基本要求之一。诉讼角色的混乱，必然会带来刑事诉讼运行轨道的偏离。职能的不明晰会带来责任的不明确，会带来越权或者怠于行使分内的权力，会引起权力与权利之间的无端争斗，以及权力对权利的肆意压制和侵扰。这样，在辩诉交易中，应当保障被告人的基本权利，明确划定检察机关的基本权力和义务。在其之上进行合理调整，这是一条刑事司法改革和运作的必经之路。

二、辩诉交易的模式

（一）美国模式

美国在 20 世纪 70 年代通过判例的形式确立了辩诉交易的法律地位。据美国法史学家劳伦斯 . M. 弗里德曼考察，1970 年联邦最高法院在布雷迪诉联邦案的判决中指出：“如果每一项刑事指控均要经受完善的司法审判，那么州政府和联邦政府需要将其法官的数

① 施鹏鹏：《法、意辩诉交易制度比较研究》，载《中国刑事法杂志》2007 年第 5 期。

量和法庭设施增加许多倍……辩诉交易是美国司法制度的基本组成部分，如果运用得当，它应当受到鼓励”。[①] 该判决第一次明确了辩诉交易的合法地位。1971 年，美国联邦最高法院在 Santobello V. New York 案中批准了辩诉交易的做法，并将它称之为“非常令人想望的”和“司法的重要组成部分”。1974 年，美国修订施行的联邦刑事诉讼规则明确将辩诉交易作为一项制度确立下来。对于美国式辩诉交易而言，其主要包括如下内容：

第一，在适用的案件范围上。在美国，对辩诉交易的适用范围并没有限制性的规定，不仅适用于轻微刑事案件，也可适用于严重的刑事案件。这还与美国刑事诉讼法律的独特运行方式有关。在刑事诉讼法律上，美国在州和州之间呈现出多轨制的特征，各州辩诉交易适用的范围也不相同。因此，很难对辩诉交易的范围进行概括。但是，美国辩诉交易不能适用于诸如叛国罪等部分特别严重的案件，以及特别轻微的案件和未成年人案件。

第二，在辩诉交易的内容上。在美国，辩诉交易的内容既可以涉及定罪方面，又可以在量刑方面进行交易。

第三，在对辩诉交易的控制主体上。在美国，检察官在辩诉交易中处于垄断地位。检察官可以决定是否予以辩诉交易，并且检察官对被告人一方作出的承诺，法官基本上不会修改和发回，而是予以承认。当然，法律规定法官有权对辩诉交易进行审查，以保证被告人的答辩是否是“自愿和理智的”，以及“是否具备事实上的基础”，但是，这种审查不具有实质的意义。“法官的这种审查往往流于形式，法官对控辩双方所达成的协议一般都会确认和采纳，并以此作为判决的依据。”[②]

（二）意大利模式

第一，适用案件的范围。根据意大利刑事诉讼法典第 444 条第

① Santobello V. New York, 404. U. S. 25, 260 (1971).

② 陈瑞华著：《刑事审判原理论》，北京大学出版社 1997 年版，第 380 页。

1 款的规定，辩诉交易主要适用于两类案件：第一类案件，是指考虑各种具体情况并在减少三分之一量刑后监禁刑不超过单处或与财产刑并处的 5 年以上有期徒刑或者拘役；第二类案件，是指“特殊的辩诉交易程序”，即“考虑各种具体情况并在减少三分之一量刑后监禁刑不超过单处或与财产并处的 2 年以上有期徒刑或拘役”的前提下，适用于犯罪性质恶劣，犯罪嫌疑人主观恶性强的案件，如黑手党的有组织犯罪等。

第二，在辩诉交易的内容上。在意大利辩诉交易程序中，禁止对被告人罪行问题进行交易，只允许控辩双方就量刑问题进行交易。如果检察官对被告人所指控的罪名与案件事实是相符合的，就没有权力撤销案件，也不能为了降低被告人的刑罚幅度而将其改为较轻罪名。

第三，在辩诉交易的罪行控制权上，检察官没有控制权。尽管检察官要对被告人的协议做一些优惠让步，但是没有必要担心量刑会是不成比例的轻微，或仅是象征性的。因为最终裁决由法官作出，法官必须衡量事实，确认判罚的轻重，并且对协商的量刑和犯罪的严重性可能的不一致之处进行检查。所以，应该说在意大利辩诉交易中，法官是具有程序控制权的。

意大利辩诉交易与美国的辩诉交易不同。两者确实都包含协商，协商都会对程序结果有影响。然而，也有明显不同之处。首先，在意大利的辩诉交易中，并不把被告人的认罪当作辩诉交易的前提条件，在美国，必须要满足这个条件。其次，在意大利的辩诉交易中，检察官不能自由裁决撤销指控，而美国检察官则可以。最后，意大利式的辩诉交易只能对量刑问题进行交易，不能对定罪进行交易。美国检察官对二者都有交易权。

(三) 德国的辩诉交易

根据合法原则，在严格意义上，德国的刑事诉讼是没有辩诉交易程序的，然而，在实践中辩诉交易是存在的，甚至还获得了宪法法院的承认。在 1993 年前后，这些所谓的“非正式协商”才为德国司法界所重视。据了解，在有许多证人作证的复杂案件里，辩护律师形成了一个事先与检察官和法官讨论案件的习惯。例如，辩护律师可以许诺其当事人在对指控犯罪的某些部分认罪，作为回报，法庭将答应作出不超过一定刑期的判决。这样，律师、检察官几乎是半私自地达成了协议，从而脱离了正式程序，结果使所有正式的公开审判程序保障成为一纸空文。有的学者强烈反对认罪交易程序，然而，它却为法庭所接受，尽管法庭强调这样可能限制被告人的权利，同时也不利于发现案件事实。① 这样，在德国式的辩诉交易程序中，基本上具有如下特征：

第一，在辩诉交易的适用范围方面。在法律方面，处于对起诉法定原则的恪守，德国没有规定辩诉交易，更谈不上范围。在实践中，暴力案件，如谋杀、抢劫、纵火案件中不存在交易。但在大的商业诈骗案件中，不仅在要求终止程序、发布命令方面，而且在审判阶段都可能存在是否认罪、认多少罪的交易。"②

第二，在德国辩诉交易的控制权上，在审前程序中，可以分为两种情况：第一，审前辩诉交易，其中检察官和辩护人处于辩诉交易的决定地位。审前交易在公诉人和辩护人之间进行，就是否接受刑罚命令进行交易，如果被告人同意接受，就不将被告人交付审判。另一种情况是被告人承认检察官的指控内容，但可以向国家或慈善机构交付一大笔金钱，这样他就可以被免除有罪判决，甚至也不必接受刑罚命令。第二，审判中的辩诉交易。在大的商业案件中，被告人对任何指控都予以否认，都要提出异议，这样诉讼被拖延下去。在这种情况下，辩护律师向法官打电话，提出如果法官判处某种刑罚，被告人就会对某个指控予以承认，法官表示同意在被告人认罪的情况下判处较轻的刑罚。开庭时，法官根据协议征询检

---

① Van Den Wyngaert Christine: Criminal Procedure System in the European Community, Brussels: Butterwoths, 1993. pp,45 -46.

② 张建伟：《辩诉交易与讨价还价中的正义》，载《法律适用》2004 年第 3 期。

察官的意见，问他是否撤回某项指控。案件在几个小时内得到解决。如果法官判决的刑罚高于他给律师的暗示，辩护方可能会上诉，而德国上诉法院会认为法官的做法违背了公正审判的原则。所以法官必须遵守他与辩护方的协议，或者应该重新开庭，让双方进行法庭辩论。公诉人也可能不同意法官与辩护方的协议而向上诉法院提出上诉，上诉法院同样可能以违背公正审判原则为由撤销原判。因此，交易应在三方之间进行，而不应当在法官和辩护律师间秘密进行。[①] 这表明，德国审判中的控制主体应当包括检察官、法官和辩护律师。

（四）法国模式（庭前认罪答辩程序）

第一，在案件适用范围上，依照法国刑事诉讼法典第 495 - 7 规定，庭前认罪答辩程序仅仅适用于主刑为罚金或者 5 年以下监禁刑的犯罪。法国刑事诉讼法典第 495 - 16 条又将以下几类犯罪排除在庭前认罪程序适用的范围之外：未满 18 周岁未成年人所实施的犯罪；虚假新闻罪；过失杀人罪（而非过失伤害罪）；政治罪；追诉程序由专门法律进行的犯罪（如税收方面的犯罪）。依照法国的实践，案情过于简单的案件一般也不适用庭前认罪答辩程序。

第二，在辩诉交易的控制权上。在法国，尽管控辩双方均有权提出庭前认罪答辩程序的建议，但检察官处于主导地位[②]。

（五）丹麦模式

在丹麦，也存在一种特殊的辩诉交易。在审前，在轻微案件中，警察[③]或者检察官可以就定罪或者量刑与被告人进行协商。但是，与其他国家不同的是，这种辩诉交易不是以控方让步为前提的，甚至控方提出的量刑或者处罚一般不低于在法庭上可能的处罚

① 张建伟：《辩诉交易与讨价还价中的正义》，载《法律适用》2004 年第 3 期。

② 施鹏鹏：《法、意辩诉交易制度比较研究》，载《中国刑事法杂志》2007 年第 5 期。

③ 在丹麦，警察具有类似于检察官的起诉的权利。

和量刑，然而，丹麦的被告人一方总是乐于接受警察或者检察官的建议，从而达成辩诉交易。

三、我国确立辩诉交易的可行性考察

辩诉交易具有一系列的价值，这是与诉讼的最本质的特性分不开的。作为一种符合自然规则的方式，诉讼最初的、最本质的目的是解决纠纷。虽然对抗制度可能查明案件事实，但是，“让被告人承认自己有罪，以便我们不必自己去释疑不是更好吗？被告人接受惩罚或将这种接受作为一种‘好行为’欢迎它不是更好吗”？[①] 以辩诉交易的和平方式解决纠纷，使双方更容易接受诉讼结果。因为，即使是错的选择，但这是自己的选择，这吻合了现代人类张扬主体性地位的愿望和追求。在辩诉交易中，诉讼主体通过一种契约的方式，把自己的命运掌握在自己的手里，是一种司法主体性理念的反映，从而体现了“在司法制度的构建与运作中，尊重公民和当事人的意愿，保障其权利和自由，维护其尊严，让其发挥决定、支配和主导作用，避免沦为客体的司法价值观。”[②] 但是，辩诉交易作为一个舶来品，能够被移植吗？如果能移植的话，又如何移植？需要哪些配套措施？

（一）移植的可能性与现实性

埃尔曼曾经指出：“实际上，法律制度自一种文化向另一种文化移植是常有的情况。当改革是由于物质的或观念的需要以及本土文化对新的形势不能提供有效对策，或仅能提供不充分手段的时候，这种移花接木就可以取得完全或部分的成功。”[③] 在我国当今的现行司法体制中，已经呈现出物质的、精神的、理念的等各方面

---

① Stephen. J. Schulhofer, Is Plea Bargaining Inevitable? Harvard Law Review, Vol. 97, No. 5, March 1984, p. 1095.

② 左卫民，朱桐辉：《谁为主体如何正义》，载《法学》2002 年第 7 期。

③ ［美］H. W. 埃尔曼：《比较法律文化》，贺卫方等译，清华大学出版社 2002 年版，第 7 页。

对辩诉交易的需求。

第一，司法资源匮乏的现状是辩诉交易移植的外在压力。诉讼效率的呼声日益高涨，因而成为现阶段司法改革的重点。1993 年，我国公安机关共立案 1616879 起，检察院共立案 55491 起；1994 年，我国公安机关共立案 1660734 起，检察院共立案 7756 起；近年更有增长的趋势。[①] 案件发案率的上升，给侦查起诉乃至审判执行工作带来了巨大的压力，这直接导致了案件积压现象。而案件积压会带来一系列的后果。首先，案件积压是超期羁押的一大原因，超期羁押不仅会导致刑事诉讼效率机制失灵，也会使公正机制成为泡影。其次，案件羁押会使正常的刑事诉讼程序运转失调，为以后的起诉和审判等活动种下恶的种子，这可能会导致非法证据排除以及国家赔偿责任等后果，造成司法资源的双重浪费。基于上述等原因，辩诉交易成为外在压力下的一种必然的应激反应。

第二，提升当事人诉讼体地位的需求是采取辩诉交易的内因。我国传统上实行集权制、君主制，以义务为本位、以服从为天职。普通公众不是以国家权利主体自居，而是自称“草民”；一般百姓对权利不是具有争取意识，而是采取服从。权利意识淡薄，公民意识也没有在传统中到更多的遗传和继承。同时，现代我国公民也缺乏对权利应有的兴趣，对于诉讼程序而言，参与意识不足，往往把刑事司法当作是他人的事情，这与西方，特别是与欧美国家民众的诉讼主体和主权意识相比具有明显的差距。但是，主体性感觉是任何称之为人的本能的、天生的意识，这是自然法的要求。由于我国漫长的封建阶段，没有像西方经过文艺复兴精神的熏陶和洗礼，因此，主体意识长期没有被激活而处于休眠状态。这样，在刑事诉讼程序中，需要经过一系列的可能的制度建构来予以培养和激活，而以我国公民缺乏权利观念和主体意识为名，对辩诉交易进行排斥和

---

① 杨银梅，彭勃：《在我国的刑事诉讼中引入辩诉交易制度的可行性》，载《当代法学》2003 年第 11 期。

封锁，是对公民不负责任的体现。

第三，世界各国辩诉交易的推行和发展为我国提供了参照和借鉴。辩诉交易原来只是英美法系国家、特别是美国的特产，但是，随着其价值的不断彰显，世界其他国家根据本国的实际情况，按照本国的实际需求，纷纷对其进行了引进和改造。本来罗马－日耳曼传统的国家对辩诉交易没有表现出多少兴趣，但是，近些年来，以意大利为代表的国家对辩诉交易采取了符合其本国国情的引进，并没有出现水土不服的现象，而是取得了良好的司法和社会效果。在刑事诉讼方面，一贯以保守著称的法国也确立了其“庭前认罪答辩程序”。德国虽然在法律上恪守起诉法定原则，但是，辩诉交易却如平静河水之下的暗流，悄悄地打破了以严谨著称的德国刑事诉讼制度的“铁幕”。这表明，辩诉交易已经跨越了法系、民族、国家的界限，成为具有普遍性价值的诉讼程序。尽管辩诉交易存在着一定的弊政和缺失，但是，根据利益衡量原则，当存在利益衡量的时候，应当考虑如下因素：（1）取此舍彼所要达到的目的；（2）被舍弃的价值有无理性的其他替代方法获取的可能性；（3）被舍弃的价值没有依理性的其他替代方法获取的可能性时，这种舍弃是否值得。[①] 其实，辩诉交易就是这种理性衡量下的结果。

第四，辩诉交易的移植具有相应的文化背景。由于我国历史传统文化中的主体性因素缺失，导致了现代中国对主体地位的尊重和追求都不足，契约观念也不强，但是，这并不能代表中国不具有引进辩诉交易的氛围和条件。在我国，由于长期奉行儒家的中庸思想，对于问题不求确切而求平衡；不求真实而求协调，具有典型的中庸精神。而辩诉交易其实就是控辩双方在进行利益衡量下的抉择。控辩双方并不要求追求案件事实的发现，而是对双方利益的一种调和，从而与我国传统的中庸文化思想具有契合之处，这也保证了辩诉交易移植的融入和生存环境。

---

① 张建伟：《证据法学的理论基础》，载《现代法学》2002 年第 2 期。

（二）移植的配套措施

在上述各种模式上，根据我国的实际情况，以及综合考虑其他因素，意大利模式的辩诉交易应当是个很好的选择。这就是说，被告人一方可以和检察官在量刑上达成交易，但是，如果经过法官审核，发现量刑明显轻微，或者有其他违法行为，对协商的量刑和犯罪的严重性可能的不一致之处进行检查，法官可在衡量事实后作出判决。可以说，这样可以为辩诉交易的控制提供了一套审查体制，从而有效地避免了检察官在辩诉交易的量刑方面的违法和显著不当行为，使其风险降低到可以控制的范围内。具体而言，可以采取如下措施：

第一，应当保证被告有罪答辩的自愿性。在美国 Brady v. U. S（1970）案中，最高法院指出，关于有罪答辩的自愿性的标准必须被实质性地界定。最终采纳了第五巡回区上诉法官 Tuttle 的观点，一个有罪答辩中，被告人充分意识到了它的直接后果，包括法庭、控诉方或其律师向他作出的承诺的实际意义，那么，该答辩才会有效。但如果出现威胁、误解或承诺本身不恰当——承诺是被告人与控诉方之间非法交易的结果，如涉嫌贿赂的情况，这会导致答辩无效。[①] 因此，只有保证认罪答辩的自愿性，才确保了被告人的意愿不被绑架，哪怕是被其辩护律师绑架也不行，这是辩诉交易赖以成立的前提和存在的基础。

第二，律师的有效参与。在一个检察官近乎垄断的辩诉交易程序里，律师的有效参与无疑是增加被告人信息、信心和能力的重要的保障。在刑事程序中，控辩平衡是符合自然规则的实现刑事诉讼目的的重要保障手段和机制。同时，控辩平衡本身不仅是手段和形式，本身也具有独特的内在价值。这在辩诉交易程序中也是如此。辩诉交易的平衡是实质公正和程序公正的重要体现。在辩诉交易

---

① 马明亮：《辩诉交易在中国的发展前景——以契约为分析框架》，载《中国刑事法杂志》2003 年第 2 期。

中，实现控辩平衡装置的莫过于辩护律师的有效参与了。这种有效性是与律师自身的素质和能力紧密相连的，没有一定的素质和能力，就很难言及“有效参与”，因此，在对辩诉交易的律师能力和素质要求上，应当达到一定的水准，这需要刑事诉讼法、律师法作出相关配套规定。并且律师也应当接受外部的监督和审查，毕竟，律师在决定被告人在辩诉交易的命运中，起到了超乎平常的作用，而这种权利，也同时意味着更多的义务，其中包括被监督和审查的义务。

第三，法官对辩诉交易的审查。在辩诉交易中，会出现检察官一极独大的现象，这种现象引起了拒绝辩诉交易引入者的忧虑。这种忧虑不是没有道理。在我国目前的司法体制下，很难保证不会发生在辩诉交易中的种种“暗箱操作”、司法恣意等现象，使辩诉交易变成权钱交易或者权力和权利之间的交易，使被告人一方的权利没有合适的审查机制而受到挤压、绑架或者凌辱，这使作为以中立和无偏为角色特征的法官的出现成为一种必要。

第四，配套制度和规则的构建。辩诉交易不是一种独立发挥其功能的机制，其应当在一定的系统内才能正常发挥其功用。这样，其配套机制的建立成为辩诉交易能否成功的重要因素。这包括建立完善的律师辩护制度，确立完整的证据开示制度，扩大检察官在辩诉交易中的自由裁量权等。当然，这些配套制度的建立，可能会带来一系列的其他问题。在这里，关键还是一个利益衡量问题，只要这种衡量的结果是正向价值的，那么辩诉交易就是值得引进和适用的。

第二节 未成年人案件侦查分流机制的价值探微和比较考察

未成年人案件侦查分流（Division），主要是指在侦查阶段，在符合一定的条件下对未成年人涉嫌犯罪的案件，不移送检察机关起诉，而由警察机关直接予以处理的制度。刑事诉讼分流制度最初肇始于对未成年犯罪嫌疑人采取分流措施，后来又扩展到其他主体。未成年人案件侦查分流机制在本质上有其特殊价值根基，在外在形式上，也有可资借鉴和参照的外国立法体例。

一、未成年人案件侦查分流机制的价值以及冲突

（一）未成年人案件侦查分流机制的价值

1. 人道主义价值。人道主义代表了一种悲悯的情怀，也代表了一种宽恕的精神。"在凡是可以实行宽大的地方实行宽大，也是自然法的要求。"① 人道主义是人类道德与精神的载体，唯因有它的存在，人类才保持住了自己的基本面貌，没有从整体上被异化。人道主义精神还与一国的政治民主发展进程相衔接和互为映照。贝卡里亚就认为，"刑罚最残酷的国家和年代，往往就是行为最血腥、最不人道的国家和年代。人道主义精神是刑罚轻缓化乃至最终实现非刑罚化的原动力。在感性认识上，刑罚人道主义与悲悯、仁慈等人类与生俱来的善性相关联，而与野蛮、残酷、暴虐等蒙昧状态相对立。在理性观念上，刑罚人道主义核心是对于人的主体性的承认与尊重，将犯罪人作为伦理关系和法律关系的主体对待"。② 这也和康德的人道主义精神是一脉相承的。康德是人道主义精神的奠基人和集大成者，他认为人本身就是目的，而不是手段。"在任何情况下，必须只是由于一个人已经犯了一种罪行才加刑于他。因为一个人绝对不应该仅仅作为一种手段去达到他的目的，也不能与物权的对象相混淆。"③

对于未成年人而言，在侦查阶段分流的人道主义价值具有以下

---

① ［英］霍布斯：《利维坦》，黎廷弼译，商务印书馆1985年版，第121页。

② ［意］贝卡里亚：《论犯罪与刑罚》，黄风译，中国大百科全书出版社1993年版，第42～43页。

③ ［德］康德：《法的形而上学原理》，沈叔平译，商务印书馆1991年版，第104页。

四层含义：

第一，保护与尊重未成年人的人格尊严。国家刑事司法机关行使其职权时，应注意对未成年人的人格尊严的保护和尊重。未成年行为人涉嫌犯罪，即使受国家追诉或审判，入狱服刑，也并不因此而丧失其人格尊严。未成年人在刑事司法中是作为伦理道德上独立自主的人格主体而存在的。

第二，刑事司法和刑罚制度是现代社会所必需的，但是对于未成年人等特殊主体而言，应当对其通过分流等程序机制进行改造，以使其内容更加符合社会保护的客体与主体相互协调的要求。

第三，刑罚应当满足社会心理要求。对涉案未成年人在侦查阶段采取分流措施体现了社会中大部分人怜老恤幼的道德诉求，符合社会的同情与宽容心理。

第四，刑事政策的基础在于保护个人利益，应当给予未成年人再社会化的权利。文明的、人道的刑罚理应回归理性：对未成年人处以刑罚制裁并非只是将其作为刑罚的客体，而应以积极的态度对其予以教育或矫治使其回归社会。

2. 公正与效率双重价值。当今世界各国普遍面临的问题是不断上升的犯罪率与有限的司法资源之间的矛盾。不仅仅是成年人犯罪率在增长，未成年人犯罪率更是在不断激增，致使犯罪和司法机关之间的博弈有失衡的危险。在英国，从50年代开始犯罪率就一直在上升，1967年犯罪总数为120万人，1977年超过240万人，为1967年的两倍。[①] 20世纪90年代以来，英国犯罪率逐渐上升，特别是青少年犯罪日益严重。[②] 在美国，犯罪案件的数量同样有增无减。其一年严重的暴力犯罪案件超过660万起。[③] 根据美国2002

① 陈光中：《外国刑事诉讼程序比较研究》，法律出版社1988年版，第30页。

② 赵勇：《英国青少年司法体系的改革及启示》，载《中国青年政治学院学报》2003年第5期。

③ 程味秋、樊崇义：《外国刑事诉讼法概论》，中国政法大学出版社1994年版，第59页。

年人权报告，美国青少年犯罪率居高不下，20%的暴力犯罪案件是青少年所为。在日本，虽然成年人犯罪呈下降趋势，但是少年犯罪除个别年份外，一直持续上升，并在1951年、1964年和1983年出现过三次高峰。①

同时，当事人主义诉讼模式是当今各国刑事司法一种普遍的趋势或者追求。不仅原先的英美法系国家继续采取当事人主义诉讼模式，而且传统的欧洲大陆法系国家，如德、法等国的刑事司法制度也有向当事人主义诉讼发展的趋势，意大利已经彻底地转向当事人主义诉讼的轨道上去。当事人主义诉讼强调诉讼当事人的权利保障，把诉讼程序作为诉讼双方角逐的战场，重视控辩双方的对抗性。但是，当事人主义在追求程序正义的同时，由于诉讼双方的诉讼资源的投入，耗费也相当巨大，因此，对于特定的未成年人案件在侦查阶段就采取分流形式，可以使诉讼双方提前从讼累中解脱出来。无论是对未成年人，还是侦、控、审机关而言，都达到了公正与效率价值的双赢。对于未成年嫌疑人而言，可以及早摆脱不名誉的阴影，稀释“标签”效应。从避免无谓的折磨，达到刑罚效果最大化的角度也是如此。

对于侦、控、审等机关而言，在侦查阶段采取分流措施，则是解决犯罪总体的严重态势，以及司法资源总体相对缺乏的一剂良药。从整体正义而言，把因为采取分流措施而节省的诉讼资源用于重大案件中，可以实现国家司法资源的整体良性互动和循环。由于重大案件得到控制和遏制，使社会整体法制氛围得到调节和完善，无疑又会为未成年人提供良好的法制生态外部环境，从而减少激发其犯罪的外部诱因。因此，对未成年人案件在侦查阶段实行分流，不仅可以使正义在局部层面上得以彰显，而且侦查分流就意味着一

① 冯树梁：《中国预防犯罪方略》，法律出版社1994年版，第801页。

种效率。波斯纳也曾经说过，公正的第二个含义就是效率[①]。侦查分流在提高诉讼效率的同时，本身就意味着一种公正。此外，分流可以使正义在整体和更宏观的层面上显现。“社会每一个角落能否都得到适当的救济，正义的总量——也称整体正义，是否能够达到令人满意的标准，这才是衡量一国司法水准高低的真正尺度。”[②]

罗尔斯认为：“正义是社会制度的首要价值，一种理论，无论多么的精致和简洁，只要它不真实，就必须加以拒绝或修订；同样，法律和制度，不管它多么有效率和有条理，只要不正义，就必须加以改造和废除。”[③] 而在侦查阶段对未成年人采取分流措施，则不仅彰显了效率价值的底蕴，而且体现了对公正价值的追求。

3. 预防和控制犯罪价值。刑罚的目的之一在于教育。刑罚以预防、控制犯罪为已任，而不是以制造新的犯罪为职责，不论这种制造是有意还是无意都应该避免。刑事实证学派代表人物菲利、李斯特提出的矫正刑论和教育刑论认为，犯罪是由犯罪人个人原因和社会原因、自然方面的原因综合作用的产物，其中起主要作用的是社会因素。“最好的社会政策就是最好的刑事政策”，[④] 因此，他们主张对于犯罪人采取的刑罚应当是矫正和教育，帮助他们适应社会。

对于被追诉人，对其进行侦查、起诉、审判和刑罚的过程就是一个不断提醒其是一个犯罪者的过程，而这种提醒的过程往往会扩大罪犯的自我认同感，将他们对自己的价值定位引导向犯罪分子的

---

① ［美］理查德.A. 波斯纳：《法律的经济分析》，蒋光康译，中国大百科全书出版社1997年版，第31页。

② ［日］小岛武司等：《司法制度的历史与未来》，汪祖兴译，法律出版社2000年版，第35页。

③ ［美］约翰·罗尔斯：《正义论》，何怀宏等译，中国社会科学院出版社1988年版，第1～2页。

④ 卢建平：《社会防卫思想》，载高铭暄、赵秉志：《刑法论丛》（第1卷），法律出版社1998年版，第12页。

方向发展。特别是对于轻微犯罪而言，“犯罪标签”的消极作用体现得尤为明显。[①] 而对于未成年人犯罪而言，对其在侦查阶段采取分流处遇，本身就是“去标签化”的过程。反之，如果不考虑刑事司法的宏观目标，而把未成年被告人送入诉讼程序的流水线上，在羁押阶段或者判刑以后难免和成年被告人接触，而这恰恰可能给了未成年人学习和“深造”犯罪技巧的机会。这种技巧的生成，带来了犯罪习气的养成，无论是在心理还是在生活中都会对其以后的改造带来重要影响。同时，被贴上犯罪商标的未成年人，很难被社会认同，自己心理上也不容易认同社会。当其生活出现困境或者精神过于孤立的时候，在监狱或者看守所学习来的犯罪技巧就可能会成为其谋生的手段，因此，“获释犯人的处境必然使他们成为累犯”。[②] 而在侦查分流程序中，未成年人则会及早摆脱这种不利境地。此外，刑事程序承受的时间的长短，也决定了未成年人和社会黏合程度的好坏。一般而言，因刑事追诉而被羁押或看管的时间越长，与社会隔绝时间越长的未成年人，其与社会黏合的程度越差，反之则不然。这可以被称为“胶水理论”，因为胶水暴露在空气中时间越长，就越不容易黏合。

（二）未成年人案件侦查分流程序蕴涵的冲突

1. 违背了司法最终裁决的原则。司法最终裁决原则指“所有涉及个人自由、财产、隐私甚至生命的事项，不论是属于程序性的还是实体性的都必须由司法机构通过亲自‘听审’或者‘聆讯’作出裁判，而且这种程序性裁判和实体性裁判具有最终的权威性”。[③] 司法最终裁决原则使司法机构的裁判活动一直居于诉讼活动的中心，保证公民基本权利和自由必须经过中立无偏的法官最终

① 黄再再：《刑事程序分流机制研究》，华东政法学院 2004 年硕士论文，第 24 页。

② ［法］米歇尔·福珂：《规训与惩罚》，刘北成等译，三联书店 1999 年版，第 301 页。

③ 陈瑞华：《刑事诉讼的前沿问题》，中国人民大学出版社 2000 年版，第 225 页。

裁决才能决定。之所以采取司法最终裁决原则。首先，这与司法权本身的性质有关。与行政权相比，司法权是清醒、客观、中立的权力。而在刑事诉讼中，特别是在侦查分流中，侦查权是典型的行政权力，具有行政权力最基本的特征和本性。这是因为，侦查权是一种主动的、积极的权力，并不具备司法权中立、客观的特征。侦查权属于处置性权力，而不是终极性权力。侦查权属于一种上命下传性的权力，而不是独立运行的权力。这些都从根本上决定了侦查权的行政权力的属性。司法权在运行的过程中，由于法官与案件在追诉利益上没有纠缠的关系，这是保证其中立、理性、客观的关键。而对于侦查机关而言，由于其处于追击犯罪的地位，在案件的如何处理上牵涉了利益关系。由于利益是行为的"永动机"，所以，其在决定是否采取侦查行为或者强制措施时就不能那么客观冷静地处理问题。而司法最终裁决却能很好地解决这个问题，这就是采取司法最终裁决原则的法理根源。其次，与权力制约的目的有关。司法最终裁决包含了深刻的权力制约原理。因为刑事诉讼主要由侦控机关发动以及推动运行，侦控机关的权力本来就处于居高临下、不易控制的状态，如果再由其最终裁决，那么权力的集中就会变成权力的质变。因此，司法最终裁决是防止侦控权力变质、倾覆、丧失国家权威和尊严的需要。

而在审前侦查分流程序中，侦查权得到极大的扩展，占据了传统上由司法权控制的领域。侦查分流使具有行政性质的侦查权和司法权合而为一，警察因此具有了压迫者的力量。而权力的界限的混沌，还增加了权力扩展的动力，刺激了权力扩展的野心，最终将会侵犯民主国家所珍视的权利的疆域。而这都是未成年人案件侦查分流程序应当面对的冲突和悖论。

2. 对被害人权利关注的不足。被害人权利保护是伴随着人权和女权运动的深入发展而不断获得获得关注的。可以说，被害人权利保护是与被告人权利保护有着一定的联系的，是被告人保护发展到一定阶段的结果。在 1985 年，联合国大会通过了《犯罪被害人和滥用权力的司法基本原则的宣言》(Declaration of Basic Principles of Justice for Victims of Crime and Abuse of Power),呼吁成员国采取具体立法和执法行动对被害人权利进行保护。2001 年 3 月 15 日,欧盟制定了《刑事诉讼中被害人地位的框架决定》,提出了被害人在刑事诉讼中参与、保护和补偿的规定。2004 年 10 月,美国的联邦法律 2004 年所有公正法案(The Justice for All Act of 2004)正式确立对被害人权利的保护,并且美国准备在宪法的层面上确立对被害人权利进行保护。可以说,被害人保护已经在国际上蔚然成为一种趋势。但是,在未成年人案件侦查分流程序中,其目的主要有三个:其一,基于对未成年人权利保护的要求。其二,基于对刑事诉讼效率的追求。其三,基于犯罪控制的考虑。对于这三个目的而言,在位阶层次上,未成年人权利保护处于金字塔的顶端,其他两个位居于其下。但是,其中对被害人权利的保护却被严重忽视,这很可能导致被害人利益和权利成为国家政策的牺牲品,实际的受害人的利益成为所有其他利益的附庸。因此,在未成年人案件侦查分流程序中,被害人的权利保护也是一个值得深思和关注的问题。

二、未成年人案件侦查分流机制的比较

(一)美国、英国式分流

"尽管将被追诉人从刑事司法体系中分流出来是美国的一项传统习惯,……但它的正式化还是在过去的 20 年(即 60 年代中期至 80 年代中期——笔者注)。"① 1967 年,美国的法律实施与司法行政委员会(President'Commission on Law Enforcement and Administration of Justice)提出建议,要求设立司法体系的替代制度。由此,推动了人们对程序分流问题的进一步关注。以此为契机,全美各州

① Franklin E. Zimring, Richard S. Frase. The criminal justice system. Little, Brown and Company, 1980 · 310.

设立了多种审前的程序分流项目。[1] 在美国 1967 年的审前分流制度中，首先开始提倡“审前阶段处理”（Pre - judicial Disposition）的刑事政策，主张在少年犯罪中采用非正式程序的“分流措施”（Diversion），以后逐渐推广在成年人犯罪中实行审前分流制度（Pretrial diversion）。后来，又发展了一种捕前分流机制（Pre - arrest diversion），根据这项制度，侦查机关在被追诉人被逮捕后即可将其从正式追诉程序中予以分流，暂时停止刑事追诉活动。在作出分流决定的同时，侦查机关往往还与被追诉人达成一定的协议，要求被追诉人参加一种社区监视活动，如果监视活动得以成功完成，被追诉人没有违反协议的条件或进一步犯罪，刑事指控就会被撤销。审前分流和捕前分流都是分流制度的组成形式，二者不论对未成年人还是成年人都适用，所不同的是，在捕前分流中，被追诉人的官方履历中不需留下任何被捕记录，因此，在将来的就业、生活中一般不会带来不利的影响。同时，美国又是人口流动性非常大的国家，其难堪的过去更不会轻易被人了解，因此，使涉案未成年人带来了更大的成功回复社会的机会。

在美国，基于其一贯的法律传统，警察在决定采取程序分流措施时享有相对独立的权力。在实践中，一般采取以下三种途径：一是对某人进行警告，如“如果你继续实施某种行为，你将会被逮捕”；二是对家庭纠纷不经正式的诉讼程序径行处理；三是直接将某人带至治疗机构。

在英国，警察在决定怎样处理触犯刑律者时享有较大的自由裁量权。基于此种裁量权，英国在侦查阶段确立了一套自成特色的程序分流机制——警察警告制度。根据 1985 年英国内政部发布的警告准则以及 1990 年发布的警告准则补充，警察警告分为正式警告和非正式警告。正式警告是由警察对一些已经构成犯罪的人作出警

① Clemens Bartollas, Loras A. Jaeger. American criminal justice: An introduction. Macmillan Publishing Company, 1988 · 304.

示，明确地告知依法可以对其提起刑事诉讼，但考虑到种种情况，目前暂时不对其进行追诉。对于正式的警告，警方会有记录，影响到其以后再次犯罪时是否提起诉讼，并且，它也可以被随后的法庭诉讼所引证，在判决环节作为法庭考虑的依据。非正式警告则是在给予正式警告的标准已经满足，但是感到正式警告不合适的时候才能够适用，它的唯一结果是留下一个可能影响以后起诉的记录。①起初，警告只适用于青少年犯罪和道路交通案件，自1998年以来，针对青少年的警告已经被一种新的训诫制度和最后警告所取代。但最近政府文件明确表示“合理地运用警告仍被认为是一种有效的处理方式，可以适用于任何年龄段的犯罪者”。②

在美国、英国式分流中，警察在决定是否在侦查阶段采用侦查分流措施时一般可以独立决定。这主要是因为，在警察和检察官之间的关系上，英美法系国家传统上就给予警察较大的权力，特别是在英国，本来就具有反对国家卷入对犯罪控诉活动的传统。英国系统地建立检察制度的历史到现在仅仅20多年的时间。因此，在警检之间的力量对比上，特别是在司法实践中，警察力量要强于检察官。因此，警察在特别是未成年人的案件上的分流决定权也就顺理成章了。

（二）德国式分流

在德国，检察院是法定的领导和指挥侦查的机关，但是，在司法实践中，通常是由警察自主地将侦查进行到底，然后向检察官移送侦查结果。最近的改革表明，在此过程中，警察开始创造一些条件引导检察官的决策，并逐步在确定是否对轻微案件进行分流中发挥举足轻重的作用。例如，在1998年，舒尔茨威格－霍斯坦州以

---

① ［荷］克利斯杰·布莱兹、［英］斯迪沃特·菲尔德：《起诉中的裁量权与责任——关于法庭外处理犯罪的比较研究》，江礼华等译，载江礼华、杨诚主编：《外国刑事诉讼制度探微》，法律出版社2000年版，第127页。

② ［英］麦高伟、威尔逊：《英国刑事司法程序》，姚永吉等译，法律出版社2003年版，第158页。

及下萨克森州先后颁布法令，指出警方处理未成年人犯罪案件时，大多数案件并不必然要求刑事司法和教育手段的介入，而是可以将案件从刑事司法体系分流出去，通过不起诉的途径解决。按照新法令，对于未成年罪犯或年轻的罪犯，可以由警察给予他们一个具有警戒或教育作用的警告，同时并采取其他教育手段。通常警察会与他们共同探讨行为规范及遵守行为规范的重要性，建议他们向遭到犯罪侵害的被害人正式道歉，或者弥补被害人的一切损失。在与检察机关沟通并征得其允许后，警察可以进一步建议犯罪嫌疑人参加与被害人的调解、提供社区服务、支付小额罚金等。如果犯罪嫌疑人履行了这些要求，那么警方就可以确认不起诉条件成立，由检察官就是否撤销案件作出决定。在该法令实施后，舒尔茨威格－霍斯坦州约80%的不起诉案件的处理遵循上述程序。①

与英美国家相比，德国还进一步将程序分流的适用范围限制为未成年人案件，表现出更为慎重的态度。这显然是由该国长期以来一直奉行实体真实，强调有罪必罚的法律文化传统所决定的。②

在德国式分流中，基于德国检警一体化的传统权力配置构架，警察在刑事诉讼中没有独立的权力，应当接受检察官的指导和指挥。德国刑事诉讼法典第163条规定，在侦查刑事犯罪范围内，警察只担负辅助检察官的责任，只能作出“不允许延误”的决定，对自己的侦查结果应当“不延迟地”送交检察院。实践中的情况略有不同，警察往往表现出一定程度的独立性。但是，无论如何，在决定未成年人在侦查阶段是否采取分流措施问题上，检察官是有最终决定权的，起码在法律上是如此。

（三）日本式分流

日本对于程序分流问题亦十分关注。早在明治政府时期，对于

---

① ［德］汉斯·约格·阿尔布莱希特：《中德不起诉制度比较研究》，陈光中译，中国检察出版社2002年版，第158～159页。

② 张小玲：《刑事诉讼中的“程序分流”》，载《政法论坛》（中国政法大学学报）2003年第4期。

最轻的罪行即承认警察署长的处分权，允许警察官员对违警罪当场进行处罚，而无须经过起诉和审判。1910 年前后，日本又确立了“起诉便宜主义”，允许检察官对特定的犯罪作“缓期起诉”的决定。到 1913 年，对于轻罪，日本开始采用简易程序加以处理，由此，确立了不同阶段的程序分流。这些制度均为现行法所继承并有新的发展。以此为基础，日本现行法把各类案件分成若干类型，规定了适应各种类型的程序。通过这种方法发挥刑事司法的整体作用，有效而迅速地处理案件，保证与各类案件实际情况相符的恰当性、公正性。①

在日本的刑事诉讼中，根据日本刑事诉讼法典第 246 条的规定，在侦查终结阶段，警察可以对轻微犯罪进行处分。所谓微罪处分，就是警察根据检察官的一般指示，对部分没有实施刑罚必要的轻微案件不移送检察官，而直接予以分流的一项制度。警察在进行微罪处分时，一般应当对犯罪嫌疑人加以严厉训诫，并传唤未成年犯罪嫌疑人的监护人、成年犯罪嫌疑人雇主或者其他监督人等，提醒其在以后的监护中注意必要的事项，并令其制作保证书。警察还可以责令被疑人向被害人赔偿损失、赔礼道歉或赔偿其他损失。

在日本，在决定是否在侦查阶段采取分流措施时，警察应当接受检察官的指导和监督，这也是与日本刑事诉讼法律的规定分不开的。日本刑事诉讼法深受德国的影响，侦查程序中，检察官对警察拥有一般指示权、一般指挥权和具体指挥权，检察官的地位较警察优越。检察官有权对侦查终结的案件决定是否提起公诉，对侦查结果予以处分。

三、未成年人案件侦查分流与我国之定位和进路

对于采取侦查分流措施，既要使公安机关在思想上重新定位，

---

① ［日］西原春夫：《日本刑事法的形成与特色》，李海东等译，法律出版社 1997 年版，第 407 页。

改变“重惩罚，轻保护”的思想，基于人道主义和刑事司法的保护人权的价值方面，合法、合理地采取分流措施，同时也需要在法律技术操作方面予以完善。

（一）侦查分流的前提条件

1. 主体条件。主体应当是涉嫌犯罪的未成年人。第一，涉案未成年人必须坦白认罪、真诚悔过，并且愿意赔偿因自己的犯罪给社会或他人造成的损失。侦查机关在对涉案未成年人的个人情况进行评估以后，认为对其进行分流不会造成社会危害性，就可以予以分流。第二，如果被分流后重新犯罪，则不准许再次分流，过失犯罪除外。这主要是考虑此类未成年人犯罪恶性较强，一般不经过羁押或刑罚措施难以矫正。第三，考虑到累犯、惯犯的主观恶性较大，累犯、惯犯就不能在侦查阶段予以分流。

对于有权采取侦查分流措施的公安机关而言，可以专门成立侦查分流机关，招聘、选派和培训法律素质比较高的警察组成，也可以在公安机关的法制处（科）进行侦查分流处理。

2. 涉嫌案件条件。在适用案件的范围上，其主要指犯罪情节、性质条件。可以限定为犯罪情节较轻，可能判处 5 年以下有期徒刑、拘役、管制、单处罚金的案件。

（二）在侦查分流权力构架和具体步骤

侦查分流是一种权力，而权力就应该接受制约。侦查分流的权力包括两方面，即决定采取分流措施的权力和决定不采取分流措施的权力。对于前者，如果公安机关决定对涉案未成年人采取分流措施，那么应当向本级检察机关报告，接受其指导和监督。在公安机关采取对未成年犯罪嫌疑人采取分流措施的决定时，应当采取起码的诉讼形式，涉案未成年人、监护人及其律师、被害人及其律师都应当到场，采取类似于圆桌会议的形式，既可以当面说明理由，消弭被害人一方的疑虑和不满，同时还容易获得被害人一方的谅解。如果涉案未成年人一方积极赔偿给被害人带来的损失，属于应当采取分流措施的积极情节。如果被害人一方对采取分流措施不满，可以申请复议或者要求检察机关监督。如果检察机关决定维持公安机关的决定，被害人可以向人民法院提起自诉。这可以有效地避免对被告人和被害人保护失衡的危险，使正义和人道价值得到均衡的发挥。

此外，应当赋予涉案未成年人一方的分流措施申请权。如果涉案未成年人一方或者律师认为符合分流条件的，应当向有关公安机关申请，如果决定不采取分流措施，相关公安机关应当说明理由。对此决定不服，未成年人一方还可以申请相关检察机关行使监督权，从而使这项申请权利从纸面权利变为可以救济的权利。

（三）侦查分流的配套措施

1．警告。可以借鉴英国的做法，把警告细分为正式警告和非正式警告。正式警告主要适用于已经构成犯罪的案件，之所以公安机关没有移送检察院起诉，是考虑到未成年人性格特点、家庭环境、社会交往、成长经历以及实施犯罪前后的表现，从而作出的宽大处理。正式警告可以保留档案，并且在以后重新给予分流处遇、再犯时提起诉讼作为参考情节，在诉讼时可以被引用，判决时也可以作为量刑的情节考虑。而非正式警告的案件不构成犯罪，但已经违反法律，为了增强一般警告的权威性，而由警察予以警告。非正式警告在法律上不会给涉案未成年人造成任何影响。

2．强制教育。对于未成年学生涉嫌犯罪而被采取侦查分流措施的，根据1987年公安部等单位的《关于办好工读学校的几点意见》，可以采取移送攻读学校强制学习的方式，以此抑制涉案未成年人的犯罪倾向，改造其犯罪恶习。由于工读学校的性质不是刑事处罚和行政处罚，而是一种带有强制手段的教育，因此，可以作为侦查分流措施的一项配套措施来适用。

3．社区公共服务。社区公共服务，是指对于涉案未成年人，在完成其本职学习或者工作后，应当从事公益劳动或到某一指定场所，完成一定期限的无偿的社区公共服务。社区公共服务时间可以规定根据未成年人本身学习或工作的情况，确定一个最低时间限制。社区公共服务由决定采取分流措施的公安机关负责执行，可以由有关青少年社工委协助执行。

4. 赔偿以及与被害人对话。可以要求涉案未成年人的监护人作出一定的赔偿，并且要求涉案未成年人与被害人面对面交谈，强迫其认识自己的犯罪行为给他人带来的痛苦，使刑事司法体系更加个性化、人性化、具体化。

5. 规定监护人责任。对于涉案未成年人的监护人而言，应当由警察机关告知其对涉案未成年人的监护责任，以及在以后的监护中需要注意的事项。同时，应当要求监护人作出书面保证，从而对涉案未成年人进行经常性的监管。监管的时间由公安机关决定，但不能超过涉案未成年人可能被判处刑罚的时间和强度。

6. 其他配套措施。对于侦查分流的配套措施，可以单独适用，也可以和其他措施混合适用。可以强制性地把涉案未成年人带到某个地方，规定在60～120天的时间内，从事一些有利于塑造涉案未成年人的挑战精神、协作精神的活动。或者从事一些略微艰苦的农业或者工业生产活动，以此提高其对生活的感知和对社会、亲人的感恩心理。

第三节　冲突与衡平：刑事和解制度研究

刑事和解，又称加害人与被加害人的和解（Victim－offender－reconciliation，简称VOR），或加害人与被害人的调解（Victim－offender－mediation，简称VOM），是指在犯罪发生后，通过加害人和被加害人直接交流协商，达成赔偿协议，最终解决刑事纠纷的制度。刑事和解最核心的价值理念是被害人保护思想，它是诸多解决人类社会纷争的理性选择的一种手段，其从根本上体现出人们对待社会冲突的一种基本价值取向。“每一个社会都有其广泛的选择，以应付由个人纠纷引发的冲突。诉讼只是从回避到暴力等诸种可能的解决方式之一。纠纷解决的各种方式，以及各种文化中的社会制裁的选择，传达出人们所钟爱的理想，表达了他们对自己的看法，也反映了他们与他人关系的质量。它们显示出，人们是希望回避还是鼓励冲突，是压制还是温和地解决这一冲突。最终，社会最基本的价值观在纠纷解决过程中被揭示出来。”[①]“任何社会和社会发展的任何阶段，都会有这样或那样的纠纷，无一例外，而关键在于社会必须对冲突纠纷进行适当的调节，使冲突不以将会毁掉整个社会的暴力方式而进行。”[②] 因此，防止社会纠纷向狂暴的方向发展是解决社会纷争的基本目的，和解无疑是符合这种解决纠纷目的的手段。

一、刑事和解蕴涵的冲突

（一）犯罪私力救济和公力救济的冲突

私力救济与公力救济相对应，是指当事人在权利遭受侵害时，不通过国家机关和法定程序的公权力帮助，而是依靠自己的力量避免权利受到侵害，以及解决纠纷的动态过程。与之相对应的公力救济，是指国家机关根据权利人请求，通过公权力对被侵害权利实施救济，使纠纷得以解决的活动。私力救济在人类社会早期生产力不发达、国家政治、司法制度不健全时具有相当的合理价值。它往往以“以牙还牙，以眼还眼”的方式体现，被害人在受到侵害时，通过私人力量的救济，对加害人进行惩罚，从而维护自己的权益，同时对将来的侵害也是一种警告，从而减少了社会冲突的扩大，保证了社会秩序的相对稳定。

在现代社会，私力救济同样也有其存在的必要。因为法律毕竟不是无所不在的，一定有其触角难以涉及的地方。通过私力救济，可以更大限度地弥补法律的空白地带，减少社会冲突造成的不良后

---

① ［美］博西格诺：《法律之门》，邓子滨译，华夏出版社 2002 年版，第 627 页。
② ［英］彼得·斯坦、约翰·香德：《西方社会的法律价值》，王献平译，中国法制出版社 2004 年版，第 45 页。

果。刑事和解就是如此，通过刑事和解，可以使被害人享有处分自己利益的权利，减少纠纷解决成本，实质上维护自己的权益。“大概不会有人为了使法律在任何时候都百分之百地得到执行，而乐意承担必需的高昂成本……有时，法律的完全执行要求警察和行政机构不得不对更多的人实行强制，使那些人强烈地感到法律是错误的。无论对一个具体情况和决定作出的判决多么规范，我们都必须承认，执法者在执行那些不受欢迎的法律时常常会犹豫不决。”①因此，私力救济在公力救济无力或者匮乏的时候，无疑是解决社会多元冲突的可以选择的一个良策。虽然公诉案件在传统观点上侵犯的是公共利益而不是个人利益，但是，具体的损害毕竟不是由抽象的国家来承担，如果被害人不是犯罪侵害的唯一承受者，那么其最起码也是其中之一，因此，在应然角度上，有权选择解决问题的方式。但是，国家出于社会控制和管理的需要，把被害人保护自己的权利收归国家所有，以国家的力量帮助被害人实现惩罚犯罪的目的，从而避免了冲突的扩大化给社会造成的冲击。“国家不仅仅窃取了‘冲突’，而且还通过迷人的法律语言将社会相互联系和冲突的戏剧效果和感情转变为适用刑事程序的技术性过程。”② 国家通过公诉垄断追诉犯罪手段，使报复和惩罚犯罪处于可控制的范围之内。

私力救济曾在原始社会中发挥了重要的作用。氏族内部围绕着生产、分配、婚姻的纠纷或争执，都通过氏族成员自行解决，如血亲复仇。而法产生后，一切当事人不能解决的严重冲突则通过法律诉讼来解决。由此，公力救济登上了历史的舞台。对于和解这种私力救济方式而言，无疑与传统的公力救济的观念发生了碰撞。“公

① Macaulay, S. The New Versus The Old Legal Realism: “Things Ain't What They Used To Be”, Wisconsin Law Review, Volume 2005, Number 2, pp. 365 – 403. 转引自范愉：《私力救济考》，载《江苏社会科学》2007 年第 6 期。

② 孙昌军：《试论英国公司法人犯罪法律价值观念的新变化》，载《现代法学》1999 年第 2 期。

力救济采取国家机关或者其代理人对追究犯罪垄断的模式。私力救济的范围被压缩，被限制于在少数种类的案件中使用。更重要的，同时也是更为普遍的救济方法，是法院判决所给予的救济。”① 这是因为，虽然犯罪侵犯的是被害人的利益，但是，其最终体现为对国家利益和社会利益的侵犯，即使一个轻微伤害案件都会侵犯到社会整体利益，这种侵害对整个社会而言是无形的，但却在某种程度上说是必然的。既然对国家整体利益进行了侵犯，被害人不能因为一己之私而阻止国家对犯罪进行追诉，不顾国家利益而只是考虑到自己的利益。在传统观念中，刑事司法过程中的被害人虽然从程序上属于当事人，但实际上却处于证人的角色，他们既不能对程序问题有什么发言权，也不能在案件的实体问题上提出个人的要求，这是因为，如果任由被害人自己决定是否对犯罪进行惩罚，除了侵犯了国家固有的追诉权，会使社会冲突扩大，导致国家无法控制而损害普通民众的利益外，在被害人因种种原因放弃对犯罪追究时，更可能导致犯罪人逍遥法外，可能会对国家、社会造成更大的危害。因此，在刑事和解问题上，私力救济和公力救济之间的冲突，其实质上是刑事和解的个人本位主义价值观与现行刑事法律的国家本位价值观的对立与冲突，在我国人本观念尚不发达的前提下，这两种冲突将会对我国的刑事司法制度及理念带来相当大的冲击。

（二）法律面前人人平等原则和同罪不同罚之间的矛盾

法律面前人人平等原则是法律中的黄金法则。在法治社会中，法律就是唯一上帝，在法律之上没有其他的权力。在法律帝国内，每个人都是法律平等的子民。没有人可以因民族、种族、国籍、身份、宗教信仰等得到特殊的优待或者不利对待。法律没有特殊的亲属，不需要对谁特别进行关照。法律也没有特殊的利益，不能因为谁的利益而在同样事情下作出不同对待。

罪刑法定原则是“法律面前人人平等”原则的演绎和具体化。

---

① 《牛津法律大辞典》，光明日报出版社1989年版，第764页。

只有法律面前人人平等，法律具有最高的蕴义，才能保证每个人的犯罪只有而且只能按照法律的规定来决定。罪刑法定原则的思想渊源最早可以上溯至1215年英王约翰签署的大宪章，其第39条规定：“凡是自由民除经其贵族依法判决或遵照国内法律之规定外，不得加以扣留、监禁、没收其财产，褫夺其法律保护权，或加以放逐、伤害、搜索或逮捕。”在17、18世纪，针对封建刑法中罪刑擅断的黑暗现实，资产阶级启蒙思想家明确地提出了罪刑法定的主张，并以三权分立说、心理强制说和人权保障理论为其基础，使罪刑法定的思想更为系统，内容更为丰富。无疑罪刑法定原则具有一定的缺陷，是通过一种现实的社会代价去换取理想中的法律真正的、完全的公正的原则。因为刑法作为一种规范将永远滞后于犯罪，加上否定类推，意味着有相当部分的犯罪不能被绳之以法，导致对一些犯罪的放纵和无能为力。但是，罪刑法定原则进一步明确了法律在金字塔顶端的地位。犯罪只有通过法律才能决定，而不是由其他任何恣意的或者不羁的意志来抉择，这保证了一种民主和法制秩序的有效展开与建立，人治社会的消融与分解。

罪刑相适应原则是法律面前人人平等和罪刑法定原则的进一步展开和具体化。罪刑相适应的观念可以上溯至古代社会的“同态复仇”。但当时的“同态复仇”实际上是统治阶级酷刑的依据，是完全以结果论责任的绝对报应刑。在反封建的斗争中，资产阶级启蒙思想家针对严刑酷罚的司法制度，提出了罪刑等价的观念。著名思想家孟德斯鸠曾指出：“惩罚应有程度之分，按罪大小，定刑罚的轻重。”贝卡里亚也指出：“犯罪对社会的危害，是衡量犯罪的真正标尺。”① 罪刑相适应原则可以防止犯罪所得到的与其所失去的不成比例，通过对犯罪的相当惩罚也可以警醒未然犯罪，使正义以一种朴素的方式体现。

① ［意］贝卡里亚：《论犯罪与刑罚》，黄风译，中国大百科全书出版社1993年版，第67页。

但是，对于刑事和解而言，其与上述刑法的基本原则发生了严重冲突。因为刑事和解是建立在加害人付出一定的金钱等物质利益的前提下，在刑事惩罚方面予以减轻或者豁免的制度。这样，刑事和解无论与法律面前人人平等原则、罪刑法定原则以及罪刑相适应原则都形成了巨大的理念和实践悖论。这样，正义可以用金钱赎买，法律可以为有钱人定做。有钱人可以获得正义和平等，而无钱的人只好因经济原因远离正义和平等了。即使刑事和解是基于被害人利益考虑而采取的一种新型制度和理念，但是，其对人们法律是公正、平等的信仰的冲击是非常巨大的。

二、刑事和解的比较考察

刑事和解制度的起源与三个传统有关，第一个传统是门诺教会对加害人与被害人调解（Victim – offender – reconciliation program，简称 VORP）的探索；第二个传统是公共刑事司法局缓刑部门的和解计划；第三个传统是矫正部门以赔偿为中心的和解计划。对于第一个传统而言，主要是指发生在 1974 年的加拿大安大略省基陈纳市的世界上第一个恢复性司法案例。当时，该市的两个年轻人实施了一系列破坏性的犯罪。在当地缓刑机关和宗教组织的共同努力下，这两名罪犯与 22 名被害人分别进行了会见，通过会见，两人从被害人的陈述中切实了解到自己的行为给被害人造成的损害和不便，并交清了全部赔偿金。这种被害人——犯罪人的和解程序被视为恢复性司法的起源。对于第二个传统而言，其来源于美国公共刑事司法局缓刑部门的和解计划。在 1965 年至 1979 年间，美国各地公共刑事司法局的缓刑部门建立了 34 个涉及少年司法系统的刑事和解计划，由执行官充当这些计划的调停人。在这个计划中，受过培训的社区志愿者担当了调解人的角色，但是，他们在调解中并不是完全中立的第三方，从此以缓刑为基础的和解计划逐渐倾向于由缓刑官员做一些初期的工作的转变。对于第三个传统而言，是指矫正部门以赔偿为中心的和解计划。美国明尼苏达州在 20 世纪 70 年代初建立了明尼苏达赔偿中心，这是该州的判决执行管理机构，它主要负责为可以假释的罪犯制定赔偿计划，根据这一计划的执行情况，决定是否对犯罪人假释。在被害人愿意的前提下，可以到监狱与罪犯直接协商。在成功地缔结和解协议之后，应当向“假释裁决委员会”提交一份该协议的副本，以便作出是否假释的裁决。这是监禁、矫正过程的刑事和解的最初典型事例，其当初并没有被认为是刑事和解计划，但是，其运作程序和价值理念却与刑事和解的特点并无二致。

（一）美国

基于被害人与加害人之间的会谈会对被害人造成二次伤害的考虑，美国律师协会（ABA）直到 1994 年才对刑事和解予以认可。在 1995 年被害人援助国际组织批准了恢复性社区司法模式后，美国的刑事和解在正式的法律背景下才终于合法化。

1．案件适用对象及范围。美国刑事和解的适用对象最初是少年犯及其受害人，后来扩大到成年犯及其受害人，适用案件范围最初是破坏艺术品、轻微人身伤害、偷盗等轻微刑事案件，后来扩展至强奸、杀人、放火等严重暴力性案件。

2．案件的适用程序。

首先，刑事和解案件的受理。确定刑事和解案件的范围是通过“案件筛选程序”（Screening procedure of cases）完成的。美国刑事和解协会（Victim—Offender Mediation Association）所确定的筛选标准是：（1）有利于被害人和加害人的意愿并能够参与。（2）和解过程对被害人和加害人都具备安全性。[①] 一般而言，这种标准是非常宽松的。

其次，刑事和解的准备。准备是根据美国刑事和解协会《建设性道德准则》进行的。该规定包括：（1）为犯罪人和被害人讲

---

① 美国刑事和解协会主页：http://www. voma. org“Recommended Ethical guidelines”,2007 –02 –15。

解注意事项，以确保和解中人身及心理的安全；（2）鼓励与倾听双方的情感表达；（3）提供有关刑事和解制度、和解过程、刑事司法制度、调解人自身的信息和可得的司法资源的信息；（4）与各方讨论刑事和解对其可能存在的有利或不利影响，帮助其作出包括参与和解、在任何情况下推出刑事和解的各种决定。①

3. 案件执行程序。如果刑事和解成功，达成书面协议，调停人会将协议提交社区、检察官、警察、缓刑官员等人审查。检察官会据此决定是否终止公诉。对于刑事案件的执行情况，调停人可以进行监督。

（二）法国

1992年10月，法国司法部颁布了关于规范刑事和解程序的行政通令（circulaire），对刑事和解的目的及其基本法律框架进行了规定。此后，立法者又于1993年1月4日通过的法律程序将刑事和解程序正式纳入法国刑事诉讼法典，将其作为一种重要的公诉替代程序，并进一步明确了其运作的细则。依据1992年行政通令之规定，所谓刑事和解，是指“在第三者介入的情况下，由双方当事人通过自由协商寻求解决犯罪冲突的方案”。2004年3月16日的行政通令对这一界定作出了进一步的解释，指出，“刑事和解指通过第三者的引导将犯罪行为实施者与受害人召集会见，以在两者之间建立联系并就赔偿的具体细则和重新修复关系上达成合意，尽可能促进确立不再重新犯罪的条件”。

1. 实施刑事和解的前提条件。其一，检察官拥有足够的证据证明犯罪行为存在且系被告所为；其二，当事人明确存在；其三，当事人双方同意以和解的方式解决刑事纠纷。

2. 适用范围。法律对于刑事和解程序的适用范围并未作明确规定。但依判例及司法实践，该程序一般适用于家事诉讼案件（le

---

① 美国刑事和解协会主页：http://www.voma.org“Recommended Ethical guidelines”,2007-02-15。

contentieux familial)、抛弃家庭案件、妨碍亲权行使案件（la non - représentationd'enfant)（法国刑法典第227 -5条)、家庭暴力案件(les violences conjugales)（法国刑法典第222 -11条及以下条款)。在司法实践中，刑事和解程序还经常适用于如下几种类型的刑事案件：轻微的暴力伤害案件（法国刑法典第222 -7条及以下条款；第R625 -1条)、盗窃案件（法国刑法典第311 -1条及以下条款)、诈骗案件（法国刑法典第313 -1条)、破坏、毁誉及毁损案件（法国刑法典第322 -1条及以下条款)、威胁案件（法国刑法典第222 -17条及以下条款)、伤害案件（法国刑法典第R621 -2条）以及恶意电话案件（法国刑法典第222 -16条）等。

3. 刑事和解的程序。一般法国刑事和解程序需经历四个阶段，即和解前的会见阶段（la phasedel entretienpréalable)、当事人交流并寻求解决方案的阶段（la phase d'échange et drecherche de solutions)、和解成果的固定阶段（la phase de consolidation）以及和解协议的执行阶段（la phased'exécution)。但并非所有的刑事和解程序均需经历这四个阶段，因为当事人可能在和解程序的某一个阶段(在合意固定前）因种种原因而宣布退出和解程序，回归一般的公诉程序。

如果和解成功，在当事人签署了和解协议后，和解员将案件材料连同双方当事人所签署的和解协议以及一份简短的报告交给委托和解的共和国检察官。但是，和解协议仅对双方当事人有约束力，对检察机关没有约束力。如果当事人一方不履行协议，如果协议内容涉及损害赔偿金，另一方当事人可请求法院强制执行，虽然和解协议对共和国检察官没有约束力，但一般共和国检察官会尽力保证协议的执行，并在协议达成后撤销对被告的公诉。如果协议内容涉及停止暴力活动的，共和国检察官也可就当事人新的犯罪提起公诉。①

① 施鹏鹏：《法国刑事和解程序及其借鉴意义》，载《社会科学辑刊》2006年第6期。

（三）德国

德国的刑事和解制度是一项非常完整和全面的制度设计，有三部重要法律对其作出了规定，分别是德国刑法典、德国刑事诉讼法典和德国少年法院法。根据德国少年法院法第10条、45条、47条规定，刑事和解是一种刑事转处措施，而自1994年以来，如果被告人已赔偿了被害人损失或者在审判之前至少真诚地努力这样做，法庭就有权据此减轻刑罚、判处缓刑或对1年以下的自由刑及罚金免除刑罚。[①] 修改后的1998年德国少年法院法补充规定，少年犯与被害人的和解是法官可以科处的教育处分措施；如果已执行教育处分，检察官认为无科处少年犯刑罚之必要的，可免予追诉，法官则可终止诉讼程序。[②] 根据德国刑事诉讼法典第380条、153条a之规定，刑事和解对象则扩展到成年犯罪人，根据德国刑法典之规定，如果犯罪人努力与被害人达成和解，其行为全部或大部分得到补偿，或努力致力于对其行为进行补偿，或被害人的补偿要求全面或大部得到实现的，可依法减轻刑罚或免除刑罚。德国刑事诉讼法典规定对于公诉案件中的轻罪案件，经负责开始审理程序的法院和被指控人的同意，检察院可以对轻罪暂时不予提起公诉，同时要求被告人作出一定的给付，弥补其行为造成的损失；如果被告人履行了要求，则不再追究犯罪。[③] 这样，可以看出德国刑事和解制度的一些具体特征：

在案件适用范围上，德国刑法虽然对和解的适用没有限制，但在实践中则有具体要求：（1）愿意参加者；（2）被害人是个人的；（3）坦白的加害人；（4）案件的事实和状况能明确地证实；（5）限于轻微犯罪和一般的犯罪，对于性犯罪和暴力犯罪只在若干例外

---

① Detlev Frehsee. Restitution and Offender – Victim Arrangement in German Criminal Law: Development and Theoretical Implications, Buffalo Criminal Law Review Vol. 3: pp. 235.

② 《德国刑法典》，徐久生、庄敬华译，中国法制出版社2000年版，第76页。

③ 《德国刑事诉讼法典》，李昌珂译，中国政法大学出版社1995年版，第45页。

中适用。①

在调解的机构上，德国的调解过程中需要有调解人。德国的调解人包括两个特别的 VOR 和解中介机构，即专门的“纠纷调停人”和“解决调停人”。对于同意参加和解的少年犯罪案件中的当事人，一般优先考虑由其直接商谈，对成年当事人，基于避免其直接接触引起冲突的考虑，可以通过电话或中介人间接联系。在和解成功后，签订口头或书面协议，和解协议对双方当事人都有约束力，应当在限定的期限内履行。

从上述国家的刑事和解制度中，可以发现一些区别。第一，在两大法系国家中，刑事和解适用的范围略有不同。英美法系国家适用范围较为宽泛。例如，美国刑事和解案件适用范围从少年犯到成年犯，从轻微刑事案件到强奸、杀人、放火等严重暴力性案件。大陆法系国家刑事和解案件适用范围则比较逼仄，基本上适用于未成年人案件。例如，意大利的刑事和解制度主要应用于对未成年人犯罪案件，旨在教育和改造未成年犯罪人。日本的刑事和解制度也主要适用于轻微犯罪案件和少年犯罪案件。第二，在刑事和解模式上，也有差异。英国、美国在实践中多适用社区或转处模式。欧洲大陆国家则适用替代模式，但也并非绝对如此，如美国的俄克拉荷马州就适用了替代模式。所谓的社会模式，是指在犯罪发生后，犯罪嫌疑人逮捕以前由社区进行调解的方式。转处模式，是指在罪犯被逮捕后起诉前由和解中介机构进行调解。所谓的替代模式通常是由司法官员在量刑和执行中适用，替代监禁刑。② 但是，上述两大法系国家刑事和解制度也具有一些基本相同之处。第一，和解都应当出于自愿。自愿是刑事和解的前提，也是通过刑事和解处理案件

① ［日］安部哲夫：《德国被害人学的产生和发展》，载《被害者学研究》1998 年第 3 期，转引自《现代法学》2001 年第 1 期。

② 刘凌梅：《西方国家刑事和解理论与实践介评》，载《现代法学》2001 年第 1 期。

与通过公诉案件处理案件区别的关键。其体现了对行为人主体意志的尊重。第二，刑事和解一般由调解人参与。例如，德国刑事和解中有专门的“纠纷调停人”和“解决调停人”。到1990年为止，英国也已成立了14个和解组织参与刑事案件的和解。

三、刑事和解中国化的现实考察和原则导向

(一) 刑事和解中国化的现实考察

1. 历史传统为采取刑事和解制度提供了适宜的背景。在传统上，虽然我国历史上就有“私和公事罪①”的记载，但是，刑事和解在我国却有着深厚的历史底蕴和价值根基。我国自古就有以和为贵、和而不同、和实生物的思想。儒家思想曾经垄断整个封建王朝的意识形态，孔子在《论语》曾经提道，“礼之用，和为贵；先王之道，斯为美”，即礼的作用，以和谐为重；先王准则，以和谐为美。同时，我国也长期具有耻讼、厌讼的传统，在《论语》中，孔子还曾经说过：“听讼，吾犹人也，必也使无讼乎！”英国社会学家西比尔·范德斯普伦格尔在其书中强调，中国人民避免打官司，大多数纠纷都通过调解在法庭外解决。② 在我国传统中，“和”的文化一直是中华文化的重要特征，高柏园以《论和合文化与全球化》谈到《论语》有“君子和而不同”之论，《老子》有“冲气以为和”之论，《易传》直谓“保合太和以利贞”，《庄子》云“游心于德之和”，凡此皆可说明中国文化以和平与和谐为主要基调。除了儒家之外，释、道和其他文化流派也普遍接受并广泛使用

---

① （清）沈之奇：《大清律辑注》（下），怀效锋、李俊点校，法律出版社1998年版，第710页。

② Sybille van der Sprenkel, Legal Institutions in china: a social Analysis, (london: Athlone Press, 1962). 转引自瞿同祖：《瞿同祖法学论著集》，中国政法大学出版社2004年版，第418页。

这一概念，成为贯通中国文化思想领域里一个综合性概念。[①]

在当今社会的广大农村，仅凭国家追诉，通过公力救济远远达不到解决社会纷争的目的。苏力曾经谈道：在农村这样一个人际关系紧密、人员较少流动的社区中，村民必须相互依赖、相互帮助才能克服一些无法预料的事件。在长期的共同生活中，在无数次的小摩擦里，他们陶炼出一种熟悉，建立了这样一种相互的预期。因此，他们并不是如同近代以来西方文化中占统治地位的学说所假定的那样，是分离的、原子化的个体，而是因生活需要紧密联系在一起的，在一定意义上他们是"一损俱损，一荣俱荣"。因此，那种基本上是基于个体化预设和社会条件发展起来的法律制度和法律理论不可能在这样的社会中有效运作。[②] 因此，在我国幅员广大的农村，和解无疑是有着广泛的市场和深厚的土壤。在城市社会中，由于我国传统上属于农村社会的历史积淀，即使在现代化、国际化的大都市中也不能脱离我国与人为善、和谐共生的历史一贯传统。所以，我国具有实行刑事和解的适宜的本地环境。

2．刑事案件的压力是实行刑事和解的内在动力。现代国家在文明和民主发展的同时，刑事案件并没有因此减少，反而呈现出不断高涨的趋势。在我国，刑事和解主要原因之一是因为刑事案件的压力。2000 年前后，北京市朝阳区检察院开始试行刑事和解制度，因为该检察院办案压力比较大，每年的刑事案件好几千件，而轻伤害案件就有五六百件，刑事检察部门不堪重负。这成了采取刑事和解的重要因素。在实行了刑事调解制度后，2006 年朝阳区人民法院刑一庭共审结刑事和解案件 327 件，解决赔偿金额 600 多万元。在某一个（两年半）时间段内，北京市七个区检察院公诉部门共受理各类刑事案件 27427 件，其中轻伤害案件共 4607 件，轻伤害

① 杨振敏：《第三届海峡两岸中华传统文化与现代化研讨会举行大会主旨发言》，来源于民进中央宣传部，载中国民主促进会网：http://www.mj.org.cn。

② 苏力：《法治及其本土资源》，中国政法大学出版社 1996 版，第 31 页。

案件中，检察机关适用和解结案的共667件，和解适用率为14.5%。轻伤害案件经和解后，作移送公安机关撤回（撤案）处理的共534件，占80.1%；作相对不诉处理的共129件，占19.3%；作起诉处理的仅4件。上海崇明县人民法院适用刑事和解制度后，刑事附带民事（包括自诉）案件调解撤诉率2005年达到94.28%，2006年为81.82%。[①] 虽然一些轻微刑事案件比较容易处理，但是，其在程序上的要求并不一定少于严重的刑事案件。通过刑事和解，提高了案件的处理效率，可以使单位司法资源更好地分配到更需要的重大刑事案件中去，从而提高了司法资源的利用质量和效果，这无疑是符合人类理性的特征。

3. 从被告人保护到被害人保护的国际趋势是刑事和解的外部源泉。刑事和解的本质在于对被害人利益保护的加强和深化，这体现了当今国际社会刑事司法由被告人利益到被害人利益转化的趋势。1941年，德国犯罪学家汉斯·冯·亨蒂首次提出“被害人在犯罪与预防犯罪的过程中，不只是一个被动的客体，而是一个积极的主体”。[②] 在20世纪六七十年代，被害人犯罪学开始在西方国家的蓬勃发展，出现了“被害者导向”的刑事政策思潮。1957年英国的法改革者 Margery Fry 提出在刑事司法过程中不应无视被害人，因此提出应赔偿被害人，并着力于罪犯与被害人的和解。自此“赔偿”与“犯罪人与被害人之间的和解”就成为被害人犯罪学中的两个重要概念。[③] 美国犯罪学家约翰.R. 戈姆（John R. Gehm）对刑事和解制度在理论研究中有重大突破，在其《刑事和解方案，一个实践和理论架构的考察》一文中，他提出刑事和解的三个理

---

① 韩永：《刑事和解渐入佳境?》，http://www.chinanewsweek.com.cn/2007-07-23/1/8589.shtml,2008—03-21。

② 刘方权：《刑事和解程序，一个实践和理论构架的考察》，载北大法律信息网2008-03-22。

③ 刘凌梅：《西方国家刑事和解理论与实践介评》，载《现代法学》2001年第1期。

论基础是:“平衡理论”(Equity Theory)、“叙说理论”(Narrative Theory)、“恢复正义理论”(Restorative Justice Theory)。他从社会本位和犯罪者、被害者个人本位角度,对刑事和解的理论基础进行了多方面的论证,从而在理论上推动了刑事和解制度的进一步发展。

(二)刑事和解应当遵循的原则

1. 双重关照原则。如果运用得当,刑事和解能够达到双赢的目的。对于被害人而言,在叙说自己的被侵犯的痛苦后,悲愤能够得到消解;在得到一定的经济补偿后,身体或者其他方面受到的伤害在经济上可以得到满足,避免了被犯罪侵害而在经济上一无所得的境地。被告人也可以在听取被害人一方的叙说和指责后,精神上受到谴责,更有利于其深刻反省犯罪行为给他人带来的灾难后果。在付出一定的经济补偿后,其经济上的损失也会对将来犯罪是一种警醒。此外,由于通过刑事和解结案,特别对于未成年人案件,一般不会留下记录,不会给其带来标签效应,因此,可以有效地避免将其在监狱里由一个初犯改造成老手的境地,对其将来的改造也极具有现实价值。但是,基于均衡观点的考虑,在进行刑事和解时,也不要一味满足被害人的漫天要价,既要考虑到其所受到的伤害,又要考虑到加害人一方的实际赔偿能力,以刑事和解能够达成为前提。因此,如果在被害人和加害人不能达成和解协议的情况下,作为调解人的第三方适当介入也是有必要的。

2. 底线原则。即使是在刑事和解中,对于通过刑事和解解决案件的范围,也是有个限度的。也就是说,在国家、被害人和加害人之间的利益平衡上必须保证一定的限度。的确,刑事和解可能为被害人和加害人带来双赢的结果,但是,由于刑事案件还侵犯了国家的利益,加害人和被害人的双赢局面往往是以牺牲国家利益为代价的。对被害人和加害人而言,这可能实现了具体的正义,但是,对于国家而言,是以国家法律权威以及整体正义的适当减损为代价的。国家毕竟是一个全民的福利机关,其不仅维护个案正义,还必须维护整体正义，因此，必须保证国家对个人利益让步的底线。在刑事和解案件中，这可以通过限定刑事和解适用案件的范围来实现。一般而言。刑事和解适用于可能判处3年以下有期徒刑的轻微刑事案件，包括各类过失犯罪，以及亲属邻里关系中的盗窃，数额不大的诈骗、抢夺、敲诈勒索等。刑事和解不适用于重刑犯罪和公害案件，也不适用于累犯和惯犯案件。这是因为，对于重型案件，其本身悔过自新的余地较小，如果适用刑事和解，也不能满足被害人对其要求惩罚的报应情感的需要。此外，由于刑事和解属于自愿进行，在被害人一方也难以达成和解协议。对于危害国家安全、危害公共安全的犯罪等公害案件，由于侵害的是国家的秩序，受侵害的是国家，因此，没有达成和解的必要和前提。对于累犯和惯犯，由于其主观恶性较强，犯罪恶习已经形成，如果采取和解方式结案，无疑是鼓励和纵容其继续犯罪。

3. 自愿原则。刑事和解是对当事人主体地位尊重的体现，一般而言，由被害人或者加害人自己进行协商，自己决定是否采取刑事和解、是否赔偿以及如何赔偿，这也是彻底解决被害人和加害人之间冲突和矛盾的一种方式。因此，国家一般要尽量减少介入的程度，由当事人自己决定自己的命运。当然，在刑事和解严重偏离正常轨道，出现了胁迫、利诱或者明显不公的情况时，司法应当介入，保证当事人的自愿与国家的司法力量达到适当的平衡。

4. 多方参与原则。刑事和解的价值根源之一就是恢复性司法的理念。因此，基于对加害人矫正和恢复的需要，在刑事和解达成后，应当在后续措施上予以配套，以巩固和实现刑事和解的社会效果。具体而言，应当保证社区、学校、单位、家庭等各方的适时、适当参与，保证刑事和解目的的真正实现。

第六章　国内法关系篇

引言：在刑事诉讼法的内部运行过程中，存在着种种的冲突和矛盾，而刑事诉讼不断演进的结果，就是不断地总结刑事诉讼运行的规律，解决冲突，化解矛盾，以达到从冲突走向衡平的目的。在刑事诉讼法的外部关系上，对于作为部门法的刑事诉讼法而言，其与其他部门法同样存在着密切的联系，而与刑事诉讼法联系最密切的部门法莫过于宪法与刑法了。但是，这些法律之间同样也存在着冲突。对于这些冲突，既有立法技术上的原因，也是价值目标上的定位不同的结果。当然，也有的冲突是本来应当如此的，属于部门法之间天生的冲突。对于立法技术上的原因，如宪法和刑事诉讼法之间，应当加强协调和修正，使宪法与刑事诉讼法之间的联系机制保证畅通；对于价值目标上的冲突，应当分清当今法律真正的追求目标的含义，然后予以调整；对于部门法之间本身性质决定的冲突，则不需厚此薄彼，应当将其同等看待，不存在孰重孰轻的问题，如刑事诉讼法和刑法，尽管二者之间存在着限制与被限制的关系，但是，二者都是保证社会秩序正常运转，使正义得以实现的部门法，与宪法与刑事诉讼法之间的关系不同，刑法和刑事诉讼法之间没有位阶关系。

以往成功的事业使我们有理由相信，许多要求能完美地实现都是经过一系列的妥协而后取得的，并不一定是在每一步上都顽固地坚持按自己的方式才取得的①。

——［美］科恩

第一节　从纸面到现实：刑事诉讼法与宪法的关系

在当今刑事诉讼的研究中，刑事诉讼法被称为“人权宪法”、“应用宪法”、“宪法的测震仪”等，都是在说明宪法与刑事诉讼法之间联系的紧密程度，这也为我们展开对二者关系的研究提供了动力和激励。同时，通过打开各国宪章与刑事诉讼法厚厚的篇章，二者关系实质上基本是以人权保护和国家权力控制为纽带进行联结的。因此，以公民人权卫护和国家权力控制为轴心，以各国宪法和刑事诉讼法的关系为外径，可以发现宪法和刑事诉讼法在人权保护中的关系及其价值根基。

一、刑事诉讼基本权利宪法化：宪法和刑事诉讼法关系的价值根基

目的是一切行为的发动机，每项研究行为都应当源于一种目的，即一种实际的动机。在研究宪法与刑事诉讼法的关系中，其主要目的是如何通过权利控制权力，以及防止权力恶意滋生与蔓延。而使刑事诉讼基本权利宪法化，则是打开宪法与刑事诉讼法关系之门的一把钥匙。同时，也是研究二者之间关系的价值根基。

（一）刑事诉讼基本权利宪法化，可以建构卫护基本权利的双重屏障

宪法是公民基本权利的大宪章，刑事诉讼法是公民基本权利的小宪章。但是，基于经济基础、政治形势、法律传统、意识形态、

---

① ［美］科恩：《论民主》，聂崇信、朱秀贤译，商务印书馆1988年版，第186页。

价值观念的不同，各国宪法和刑事诉讼法对公民基本权利保护的定位不同。一般说来，大陆法系的法国宪法（包括我国）“仅就人民的人身自由作抽象保障，而对身体自由所引申衍生的刑事被告在刑事诉讼中的权利，则多完全听任程序法规予以规定。其结果，每每或因诉讼法规疏忽错失，使人身自由的保障徒留形骸、成为具文；或因诉讼法规扭曲宪法原意，喧宾夺主，使人身自由的保障，变形变质”。① 但是，大陆法系其他国家宪法，如德国宪法，则具有和我国宪法不同之处，其大多通过事后的救济机制，利用宪法法院的终局裁决功能及其权威性的保障措施，使上述缺失得以尽量弥补。在英美国家中，特别是美国，不仅在宪法中具明了刑事诉讼中的基本权利，而且提供了配套救济措施，保证这些基本权利处于上级位阶，并在最高法院的宪法审查中得到优先处理和对待。一般而言，两大法系国家只是处理问题的进路不同，而其保护人权的目的并无太大偏差。

在我国宪法中，公民一些基本权利没有被具体列明，从而给刑事诉讼中司法人员任意解释和发挥留有余地。同时中国秉持宪法不入讼的观念，没有宪法审查制度，其结果导致公民权利行使空间受到压缩，诉愿上呈渠道受到阻滞。在我国，公民的基本权利仅仅被认为是刑事诉讼法上的权利，而很少被认为是宪法上的权利，至多是为了体现某项被追诉人权利的重要性而标签式地引用一下宪法根据。但这陷入了一个误区：这种观点一方面完全隔离了宪法与部门法，尤其是涉及公民基本权利的法律之间的有机联系；另一方面则是割裂了宪法与公民基本权利保护的司法和执法活动之间的有机联系。于是，宪法似乎只是被束之高阁的没有实际作用的“法律”，同时宪法权利也变成没有实际意义的权利。②

① 王戬：《规范与当为．宪法与刑事诉讼的良性互动》，载《法学》2003 年第 7 期。

② 周伟：《论刑事司法权利的宪法保护》，载《政法论坛》2003 年第 6 期。

宪法是公民权利保护之源和总的宪章。限制人身自由的法律应当均载于宪法，非但政府的行政部门不得侵犯人身自由，立法机关亦不得通过法律来限制人民保护其人身自由的权利，这种保护无疑是最周到的。因此，应当在宪法中明确列举公民的基本权利，以宪法的名义为刑事诉讼权利正名，提升刑事诉讼权利保障的品格，增强刑事诉讼权利保护的张力。同时，刑事诉讼法作为与宪法关系最为密切的部门法，同时也是宪法权利的最基础的保障法。刑事诉讼权利的宪法化，可以给犯罪嫌疑人或被告人在原有刑事诉讼法保护的基础上附加宪法保护的双保险。而从应然的角度讲，如果不从宪法寻找资源，未来中国刑事司法中的人权保障将没有根基。

（二）刑事诉讼基本权利宪法化，可以打造防治司法权滥用双重之轭

刑事诉讼程序是司法机关和被告人、犯罪嫌疑人一方展开对决的战场，其中，有司法权和诉讼权利的角逐，也有国家利益和公民个人利益的博弈。在英美法系的当事人主义理论中，国家司法机关和犯罪嫌疑人、被告人一方在诉讼中进行的是一场公平的竞赛，遵守同样的规则，配备同样的武力进行攻防对决。但是，法律的存在并不代表法律的现实。事实上，在刑事诉讼中，犯罪嫌疑人、被告人一方实际上是以一己之力与一国之力对抗，因此，如果真正实现公平对决，并且在对决中实现正义，必须使当事人一方获得更多的力量。而在宪法中规定当事人的权利，使被告人的权利上升到宪法的层面，这样，除了通过刑事诉讼法对司法权进行控制外，同时，也为司法权套上了宪法权利限制之轭，从而实现了对司法权的双重控制。其结果是使控辩双方的力量此消彼长，使控辩双方更加接近平衡状态。

（三）刑事诉讼基本权利宪法化，可以提高宪法的可适用性，保证宪法从纸面转化为现实

就宪法和刑事诉讼法的关系来看，宪法确实是刑事诉讼法制定的根据。宪法权利通过刑事诉讼法进入司法程序并且形成其实现机

制。从这个意义上来说，刑事诉讼法上的权利是宪法上权利的具体化，但这样表述并不准确和全面。因为宪法上的各种刑事司法权利不仅仅被“具体”化了，而是通过刑事诉讼法进入诉讼程序。所以，有德国学者称刑事程序法为实用之宪法。[①] 同时，宪法不仅表达了一种理念，它不是抽象的“社会契约”；……它还表达了可以直接实施的制宪者的意志，因而具有一般法律所具有的强制效力。事实上，也只有获得“司法化”之后，宪法才能进入到普通人的生活中去，而不是高高在上，一尘不染的“最高法”或“根本法”，换言之，宪法的效力才能真正体现出来。[②] 而通过刑事诉讼法的具体化作用，保证了宪法权利由“纸面”的权利转化为公民现实的利益。

二、比较法纬度：宪法和刑事诉讼法的关系

（一）美国

美国是宪法与刑事诉讼法密切联系的典型，或者说宪法是宪章化的刑事诉讼法，刑事诉讼法是具体化的宪法也毫不为过。美国的刑事诉讼经常被称为“宪法性刑事诉讼”（Constitutional criminal procedure），就是这种关系的经典写照。在美国宪法的10条修正案中，半数以上的条款与刑事诉讼中的权利有关。例如，沉默权、无罪推定的规定，都是直接规定在美国宪法中的。

美国宪法与刑事诉讼法的关系在保护公民权利和控制国家权力方面找到了交集，并且特别体现在宪法修正案著名的刑事正当程序中。宪法和刑事诉讼法在保障公民权利的过程中，通过美国联邦法院的创造性活动，正当程序条款意义的逐步发展，导致了权利法案的许多部分被合并在第14条修正案“正当法律程序”的解释之中。一些法学家们认为，权利法案是正当程序最低限度要求的一个

① 周伟：《论刑事司法权利的宪法保护》，载《政法论坛》2003年第6期。
② 张千帆：《宪法学导论》，法律出版社2004年版，第157页。

简短陈述。人们坚信“规定被告人享有最低限度权利的最高权力属于美国宪法”。[1] 此外，根据美国宪法第5至第8修正案的刑事正当程序的内容，包括了犯罪嫌疑人获得大陪审团审判、公开与及时审判、禁止一事多罚、禁止残忍与非常处罚、被告知指控理由并对质证人、在法庭保持沉默并获得辩护律师等权利。这些权利在德国与法国也受到不同程度、不同方式的保护。[2]

从上述规定中可以看出，在美国，宪法和刑事诉讼法存在着一种上下位阶关系，或者说是一种君臣关系，并且二者在对刑事诉讼被告人、犯罪嫌疑人的保障中，都同样具有实质性的效力。从某种程度上说，美国的刑事诉讼法是其宪法效力的执行人。

（二）英国

现代意义上最早的经典宪法当数英国的不成文宪法，而英国宪法从一开始就将保障人身自由、安全等刑事司法权利作为其最重要的核心内容。保护刑事司法权利从一开始就是英国宪法和宪法司法活动的核心内容，是宪法的出发点。比如，英国1215年自由大宪章第39条[3]规定：“任何自由人，如未经同级贵族依法裁判，或经法院判决，即不得被逮捕、监禁、没收财产、剥夺法律保护权、流

---

① ［美］爱伦·豪切斯泰勒·斯黛丽、南希·弗兰克：《美国刑事法院诉讼程序》，陈卫东等译，中国人民大学出版社2002年版，第62页。

② 张千帆：《宪法学导论》，法律出版社2004年版，第616页。此处张千帆先生有误，第7条是民事程序的内容，或者说是正当程序的内容，而不是刑事正当程序的内容。原文是：在普通法的诉讼中，其争执价值超过20元，由陪审团审判的权利应受到保护。由陪审团裁决的事实，合众国的任何法院除非按照普通法规则，不得重新审查。见美国宪法第7条修正案（1791）。

③ 到了17世纪，随着国王与国会之间争执的增加，大宪章的作用亦变得更为重要。根据宪章的内容多次修订而成的法律，保障更多的权利和涵盖更多的人民，最后演化成现代的君主立宪。虽然只有开始的数句、中间3条条文以及结束语仍然有效，其余34条都已被废除。1297年发布的大宪章至今仍是英国法律的一部分。今天，大宪章的实际法律效用已很微小，只在司法过程中偶尔被控辩双方和法官引用。但不少日后编成的政府宪法，包括美国宪法，都是起源自大宪章。

放或加以任何其他损害”。[1] 1682 年权利请愿书则专门提到：“……任何人，除依法律正当程序之审判，不论其身份与环境状况如何，均不得将其驱除出国，或强迫其离开其居住之采邑，亦不得予以逮捕、拘禁、或取消其继承权，或剥夺其生存之权利。”[2] 1767 年《人身保护律》共 20 条，是一部专门限制国王司法权利保护的。[3] 1689 年权利法案第 10 条规定：“不应要求过多的保释金，亦不应强科过分之罚款，更不应滥施残酷非常之刑罚。”法案结尾声明，凡“有损人民之任何宣告、判决、行为或诉讼程序，今后断不应据之以为结论或先例”。[4] 因此，从 1215 年自由大宪章第 39 条对公民基本自由的规定，到 1682 年权利请愿书中正当程序的记载，可以看出英国对公民基本权利的密切关注，也可以看出刑事诉讼基本权利的宪法性的徽征。

英国属于彻底的经验主义立法的国家，宪法性法律也是通过判例产生。英国宪法性法律并不明显地单独存在，而是英国普通法的一部分，并且就是普通法的产物。法律规范的宪法性效能不是通过特定的人为化的形式确定的，而是“由法官斟酌决定”。并且英国宪法属于不成文宪法，英国人自已也承认“英国宪法虽然从未被制定过，但却一直在生长着——只是没有书面文件而已”。[5] 同时，由于“宪法性法律是通常法律的一部分”，[6] 因此，保证了宪法的直接适用性，使宪法直接能够产生刑事诉讼法同样的效力。此外，由于英国是判例法国家，判例可以影响宪法，同时也可以影响刑事

① 董云虎：《世界人权约法》，四川人民出版社 1990 年版，第 231 页。

② 董云虎：《世界人权约法》，四川人民出版社 1990 年版，第 236 页。

③ 董云虎：《世界人权约法》，四川人民出版社 1990 年版，第 237 ~ 241 页。

④ 董云虎：《世界人权约法》，四川人民出版社 1990 年版，第 221 ~ 242 页。

⑤ 夏红：《宪法与刑事诉讼法关系类型分析》，载《辽宁师范大学学报（社科版）》2006 年第 3 期。

⑥ ［英］ W. Ivor. 詹宁斯：《法与宪法》，龚祥瑞、侯健译，三联书店 1997 年版，第 53 页。

诉讼法律，并且通过判例也会使后两者互相影响。这样，宪法和刑事诉讼法可以互相补充，共同发展。因此，二者之间除了宪法对刑事诉讼的指导关系外，还包含着二者之间的互相补充关系。

这样，英国宪法和刑事诉讼法是一种同僚关系。这就是说，英国宪法性法律并没有直接凌驾于刑事诉讼法律的效力，二者体现出一种同位互补关系，最多是一种主宾关系。宪法性法律是主，刑事诉讼法律是宾，二者可以通过判例和程序实现互补和对接，共同履行对当事人、特别是被告人和犯罪嫌疑人权利保护的使命。

（三）德国

德国基本法第1条保护人格尊严不受侵犯，第2条保护人的个性自由发展，其中第2条规定："人人有生存权和肉体完整权。人身自由不容侵犯，这些权利只能根据法律才能进行干预"。第1条与第2条的联合不仅保护刑事审判的正当程序，而且对实体惩罚规定了限制。在1977年的"终身监禁案"中，宪法法院进一步阐述了其人格尊严理论在刑事领域中的运用。①

基本法第2条第2款明确保护人身安全不受侵犯。联合考虑第1条的人格尊严和第2条的个性自由，宪政法院经常运用这项条款来规定刑事程序的宪法限制。虽然被告有责任接受某些对司法调查有所必要的人身或医疗检查，但检查必须由审判法官根据宪法要求明确注明，且必须符合比例原则。根据"骨髓抽查案"，② 宪法法院在推翻普通法院的判决中指出："在决定涉及强制抽取体液的案

① 张千帆：《宪法学导论》，法律出版社2004年版，第619页。

② 在1963年的"骨髓抽查案"中，一个公司经理屡次拒绝填写商业部所要求的有关企业信息。他退回表格，并加上一些不着边际、无理取闹的评论。商业部据此对他施加500马克的罚款，但他拒绝支付。在收集罚款的过程中，地区法官怀疑这位经理的中枢神经出了毛病，因而根据刑事程序法典第81a条，命令他通过抽取骨髓的医疗检查以决定其精神状态。上诉法院维持这一决定。经理提出宪政申诉，宣称法院决定侵犯了基本法第103条的听证权利和第2条第2款所保障的人身安全。宪政法院推翻了普通法院的判决。

件中，就和在涉及政府侵犯自由领域的所有案件一样，法官必须遵从相对于目标和手段的比例原则。犯罪问题的解决基于特别重要的法治原则；尽管这项公共利益通常为侵犯被告自由提供理由，对自由侵犯越严重，这项普遍利益就越不充分。因此，为了合适衡量手段和目的之间的关系，我们还必须考虑刑事过失的严重程度……根据基本权利的意义运用法律，所提议的措施必须和犯罪严重程度成比例，以使侦探犯罪对被告所带来的结果不比所预期的惩罚更重”。

在1972年的“病例保密案”中,[1] 宪法法院肯定了上案的判决原则。基于第1条的人格条款和第2条的个性自由条款，宪政法院拒绝接受医生记录以作为指控犯罪嫌疑的证据；即使保密记录的透露将有助于指控程序，这项公共利益亦不足以侵犯医生和病人之间的隐私关系。因此，和个性自由相关的隐私权对刑事侦查构成了限制。在1973年的“录音记录案”中,[2] 宪法法院禁止在刑事诉讼中使用受害者和被告对话的秘密录音。然而，法院强调了平衡个人隐私利益和主持刑事正义的公共利益之必要。因此，如果信息和被告的私人个性无关，那么接受录音证据的公共利益就和个人权利成比例。但如果将触及被告个性自由的内核，那么任何信息的公开披露均受到绝对禁止。[3]

在德国，鉴于战前的一些经验，在战后有非常多的制度设计，其中宪法法院的设计，基本上是透过强制的运作，使得宪法规范的一些价值能够贯彻到法律层面。德国基本法第19条第4项被称为司法的担保，司法的给付，甚至司法的受益。这一法律规定同刑事诉讼的关联，主要在于其规定基本权利的干预应该被救济，而且可

---

① 32 BVerfCE 373.

② 323 BVerfGE 367.

③ 张千帆：《宪法学导论》，法律出版社2004年版，第621页。

以提起宪法诉愿，这是一个重要命题。[①] 通过宪法法院，使宪法权利效力真正抵达尘世，同时，宪法法院也为宪法性刑事诉讼权利的保障提供真正发挥效用的威慑性武器。

在德国基本法中，主要是对刑事诉讼程序有关内容进行了原则性的规定，如法官独立（第 97 条）、生命和身体不可侵犯权（第 2 条）、限制法定原则（第 104 条）等。但是，基本法是刑事诉讼法的精神领袖，并且通过宪法审查制度，宪法的意志传达给刑事诉讼法。“德国现行的刑事诉讼法与民主、自由之思想有极重要的关联……保护个人自由不致受国家任意或过分侵害的自由思想，在德国刑事诉讼中有极深远的影响。”[②] “在所有的案例中均显示，刑事诉讼的发展与明定的基本法条文较无关，而与基本法的实际性较有关。……经由联邦宪法法院的判例对适当原则之运用，使基本人权在个案中的实际效用提升到迄今未有过的程度，也借使国家一般的侵害自由之权限在个案具体事由的衡量下，尽量减少不合理的情形……”[③] 在德国，基本法与刑事诉讼法之间的关系是如此紧密，造就了“刑事诉讼法是国家基本法之测震器”。[④]

（四）法国

法国的人权与公民权宣言（以下简称《人权宣言》）以及后来的法国宪法可以算是近代人权保护的另一个范本。[⑤] 1789 年的法国《人权宣言》第 7 条规定：“除非在法律所规定的情况下并按照法律所规定的手续，不得控告、逮捕和拘留任何人。” 1958 年的法国宪法第 66 条规定：“任何人不得被无故拘留。”《人权宣言》宣称

---

① 王戬：《规范与当为：宪法与刑事诉讼的良性互动》，载《法学》2003 年第 7 期。

② 克劳斯·罗科信：《刑事诉讼法》，吴丽琪译，法律出版社 2003 版，第 16 页。

③ 克劳斯·罗科信：《刑事诉讼法》，吴丽琪译，法律出版社 2003 版，第 16 页。

④ 克劳斯·罗科信：《刑事诉讼法》，吴丽琪译，法律出版社 2003 版，第 16 页。

⑤ 尽管 1789 年的法国《人权宣言》中的人权基于当时特定的历史背景，指的是男子的人权，但是其在特定历史时期的意义仍值得珍视——笔者按

保护人的“自然的和不可动摇的权利。这些权利就是自由、财产、安全和反抗压迫”。与之相对应，宣言还规定了无罪推定、不受酷刑、罪刑相适应和罪刑法定、不受非法拘捕和控告等关于人身自由和安全的权利。①

在法国，宪法与刑事诉讼法的关系可以体现在平等原则的适用方面。1975 年，法国修改了刑事程序法典，授予地区刑事法院的院长以不受上诉的裁量权，来决定案件究竟由法典第 398 条规定的 3 名法官合审，抑或由一名法官单审。69 名参议员因此向宪政院提交修正案。在 1975 年的“法官人数决定”中，② 宪政院对法官单审的挑战并未发表意见，因而这一措施本身似乎合宪，但宪政院判决院长裁量权的条款侵犯平等原则：“尤其是作为刑事法，被提交的法律第 6 条侵犯了在法院之前的平等原则；后者包含于 1789 年《人权宣言》所宣布的在法律面前人人平等原则，并受到宪法前言的庄严肯定。这项原则……禁止根据不同规则所组成的法院，去判决在类似情形下受到同样违法指控的公民。最后，宪法第 34 条把建立有关刑事程序的规则保留给立法，因而当涉及公民的基本权利和自由时，它禁止立法者把法律第 6 条……所包含的权力委托给其他机构去行使。因此，这些条款必须被认定抵触宪法。”③ 这样，不仅在法律规定上可以看出法国宪法和刑事诉讼法的统领或指导关系，同时也可以看出宪法对刑事诉讼基本权利的密切关注。

但是，和欧美其他国家不同是，对于违宪审查的内容，美国、德国和欧盟都是事后审查，而法国是事前审查。对于事前审查，因为法律尚未生效，因而不可能影响任何具体人的利益，决定了法国对立法的审查是“抽象”的，而不是针对具体的人和事。事后审

---

① 韩阳：《被追诉人的宪法权利》，中国人民公安大学出版社 2007 年版，第 54 页。

② 75 –76DC, J. C. P. II. 17691, Rec. 25(27Decenmber 1973).

③ 张千帆：《宪法学导论》，法律出版社 2004 年版，第 618 页。

查既可以是具体的，也可以是抽象的。这也是法国的宪法审查在保障公民基本权利方面不尽如人意之处。但是，1974 年，德斯坦政府引入宪法修正，增加了第 61 条第 2 款，致使提交权利扩展到参议院或众议院的 60 名议员。从此，议会少数派获得了在宪政院挑战议会法案合宪性的机会。这项改革产生了巨大的影响。在 1974 年后，基于第 61 条第 2 款提交的法案数量剧增，绝大多数对法案的挑战来自少数派，且挑战基础不再限于第 34 章机构分权原则，而是越来越多基于实体权利等理由。结果，宪政院的职能获得显著扩展，这种结局和制宪会议的初衷大相径庭。① 因此，可以看出，在法国，对宪法中的公民基本权利的关注也有一个渐进的趋势，从抽象审查到通过宪政院对实体权利进行关照。由于法国的宪法与刑事诉讼法的关系和我国宪法与刑事诉讼法的关系较为接近，这种趋势也正是值得我们深思之处。

三、我国宪法与刑事诉讼法关系的追问与形塑

一般认为，我国宪法和刑事诉讼法从宏观上是“母子关系”，或者更确切地说是“君臣关系”，因为母子关系并不能形象地体现宪法的最高性。同时，即使是具有最高权力的君主，也不能事必躬亲，其意志要通过臣子的具体执行。这正好契合宪法的意志由刑事诉讼法执行的意蕴。

但是，这不是问题的关键所在。反观欧美的宪法与刑事诉讼法，其无论关系如何，不论是君臣关系还是同僚关系，都能实现宪法效力和刑事诉讼法效力的发挥，都能保护公民权利和保证国家权力的规制，这是研究二者关系的最终目的。因此，如何调整和确立宪法与刑事诉讼法的关系，其着眼点无疑有两方面：一是着眼于公民的基本权利，二是规训国家权力与完善司法体制。虽然我国和欧美国家的政权组织形式和政治体制不同，但在保障公民基本权利的

① 张千帆：《宪法学导论》，法律出版社 2004 年版，第 179～180 页。

理念和制度方面却没有太大差别，因为人的基本自由和权利的价值具有普适性，受到人类普遍一致的珍视。具体而言，可以制定和实施如下制度和措施：

（一）在宪法和刑事诉讼法中确立比例原则

德国基本法中有两条是中国宪法所不具备的：一是所规定的公民权利被侵犯时，必须有法律明文规定的授权；二是在国家公共权力机构侵犯公民权利时，必须在法律规定的幅度范围内进行。这两项规定也就是公法中著名的法定原则和比例原则。然而，我国宪法并没有对于公共权力对私权利侵犯时所要遵循的法定原则和比例原则作出任何规定。因此，应当在宪法中确立比例原则。作为一种良性的互动，并发挥宪法对刑事诉讼法的“长臂功能”。

此外，也应当在刑事诉讼法中确立比例原则。在现实中，虽然比例原则属于刑事诉讼程序的皇冠原则，但我国刑事诉讼法并没有予以恰当关注，在司法实践中也缺乏比例原则观念和理论的指导。这样，在刑事诉讼行为中，司法人员往往不是凭法律或者理性的比例原则来行事，而是根据心情或者感情的好恶来作为。因此，在实践中造成了一系列的超期羁押、非法取证、刑讯逼供等违法现象。所以，无论在将来的刑事诉讼立法中，还是具体的司法实践中，都应该明确比例原则的地位和价值。具体而言，应当从比例原则所包含的内容上着手，即适合性原则、必要性原则、相称性原则、公正性原则。

1. 在适合性原则问题上，应当在法律和司法实践中明确强制措施目的与强制措施本身之间的关系。根据通说，强制措施不过是保证诉讼顺利进行的手段，而不是对被告人在最终判决之前的惩罚，也不是为了其他目的移花接木。否则，不仅会使强制措施目的异化，使之成为实现某些非法目的的帮凶。更重要的是，我国侦查机关的某些侦查行为，实际上等同于一种没有监督的判决，而这种判决比真正的判决本身更为可怕。“一次不公正的判决，其恶果甚至超过十次犯罪，因为犯罪是无视法律，好比污染了水流，而不公正的判决，则是毁坏法律，好比污染了水源。”① 而这些非法侦查行为既污染了水源，又污染了水流。

2. 在必要性原则问题上，由于我国某些司法人员的优势心理以及强势作风，使他们在实施司法行为时，不是选择对公民权益伤害最小的，而是选择对自己最为方便的，或者以个人情感好恶为标准实施司法行为。例如，本来通过监视居住就可以解决问题，为了防止犯罪嫌疑人或者被告人逃跑，给侦查带来不便，在没有相当理由的情况下，侦查人员宁愿选择逮捕的方式；应当采取取保候审的案件，为了所谓的侦查效率，他们可能采取羁押的方式。因此，对这种现象的矫正不仅要在法律上进行严密立法，而且还要从根本上改变侦查人员的“官本位”思想和强权作风。

3. 在相称性原则问题上，由于古代封建中国的严刑峻法的理念的影响，“禁奸止过，莫过重刑”的传统理念在我国侦查人员思想中仍然发挥着潜移默化的作用。因此，侦查人员在侦查时，往往小题大做，最明显的例子就是我国普遍存在着超期羁押的现象。而且这种羁押不是以被羁押人以后可能判处的刑期为依据的，而是以侦查人员的个人好恶或者是否方便侦查为基础。因此，很可能导致羁押的期限超过了其以后可能判处的刑期，而这样做的后果不仅践踏了犯罪嫌疑人的诉讼权利，同时也侮辱了法律。

4. 从比例原则的公正性上，必须确立控辩双方平等的理念，这种理念必须深深雕刻于每个司法人员的信念中，并且自然地体现在司法行为上。在犯罪嫌疑人、被告人方面，他们既要敢为自己的可能罪责负责，也要敢于对自己的尊严负责。犯罪嫌疑人、被告人要用自己的行为去捍卫尊严。这不仅是在捍卫自己的权利，而且是在捍卫法律；这不仅是自然法的要求，而且是对现代无罪推定原则的响应。这些行为包括要积极应诉答辩、积极聘请律师、在司法行

① [英] 培根：《论司法》，见《培根论说文集》，水天同译，商务印书馆1983年版，第193页。

为侵犯自己的权利时敢于申诉和上诉。最重要的是，国家要在宪法和刑事诉讼法中对比例原则包含的公正内容予以关照和体现，使之师出有名，言之有据。

（二）增强宪法权利的可救济性，增加救济性条款与宪法审查制度

在西方欧美国家，为了保证公民宪法权利真正实现，不仅仅在纸面上对公民基本权利进行规定，而且还通过具体的后续救济措施予以提供后盾。这主要是通过违宪审查或者宪法审查实现的。

在英国，杰出的科克法官通过“博纳姆医生案”[①] 开违宪司法审查的先河。美国是通过“马伯里诉麦迪逊”一案确立了宪法审查制度。在大陆法系的德、法等国，则是承袭凯尔森的宪政理论，通过宪政院或宪法法院来对刑事诉讼中的侵犯公民人权的违宪行为进行救济。但是，在我国，宪法实际效力处于休眠状态，公民在刑事诉讼中被侵犯的宪法基本权利，没有有效的可诉性路径。与西方欧美国家相比，形成强烈的纸面和现实、休眠和苏醒之间的反差。因此，增强宪法权利的可救济性，增加救济性条款与宪法审查制度，则是保证公民的宪法权利从纸面转化为现实，从睡眠到苏醒的重要保证之一。

尽管欧美国家的宪法（成文或不成文）或基本法与我国的宪法都对公民基本权利作了规定，但是，欧美国家的公民权利往往是实在的权利，而我国宪法中规定的权利则是抽象的权利，或者是纸面上的权利。我国虽然规定了诸多公民权利，但是，“多注重国体政体、权利义务等实体部分，于程序问题则不免有轻视之嫌”。“这些权利义务根据什么标准和由谁来确定、对于侵权行为在什么场合以及按照什么方式进行追究等程序性前提的规定却一直残缺不

① Dr. Bonham's Case, 8 Co. Rep. 107a, 77Eng. Rep. 638(C. P. 1610).

全。"① 其关键在于我国宪法没有保证其效力发挥的威慑装置。这样，因为无救济则无权利，公民权利在受到公权力侵犯时，被侵害人不能获得向中立的司法机构申请司法救济、获得公正听审的机会。特别是其宪法性的刑事诉讼权利的实现效果要大打折扣。

解决问题的关键在于为权力和权利之间划定范围，以及在权力和权利之间设定界限。前者属于分权性质，关系到国家根本体制问题，因此，不是一蹴而就的事情。但是，对后者的探讨方面，我国宪法中最明显的缺失是没有公民权利保障的配套救济措施。我国的宪法被誉为"最高的法"，高到其效力达不到公民的层面，结果也成了空中楼阁，从而也使宪法中某些重要的刑事诉讼权利形同虚置，导致了以权利限制权力的目的不能实现。因此，宪法的可救济性是解决问题的症结所在。在这方面，美国宪法中的一些做法可资借鉴。美国在宪法审查中确立了刑事诉讼法的三大原则，其中包括非法证据排除规则，直接针对警察或检察官的违法行为。非法证据排除规则排除警察或检察官用非法手段、特别是用违反美国宪法的手段所取得的证据，其功能主要是制约警察的非法取证行为，防止国家权力对个人权利的任意侵犯。这样，从宪法到刑事诉讼法、从法律规定到法律现实都实现了对公民权利的实在保障。因此，在我国，对宪法进行改革成了在刑事诉讼中完善公民诉讼权利保障的必要之举。而改革应当增加救济性条款和违宪审查制度，宪法中权利的列举必须增加程序性权利，必须增强宪法权利的可救济性。

（三）在宪法中规定刑事正当程序

美国通过"法官造法"的制度，由联邦最高法院制作了一系列具有宪法性意义的判例，把人权保护的理念从宪法扩展到刑事诉讼中去。其中最具典型意义的是20世纪60年代沃伦发动的"正当程序革命"。联邦最高法院关于排除非法证据的"马普案"、关于

① 陈新民：《宪法基本权利之基本理论》（上），台湾地区元照出版有限公司1999年版，第9页。

禁止残酷和异常刑罚的“罗宾逊案”、关于律师帮助权的“吉登案”、关于不被强迫自证其罪的“马洛伊案”、关于质证权的“波因特案”、关于侦讯过程中沉默权的“米兰达案”、关于迅速审判的“克劳普弗案”、关于强制本方证人作证权利的“华盛顿案”、关于陪审团审判权利的“邓肯案”以及关于禁止双重危险的“本顿案”的判决意见，均在这一时期相继出台。①

在我国，宪法并未对刑事正当程序作出具体规定，而是把它留给了刑法和刑事诉讼法处理。事实上，“无罪推定”权利也不是法律的明确规定，而是学界探索的产物。最近在某些地区初步实行的“沉默权”制度，也是在没有宪法与法律规定的前提下发展出来的，但在实际操作上受到很大限制。② 此外，对于正当程序重要内容之一的辩护权，国外宪法一般在总则开始部分予以规定，如美国宪法在宪法修正案第 6 条予以规定，而我国宪法在第 3 章第 7 节第 125 条“人民法院、人民检察院”部分予以规定。这似乎意味着辩护权是法院或者检察院赐予的权利，因为是赐予，所以可以给多一点，也可以给少一点。这既反映美中宪法对辩护权态度之差异，同时也反映在两国公民基本权利地位之差别，于是产生权利保障的差别待遇。

综上所述，我国宪法应当对刑事正当程序明确予以规定。这是因为，首先，刑事正当程序其实意味着对当事人特别是犯罪嫌疑人、被告人最基本权利的保护，只有在宪法上规定了刑事正当程序，才能使这些宪法权利转化为刑事诉讼权利，使这些权利不仅受到刑事诉讼法的保护，还要受到宪法的卫护，实行双重保护原则。其次，有利于改变“宪法不入讼”的现状，为宪法诉讼提供案由，增强诉权的能动性。最后，宪法中规定刑事正当程序，表明了国家在立法方面的一种积极和民主的态度，而这种态度无疑是我国法治

① 王以真：《外国刑事诉讼法学》，北京大学出版社 2004 年版，第 337 页。
② 张千帆：《宪法学导论》，法律出版社 2004 年版，第 617 页。

进程和法律氛围形成的催化剂。

第二节 限制与保障：刑事诉讼法与刑法的关系[①]

刑法与刑事诉讼法的关系是实体法与程序法的关系，刑法为刑事诉讼法的运行奠定了制度基础，刑事诉讼法为刑法的实现提供了路径选择。进一步考察可知，刑法与刑事诉讼法之间还存在其他关系，即互为限制和保障。刑法在为刑事诉讼法的实施提供实体条文的同时，还从另一侧面限制着刑事诉讼法的作用界域；刑事诉讼法在为刑法提供程序保障的同时，还发挥着限制刑法惩罚机能的作用。

一、刑法对刑事诉讼法的限制

1. 刑法对刑事诉讼法在案件处理数量上的限制。刑事诉讼法受制于刑法划定的犯罪圈的范围，当刑法严苛、犯罪圈大而严密时，需要通过刑事诉讼处理的刑事案件就越多，反之，当刑法谦抑、犯罪圈小而宽容时，通过刑事诉讼处理的刑事案件就越少，这可以在刑事诉讼案件分流制度中得到验证。从世界范围来看，对犯罪的界定有三种基本的方式：一是形式界定，即从犯罪的法律特征上对犯罪进行界定，也就是将犯罪界定为触犯刑事法律而具有刑事违法性应受刑罚处罚的行为。二是实质界定，即从犯罪的社会内容上对犯罪进行界定，也就是将犯罪界定为具有社会危害性的行为。三是混合界定，即从形式与实质相统一的角度来界定犯罪，既揭示犯罪的实质社会内容，又强调犯罪违反刑事法律的特征。[②]

以盗窃罪为例，在我国，根据刑法第264条规定，盗窃公私财物，数额较大或者多次盗窃的，才构成犯罪。对于数额较大与多次

---

① 此节由笔者与赵运锋合作。

② 高铭暄主编：《刑法学原理》，中国人民大学出版社1993年版，第374页。

的内涵，司法机关做了较为明确的解释，为司法机关裁判盗窃罪案件提供了可资借鉴的标准。因此，数额较大或者多次盗窃是罪与非罪的界限，达不到这个标准，则不能构成犯罪。这样，经过实体法的过滤，相当大一部分案件已被提前筛选出去，因此，对案件分流的空间相应缩小，因为我国经过刑法的第一次出罪调整之后，余下的案件基本上都具有严重的社会危害性，这样，通过刑事诉讼处理的案件在采取分流时就相对要求严格。

法国1810年刑法典第379条规定，窃取不属于己有之物者，为盗窃罪。这就是说，在法国，行为人只要窃取了不属于自己所有的财物，不管数额大小，原则上都构成盗窃罪。德国刑法典第19章为“盗窃罪和侵占罪”的规定，其中第242条为“单纯盗窃”的规定，意图自己之不法所有窃取他人动产者，处……第243条为“加重盗窃”的规定，……有下列情形之一者，原则上为情节重大。由于加重情节里面也没有牵涉到数额，因此，1976年德国刑法典关于盗窃罪的规定，并没有明确数额对犯罪构成的意义。①英国早期普通法规定所有盗窃行为都是重罪，现在的盗窃罪分为轻盗窃和重盗窃，但是这种轻重程度之分亦只有刑罚上的意义。1962年美国模范刑法典关于盗窃罪的等级规定是，盗窃数额超过500美元或者盗窃发火武器或机动交通工具的，构成三级重罪；盗窃数额50美元以下的构成微罪；其他情况属于轻罪。按法条字面解释，盗窃一美元也是犯罪（微罪也是罪）。②日本改正刑法草案规定的盗窃罪是：“窃取他人的财物的，是盗窃罪，处……”规定的盗窃罪的加重情形是：“①侵入他人住宅或他人看守的建筑物盗窃；②携带凶器盗窃或两人以上在现场共同盗窃。”③意大利刑法典规定的盗窃罪是，意图为自己或他人不法之所有，窃取他人动产而占

① 储槐植：《刑事一体化与关系刑法论》，北京人学出版社1997年版，第270页。
② 储槐植：《刑事一体化与关系刑法论》，北京大学出版社1997年版，第270页。
③ 张明楷译：《日本刑法典》，法律出版社1998年版，第190页。

为己有者。

总的说来，西方国家在对犯罪界定时，采取的多是形式定义而非实质定义，这和我国刑法中对犯罪内涵的解读有很大区别。但是，由于刑法是最后法和保障法，一般违法行为与行政违法行为还需由法官剔除于刑事干预之外。本来，在以实现所谓的分配的正义为基本理念的刑法中，只要触犯法，无论什么都处罚，这绝不是好事。只应当处罚值得处罚的行为，这是在法的实际运用中各国自古就采取的态度。①

总之，在西方国家的刑事司法实践中，需由司法机关通过衡量不法行为的可罚程度以确定是否纳入刑法的规制范畴。我国则通过刑法明确限定犯罪行为的危害程度而不必通过司法机关的考量。因此，两者有本质的区别。

2. 刑法规定对刑事诉讼程序中法官自由裁量的限制。法官在审理刑事案件中，其目的并不是单纯主持刑事诉讼的进行，更重要的是，法官必须按照法律的规定，对相关被告人作出适当裁决，从而实现国家的刑罚权。这样，虽然法官有一定的自由裁量权，但刑法条文对其约束显然是非常明显的。特别是在法典制国家里，刑法之于法官如同圣经之于虔诚的基督信徒同等重要。

我国刑法中有400多个罪名，其中包括绝对确定的法定刑和相对确定的法定刑。绝对确定的法定刑包括：我国刑法第121条，劫持航空器，致人重伤、死亡或者使航空器遭受严重破坏的，处死刑；我国刑法第239条，绑架致人死亡的或者杀害被绑架人的，是绝对的死刑；我国刑法第240条，拐卖妇女儿童，情节特别严重的处死刑；我国刑法第317条，暴动越狱或者聚众持械劫狱的首要分子及积极参加者，情节特别严重的，处死刑；我国刑法第383条有关贪污和受贿的量刑问题：贪污10万元以上，情节特别严重的，

---

① [日]大塚仁：《犯罪论的基本问题》，李海东译，中国政法大学出版社1993年版，第121页。

处死刑，并处没收财产；贪污5万元以上不满10万元，情节特别严重的，处无期徒刑。相对确定的法定刑则涵盖了大部分罪名的法定刑。绝对确定的法定刑对于法官自由裁量权的限制毋庸置疑，即使是相对确定的法定刑对法官的自由裁量权也具有相当的限制。

在其他国家的刑法典中，通过厘定绝对确定的法定刑限制法官自由裁量权的刑法条款也不胜枚举，如日本刑法典第81条诱致外患罪，与外国通谋，致使其对日本国行使武力的，处死刑。第126条第2款颠覆火车等致死罪，犯前两项之罪，因而致人死亡的，处死刑或者无期惩役。第240条强盗致死罪，致人死亡的，处死刑或者无期惩役。第241条强盗强奸致死罪，处死刑或者无期惩役。德国刑法典第211条谋杀罪，谋杀者处终身自由刑。第212条故意杀人罪，情节特别严重的，处终身自由刑。意大利刑法典第241条侵害国家的完整、独立和统一罪，处以无期徒刑。第242条公民持武器反对意大利国家，处以无期徒刑。第276条侵害共和国总统罪，处以无期徒刑。第422条屠杀罪，如果造成人员死亡的，处以无期徒刑。第448条传播疫病罪，处以无期徒刑。第575条杀人罪的加重情节，处以无期徒刑。英国1965年谋杀罪法规定，依法被判处谋杀罪的，处终身监禁。1969年种族灭绝罪法第2条a款犯罪行为中有杀害他人的，处终身监禁。1883年爆炸物法第2条引起可能危及生命和财产的爆炸，依公诉程序判罪者，处终身监禁。1861年恶意损害罪法第35条在铁路上放置木头等物、抬起铁轨、转换铁路转辙器、显示或隐藏信号等意图阻塞、颠覆机车的行为，经依法判罪者，由法院决定处终身劳役监禁或者终身监禁刑。①

其实，无论是我国的刑法还是西方国家的刑法典，厘定绝对确定法定刑的立法目的无非是限制司法机关与司法人员的司法裁量权，实现刑法的罪刑均衡原则和刑法平等原则。虽然相对确定的法

① 《英国刑事制定法精要》，谢望原主译，中国人民公安大学出版社2003年版，第94、95、152、155页。

定刑也可以相应限制法官的自由裁量权，但从限制的度上考察，显然和绝对确定的法定刑无法比拟。

3. 刑法对刑事犯罪主体的规定，决定了刑事诉讼法律关系当事人范围和内容。譬如，在刑法典中规定单位属于犯罪主体，那么，在刑事诉讼法中也应当有适应单位犯罪主体的程序，只要这样，才能有利于对此类案件的打击和控制，也有利于对单位犯罪主体权利的保护。而在我国的刑事诉讼程序中，没有根据单位犯罪主体的特殊性设置相应的诉讼程序，因此，程序上的缺失导致了单位权利保障的流失。

在西方国家的刑事诉讼法上，一般对单位犯罪都规定了不同于自然人犯罪的诉讼程序，以适应追究单位犯罪刑事责任的需要。将单位犯罪的有关诉讼程序统一规定在刑事诉讼法典中，比较典型的代表是日本和美国。尽管 1908 年起施行的日本现行刑法典在总则上并没有规定法人犯罪及其刑事责任，但是早在 1948 年颁布的日本现行刑事诉讼法典就相应规定了法人犯罪的诉讼程序。出于抑制法人犯罪的政策性考虑，美国很早以前便开始将法人作为而追究其刑事责任。现在通说认为，刑罚规则中所说的人，当然包括法人在内。不论是作为犯还是不作为犯，也不论是否要求故意意图的犯罪，原则上法人都可以实施。作为例外，法人仅不能实行在其性质上只能由自然人实行的强奸罪及法定刑只挂有自由刑的犯罪。①

英国属于英美法系国家，不像大陆法系国家具有统一的结构严谨的刑事诉讼法典，其刑事诉讼程序分散在众多的单行法中，其中有关法人刑事诉讼程序较多地集中在 1925 年刑事审判法、1967 年公司法、1971 年法院法和 1980 年治安法院法等单行法中。

在德国刑事诉讼法典中，就法人和非法人单位犯罪案件的刑事诉讼如何进行问题，作了专章规定，并作为特别种类的诉讼程序予以规范。德国刑事诉讼法典第 6 编第 4 章规定，对法人、社会团体

① 黎宏著:《单位刑事责任论》，清华大学出版社 2001 年版，第 15 页。

处以罚款的程序，以及法人参加审判适用的具体条款，均分别作出明确规定。与此同时，明确了法人、社会团体参加刑事诉讼采用的程序。例如，规定涉及当事人陈述、当事人的权利和义务、辩护等问题，参照自然人犯罪案件的诉讼程序规定。① 法国刑事诉讼法典第4卷特别诉讼程序第18编专门规定，法人犯罪的侦查、起诉和审判。该法典第706条41规定，法人犯罪的侦查、起诉和审判，适用本法典有关规定。但本编所列入的法人犯罪除外，对其进行侦查、起诉和审判只适用本编规定。这一规定表明，法人犯罪与自然人犯罪在诉讼程序上相同的内容本编不重复规定，适用本法典有关规定即可；本编只规定法人犯罪在程序上不能适用自然人犯罪程序的特殊内容。

我国刑事诉讼法中单位犯罪司法程序的缺失，即表明了立法者对单位犯罪主体的权利保障没有给予足够的关注，还表征出立法机关的立法技术的滞后和立法经验的欠缺。因此，借鉴西方国家关于单位犯罪的程序性规定，既是完善我国法律规定的重要途径，也是保障单位权利的迫切需要。

二、刑事诉讼法对刑法的限制

1. 刑事诉讼法对刑法价值取向上的限制。刑法价值取向主要是针对危害国家、社会以及个人利益的犯罪进行镇压、打击、控制的行为，这种国家背景的刑罚权天生就有恣意的倾向。权力必须在固定的系统内运行，否则就成了暴力，所以必须通过一定的制度和措施，确保其能够正确行使，从而最大限度地发挥其正向功能。在奴隶社会和封建社会，刑事诉讼法与刑法一体，共同行使国家镇压功能的刑罚权，从案件侦查开始，就是刑罚权作用的启动。近代资产阶级革命胜利以后，分权成为其政治体制运作的一个重要特色，在刑事法领域也是如此。刑事诉讼法与刑法的分离，其实就是把刑

① 《德国刑事诉讼法典》，李昌珂译，中国政法大学出版社1995年版，第165页。

法与刑事诉讼法共同具有的刑罚权的分离，通过这一转换机制，使一部分刑罚权转为保障权，也就是刑事诉讼中当事人所享有的一系列的诉讼权利。所以，刑法主要的价值取向是刑罚权或者惩罚权，而刑事诉讼法主要的价值取向是保障权，二者的价值取向不完全一致，即“刑法属于授权性规范，刑事诉讼法则属于限权性规范”[①]。当然，刑事诉讼法也并不是完全的人权保障法，为了保障刑事诉讼正常运转，侦查、检察、法院等还拥有一系列的刑事强制措施的权力，但是，这种权力是为了避免刑事诉讼目的落空的必要措施，而不是刑罚权。

2. 刑事诉讼法在特定情形下限制了刑法的实施。刑事审判权属于司法权，其关键特征在于其被动性，即所谓的“不告不理”，没有公诉或者自诉，法院就不能主动启动审判，当然也就没有机会适用刑法。正如托克维尔所指出的：“从性质上来说，司法权自身不是主动的，要想行使，就得推动它。向他告发一个犯罪案件，它就惩罚犯罪的人；请他纠正一个非法行为，它就加以纠正；让它审查一项法案，它就予以解释。但是，它不能自己去追捕罪犯，调查非法行为和纠察事实。”[②] 富勒则认为：“法院就像出了故障的闹钟，它们只在有人拨动时才能工作。”[③] 这也是阐释了审判权被动、消极的特征。不告不理原则在刑事诉讼中还鲜明地体现在起诉便宜主义问题上，即负责提起公诉的检察机关对轻微犯罪是否起诉有自由裁量权。德国、日本的刑事诉讼法均有此规定。我国刑事诉讼法第 142 条第 2 款规定：“对于犯罪情节轻微，依照刑法规定不需要判处刑罚或者免除刑罚的，人民检察院可以作出不起诉决定。”这

① 汪建成：《刑法和刑事诉讼法关系新解》，载《诉讼法论丛》（第 3 卷），法律出版社 1999 年版。

② ［法］托克维尔：《论美国的民主》（上卷），商务印书馆 1991 年版，第 110 页。

③ 陈光中、王万华：《论诉讼法与实体法的关系—兼论诉讼法的价值》，载《诉讼法论丛》（第 1 卷），1998 年。

种不起诉决定从法律效力说是以无罪论处。可见刑事诉讼法确立的不告不理原则在一定情况下阻止了审判的进行，使民法、行政法确认的实体权利无法行使，刑法所规定的犯罪得不到惩罚①。

3. 刑事诉讼法的适用影响着刑法的发展进程。刑法的发展和进化也不例外，也是在司法实践中不断地完善和健全。历史发展到今天，程序一直发挥着创制实体的作用。通过考察两大法系的法律发展进程可知，摆在我们面前的现实是：在英美国家，诉讼过程就是一个创设法律的过程，法院的判例本身满足特定条件后即成为法律的渊源。在大陆法系国家，虽然实行成文法，诉讼本身不能直接创设法律，但诉讼却是检验立法质量好坏的一把标尺，通过诉讼总结经验，发现立法的弊端，促进现有法律的修改、变更、补充或废除，是大陆法系国家的立法模式之一。我国社会主义法律的制定同样也不能脱离诉讼的制约，一方面，最高司法机关对诉讼过程中运用法律所作的各种解释和批复，具有法律效力，是司法机关办案的依据之一；另一方面，动态的诉讼过程又为新的立法提供了无穷无尽的源泉。可以设想，如果没有 17 年来我国刑事诉讼的活生生的实践中所反映出的原刑法的缺陷，如果没有这 17 年的刑事诉讼中所积累起来的各种定罪量刑的经验以及所总结出的适用刑法的规律，就不可能有新的刑法诞生。

4. 刑事诉讼法决定了刑法由条文转化为现实。“在人类生活中没有任何东西是静止不动的，这就注定不可能用什么高明的知识，打算颁布一项简单的法规去永远处理每一件事情。”② 尽管立法者在立法之前要考虑现实生活中可能出现的各种情况，但也难以穷尽现实生活的千变万化。为使所立之法不因时势的变迁而频繁修改，只得以抽象、模糊，代替具体、明确。这样，在刑事诉讼的具体运作过程中，只有依靠刑事诉讼主体对刑法进行个别化的理解，

① 陈瑞华：《刑事审判原理论》，北京大学出版社 1997 年版，第 10 页。
② 孙笑侠：《论新一代行政法治》，载《外国法译评》1996 年第 2 期。

才能使刑法适应处理个案的要求。静态的刑法和动态的刑事诉讼程序的良性结合，正是法治国家中法制完备的表现之一。国内已有学者从法理学的角度注意到了这一问题，他们指出："司法权的独立，已成为当代法制现代化最基本的标志。司法权独立之所以为法治之基本，究其原委就在于人们深切地感受到没有能使良好的法律得以公正实施的司法权的独立，这样的法律充其量只是一种静态的'良好'，而动态的良好的法律，'乃是普遍化规范和个别化适用和实施行为的混合'，这是一种动态的法律，是融独立的司法与普遍的规范于一体的法治"。

三、刑法对刑事诉讼法的保障

刑法与刑事诉讼法的密切关系已经是毋庸证明的问题。二者之间的联系如此密切，就像植物的外形和植物的联系，动物的外形和血肉的联系一样。审判程序和法应该具有同样的精神，因为审判程序只是法律的生命形式，因而也是法律的内部生命的表现。[①] 我国台湾地区学者陈朴生先生曾有精辟论述："刑事诉讼法乃规定国家行使刑罚权之程序的法规之谓，与刑法之规定国家刑罚权实体的事项，其性质虽不相同，然何种行为构成犯罪，对该犯罪应科以何种刑罚，应依刑法之规定；而犯罪事件发生时，对之应如何侦查，如何起诉，如何审判及如何执行，换言之，即刑罚权应如何行使，其程序则是依刑事诉讼法之规定，故学者间并称刑法与刑事诉讼法为刑事法。"[②] 刑事诉讼对于刑法的关键作用已经得到充分的论证。"刑事诉讼是犯罪的后续结果，是刑法的两个最基本要素——犯罪与刑罚之间一个必不可少的连接号。没有刑事诉讼，刑法的实体规

① 《马克思主义法学著作选读》，中国政法大学出版社 1993 年版，第 105 页。

② 陈朴生：《刑事诉讼法论》，台湾地区正中书局 1970 年版，第 1 页。

则就得不到适用，犯罪也就不可能随之受到当处之刑罚[①]。”程序价值的提升可以说是现代法制得以奠立的标志之一，也是控制人权到保障人权，从司法专横到司法限权的重要分水岭。正如美国著名大法官威廉姆斯·道格拉斯所言：“正是程序决定了法制和恣意的人治的基本区别。”[②] 但是，在一种全民式的高扬刑事诉讼对刑法的价值和作用的同时，刑法对于刑事诉讼的价值也不应当被忽略。“程序法对实体法的保障作用已经为人们所认同，但是实体法对程序法的保障作用并没有被人们所理解。实体法对程序法的保障作用主要体现在刑事实体法上。对于妨碍诉讼法顺利进行的行为，最终需要刑事实体法规定为犯罪，以追究其刑事责任，从而保障诉讼法的顺利实施。”[③]

（一）刑法对警察、检察官等人员在侦查起诉阶段渎职犯罪的规定，构成了刑法对刑事诉讼法的保障

为了防止警察、检察官等追诉人员在刑事诉讼中滥用职权，限制其过分膨胀的权力，保障当事人弱小的权利，保证刑事诉讼遵循诉讼的本质规律运作，世界各国一般都在刑法中规定警察、检察官等人员的刑事责任。例如，我国刑法第 247 条规定的暴力取证罪、刑讯逼供罪等，以此规范警察、检察官在侦查起诉中的暴力取证、刑讯逼供以及其他非法行为。

美国模范刑法典第 231 条第 1 款规定，行为人明知其行为违法，以公务职权或者以谎称的公务职权、或者以该真实或者谎称的公务职权为便利条件，实施下列行为的，成立轻罪：（1）使他人受到逮捕、拘禁、搜查、扣压、虐待、剥夺财产、课税、留置或者有关人身或者财产权利的其他侵害；（2）拒绝或者妨害他人行使

---

① ［法］卡斯东·斯特法尼：《法国刑事诉讼法精义》，罗结珍译，中国政法大学出版社 1998 年版，第 5～6 页。

② 季卫东：《法律程序的意义》，载《中国社会科学》1993 年第 1 期。

③ 李佑标：《试论实体法与诉讼法的关系》，载《诉讼法论丛》（第 2 卷），法律出版社 1998 年版。

或者享有权利、特权、权力或者豁免。德国刑法典第343条规定，（1）被任命参与下列程序的公务员，对他人进行虐待、使用暴力、暴力威胁或精神折磨，以逼迫其在程序中为一定陈述或解释，或不为一定陈述或解释的，处1年以上10年以下自由刑。（2）情节较轻的，处6个月以上5年以下有期徒刑。

日本刑法典第195条规定，执行或者辅助执行审判、检察或者警察职务的人员，在执行其职务之际，对被告人、犯罪嫌疑人、或者其他人实行暴行、凌辱或者虐待行为的，处7年以下惩役或者监禁。1988年英国刑事审判法典第134条规定，（1）公共官员或正在执行公务的其他人员，如果于联合王国内或其他地方在执行或意欲执行其公共职务时，故意对他人造成严重伤害或痛苦，不论其国籍如何，均构成刑讯罪。（2）上列第（1）款规定之外的其他人，不论其国籍如何，有下列行为之一的，构成刑讯罪。……（6）构成刑讯罪的，应当经公诉程序判罪并处以终身监禁。

（二）刑法中对法官司法廉洁与公正的规定，最大限度保证审判的公正进行

法官是法律由精神王国进入现实王国控制社会生活关系的操控者。法律借助于法官而降临尘世①。法律是保卫人类生命、财产、尊严的神圣堡垒，而法官则是这座堡垒的守门人。法官不仅单纯是一个自然的人，而是包含公正、正义诸多价值的法律的化身，因此，法官的公正至关重要。公正的意义对于法官而言，就如水分之于绿色植物具有同样的价值。在刑事诉讼中，法官的公正主要通过法官的中立来实现。至于中立，戈尔丁认为有三项规则：其一，任何人不能作为有关自己案件的法官；其二，冲突的结果中不含有解决者个人的利益；其三，冲突的解决者不应有对当事人一方的好恶

① ［德］拉德布鲁赫：《法学导论》，米健译，中国大百科全书出版社1997年版，第100页。

偏见[①]。而为了确保中立能够实现，我国刑法第8章贪污贿赂罪中规定了行贿罪、受贿罪、介绍贿赂罪，在第9章中规定了渎职罪。通过刑法的威慑作用，使得普遍的刑法变成了个案中的刑法，使抽象的公正变为法律的现实。在这方面，各国刑法也具有类似立法体例。美国模范刑法典第240条规定了贿赂性犯罪，第243条第2款规定了滥用职权罪。美国1977年涉外贿赂法则是一部关于惩治对外关系方面贿赂犯罪行为的专门法律。该法规定，任何美国政府包括联邦政府、州政府、地方政府及其机构，任何美国公民，侨胞以及旅美侨民，任何美国公司、企业，在与美国以外国家和地区的往来中，以及在美国州际间的往来中，不得行贿受贿，违者，依法予以惩处[②]。

德国刑法典第30章规定了职务犯罪。日本刑法典第25章规定了渎职罪。意大利刑法典第2章第1节规定了公务员侵害公共管理的犯罪，如第314条贪污罪，第317条索贿罪，第322条教唆行贿，第323条滥用职权等。英国的1972年地方政府组织法第117节第2条和第3条规定，地方政府的官员或雇员，利用职务之便，接受任何非正当报酬的费用或者奖赏，应受即决裁定、判处200英镑以下的罚金[③]。法国则在行政法中规定了贪污贿赂犯罪的内容。

（三）刑法通过对当事人、证人、鉴定人、记录人、翻译人以及其他人在证据方面进行规制，保证了刑事诉讼的正常运作

根据我国刑法第305条（伪证罪）规定、第306条（辩护人、诉讼代理人毁灭证据、伪造证据、妨害作证罪）规定、第307条（妨害作证、帮助毁灭、伪造证据罪）规定、第308条（打击报复证人罪）等条的规定，从而确认了一种任何主体都不能基于何种

---

① ［美］马丁.P.戈尔丁：《法律哲学》，齐海滨译，三联书店1987年版，第240页。

② 何秉松：《职务犯罪的预防与惩治》，中国方正出版社1999年版，第150页。

③ 《国外和港澳台地区反贪污贿赂法规汇编》，中国检察出版社1991年版，第4~7页。

理由破坏证据制度。美国模范刑法典第241节规定了伪证罪，如第241条第1款伪证，第241条第2款虚假宣誓，第241条第3款未经宣誓的虚假陈述，第241条第6款以不正当手段影响证人、情报提供人，报复证人、情报提供人等。德国刑法典第9章规定了虚伪的未经宣誓的陈述和违誓，如第153条虚伪的未经宣誓的陈述，第154条虚伪宣誓，第159条教唆虚伪陈述之未遂，第160条诱骗他人作虚伪陈述等。

日本刑法典第20章规定了伪证罪，包括169条、170条和171条等。意大利刑法典第3章侵犯司法管理罪，如371条当事人虚假宣誓，第371条第2款向公诉人提供虚假情况，第372条虚假证明，第373条虚假鉴定或翻译等。1911年英国伪证罪法第1条，任何在司法程序中依法宣誓的证人或者司法程序中的翻译人员自愿作出本人知道其为虚假或者不信其为真实的陈述的。1975证据（其他诉讼程序）法规定的虚假未宣誓陈述，任何人依1975证据（其他诉讼程序）法第2条规定所作命令的要求，未宣誓而作口头或书面证据时，均构成犯罪。

四、刑事诉讼法对刑法的保障

刑事诉讼法对刑法的保障作用主要体现在如下几点：

（一）通过一系列的刑事诉讼制度，确保法官对刑法的准确适用

作为保障刑法正确适用的刑事诉讼制度包括回避制度、辩护制度、公开审判制度等，这里以回避制度为例进行说明。回避制度是通过保证法官中立和公正来实现对刑法的准确适用。倘若不如此，即使刑法条文意思再明晰，也不能保证刑法在具体的个案上得以正确实施。我国现行刑事诉讼法在第3章专门规定了回避制度，其中第28条规定了审判人员回避的情形。美国法律如联邦法官行为准则（Code of Conduct for United States Judges）规定了严格的法官回避制度。在美国，由于公正性的外表与内涵几乎同等重要，如果任何案件“可能使其公正性受到合理的质疑”，该联邦法官必须回避

此案。德国刑事诉讼法典在第3章对法官回避制度进行了详细的规定。日本刑事诉讼法典第2章“法院职员不得执行职务和申请回避”中第20条规定，法官在下列场合应当受到排除，不得执行职务：（1）法官是被害人时；（2）法官是或者曾经是被告人或者被害人的亲属时；（3）法官是被告人或者被害人的法定代理人、监护人或者保佐人时。作为审判官的回避理由①。法国刑事诉讼法典第668条第1项规定：“审判官或其配偶是当事人或当事人的配偶的血亲或姻亲直到嫡系的堂兄弟亲等包括在内。”②

回避制度的价值在于通过保证法官与案件的利益无涉得以在形式上保证刑法的正确实施，因为利益的刺激，会带来情感的波动，从而使正常的法官裁判思维运行或者自由心证附加了多余的因素，这无疑会大大增加刑法适用错误的风险。当然，即使具有回避制度，也不能完全避免刑法的错误适用的发生，但无论如何，它也是防止或者减少刑法误用或者错用的一道有效的刑事诉讼大堤。

（二）刑事诉讼法通过规定一系列的证据规则，保证刑法适用的事实基础

由于过去的事情具有一维性和不可逆性，时光不能倒转，事实不可能重现，所以，在法官对运用刑事案件进行裁决时，只有把其裁决的基础建立在法律事实之上，这一切需要证据来完成。因此，刑事诉讼法对证据的收集、运用规定了一系列科学规则，以此保证刑法条文的适用建立在证据的基础上。这其中包括传闻证据规则、相关性规则、非法证据排除规则、自白任意性规则、反对诱导性询问规则、最佳证据规则等。这些证据规则作为查明案情的有效工具，使法官对案件的裁决不是建立在主观臆断的基础上，而是建立在以证据为依托的事实的基础上。譬如，美国2004年证据规则对

① 《日本刑事诉讼法典》，宋英辉译，中国政法大学出版社2000年版，第2章第20条。

② 《法国刑事诉讼法典》，方蔼如译，法律出版社1987年版，第668条。

刑事诉讼证据的种类、收集、证明力、可采性等作出了详尽的规定。德国刑事诉讼法典第136条规定了非法证据排除规则，第250条对传闻规则作出了规定。日本刑事诉讼法典第301条规定了证据补强规则，第319条则规定了非法证据排除规则，等等。

（三）刑事诉讼法为刑法的实施提供效率保障

在保证刑法的高效实施方面，刑事诉讼法主要通过简易程序、辩诉交易等特殊程序，以及期限制度等来实现。譬如，美国的简易程序属于略式程序。在美国罪状认否程序中，被告人可以作出三种答辩：有罪答辩、无罪答辩和不予争辩的答辩。有罪答辩就是辩诉交易，它是指在案件的审理过程中可以完全不进入正式的审判程序，而直接根据检察官的请求直接作出处罚。在美国，大部分有罪判决正是由有罪答辩所构成的。而美国大多数案件是通过辩诉交易这种简易程序解决的。在德国，根据合法原则，在严格意义上刑事诉讼是没有辩诉交易程序的，然而，在实践中辩诉交易是存在的，甚至还获得了宪法法院的承认。在1993年前后，这些所谓的“非正式协商”才为德国司法界所重视。据了解，在有许多证人作证的复杂案件里，辩护律师形成了一个事先与检察官和法官讨论案件的习惯。例如，辩护律师可以许诺其当事人在对指控犯罪的某些部分认罪，作为回报，法庭将答应作出不超过一定刑期的判决。此外，日本也规定了简易公审程序以及简略程序。从而保证了刑法被及时适用，案件被迅速解决。

在期限制度方面，我国刑事诉讼法（实际上，包括三大诉讼法）明确对各类审判行为规定了相应的审理期限，而国外则普遍不对法官的审理行为规定期限。通过全面考察美国、英国、德国、意大利以及日本等代表性法治国家的刑事诉讼立法，其中都没有涉及审限制度的法律规定。例如，英国没有关于案件进入审判程序法官应在多长时间内作出判决的期限规定，其关于刑事诉讼期限的规定，实际上只限于审判前，而重点是在警方侦查阶段。这主要是因为曾经发生过警方对犯罪嫌疑人施暴和羁押时间过长以及发生了一系列错案等问题而引起社会公众的强烈不满[①]。这表明，在审前规定期限，对于防止超期羁押等现象无疑具有重要价值，但是，在刑事审判中规定期限，则值得深思。缺陷主要可以表现在两个方面：其一，从技术层面考察，审限制度之设置具有技术上的不科学性；其二，两大法系确立的作为其证明制度基石的“心证”（或称“自由心证”）原则的内在属性也必然拒斥审限制度的存在。对于技术层面的原因，如针对一些随机性的不可测度事件，如重新鉴定、勘验，重新委托或另行指定辩护人，被告人当庭翻供导致法庭调查重新进行等，可以通过设立延期审理制度予以克服。但是，对于后一个缺陷，则违背了人类正常的思维规律，因为，没有法官可以保证在多长时间内作出裁断，也得不到相关的思维科学予以支持。

（四）刑事诉讼法通过上诉、再审等程序，从程序救济方面减少刑法的错误适用

刑事诉讼本身是一个充满风险的过程，其中司法人员可能对权力不当行使或者恣意妄为，或者有客观因素导致案件事实难以被查清，当然，也有对刑法适用本身的理解问题。因此，刑事诉讼法规定了一系列的纠错程序，其中包括上诉、再审、审判监督程序等。这是因为，在刑法适用问题上，一般而言，一审法院法官由于经验、能力、学识方面一般比上诉审或者再审程序法官较弱。例如，在美国，上级法院的法官在能力、资历、学识以及任职要求也要高于下级法院。只有在大学法学院毕业并获得 DJ 学位（即法律职业博士），经过严格的律师资格考试合格，并有若干年从事律师工作经验的律师或法学教授才具有担任联邦法院法官的资格。在英国，除治安法官以外所有的法官都只能从参加全国 4 个法学会的律师中任命，其中担任领薪治安法官必须具有 7 年以上的初级律师经历，记录法官必须具有 10 年以上初级律师或高级律师经历，巡回法官

① 王海英：《英国刑事诉讼期限制度简介》，载中国法律网，转引自万毅：《底限正义论》，中国人民公安大学出版社 2006 年版，第 233 页。

必须具有10年以上高级律师经历或5年以上记录法官经历，高等法院法官必须具有10年以上的高级律师经历并且年龄在50岁以上，而上诉法官必须具有15年以上的高级律师经历或担任高等法院法官职务的平均年龄为47岁，高等法院法官的年龄一般都在60岁以上。

即使不考虑一审、二审、再审法官本身学识、能力的差异，仅从人类的思维规律而言，对于同一个问题，程序愈精细、案件被不同法官审理的次数愈多，则对案件的理解则会更加精确，对刑法的理解则会更加准确。因为每位法官都有其学识死角或者能力缺陷，通过不同程序法官对刑事案件的审查，可以最大限度地使这种缺陷得以弥补。

五、结语

在刑法与刑事诉讼法之间，既有互相的限制，又有互相的保障，这种关系是双向的，而不是单向的，是相互服务的关系，而不是单向服务的关系，因此，二者无论在功能上，还是在价值上，都具有同等的关系，而不存在谁主谁仆的问题，也不存在谁是谁的工具问题。刑法与刑事诉讼法之间并不存在谁从属于谁的问题，而是如车之双轮，鸟之双翼，共同完成刑事法的任务。

第七章　国际法关系篇

引言：在法律领域，本来冲突只是限于国内性质的，特别是在刑事司法问题上更是如此。但是，随着经济、政治、文化等各个方面关系的发展，冲突也由国内走向国际，使冲突呈现国际化的趋势。在刑事司法领域，这种冲突在一些特定的问题上显得特别突出，这其中就包括反恐问题以及反腐败问题。无论是反恐还是反腐败，都对一国的刑事司法制度有着深刻的影响，这不仅指这两种问题本身的严重性，同时，还因为国家的利益深深交织其中。此外，在国家利益的背后，更隐含着诸多的冲突。这包括犯罪与控制犯罪之间的冲突，控制犯罪与保障人权之间的冲突，国家利益与他国利益之间的冲突，以及国家法律与国际条约及国家刑事司法准则之间的冲突。这就为一国处理国际法领域的反恐及反腐败案件提出了新的命题，如何进行破解，怎样进行衡平，不仅是一个法律问题，而且是政治问题，甚至是道德问题。

在某种意义上，冲突是社会的生命之所在，进步产生于个人、阶级或群体为寻求实现自己美好理想而进行的斗争之中①。

——［美］科塞

① ［美］科塞：《社会冲突的功能》，孙利平等译，华夏出版社1989年版，第1页。

第一节 反恐与国际刑事司法准则的底线

恐怖主义已经成了困扰当代国际社会的梦魇，它具有深层的政治、经济、民族、宗教等种种根源，同时又受现实的、具体的社会情势所影响，也与国际关系、国际法紧密相连。在国际法领域，恐怖主义与反恐，反恐与国际刑事司法准则之间是两对非常重要的关系。特别是在刑事诉讼的人权保障领域，反恐与国际刑事司法准则之间更是休戚相关。恐怖主义与反恐之间关系本身就充满了辩证性，反恐与国际刑事司法准则之间也存在着多重的矛盾和冲突。在恐怖主义与反恐之间，对立、冲突、报复，然后再开始新一轮的运转，成为惯性和恶性的循环。如何从循环不息的宿命论似的恐怖主义与反恐的关系中摆脱出来，成为考验当代人类智慧的一个重大难题。

一、恐怖主义与反恐的正当性

恐怖主义是否具有正当性，这似乎是不言自明的问题。但是，在特定情势下，这仍然值得深思。譬如，在面临国家危亡时，以恐怖活动对抗对方的侵略行为。由于入侵者的力量和被侵略者的力量的不对称性，在用尽政治或者法律手段时，如果直接针对侵略者本身实施恐怖活动，似乎本身也具有一定的正当性。

威尔金斯（Burleigh T. Wilkins）在1992年出版的《恐怖主义与集体责任》一书中提出，有一些恐怖主义的行动可以证明是正当的……他指出有以下三种情况：一是普遍认为，在自卫中对其他人使用暴力（如反抗外敌侵略）可证明是正当的；二是有较多的人认为，在自卫的名义下，甚至对一个被侵略者用作人质的无辜者使用暴力也可以证明是正当的；三是对为了达到社会或政治变化的目的而牺牲无辜者的生命的恐怖主义，人们的看法存在着分歧。第三种情况也可以说是这样一个问题，即我们能证明在自卫以外的其他情况下把暴力强加给无辜的人身上是正当的吗？他认为，尽管恐怖主义行为的受害者可能是压迫者，也可能是侵略者或独裁者或他们的同伙，但经常并不是这些人。其中，最值得研究的是“集体犯罪”（collective guilt）问题。

威尔金斯认为，有罪至少是某些情况下可用于集体的，他以纳粹为例加以分析，认为纳粹对犹太人的迫害就是一种集体犯罪。对于这种犯罪，在纳粹迫害的时期，犹太人采取谋杀等暴力手段对抗，在道德上是可接受的。威尔金斯实际上把这种对犯罪集体进行报复的恐怖行为也看作是一种自卫。他对评价自卫的恐怖主义是否正当提出了一条规则，那就是：“在下列情况下，被看作是自卫的恐怖主义可以被证明是正当的：（1）所有的政治或法律的补偿已经穷尽或不可运用；（2）恐怖主义是指向那些集体暴力犯罪的集体或集团的成员的，这些集体或集团的暴力是对付现在正考虑使用恐怖主义作为自卫工具的个人，或者他们属于其中成员的共同体或集团的”。[①]

基于邪恶的目的实施恐怖活动的非正当性是不容置疑的。然而，即使是基于正当的目的，以自卫的名义实施恐怖活动也是让人难以接受的。因为其采取的恐怖手段是卑鄙的、令人厌恶的，其性质是让社会产生极大恐慌的不道德行为。“恐怖主义分子实施的预谋制造绝望或恐惧的气氛，动摇公民对其政府的信任，从而选择杀害、绑架、暗杀、强盗和爆炸，他们毫不关心法律和道德标准却从这些标准中获得特别豁免，他们确信任何无辜者的死难都可以证明其事业的正当性。”[②] 当然，恐怖主义或许还采用相对温和的方式，这些情况可以包括：第一，预先警告在一定场所进行爆炸或者其他

---

① 江畅：《中西当代战争与恐怖主义伦理思想比较》，载《湖北大学学报》（哲学社会科学版）2007 年第 2 期。

② Mark B. Baker,“Terrorism and The Inherent Right of Self－Defense”, Bouston Journal of International Law, Autumn, 1987.

恐怖活动，使人们提前离开。第二，在无人处实施恐怖活动，避免造成无辜者的伤害。第三，只是发出恐怖警告，但实际上并不采取恐怖活动。这些恐怖活动并不是以伤害无辜为目的，而是采取警告的方式，以使政府或者社会注意或者重视自己的政治或者社会主张。然而，即使是温和的恐怖活动，无论其目的如何，其带来的社会震荡以及对社会造成的恐慌性后果是无可置疑的。“其性质是在知名人士、人群、公众或群体的精神上制造恐怖、恐惧和不安全感，无论提出何种政治的、哲学的、意识形态的、种族的、族裔的、宗教的或其他此种性质的考虑和宗旨来为这些行动辩护。”①

其实，囿于恐怖主义行为的残忍性与邪恶性，以及其直接给社会带来极大恐慌的性质，其恐怖动机或者目的并没有给予恐怖对人类侵害的豁免权，动机或者目的并不影响恐怖犯罪的正当化与否。这一点可以在一些国际条约中得到证明。《美洲国家组织关于防止和惩治恐怖主义行为的公约》（《美洲防恐公约》）规定：“本公约内，绑架、谋杀和对根据国际法有义务给予特别保护的那些人的生命和人身安全进行其他袭击，以及同这些罪行有关的勒索，不论其动机如何，均应视为具有国际意义的罪行。”

手段与目的的关系是哲学中的重要问题。有人相信道德问题只适用于目的，而不适用于旨在实现这些目的的手段之选择。恐怖主义实际上主张，因为他们追求的目的据他们认为（甚至退一步说也可能被公认为）在道德上是正当的，算数的唯有这个目的，所以实现这个目的的任何手段都是正当的。对于他们来说，只有一个保留条件，那就是所选择的手段应当有效。因此，对这些人来说，选择手段时依据的标准不包括它们是否道德，而只是它们是否

① 赵秉志、王秀梅：《国际恐怖主义犯罪及其惩治理念》，载《江海学刊》2002年第4期。

有效。①

然而，从道德的同时又是求实的角度出发，我们对目的和手段之伦理关系，应当持有这么一种立场：（1）如果必须考虑选择道德上可疑的手段，一项行动的目的就必须是真正建设性的和值得称赞的；（2）当可以得到道德上不那么可疑的、可以达到同一目的的手段时，不应当使用道德上可疑的手段；（3）应当在选择手段方面有节制，特别是在运用暴力手段时有节制，即受所谓“比例原则”（principle of proportionality）的节制——在实践中避免肆意滥用暴力，以免造成超过其价值的更大的生命伤亡和损害。② 在恐怖主义问题上，目的丝毫不能证明手段的正当性；相反，手段却对目的是否正当有着关键性的影响。很难想象一项造成无辜者的生命、财产、精神巨大恐慌的恐怖行为的目的是完全正当的。在现代历史中，真正伟大的民族解放运动或者社会改良很少是通过恐怖主义实现的，并且，也很少有正义的民族解放运动或者社会革命会因为自己的政治目的而滥杀无辜。

即使是一名无辜者的生命，也并不能证明比一个所谓民族独立或者社会革命成功的价值更为低廉。可能对一小部分人而言，某一目的是高尚或伟大的，但对其他绝大部分人却可能意味着卑微或者人性的堕落。何况，恐怖分子在策划恐怖活动时，往往是以使用更大的暴力，制造更大的混乱、引起更大的社会关注为目的，此时比例性原则对他们而言，往往是形同虚设。但无论如何，恐怖主义犯罪的动机或目的可以使人们反思，从另一角度提供人们思考问题的视角。如何正确对待恐怖主义犯罪？对于整个人类而言，是否真的有不可化解的矛盾而自相残杀？在一定程度上，对恐怖主义的目的

① Gordon A. Craig and Alexander George, Force and State craft: Diplomatic Problems of Our Time, 3rd edition (New York and Oxford, 1995), p. 277.

② Arnold Wolfers, "Statemanship and Moral Choice," Discord and Collaboration (Baltimore, 1962),转引自 Craig and George, Force and Statecraft, pp. 280 – 281.

予以深切关注、思考，正确协调利益、化解冲突，或许这是研究恐怖主义的真正价值之一。

恐怖主义和反恐作为一枚硬币的两面，如果证明恐怖主义的非正当性，反恐的正当性则是毋庸置疑的。从目的与手段的关系进行分析：(1) 反恐目的的正当性是无法指责的，反恐是正义法律项下的行为，是人类保卫文明、社会以及自己的正当手段，是以公法上的信赖保护原则为基础的。反恐以消解社会恐慌心理，恢复社会正常秩序，增强民众对政府的信任，消除民众对政府管理国家能力的质疑为目的，并且通过一种法律的手段，使恐怖主义者分清权力统治的压迫与对人们的自由作适当限制的民主之间的区别。(2) 在确保法律正当程序的前提下，反恐的手段的正当性也是有法律和道德保证的。(3) 在反恐中，滥用暴力的行为是被严格禁止的，即使在对恐怖主义非常严苛的法律之中，也不会鼓励采用暴力行为。在刑事诉讼程序中，涉嫌恐怖分子所受到的待遇也依比例原则而为，刑事措施的实施也符合目的性，并采取最小侵害的方法，并没有因其涉嫌恐怖犯罪就会受到不当诉讼待遇，也没有因其涉嫌恐怖行为而给予超越法律的惩罚。

二、国际刑事司法准则的特征、层次及评价

国际刑事司法准则，是指规定的与联合国有关刑事司法活动的国际条约或法律文书中的指导各国刑事司法活动的关于基本人权保障的标准。[①] 无论其被称之为准则、原则还是规则，都是以人权保障为目标，以国际条约、联合国或其组织机构的国际法律文件为形式，以此作为各国进行刑事司法活动的普适性的标准和依据。

---

① 对于国际刑事司法准则的定义，可以参见谢佑平、万毅：《多元与普适：刑事司法国际准则视野内的非法证据排除规则》，载《重庆社会科学》2001 年第 4 期；陈兴良：《国际刑事司法准则与中国刑事司法改革》，载《山东公安专科学校学报》2002 年第 1 期；陈光中：《联合国刑事司法准则与中国刑事法制》，法律出版社 1998 年版；卞建林、杨宇冠：《联合国刑事司法准则撮要》，中国政法大学出版社 2003 年版。

国际刑事司法准则不是独立的、零散的、缺乏有机联系的个体，相反，却是彼此紧密联系、分层次的、有机的体系。国际刑事司法准则体系呈现出以下特征：第一，层次性。该体系既包含基本准则，也涵盖了底线准则。其中，基本准则主要指在一般情势下对世界各个文明国家在刑事诉讼中都适用的标准。底线准则则是指包含任何情势下世界文明国家都不能克减权利的最低要求。“它确立了现代刑事诉讼最基本、最优先的规则，为社会正义的实现提供了不可突破的底线标准，是一种绝对保护要求，是任何现代国家的刑事诉讼都必须具备的。”① 第二，普适性。它是在累积、总结、归纳各国刑事诉讼立法与司法经验的基础上，对刑事诉讼机制内在规律的揭示，是一种获得普遍承认的正当行为规则，具有普适性。② 这种普适性深植于人类共通的生理、心理以及理性之中，因此既出于制定者之手，又超越制定者之手，从而获得一体遵行的坚实价值根基。因为，“存在着一些最低限度的正义要求：这些要求独立于实在法制定者的意志而存在，并且需要在任何可行的社会秩序中予以承认。这些要求必须从人的生理构造中寻找根源，而其他的一些要求则植根于人类所共有的心理特征之中。同样，还有一些要求是从人性的理智部分，亦即是从人的知性能力中派生出来的。这些法律有序化的基本规定的有效性为这样的一个事实所证实，即它们在所有诞生于最为原始的野蛮状态的社会中都以某种形式得到了承认。”③ 但是，对于国际刑事司法基本准则而言，是可以根据具体的情势或者政治经济等情况进行调整的，是一种相对的普适性；而对于底线准则而言，则是绝对的普适性，是不能以任何理由或借口规避的。第三，人权保障性。国际刑事司法准则虽然也有协调世界

① 万毅：《底限正义论》，中国人民公安大学出版社 2006 年版，第 7 页。

② 谢佑平主编：《刑事诉讼国际准则研究》，法律出版社 2002 年版，第 74 页。

③ ［美］博登海默：《法理学—法律哲学与法律方法》，邓正来译，中国政法大学出版社 1999 年版，第 273 页。

各国打击犯罪的功能，但是，究其主要价值取向而言，则是以保障人权为目的的。因为在打击犯罪方面，各国的价值取向难以绝对地规定标准，与一个国家主权紧密相连，并且各国都有不同的具体的犯罪形势以及刑事政策，很难予以规定强制性的标准，即使规定，主权国家也基于各种考虑可能不会签订，而这也有违制定国际条约的初衷。而保障人权则有人道主义、自然法等为价值根基，具有更多的世界性、相通性，一般容易获得各国的理解、认同和遵守。因此，1945 年《联合国宪章》就首次将“人权”予以规定，从而为国际刑事司法准则奠立了人权保障的基本基调。《公民权利和政治权利国际公约》正是按照《联合国宪章》和《世界人权宣言》所确立的原则，即“各国根据联合国宪章负有义务促进对人的权利和自由的普遍尊重和遵行”（注：《公民权利和政治权利国际公约》的序言）而制定的。该公约对各项公民权利和政治权利作出规定，尤其是对刑事司法中涉及的人的权利和自由问题，规定得更为明确、系统和具体。因此，联合国刑事司法准则的一个显著特点，就是高度重视对人权的保障。[①]《联合国宪章》与后来的《世界人权宣言》、《经济、社会及文化权利国际公约》、《公民权利和政治权利国际公约》一起被合称为“国际人权宪章”，同时也是国际刑事司法准则的主要渊源。作为这些“国际人权宪章”的具体和展开，联合国及其组织机构又制定了一系列的条约，其中包括：《保护人人不受酷刑和其他残忍、不人道或有辱人格待遇或处罚宣言》、《禁止酷刑和其他残忍、不人道或有辱人格的待遇或处罚公约》、《联合国少年司法最低限度标准规则》（北京规则）、《关于保护死刑犯权利的保障措施》、《为罪行和滥用权力行为受害者取得公理的基本原则宣言》、《保护所有遭受任何形式拘留或监禁的人的原则》、《联合国非拘禁措施最低限度标准规则》，等等。

对于国际刑事司法准则的法律渊源而言，其渊源来自两个层

① 程味秋：《略论联合国刑事司法准则》，载《政法论坛》2000 年第 1 期。

次：核心条约层次和一般条约层次；其中《联合国宪章》、《世界人权宣言》、《经济、社会及文化权利国际公约》和《公民权利和政治权利国际公约》是规定有关联合国刑事司法准则的核心层次的国际法律文书，而最为明确、集中、具体规定刑事司法准则的，当属《公民权利和政治权利国际公约》。一般条约层次则包括联合国及其组织机构制定的一系列的其他国际法律文书。其规定的内容比较单一、分散，相对于核心条约层次而言，在保护人权的效力等级上低一些。

以人权的保障的方式为标准，国际刑事司法准则人权保障可以分为两个层次：消极保护和积极保护。前者直接对执法、司法机关的行为予以规制和禁止，后者则直接规定有关执法和司法机关的人权保障义务。对于前者，只要执法、司法机关不违背公约规定的内容即完成了人权保障的使命；对于后者，司法机关不仅要对国际刑事司法准则禁止的内容不作为，而且要履行国际刑事司法准则规定的其应当向有关当事人作为的义务。

以人权保障内容是否可以克减为标准，国际刑事司法准则可以分为两个层次：基本准则以及底线准则。

第一，基本准则。基本准则主要指在一般情势下国际刑事司法人权保障标准，但是，其包含的权利保障部分在特定的情势下可以适当进行调整和克减。基本准则包括：（1）平等原则（《世界人权宣言》第7条、《公民权利和政治权利国际公约》第14条第1款和第26条）；（2）人道原则（《世界人权宣言》第5条、《公民权利和政治权利国际公约》第7条和第10条）；（3）强制措施法定原则（《世界人权宣言》第3条和第9条、《公民权利和政治权利国际公约》第9条）；（4）司法补救原则（《公民权利和政治权利国际公约》第2条第3款）；（5）生命程序保障原则（《公民权利和政治权利国际公约》第6条）；（6）审判公开原则（《世界人权宣言》第10条、《公民权利和政治权利国际公约》第14条第1款）；（7）无罪推定原则（《世界人权宣言》第11条、《公民权利和政治权利国际公约》第 14 条第 2 款)；(8) 反对强迫自证其罪原则(《公民权利和政治权利国际公约》第 14 条第 3 款第 7 目)；(9) 非法证据排除原则(《保护人人不受酷刑和其他残忍、不人道或有辱人格待遇或处罚宣言》第 12 条、《禁止酷刑和其他残忍、不人道或有辱人格的待遇或处罚公约》第 15 条)；(10) 上诉救济原则(《公民权利和政治权利国际公约》第 14 条第 5 款)。

第二，底线准则。底线准则主要是涵盖“不可克减的权利”(nonderogable rights) 的那部分准则。所谓不可克减，是指不能以社会紧急状态危及国家生命并经正式宣布，减免其承担的国际公约规定的基本义务。这是正当程序的最底线。也就是说，这种权利是不能以任何理由剥夺公民的最基本权利，如法律适用一律平等，反对酷刑等是《公民权利和政治权利国际公约》确认的不可克减的权利。[①] 底线准则主要规定在《公民权利和政治权利国际公约》、《囚犯待遇最低限度标准规则》，以及《联合国非拘禁措施最低限度标准规则》(东京规则) 中。底线准则包括：(1) 反对酷刑原则(《公民权利和政治权利国际公约》第 6 条、《囚犯待遇最低限度标准规则》第 31 条)；(2) 禁止歧视原则(《公民权利和政治权利国际公约》第 4 条)；(3) 人格尊严保障原则(《公民权利和政治权利国际公约》第 16 条、《囚犯待遇最低限度标准规则》第 60 条第 1 款)。

无论是底线准则，还是不能克减的权利，本质上都划出了人权保护还是人权侵犯的最后一条界限，这也是文明和暴政的界限，黑暗和光明的分界点，它真实地彰显了一个国家对待人权问题的态度。毫无疑问，各国均有各自的刑事司法准则，这种刑事司法准则是根据本国的实际情况，在同犯罪作斗争中形成的，具有本国特色。但是，这种特色无论是与基本准则，还是与底线准则都是并行

---

① 胡铭：《价值抉择：反恐措施与刑事诉讼》，载《政法论坛》(中国政法大学学报) 2006 年第 6 期。

不悖的，国际刑事司法基本准则正是考虑到各国诉讼文化制度的特定性、多元性而制定的，是各国刑事司法准则的公约数，而在这个意义上讲，国际刑事司法底线准则是各国刑事司法准则的最小公约数。

无论国际刑事司法基本准则还是底线准则的生成都反映了人类对正义和理性的追求，是世界文明发展在刑事司法制度方面量变到质变的表征，是积累、筛选、提炼各国刑事立法和司法经验的规律性的反映，因此具有一体通用的特色，获得了放之四海而皆准的国际性价值。

但是，在反恐的特定视野中，国际刑事司法基本准则和底线准则之间是否具有流变性、通融性、调整性，还是有区别的。对于基本准则而言，公约表明了一种可以变通和调整的态度。譬如，根据《公民权利和政治权利国际公约》第 4 条第 1 款："在社会紧急状态威胁到国家的生命并经正式宣布时，本公约缔约国得采取措施克减其在本公约下所承担的义务。这表明，公约一般不是绝对强制性的，在威胁到国家存亡的时刻，调整是一种正常的理性反映，克减其公约项下的义务也具有可以谅解的理由"。但是，同条又同时规定："克减的程度以紧急情势所严格需要者为限，此等措施并不得与它根据国际法所负有的其他义务相矛盾，且不得包含纯粹基于种族、肤色、性别、语言、宗教或社会出身的理由的歧视。不得根据本规定而克减第 6 条、第 7 条、第 8 条（第 1 款和第 2 款）、第 11 条、第 15 条、第 16 条和第 18 条"。这表明，对于这些不可克减的权利条款，也即底线准则而言，则是刚性的、固定的、不通融的，是公约对国家权力容忍的最低限度。

三、反恐与国际刑事司法准则价值和效力之间的冲突

反恐本身的正当性是可以证实的，国际刑事司法准则本身也是人类智慧和经验的结晶，是刑事司法制度本身演绎发展的结果，但是，在反恐中，这并不能保证它们之间不存在对立与冲突。

(一) 多数人与少数人利益的冲突

恐怖主义摧毁人类文明，破坏政治经济环境，荼毒无辜生命，显然为众矢之的，而反恐显然代表了大多数人的利益取向，但是，是否这种众口一词的声音就代表了一种绝对价值或者真理呢？是否基于大多数人的利益就可以忽视少数人的利益呢？甚至可以为了绝大数人的利益就可以置少数人的利益而不顾呢？

以多数人利益之名反恐，从而为反恐中的不理性措施规避法律和道德进行辩解，是典型的平民主义民主。该说认为“民主是多数人的绝对主权”，民主以“人民主权”、“政治平等”为目标，并采取“多数规则”为决策的民主规则，认为在决策中每一个成员的偏好都被赋予了同等的分量，较多数人的偏好方案应被选中，这是民主决策的必要充分条件。这一理论纠正了“完全一致”的不可能性，但是同样没有逃脱其决策规则——多数规则的不可行性。事实上这个理论预设前提已经被证伪。平民主义民主的实现技术是少数服从多数。西方学者认为这样的“多数规则”同样也得不到经验的证实。萨托利认为，人民 = 少数 + 多数，平民主义民主的“多数规则”，就是少数服从多数，这化约了少数人的权利。[①] 这样，在反恐中，就会产生忽视少数人的权利保障，而对代表大多数人利益一方纵容或谅解，从而可能使多数人的民主变为多数人的暴政。这种先例和教训真是不胜枚举。公元前399年，哲学家苏格拉底被雅典的一个人民法庭判处死刑，并且死刑是通过一种民主公正的程序进行的，即通过投票的方式决定是否应当判处苏格拉底死刑。以281票对220票宣布他有罪，这可以说是代表了相当程度的民意，而不是几个强权者判处了苏格拉底的死刑。[②] 在《圣经》的记载中，审判耶稣的罗马总督彼拉多不打算处死耶稣，但他也害怕

① 万绍红：《民主的路径：哥德尔不完全性定理的视界》，载《阿坝师范高等专科学校学报》2005年第3期。

② 梁治平：《法辩》，贵州人民出版社1992年版，第164页。

“不杀不足以平民愤”，因此他在极不情愿的状态下，也是在民众的一片喊杀声中，将耶稣最后钉死在十字架上。托克维尔在《论美国民主》一书中也认为，民主意味着多数人的参与，在多数人的参与下，如果没有完善的制约机制，在国家管理的过程中，将不可避免地产生了多数人对少数人及其个人权利的侵犯，形成一种“多数的暴政”。①

一个值得注意的问题是：必须区分公意和众意的区别。卢梭在《社会契约论》中说：“公意和众意之间经常有着很大的差别。公意总是着眼于公共利益，而众意则着眼于私利，它只是个体意志的总和。”② 基于公意的行为可以在法理上获得更强的说服力，而基于众意的行为则需要视情况而定。但是，即使是公意，也必须注意少数人的利益，因为少数人把其权利让渡给国家来行使，是国家对其自由、尊严等保障为前提的。虽然多数人可能以人头数量优势获得以国家的名义行使权力的权力，但是，这种权力的来源之一还是出于这部分少数人，即使只是一个人的利益，其他的所有人也不能滥用权力伤害权力的授予人。这也是公正的内涵之一。19 世纪，约翰·密尔在其《论自由》中曾说：“假如除一人外，全人类都持有一个相同的意见，而仅那一个人持一种相反的意见，那么，全人类要使那一个人保持缄默，并不比那一个人（如果有能力这么做的话）使全人类保持缄默更为公正。”③

在反恐中，应当审慎地对待少数人的权利，即使是对待所谓的恐怖分子，在现代宪政社会中，根据无罪推定原则，他们只能是犯罪嫌疑人，只是涉嫌恐怖行为，并没有最终被定在恐怖犯罪的十字架上，因此，应当对其权利予以尊重，保证其在程序上有得以自保

① ［法］托克维尔：《论美国民主》，董果良译，商务印书馆 1998 年版，第 287 页。

② ［法］罗曼·罗兰著：《卢梭传》，陆琪译，华岳文艺出版社 1988 年版，第 56～57页。

③ ［英］约翰·密尔：《论自由》，程崇华译，商务印书馆 1996 年版，第 17 页。

的最低的权利。而不能像美国军事审判委员会法令中规定的那样，对于这些涉嫌恐怖人员，一开始就将其交军事审判委员会审判，而在军事审判委员会诉讼程序中，恐怖嫌疑人在人身权利保障、证据采信标准、程序救济权利等方面远远低于普通刑事诉讼程序中的标准，甚至低于国际刑事司法准则的底线标准。因此，这些人顶着恐怖分子的帽子，在极度强势的侦控程序中如同搁浅的鱼儿一样任人宰割，而此时即使以公共利益的名义，显然也无法自圆其说。可以说，所谓的多数规则恰恰是忽视了政治社会的复杂性，如在美国“9·11”事件后，面对全国民众的群情激愤，布什总统难免会由于选民的压力作出一些极端的决定，而这些决定往往又会传递给社会民众，给他们一个暗示的信息。正是这种双重的传递性，很容易导致集体选择的非理性的结果，并且这样就很可能会导致多数人的暴政。这也是美国爱国者法和军事审判委员会法令出台的重要背景，从而为一些非公正的刑事诉讼程序和酷刑发生播下了暴政种子。

因此，基于大多数人的利益，而对少数人的利益进行压制或剥夺，并不必然具有天然合理性。在反恐中，也存在众口一词的现象，往往忽视恐怖主义存在的深层根源，而是以一种恐怖来镇压另一种恐怖，结果往往事倍功半。

（二）国家公权与国际刑事司法准则中个人私权保障之间的矛盾

由于恐怖主义的高度隐秘化、预谋性、技术化、危险性等特征，采用常规的侦查取证措施常常无法达到效果，有时特殊侦查措施的适用是一种不得已的选择。这些特殊侦查措施一般包括技术类侦查措施（包括电话监听等）、诱惑类侦查措施（如机会提供型引诱）、派遣秘密调查人员类侦查措施（如秘密力量侦查）。这些特殊侦查措施是一种行使公权力的表现，是一种基于诉讼实体而采取的有效侦查行为，特别是在恐怖犯罪中更是如此。但是，由于特殊侦查手段的超常规的特性，其手段的有效性往往会带来侵犯公民私权的严重性，其秘密性会导致对公民私权侵害的无形烈性。其主要表现为对公民隐私权、言论自由、通信自由等一系列国际刑事司法准则规定的权利虽不是明目张胆但却根深蒂固的侵害，在这里，国际刑事司法准则规定的权利基本上是各国宪法规定或者承认的权利，因此，对这些权利的侵犯，也是对公民宪法权利的侵犯。

特殊侦查措施是一种对付恐怖犯罪的利器，但它同时也是侵犯个人权利的锋利的凶器。为了解决因此引起的国家权力和个人利益之间的紧张关系，作为一条基本的原则，无论如何，牺牲个人利益，特别是在国际刑事司法准则规定的个人基本权利问题上服从公共利益并没有天然的合理性，应当是在恐怖主义袭击导致一定公共利益损失时才具有正当性。同时，即使服从重大公共利益也必须坚持比例原则，坚持程序正当和程序法定原则，否则就不具有无可置疑性。

（三）国家主权与国际刑事司法准则效力的冲突

国际刑事司法准则是以国际条约为基础，并且遵循各国刑事司法和立法经验基本规律而制定的具有一体通用价值的规则。主权国家在签订国际条约时，通过利益权衡和协调，会作出政治承诺，从而使国际条约发生效力，此时政治上的承诺就变成法律上的承诺。由于法律的确定性和稳定性，从而明确了国家行为的界限，主权国家必须在界限内行为，在除非有保留条款的情形下，不能有所偏离或违背。国际刑事司法准则主要来源于国际条约，并且是世界上绝大多数国家签署生效的国际条约，因此，已经构成了缔约国国内法的一部分，对其违背就是对本国法律的违背，同时还会违背该国的“条约必须践守”的国际法义务。因此，国际刑事司法准则“作为一项由国际条约所确立的具有法律效力的国际人权法规范，当然对各缔约国具有法律约束力，各缔约国都应当善意地加以履行”。[①]

其实，即使某个主权国家没有缔结包含国际刑事司法准则的国际条约，但其作为国际法的主体，也应当受国际习惯法的约束，而

① 谢佑平主编：《刑事诉讼国际准则研究》，法律出版社2002年版，第130页。

实际上国际刑事司法准则具备了国际习惯法的效力。这是因为，国际习惯法是根据各国的习惯确立的国际法规的总称。它是由各国加以规定，并以国际关系参加者是否同意承认某项行为规则具有法律拘束力为基础。① 对于国际习惯法而言，实质上就是适用于尚未组织起来的国际社会的国际法。国际习惯法的构成有两个要素：第一，普遍的或区域性的国家实践；第二，这种实践被有关国家承认为法律。国际刑事司法准则无疑符合这个标准。对于国际刑事司法准则而言，基于其普适性的价值，已经形成一种先例，其他国家在处理同类问题时，也将其作为有拘束力的规范并反复适用。此外，对于国际刑事司法准则而言，如法律面前人人平等、无罪推定、反对酷刑等，现代绝大多数国家都将其作为其法律的重要原则，或者在刑事法律中贯彻了这些准则的精神，即使对于没有缔结相关国际条约的国家也是如此，因此，毫无疑问已经形成“法律确信”。这样，国际刑事司法准则在获得国际习惯法效力的同时，也形成了对没有缔结包含国际刑事司法准则的国际条约的主权国家的约束。

在暂时躲避了世界大战的阴云后，恐怖主义成为了各主权国家的大敌，从北爱尔兰、西班牙、巴勒克民族聚居区，到法国的科西嘉、加拿大的魁北克、前苏联的车臣等地区的恐怖活动，再到美国“9·11”事件以及英国2005年“7·21”爆炸案，恐怖袭击似乎无孔不入，无所不及，构成了对主权国家的严重挑战。是否主权国家必须恪守国际刑事司法准则，不能逾雷池一步，还是在特定的情况下，宣布国家进入紧急状态或者战争状态，从而在特定情形下豁免其条约义务，用以暴制暴的报复方式严厉打击涉嫌恐怖分子。现代国家面临着两难选择。但是，如果抛开常规刑事诉讼程序，对保障人格尊严、法律面前人人平等、非法证据排除等准则不予适用，其实又是回到以牙还牙、以眼还眼的报复老路，从而把人类极不容易累积的文明成果抛诸脑后。在反恐与恪守国际刑事司法准则之间

① 黄芳：《论罪刑法定原则与国际刑法的关系》，载《法学家》2002年第3期。

无疑存在着一个相当大的矛盾，尽管不是二律悖论，但是，如何对这矛盾进行破解也是考验人类智慧的重大问题。反恐是一面双刃剑，必须谨慎为之，防止在打击犯罪的同时伤及无辜，在保卫文明的同时破坏文明。

德国在对涉嫌美国9·11事件的两名恐怖犯罪嫌疑人阿布德甘尼·穆作迪和穆尼尔·穆特萨迪格进行审判时，因为缺乏相关证据，穆作迪被判无罪释放，穆作迪案件被撤销。因为德国在向美国提出司法协助时，美国出于安全利益的考虑，使德国汉堡地方法院不能对一名重要的证人进行询问，并且通过美国政府也不可能获取有关的美国审问材料。这其中体现了国家主权与国际刑事司法准则效力的对抗和冲突，以及冲突和对抗的不易调和性。

此外，对于违反国际刑事司法准则而导致的国际刑事犯罪，诸如酷刑，同样也是关系到国家主权的重大问题。根据1998年7月17日联合国通过的《国际刑事法院规约》，成立了国际法院，该法院有权对涉嫌酷刑的国际犯罪进行审理。国际法院对国际犯罪行使管辖权。但是，其中不免会遇到国际刑事司法准则与国家主权的冲突，如何科学地配置国际法院的权力，正确行使其职能，从而保证国际刑事司法准则的效力与国家主权之间达到有机的平衡，甚至是妥协，也是值得深思的问题。

四、悖论与反证：美、德反恐人权保障与国际刑事司法底线准则的距离

对于国际刑事司法底线准则而言，即反对酷刑原则、禁止歧视原则（平等原则）、人格尊严保障原则，是测试反恐中人权保障水平的极好的测量仪。因为这三项原则是底线的、最明确的、最稳定的，因此，才有可能在横向比较中确立一个通用的标准，同时也能为世界各国刑事诉讼制度提供一个具有普适性价值的参照系，以此来审视世界各国反恐立法、司法的价值与效果。看其是否与底线准则相契合，如果契合，契合的程度如何，是基于什么样的基础反映了什么样的精神；如果背离，背离程度如何，是在什么样的背景下反映了何种忧思。同时，在标准确定的情况下，样本之间的差异尽量要大，以便放大在同样标准下不同人权保障水平生成的效果差别。

（一）美国

1. 违背反对酷刑原则。酷刑是国际社会所深刻关注的主题之一。在《世界人权宣言》第5条中就规定："任何人不得施以酷刑，或残忍、不人道或侮辱性的待遇或刑罚。"《公民权利和政治权利国际公约》第7条也是禁止酷刑的规定。最先给"酷刑"下定义的法律文件是1975年12月9日联合国大会通过的《保护人人不受酷刑和其他残忍、不人道或有辱人格待遇或处罚宣言》。在此基础上，1984年12月10日，联合国大会通过了《禁止酷刑和其他残忍、不人道或有辱人格的待遇或处罚公约》。该公约明确规定了酷刑的完整定义。①

酷刑是通过测试忍耐以及强壮程度来区分犯罪还是无辜，通过考验皮肉或者精神来查明案件的不正当行为。这种方法使"软弱的无辜者可能因为经受不住刑讯的折磨而自认有罪，而强壮的罪犯则可能因为抵御住痛苦而拒不认罪。使"强壮勇敢的将获得释放，软弱怯懦的将被定罪处罚"。② 导致"无辜者被屈打成招为罪犯，这种事真是不胜枚举"。③ 酷刑与刑罚人道主义处于人性对立的两极。刑罚人道主义的核心就是保障人的基本权利，维护人的尊严和

---

① 酷刑，是指为了向某人或第三者取得情报或供状，为了他或第三者所做或涉嫌的行为对他加以处罚，或为了恐吓或威胁他或第三者，或为了基于任何一种歧视的任何理由，蓄意使某人在肉体或精神上遭受剧烈疼痛或痛苦的任何行为，而这种疼痛或痛苦是公职人员或以官方身份行使职权的其他人所造成或在其唆使、同意、默许下造成的。其中，纯因法律制裁而引起或法律制裁所固有或附带的疼痛或痛苦不包括在内。

② ［意］贝卡里亚著：《论犯罪与刑罚》，中国方正出版社2004年版，第37～39页。

③ ［意］贝卡里亚著：《论犯罪与刑罚》，中国方正出版社2004年版，第37～39页。

价值，以实现个别的正义，即分配的正义。在西方法观念中，个别正义一直被视为人类的最高价值。这也是国际社会通过一系列条约或者法律文件对酷刑进行规制的重要原因。即使是罪大恶极的恐怖分子，但却也是我们的同类，是人类的一部分，在其最本质的方面是与整个人类一致的，因此，“排除酷刑的惩罚，这种要求最先被提出来，因为它是出自内心的或者处于义愤的呐喊。即使是在惩罚最卑劣的凶手时，他身上至少有一样东西值得尊重，亦即他的‘人性’”。[①]

美国把恐怖主义袭击视为战争，以“战争状态”作为其违背国际刑事司法准则的借口，同时也为其酷刑虐囚寻找理论依据和道德托词。在关塔那摩监狱，对于重要的犯人，有时还会被关在矮到无法直腰的牢笼里，一端是接地的镣铐锁着他们的手脚，白天由于太阳的烘烤，牢房里的气温高得让人无法忍受，到晚上又冷得能结冰，他们几乎全部都得了严重的关节炎。由于无法忍受酷刑的虐待，这些英国籍恐怖分子曾多次试图自杀。[②] 可以说，美国对反对酷刑原则的违反是赤裸裸的，明目张胆的。

反对酷刑作为一条底线准则，是《世界人权宣言》、《公民权利和政治权利国际公约》、《保护人人不受酷刑和其他残忍、不人道或有辱人格待遇或处罚宣言》以及《禁止酷刑和其他残忍、不人道或有辱人格的待遇或处罚公约》规定的对一个国家的最低要求，脱离了这个要求，尊严、平等、人道这些人类经验和理性凝结的精华将荡然无存。美国在伊拉克阿布格莱布监狱、关塔那摩监狱，以及在阿富汗的一系列虐囚事件，显然已经超越了人类道德、理性、人道所能忍受的底线，即使打着维护国家安全、反对恐怖主

① ［法］米歇尔·福珂：《规训与惩罚》，刘北成等译，三联书店 1999 年版，第 82 页。

② 《英获释恐怖嫌犯讲述关塔那摩监狱虐囚手段》，来自中国新闻网 2007 - 12 - 21。

义的大旗，也不能用一种不正义去代替另一种不正义。

《联合国反酷刑公约》不允许各国以任何理由使酷刑合法化。其第2条规定："任何意外情况，如战争状态、战争威胁、国内政局不稳定或任何其他社会紧急状态，均不得作为施行酷刑之理由。"这一"非克减条款"实际上确定了禁止酷刑规范的国际法上的强行法性质，体现了人权保护的绝对意义。同时该条还规定："上级官员或政府当局之命令不得作为施行酷刑理由。"也就是说，行政命令也不能对抗或代替底线准则规定的权利保障内容，更不能作为酷刑的理由。美国2006年美国军事审批委员会法令949b2（c）却规定，对于2005年12月30日（2005年被扣押人处遇法生效日）之前获得的陈述，"被告人的陈述只要符合第948r节的规定，军事审批委员会不得因被告人被胁迫或者被强迫自认其罪而将该陈述予以排除"，[①] 这很有可能给人以纵容酷刑的印象，无论以何种理由，在何种情势下，这种通过对被告人胁迫或者强迫自认其罪而获得供述的行为，在实质和精神上，已经突破了禁止酷刑的底线。

同时，美国也是一系列的涉及禁止酷刑公约的缔约国，这包括《世界人权宣言》、《公民权利和政治权利国际公约》、《经济、社会和文化权利国际公约》，此外，美国是1984年12月联合国大会通过的《联合国反酷刑公约》的缔约国之一。而根据美国宪法规定，只要是自动执行的条约或条款，或经美国批准的公约，只要不与美国宪法冲突，都可以约束美国法院，即使它与先前的成文法规相冲突。而《联合国反酷刑公约》也是美国国会正式批准并生效的国际公约，其没有理由违背自己曾经作出的法律承诺。

退一步说，即使美国把关塔那摩监狱和伊拉克阿布格莱布监狱关押的涉嫌恐怖人员看作战俘，根据1949年国际社会重新修定的

① 赵秉志、赵书鸿译：《2006年美国军事审批委员会法令》，见赵秉志主编《刑法评论》，2007年第1卷，第259页。

日内瓦四公约（截至2001年5月已有189个国家签署）第3条明确规定的内容，在任何时间或地点，对在国际武装冲突中不实际参战的人员不得实施谋杀、残害肢体、虐待及酷刑行为。这些条约中还分别规定，对生命之任何危害或对其人身之暴行均应严格禁止；尤其不得加以谋杀或消灭，施以酷刑或供生物学的实验；对战俘不得施以肉体或精神上之酷刑或任何其他胁迫方式借以获得任何情报等，同时也明确了相关国家具体的预防和惩治这种犯罪的义务。因此，无论如何，美国都没有施以酷刑的权力。

2. 违背了禁止歧视的条约义务，也即平等对待原则。在每个人面前，特别是在没有被最终定罪的每个人面前，法律都是一位仁慈的严父，这意味着它对每个人都是人道的，同时也是严格的，同样问题同样对待。这不因国籍、民族、种族、肤色、出身、政经背景不同而有所差异，也不因具体的时空情景不同而有所区别。这也是公约把平等对待作为其底线准则的关键原因之一，这也与世界绝大多数国家的法律规定相契合。平等对待传达的价值不仅是实体上的，其带来的精神上的激励也是无法计量的，这一点普通动物都会有深刻感受。在一则试验中，在猴子能区别黄瓜和葡萄的价值后，科学家就进行试验，以观察它们对不公平待遇的反应。科学家先让两只猴子干同样的活，完工后奖给其中的一只黄瓜，另一只给它葡萄。结果只拿到黄瓜的猴子马上罢工，拒绝再干活。这样的反应同人类如出一辙。[①] 即使是动物都知道平等对待对其意味的价值，对于人而言，平等对待对其传达的价值，以及获得的满足感是无法用笔墨来形容的。

但是，曾经高扬自由、民主、平等宪政旗帜的美国，特别是在“9·11”后的复仇、报复的狂热心态驱动下，却作出了非常不理性的立法举措，这在其军事审判委员会法令中表现得尤为明显。根据军事审判委员会法令第2条和第3条，对于非美国公民，即依总

① 《科学家揭秘灵长动物传授5条职场法则》，载《北京晨报》2008－01－12。

统的书面认定，有足够的理由相信其属于基地组织的成员，曾从事恐怖活动伤害美国或明知而藏匿其成员者，该法令授权国防部长，得将上述受该法令拘束之人，拘禁于国内或者国外适当地点。但是，“基地组织”成员既有美国国民，也有其他国家国民，并且具有美国国籍的基地分子并不因其国籍而对美国手下留情。美国情报部门表示，事实上，在“基地”组织的每一个级别中，都有美籍公民的影子。据不完全调查，最高级别的美籍恐怖分子名叫瓦迪赫·艾尔·哈杰，黎巴嫩裔，曾经参与了1998年袭击美国驻非洲两个大使馆的活动。[①] 而军事审判委员会法令针对本国国民和外国国民的双重标准待遇，既违反了不得歧视的条约义务，同时，也与现代人人平等的法治观念背道而驰。其实，该法令主要是为限制阿拉伯穆斯林等外国人提供法律依据。此外，美国政府在爱国者法的最初提案中规定，需要提起控诉就能无限期监禁涉及反恐怖的移民和外国人。[②] 美国还建立“外国留学生资料库”。此资料库早在1996年就已经启动，属于美国实施“非法移民改革和移民责任法案”的一部分，最初在美国21所大学试行，共储存了4万多名外国学生的档案，后因受到社会舆论抨击及美国大学的强烈抵制而宣告流产。“9·11”事件后，此项措施又重新启用。自该资料库建成后，它已同各大学、移民局、国务院、教育部等机构联网，共享外国留学生的档案资料，并监视留学生的行踪[③]。这些都赤裸裸地表示出了其对移民和外国人的歧视态度。

3. 违背了人格尊严保障准则。尊重人格尊严是现代法的精神基石，具有超越时空的终极价值。康德说：“一个有价值的东西能

---

① 张鑫焱、宋洁云：《布什曾签署反恐密令，CIA必要时可击毙同胞》，载《京华时报》，2002-12-05。

② BERYI A. Howell. Seven Weeks: The Making of the USA PATRIOT Act, 72 Geo. Wash. Rev, 2004.

③ 高颖：《各国建立反恐情报数据库情况综述》，载《国际资料信息》2005年第8期。

被其他东西所替代，这是等价；与此相反，超越于一切价值之上，没有等价物可替代，才是尊严。”① 在这里，人的“尊严”获得了一种绝对意义，即使相对于“自由”和“生命”价值而言也是如此。这也是保障人格尊严作为国际刑事司法底线准则的最深层法理基础。在《联合国宪章》中就开章明义：“欲免后世再遭今代人类两度身历惨不堪言之战祸，重申基本人权，人格尊严与价值……”《公民权利和政治权利国际公约》第10条也重申：“所有被剥夺自由的人应给予人道或尊重人格尊严的待遇。”

美国在“9·11”事件后，针对恐怖分子的袭击适当采取一些紧急措施，原本无可厚非，但是，如果不能理性地对待而采取极端措施，就会走向事物的反面。在伊拉克阿布格莱布监狱，美国情报专家们为了获得证据，就曾传授宪兵“更为复杂的审判技巧”。这些技巧主要针对中东的穆斯林犯人：强迫犯人赤身裸体，让女人看他们赤裸裸的一幕，强迫他们穿女性内裤，用狗来恫吓他们，因为对穆斯林而言，这些都是奇耻大辱。② 但是，在正常的社会中，人们可以称之为恐怖分子，而对于其战友及同情者而言，他们可能是圣战者，是为了其光荣的事业而殉身，因此，对其尊严的侮辱，不仅不可能使其屈服，反而会激起更大的愤怒。在刑事诉讼中侮辱了这些涉嫌恐怖分子尊严的同时，也可能会侮辱一个文明的尊严，结果是不仅不能有效地打击恐怖分子，却会制造更多新的恐怖分子。只有通过人道的程序，文明的诉讼制度，才能使其真正反省恐怖造成的危害，才能消弭其同情者和一般大众的愤懑，达到刑事诉讼泄洪分流的目的。通过残酷、不人道的手段获取证据，通过秘密侦查、不透明的审判带来的结果不是泼水灭火，而是火上浇油。不人

① ［德］康德：《道德形而上学原理》，苗力田译，上海人民出版社1986年版，第87页。

② 《伊拉克阿布格莱布女监狱长出书揭露虐囚真相》，来自中安网，2005-10-13。

道的刑事司法程序与不人道的恐怖主义相比，只是水淹、叠罗汉等虐囚方式和人体炸弹的区别。用不人道的刑事诉讼程序对付恐怖主义，也只是用一种较小的恐怖对付另一种更大的恐怖，或者说是用一种不正义对付另外的一种更大的不正义，没有哪一方可以在道义上获得加分。

（二）德国

在美国“9·11”事件之后，联合国安理会通过了《1373 号决议》，与此相呼应，欧盟也通过了《打击恐怖主义的框架决定》，这些都是德国反恐相关立法改革的外部动因。但是，基于对第二次世界大战中那段惨绝人寰的历史的反思，以及德意志人特有的严谨精神，这种立法改革基本上与国际刑事司法准则相一致，采取了一种理性的、现实的、渐进的改革方式。其相关反恐立法主要包括两个方面：一方面，2001 年 9 月 19 日，德国内阁向议会提交了“第一个一揽子安全协议”。该协议主要涉及对德国刑法典的修改[①]，规定对创建恐怖主义组织的行为进行惩罚。这里所指的恐怖主义组织包括国际性组织；禁止在德国境内参与任何犯罪组织，即使其谋划的犯罪行为发生在德国境外；取消对具有宗教基础的极端组织犯罪指控的豁免；极端宗教组织也能基于与其他极端组织同样的理由而被禁止。另一方面，在刑法典之外，2002 年 1 月 9 日，德国通过反国际恐怖主义法，并对联邦宪法保卫法、军事反间谍局法、联邦情报局法、安全审查法等 20 余部法律进行了修改。至于德国立法和司法实践与国际刑事司法底限准则契合或违背程度如何，由于德国和美国同为世界上两个法律输出大国，因此，这些问题同样是人们关注的焦点。

1. 是否违背反对酷刑原则。德国是法典化国家，法典至上。法律是其“圣经”，公民是其法律的信徒。在法律中明文禁止酷刑

① Oliver Lepsius, “The Relationship Between Security and Civil Liberties in the Federal Re - public of Germany After September11”, p. 44.

的使用，并且在立法和司法实践中能够得到很好的遵守。德国基本法（Grundgesetz für die Bundesrepublik Deutschland）第1条第1款第1句[①]规定，人格尊严不受侵犯。第2条第2款第1句规定，生命与健康权不受侵犯[②]。第3条第1款第2句规定，被拘禁的人不受精神和肉体上的虐待。从而在宪法高度上确立了禁止酷刑的精神，为其他法律或者司法实践从宪政的角度上校准了总的方向。除了基本法外，德国刑事诉讼法典（Strafprozeβordnung）第136a条第1款第1句也规定，犯罪行为人的意志自由，不能被虐待、肉体侵害……等方式侵害。这是禁止酷刑的宪法的具体化的含义。除了在基本法以及刑事诉讼法典中明确禁止酷刑外，德国在反恐司法实践中尚未听说有关酷刑的消息。此外，司法实务界以及德国人权组织对反对酷刑已经形成了根深蒂固的认识，并且对美国在反恐的名义下滥用酷刑的行为予以指责和抨击。大赦国际德国人权组织秘书长Barbara Lochbihler（芭芭拉·劳赫蓓勒）在德国《世界报》上发表评论说：关塔那摩监狱自从2002年1月开始，就成为了法律真空地带的代名词，美国在那里的所作所为，埋葬了国际法与人权法基本标准。美国布什政府的反恐政策是对恐怖嫌疑分子不予起诉，而在秘密监狱无期限监禁，而且还使用酷刑。这些行为在某种程度上违背了美国承担的国际人权法上的义务……国际法的框架已经为有效打击跨国恐怖主义提供了可能性，没有必要再采取违反法治和人权保护原则的行为。关塔那摩现象是一种危险的国际趋势标志之一，这一趋势是美国、当然也有其他一些国家以打击恐怖主义的名义架空基本人权，以达到实现国家安全的目的。但是，国家安全应该是在保护和加强人权基本标准的基础上达到的。[③]

① Art 1（1）：Die Würde des Menschen ist unantastbar.

② Art2（2）：Jeder hat das Recht auf Leben und körperliche Unversehrtheit.

③ Barbara Lochbihler. "Rache statt Recht"，德国《世界报》，2008年1月16日，来自 http://www.welt.de/welt_print/article1561796/Rache_statt_Recht.html。

2. 是否违背禁止歧视的条约义务，也即平等对待原则。无论法律宽严与否，问题的关键在于是否同样问题同等对待。德国基于打击恐怖犯罪的压力，在反恐立法方面比过去更为严厉。例如，扩大披露外国人信息的范围。修改后的外国人管理法第2条详细规定了外国人所持的居留许可证应当包含的信息。[①] 此外，外国人登记中心法、外国人管理法实施规定、外国人资料档案规定、外国人登记中心法实施规定等都要求扩大披露外国人的信息。外国人资料档案规定甚至将外国人的宗教信仰的个人陈述都作为资料加以保存。但是，在反恐立法方面，德国也扩大了披露德国公民的生物特征信息的范围。这主要表现为护照法和身份证法的修改，[②] 并没有因为是本国国民而在法律上有什么特殊照顾，至少在形式上没有给人留下口实。德国法律规定，情报和警察部门有权获取德国公民和外国人的信息和数据。[③] 这在联邦宪法保卫法、军事反间谍局法、联邦情报局法和联邦刑事局法中都作了明确授权。同样的，这些法律也没有表示出对本国人和外国人有什么差别对待，也没有体现出阿拉伯人或外国伊斯兰教信仰者比德国国民更危险或更值得怀疑的趋向。

3. 是否违背了人格尊严保障准则。人格尊严是基本权利的价值核心。[④] 德国基于第二次世界大战时期纳粹疯狂玷污、肆无忌惮地凌辱公民人格尊严，特别是凌辱犹太人以及外国人人格尊严的历史，比较重视尊重人格尊严的教育。对于一般士兵而言，在军队时

---

① Ryan Petersen, "A Comparison of U. S. and German Immigration Policies and Guest Workers Programs", 14 Tulsa J. Comp · & Int' lL. 2006, pp. 36 – 87.

② Shawn Boyne, "The Future of Liberal Democracies in a Time of Terror: A Comparison of the Impact on Civil Liberties in the Federal Republic of Germany and the United States", 11 Tulsa J. Comp Int' l L. 2003, pp. 79 – 111.

③ Paul M. Schwartz, "Evaluating Telecommunications Surveillance in Germany: The Lessons of the Max Planck Institute's Study", 72 Geo. Wash. L. Rev., 2004, pp. 1231 – 1244.

④ 刘志刚：《人格尊严的宪法意义》，载《中国法学》2007年第1期。

也要接受这个方面的严格培训，对于警察、检察官和法官则相应更为严格。因此，在反恐问题上，执法或司法人员对于人格尊严保障做得相对较好，即使偶尔有侵犯公民人格尊严的情况，但一般是轻微的、偶发的。然而，德国在涉及人格尊严的相关法律方面，却不是没有争议。这主要是指对隐私权的侵犯、生物身份数据库的安全、生物身份被他人盗用、生物身份强制使用对人格尊严的损害等。

但是，人格尊严不是无限制的，必须置于一定的约束之下，否则就成了人格尊严的滥用。在德国 1960 年的“烟草无神论案”中，一个囚犯用烟草做礼物鼓动其他囚犯放弃宗教信仰，从而被监狱方面剥夺了获得假释的机会。他因此向联邦宪法法院提出控诉，认为监狱当局侵害了自己为基本法所保护的人格尊严。联邦宪法法院指出，由于原告滥用宪法自由，去侵犯他人为宪法所保障的人格尊严和宗教自由，因而必须对由此而造成的后果负责，监狱当局剥夺其获得假释机会的做法不构成对其人格尊严的侵犯。[①] 在 1977 年的“终身监禁案”中，德国联邦宪法法院再次重申了它对人格尊严之受约束性的主张。它指出，“基本法的宪法原则包括对人格的尊重与保护。自由人及其人格是宪法秩序的最高价值。……作为精神与道德存在，人被赋予自由决定与发展自身的权利。在基本法的意义上，这项自由并非是孤立与自我中心的个人自由，而是与社团相关并受其约束的个人自由。在这种社团约束下，自由不能在原则上无限……”[②]

在国际刑事司法底线准则遵守方面，美国与德国在立法与司法实践中存在着明显的差异。两国都是以民主、自由为其目标的宪政国家，并且在人权兴起方面，美国还早于德国。为什么美国在立法上会有如此巨大的转变，在执法和司法实践中出现了明显的酷刑逼

① 张千帆：《西方宪政体系》（下），中国政法大学出版社 2001 年版，第 372 页。
② 张千帆：《西方宪政体系》（下），中国政法大学出版社 2001 年版，第 372 页。

供、虐囚以及其他蔑视人权的事件呢？难道美国不再是一个民主法治国家了吗？难道美国司法和执法人员忽然变得残暴起来了呢？问题往往比表面更加复杂。由于美国以人权卫士自居，打着“人道主义”的旗帜到处干涉他国内政，从阿富汗战争到伊拉克战争，特别是激起了伊斯兰世界的愤怒，因此，这给一些伊斯兰极端分子找到了恐怖袭击的契机和借口，为了应付这些恐怖袭击，特别在“9·11”事件后必须作出强硬的立法，同时也以此回应国内强大的民众压力。而德国除了法律传统等方面原因外，还因为其在对阿富汗、伊拉克等问题上表现得相对客观中立，遭受的恐怖袭击无论在数量还是程度上都要弱得多，因此，德国在立法和司法上也没有必要再采取强硬的措施，避免激怒伊斯兰极端分子。这不仅是法律的现实，也是政治社会的现实。

五、第三条路线的可能性：反恐与国际刑事司法准则的协调

美国以反恐处于战争状态为借口，从而采取不理性立法和司法措施的做法显然并不可取，这种以道德意识沦丧、民主价值贬低为代价的反恐，只能会制造更多的恐怖分子。因此，德国模式相比较而言就更为现实，其努力使打击恐怖分子和维护宪政国家基本原则达到平衡，就像美国学者克姆·莱恩·夏佩礼（Kim Lane Scheppele）所指出的那样，“虽然打击恐怖主义的战斗和宪政政府的基本原则很难相容，但‘9·11’事件以来德国情报部门改革的经验却表明，我们或许可以设计一种对宪政政府造成最小冲击、同时又能够有效打击恐怖主义的制度”。[①]

但是，如果从实际情势进行考察，相比较美国的过分严苛的立法和司法实践而言，德国又显得有些宽纵。如果把德国的反恐立法移植到美国、英国、俄罗斯等恐怖主义猖獗的国家，也并不必然产

① Kim Lane Scheppele, “the Emergency Constitution in the Post - September 11 World Order: We Are All Post - 9/11 Now”, 2006, pp. 576 - 607.

生好的法律和社会效果。因此，应当在国际刑事司法基本准则和底线准则之间找到一条中间路线，这条中间路线确立的保障人权的标准必须超过底线准则，因为底线准则规定的权利是不可克减的、不能折扣的。但是，针对恐怖主义在各国的具体情况，可以对国际刑事司法基本准则进行适当调整，这既有其必要性，也有先例可以借鉴。具体而言，可以进行如下尝试：

（一）引入有限制的沉默权制度

英国在美国“9·11”事件之前的沉默权制度上，基于反对北爱尔兰恐怖主义的实际需要，经历了一系列的反复，而这种反复正是值得参考和借鉴的。英国是沉默权制度的发源地，但是，作为对北爱尔兰恐怖主义暴力活动的反应，1988 年，英国政府以沉默权严重阻碍犯罪调查为由，通过了仅适用于北爱尔兰地区的刑事证据法令（the Criminal Evidence Order），对沉默权做了重要限制。1994 年 11 月，英国议会通过了刑事司法和公共秩序法，该法于 1995 年 4 月 10 日生效。法律的第 34 至 37 条规定了对沉默权的重大限制。这种限制主要在以下四种情况适用：第一，当犯罪嫌疑人在警察或其他负有调查与检控职责的官员讯问时不告诉他们某一个被合理地要求应当提及的事实，而法庭辩护时又将这一事实作为辩护理由，这种情况下，对被告在审判前阶段保持沉默，法官和陪审员可以作出“看起来适当的推断”（such inference as appear proper）。第二，如果被告在法庭审判并经法官传唤让其辩护作证时，无正当理由不作证或不回答法庭提出的问题，法官和检察官可以请陪审团作出对他们显得适当的推断，包括根据“常识”（Common Sense）推断被告对控诉方提出的控诉证据未作出适当解释，以及推断被告是有罪的。第三，当犯罪嫌疑人的人身、衣服或者在其被逮捕处发现可疑的物品和痕迹，而嫌疑人未回答警察对这些物品和痕迹的询问时，法官和陪审员可以对其作出“看起来适当的推断”。第四，当犯罪嫌疑人在案件发生时或案发相近时间出现于某处，并为此而被逮捕时，如果犯罪嫌疑人对当时在场的原因未能作出解释，法官和陪审员可以对其作出“看起来适当的推断”。[①] 上述第一项限制是为了防止恐怖犯罪被告人的突袭辩护；第二项限制是为了迫使恐怖犯罪被告人供述或者申辩，维持庭审中以交叉辩论为特征的刑事诉讼控辩结构；第三和第四项限制指对于一些明显的事实，恐怖犯罪被告人应当作出解释，有节省控诉方的精力以及诉讼成本的目的，同时也有敦促恐怖犯罪被告人积极陈述事实的作用。此外，笔者认为，除了确立上述限制沉默权制度的条款外，还应当增加一些条款：第五，在警察或者执法人员对犯罪嫌疑人采取强制措施时或者在以后的刑事诉讼程序中，因警察或者执法人员、司法人员来不及阻止犯罪嫌疑人销毁某证据，如果犯罪嫌疑人保持沉默而得不到合理解释，法官和陪审员可以对其作出“看起来适当的推断”。第六，如果有证据证明可以用做恐怖活动的资金、炸药或者其他物品归犯罪嫌疑人管理、持有或者所有，而在接受审判时保持沉默，法官和陪审员可以对其作出“看起来适当的推断”。第七，在被告人有恐怖犯罪前科时，如果有证据证明其涉嫌恐怖犯罪的怀疑，但还不能达到定罪的程度，而犯罪嫌疑人保持沉默不予合理解释，法官和陪审员可以对其作出“看起来适当的推断”。

限制沉默权在反恐中具有特定的价值和作用。通过限制沉默权来减轻控方的举证责任，保证了对恐怖犯罪的迅速有效打击。此外，限制沉默权还有保证控辩式诉讼正常运行的价值。如果恐怖犯罪被告人在庭审中保持沉默，那么，交叉询问就可能无法进行，控辩式诉讼构造也会受到破坏。在侦查中，或许是由于审讯中存在威胁、恐吓等现象而保持沉默，但是，在审判中保持沉默，则就意味着其最终放弃了权利。如果因此被定罪，并没有违背无罪推定的原理，或者说这种归罪是被告人自己给自己归罪。这是因为，法庭已经给了被告人申明、辩论、澄清事实的机会，如果再经过法庭明确

① 龙宗智：《英国对沉默权制度的改革以及给我们的启示》，载《法学》2000 年第 2 期。

告知被告人保持沉默应当承担不利的后果，此时被告人依然保持沉默。即使被告人沉默可能有其他隐情，如替其他人顶罪。但是，如果没有办法查清其他人犯罪，判处其相关罪名，则属于无罪推定制度的正常运行，因为被告人放弃辩论的机会，主动“申请犯罪”，其实，这也是被告人的权利，或者是被告人对自己权利的滥用。通过限制沉默权的方式，可以防止恐怖犯罪嫌疑人利用仁慈的程序重新从事残暴的恐怖行为，以及防止恐怖分子利用沉默权制度的伪装来逃脱定罪。相反，在恐怖犯罪中，规定沉默权并不一定能保护无辜者的权利，无辜者的权利通过回答警察提问获得最好的维护。①

限制沉默权并不必然导致刑讯逼供或者使侦控机关走“口供主义”的道路。在被告人被明确告知法定条件下沉默的法律后果时，依然保持沉默，这种事实只是证据的一种，是否有罪，还需要其他证据补强。限制沉默权主要的目的不是侵犯犯罪嫌疑人、被告人的权益，而是查明案件事实。即使在英国，也没有数据证明因限制沉默权导致刑讯逼供的事件比不限制沉默权时更多。真理愈辩愈明，犯罪嫌疑人有权进行辩解、申明和反驳，也有权主动放弃这种权利。

限制沉默权，并不是取消沉默权，二者的价值取向不同。限制沉默权是在恐怖犯罪的严峻形势下，在惩罚犯罪与保障人权之间重新作出的调整和平衡。而取消沉默权，特别是对英国、美国等沉默权制度发达的国家而言，才是一种倒退，限制沉默权只是在特定情况下的一种调整而已。法律不能削足适履，固守成规，特别是外界政治经济形势需要变革时，对沉默权进行调整是正常的应急反应。

此外，为了避免过分限制沉默权而伤及惩罚犯罪和保障人权的

---

① Edited by Gregory W. O'Reilly, England limits the Right to Silence and Moves towards an Inquisitorial System Justice. The Journal of Criminal Law and Criminology, Vol. 85 No. 2, Fall 1994，转引自卞建林、郭志媛：《英国对沉默权的限制》，载《比较法研究》1999年第1期。

有机平衡，英国在判例中对适用的上述第 35 条进行了说明。在 1995 年对 Cowan 一案的判决中，英国上诉法院对刑事司法和公共秩序法第 35 条的适用问题专门确立了几项带有指导性的规则。上诉法院要求在适用这一条文时应当满足以下五个方面的基本要求：第一，法官在审判过程中必须告知陪审团，证明被告人有罪的责任始终要由指控一方承担，这种证明责任是不可转移的，而且证明被告人有罪必须达到“排除一切合理怀疑”的程度；第二，法官必须明确告知被告人，保持沉默是他的一项基本诉讼权利；第三，如果被告人在审判过程中保持沉默，法官或陪审团不能仅仅从这一事实本身作出被告人有罪的推论；第四，陪审团在从被告人的沉默中作出任何推论之前，必须确信控诉方已经证明指控的论点和事实需要答辩；第五，不论被告人是否有证据对自己的沉默作出解释，陪审团只要确信他的沉默只会明显导致被告人无法答辩，或者无法承受交叉询问，就可以从沉默中作出相反的推论。①

笔者认为，在引入有限制的沉默权制度时，还有需要明确一些问题：第一，法官必须明确告知被告人享有沉默的权利，以及其在哪种保持沉默的情况下，应当承担不利的法律后果。第二，即使被告人保持沉默，法官或陪审团也不能由此对被告人定罪，还需要其他证据的补强，达到超越合理怀疑的地步，才能予以定罪。第三，即使是恐怖犯罪嫌疑人，赋予沉默权是必要的，这是保证控辩平衡、人道司法以及个人隐私权保障的必然要求。但是，对于恐怖犯罪而言，应当对其沉默权进行限制，即被告在保持沉默的情况下，法庭可能作出对被告不利的推断。然而，这种推断存在对被告方不利证据的判断，而不是因沉默（抗拒）而加重处罚。第四，对于限制沉默权适用的案件范围，只能限定于恐怖犯罪、腐败犯罪、毒

① John Hatchard & others. Ccmparative Criminal Procednre, pp. 190 – 191，转引自陈瑞华：《在公正与效率之间——英国刑事诉讼制度的最新发展》，载《中外法学》1998 年第 6 期。

品犯罪等严重、复杂且不采取限制沉默权的方式很难查明事实的案件，不能适用于一般刑事案件。第五，如果警察、其他执法人员没有告知犯罪嫌疑人有沉默的权利以及限制沉默权的各种条件，而有确切的证据表明犯罪嫌疑人涉及犯罪，那么，应当对警察或其他执法人员进行相关处分，但是，并不能因此减免犯罪嫌疑人的刑事责任。第六，如果警察、其他执法人员严重违反国际刑事司法准则，侵害犯罪嫌疑人的基本权利，在犯罪嫌疑人保持沉默时，即使犯罪嫌疑人以前有恐怖犯罪前科，在对犯罪嫌疑人是否实施恐怖犯罪存在疑问时，应当作出对犯罪嫌疑人有利的解释，并且应当追究警察或其他相关人员的责任。

（二）非法证据排除原则的改造与构建

两大法系的主要国家基本上都在刑事诉讼法中确立了非法证据排除规则，其目的都是规制追诉机关的权力，保障犯罪嫌疑人、被告人的权利，使刑事诉讼在秩序井然的状态下运行。但是，其立法模式和价值取向还是存在着一些差异。具体而言，在英美法系的美国，采取的是“原则加例外”的模式，而大陆法系的德国采用了“证据禁用与权衡”的模式。前者指美国原则上对于非法取得的证据一律排除，但是，基于犯罪上升的压力，则确立了一系列的例外。譬如，联邦最高法院通过案例确立了“最终或必然发现的例外”以及“善意例外”等。在德国，对于“证据禁用与权衡”模式，“所有在刑事诉讼中对证据的提出设有限制的法律规定都属于证据禁止的范畴”。[①] 德国证据使用的“禁止”，无论在理论上还是在司法实践中都是比较复杂的问题，因为如果从简单的逻辑推理而言，违背了证据取得禁止的规定，所得的证据就是非法证据，就应导致证据使用的禁止，但事实上德国的司法实践并非如此简单，一些违反证据取得禁止所得的证据可能被使用，而某些未违反证据取

① ［德］克劳思·罗科信：《德国刑事诉讼法》，吴丽琪译，台湾地区三民书局1998年版，第491页。

得禁止所得的证据却有可能被排除。因此，德国证据使用禁止在理论上又被区分为自主性证据使用禁止和非自主性证据使用禁止。而在德国的证据禁用中，其非法物证的排除是通过法官的自由裁量权实现的。

在非法证据的采信方面，笔者认为应当采取德国的“证据禁用与权衡”的模式。但是，也需要进行适当调整。即对于非法获得的口供，应当予以排除；而对于物证，在法官进行衡量时，应当优先考虑打击恐怖犯罪的迫切需要以及公共利益的需求，一般予以采用。再根据具体情况，决定是否追究有关非法取证人的责任。之所以如此，这也是出于历史法律传统、现实需要以及价值衡量的考虑。首先，恐怖犯罪造成的严重后果是采用德国模式的现实原因。1968～1997年的30年时间内，全球至少发生国际恐怖主义事件13600起，平均每年约453起，造成的人身伤亡与财产损失难以数计。[①] 2006年发生在世界各地的恐怖事件高达616起（不含伊拉克武装暴力冲突），造成2320人死亡，3450人受伤。其中南亚、东南亚、中亚、仍是恐怖事件高发区，共发生恐怖事件430起，约占恐怖事件总数的70%。[②] 英国社会学者米·詹金斯统计，目前恐怖活动的持续增长率为10%～12%；如此下去，10年后的每一年我们都会目睹到800起这类事件的发生。[③] 而这只是冰山的一角，已经使人触目惊心，遑论其造成的严重社会后果了。根据“轻轻重重”的刑事政策，针对社会反映特别强烈，造成特别严重后果的犯罪，个人权利应当适当为公共利益让步具有坚实的法理依据。其次，基于恐怖犯罪的隐秘性、恶性化、智能化等特点，往往要采取一些特殊侦查措施来实现侦破犯罪的目的，这也符合比例原则的要

① 胡联合：《试论当代恐怖主义活动的基本特点》，载《社会科学战线》2000年第3期。

② 谭洁：《人权框架内的反对恐怖主义》，载《法制与社会》2007年第11期。

③ 马明：《恐怖主义发展的新趋势》，载《铁道部郑州公安管理干部学院学报》2000年第3期。

求，即采取其他常规侦查方式难以达到目的而采取的非常规措施。但是，通过特殊侦查措施采集的证据往往会有一些程序上的瑕疵，在此种情况下，在能够补救的情况下，完成补救程序后，证据应当具有可采性。最后，根据利益衡量原则，如果非法采取证据的恶性程度不大，没有超越国际刑事司法底线准则，而某类恐怖犯罪造成的后果特别严重，通过这种方式获得的证据一般也应当具有可采性，因为基于某种狂热，恐怖分子并不因为程序宽容而放弃恐怖犯罪，此时的宽容就等于纵容其实施更多、更严重的恐怖犯罪。

（三）秘密监听等侦查行为的司法审查原则的修正

秘密监听是在未经被监听人许可或者知道的情况下，对其与他人交流的内容和信息进行监视、听取、录音、记载的侦查行为。对于一些特定类型的犯罪，如恐怖犯罪、有组织犯罪、毒品犯罪以及武器走私犯罪，秘密监听是一种非常有效的侦查手段，在某种情况下，甚至达到了一种独门暗器、一招制敌的作用。但是，秘密监听对国际刑事司法准则规定的公民权利的侵犯也是非常明显的。

在美国，1968 年通过了监听法。该法的公布取代了 1934 年联邦通讯法[①]第 605 条对监听的规定，它对监听的适用范围、监听的权限、监听的条件、监听期限及监听结果的归档保存进行了详尽的规定，是美国迄今为止规范秘密监听的最完整的法律文件。同时，美国监听法在对被监听人的权利保护上，也基本上符合程序法定原则的要求。但是，作为对“9·11”事件恐怖袭击的回应，美国对监听法律制度进行了重大调整。2001 年 10 月 25 日，美国众议院通过了爱国者法，该法扩大了美国联邦政府为追踪恐怖犯罪嫌疑人所采取行动的权限，其中包括进行秘密调查、获取私人录音和监听电话等。爱国者法扩大了政府执法人员监听的权力范围，使得他们更容易跟踪被监视的对象。

① 此处“讯”字的使用同本书第一章第三节。

在国家遭受严重恐怖袭击而危害到国家、人民的重大安全时，根据区别和具体对待原则，监听制度的内容则有不同，监听的程序、方式、权限、期限等都存在差异。一般而言，启动监听的条件要求较低，允许监听的时间也较长，对于监听的法律限制较为宽松，这在美国爱国者法中体现得淋漓尽致。美国在“9·11”以后，其国外情报监控令（the Foreign Surveillance Order）的适用范围大大扩大了，并且要求也明显降低。原来外国情报监听法规定，对美国内部的公民及永久居留者有相当理由可疑为外国势力或外国势力的代理人且需要一特定目的（the purpose）侦查令状才可被监听或搜查，现在修改为只要一个重要目的即可。虽然字面上看变化不大，实际上执法机关就可以弹性地运用该条款进行相关侦查而不必担心证据被排除，也就是说，只要美国公民及永久居留者涉嫌为外国政府或恐怖组织工作就可以构成一个重要目的，就可以被秘密侦查和监控，而无须嫌疑特定化。① 对于国外情报监控令的请求，也是由美国司法部的一个秘密情报法庭（the Foreign Surveillance Intelligence Court）单方面进行审查，执法人员不需出示犯罪行为的合理根据（probable cause）就可以获得该令状。②

基于恐怖犯罪隐秘性、高危性的特点，执法人员不需提供犯罪行为的合理根据就可以获得令状，这一点本身并不是特别让人诟病之处，对于恐怖犯罪而言，如果涉嫌为外国政府或恐怖组织工作，本身就已经形成了一种非常大的潜在危险，如果再具有重要的目的（the purpose），已经基本上满足了针对恐怖犯罪监听的要求。而如果监听再需要“特定目的”的话，无疑大大增加了恐怖犯罪侦查的工作难度，或许等到侦查机关或其他执法部门提供“犯罪行为的合理根据”时，恐怖犯罪已经发生。的确，程序公正无疑是刑

① 胡铭：《价值抉择：反恐措施与刑事诉讼》，载《政法论坛》2006 年第 6 期。

② Michael Kelly. Executive Excess V. Judicial Process：American Judicial Responses to the Government's War on Terror. 13 Ind. Intl & Comp. L. Rev. 787,2003.

事诉讼的重要价值需求，但不是唯一的价值取向，不能具体问题具体对待，单纯为了“看上去很美”的虚幻的形式公正而放弃人类保卫自己的力量，这可能是因噎废食。

但是，采取秘密情报法庭单方面进行审查的方式，并且只能听取政府一方的证据，并仅政府一方有权上诉，并且毫无当事人权利保障机制，却是动摇了司法审查原则的根本。因为，司法审查的最大目的就是提供一个中立的机关，并且保证一个救济的渠道，从而最大限度地减少政府对公民权利的侵犯程度，并对侵害的公民权利进行救济和弥补。否则，即使以打击恐怖犯罪为名，也面临着公权与私权的严重失衡。

因此，在对涉及恐怖犯罪实施秘密监听时，并不必须要求具有特定的理由或者根据，只要有一定的理由或根据，并且该被监听人涉嫌为外国政府或恐怖组织工作，就构成了秘密监听的充分条件，但是，必须保证中立法庭对于是否实施监听行为进行审查。对于监听，如果被监听一方与监听人采取对庭的方式决定是否发放监听令状，因其秘密性难以保证而不可取。但是，应当在事后对监听是否合法举行听证，如果监听机关或人员有故意违法监听行为的，应当采取行政甚至刑事惩戒。在程序制裁上，如果非法监听程度严重，则控方面临证据不可采的境地，从而保证最起码的威慑机制。对于搜查等其他强制措施，应当通过对庭的方式，需要听取双方的证据，双方都有对采取搜查等强制侦查行为上诉的权利。

此外，对于审判公开原则、强制措施法定原则、反对强迫自证其罪原则等国际刑事司法基本准则，也需要根据恐怖犯罪的特点进行适当的调整。在这里，关键是把握惩罚与保障之间的平衡，掌握二者协调的适当尺度。具体而言，应当明确以下问题：（1）应当根据变更的情势对国际刑事司法准则进行调整和改造。这是因为，虽然造法或缔约应当具有前瞻性，但是，造法者或缔约者并没有先知先觉。国际刑事司法准则是以当时之政治、经济、法律环境、国际秩序等为基础的，但是，在缔约造法与适用国际刑事司法准则分离的情况下，在适用国际刑事司法准则时，缔结国际条约或者签署国际法律文件赖以存在的基础环境发生了难以预见的变化，致使该适用国际刑事司法准则变得目的落空或步履维艰，此等状况若再因循“条约必须践守原理”，虽然实现了法秩序的形式正义，但却导致了实质的非正义。（2）适用国际刑事司法准则时必须满足比例原则的要求。比例原则体现了刑事司法行为中特别的黄金分割。它要求国家在反恐时所采取的措施，都要与法律实质所要实现的目的相一致，如果针对反恐目的实现有同等效用的手段可以适用，应选择对公民权利自由侵害最少的行为。国家反恐措施的实施不仅在法律上是符合比例原则的，而且在道德上也是符合比例原则的，也就是说，采取的措施不能使社会普遍的良知受到冲击，道德受到震撼。（3）在对国际刑事司法准则进行改良时，其基本的立足点是不能超越国际刑事司法准则底线，突破了底线，将失去讨论问题的根本逻辑前提。

第二节 《联合国反腐败公约》视角下的特殊侦查措施

腐败是国家和社会的“癌细胞”，是“内部的敌人”，是法治国家民主躯体上的“破坏性毒素”，是对国家和社会的决定担负者（entscheidungstrager）的值得信赖性的“基础性削弱”，是蔓延各国的有组织犯罪的“赘疣”。[①] 腐败是世界性的“疾病”，这也是2003年生效的《联合国反腐败公约》（以下简称《公约》）出台的重要原因；腐败是各国普遍的一种“沉疴”，所以在一定程度上需要用“猛药”，这也是《公约》中确立特殊侦查措施的理由。

---

① ［德］阿耳宾·埃斯尔：《二十世纪最后十年里德国刑法的发展》（之二），冯军译，载《法学家》1998年第6期。

特殊侦查措施是打击、控制犯罪的一柄利器，特别是对腐败犯罪这种具有隐秘性、智能化、无被害人的犯罪更是如此。但是，特殊侦查措施又可能成为侵犯公民权利、滥用国家权力的凶器，在《公约》中，这种冲突体现得非常明显，并且其中也体现出了本国主权和他国主权，程序与实体之间的新的冲突。基于此，应当以我国加入《公约》为契机，确立一系列原则，为我国刑事诉讼法律作指导。

一、《公约》中特殊侦查措施的文本解读

《公约》在第50条中规定了反腐败的特殊侦查措施，具体而言，《公约》第50条第1款规定，为有效地打击腐败，各缔约国均应当在其本国法律制度基本原则许可的范围内并根据本国法律规定的条件在其力所能及的情况下采取必要措施，允许其主管机关在其领域内酌情使用控制下交付和在其认为适当时使用诸如电子或者其他监视形式和特工行动等其他特殊侦查手段，并允许法庭采信由这些手段产生的证据。第50条第4款规定，经有关缔约国同意，关于在国际一级使用控制下交付的决定，可以包括诸如拦截货物或者资金以及允许其原封不动地继续运送或将其全部或者部分取出或者替换之类的办法。据此，《公约》中的特殊侦查措施主要包括：控制下交付、电子监听、特工行动。

（一）控制下交付

《公约》第2条第9款规定：“控制下交付系指在主管机关知情并由其监控的情况下允许非法或可疑货物运出、通过或者运入一国或多国领域的做法，其目的在于侦查某项犯罪并查明参与该项犯罪的人员。”

1988年《联合国禁止非法贩运麻醉药品和精神药物公约》首次确认了“控制下交付”。此外，《联合国打击跨国有组织犯罪公约》第2条第9款也作出了与《公约》同样的关于“控制下交付”的规定。之所以三个重要的国际公约都对这种特殊侦查措施予以明

确界定，这是与特殊侦查措施具有的特点分不开的。基于腐败、毒品犯罪以及有组织犯罪的隐蔽性强，直接收集到的证据通常比较少，调查取证难度比较大的特点，常规侦查行为往往会举步维艰，而“控制下交付”则具有高效性、准确性以及及时性的特征，满足了此类犯罪调查取证的要求。

“控制下交付”与诱惑侦查都属秘密侦查行为，二者有十分相似的外表，但是，“控制下交付”本质上属于一种监控型秘密侦查，侦查人员在“控制下交付”过程中，不施行影响或者引诱侦查对象的行为，而在诱惑侦查中，侦查人员则对侦查对象的行为实施了影响或者引诱。“控制下交付”属于被动型侦查，执法人员不能主动参与，因此就避免了执法人员基于追求绩效的目的而导致不良法律后果。而诱惑侦查分为犯意诱发型和机会提供型两类，不论犯意诱发型还是机会提供型诱惑侦查，都属于积极主动的侦查行为，通说认为犯意诱发型有违法之嫌，而机会提供型则值得肯定。这样，《公约》中的“控制下交付”并不能理解为《联合国禁止非法贩运麻醉药品和精神药物公约》中的诱惑性侦查的“控制下交付”，因为《公约》中专门对“控制下交付”进行了界定，即仅仅限于在主管机关知情并由其监控的情况下“允许非法或者可疑货物流通”，而没有允许执法人员进行主动参与交付的诱惑性侦查行为。实际上，对贪污、受贿等腐败行为，国外也曾采取诱惑侦查性的“控制下交付”手段，但引起了相当坏的政治后果，并在理论上引起了较大的争议，最为典型的是美国20世纪80年代初的ABSCAM事件[①]。因此，对《公约》中的“控制下交付”只能根据公约规定的“允许非法或者可疑货物流通”作狭义的理解。[②]

① 在ABSCAM事件中，FBI让侦查人员扮演成阿拉伯商人，以谋求赌场营业许可等为名，向国会官员以及政府官吏行贿，致使包括国会议员、联邦政府官员在内的22名政治家涉案被捕。

② 陈学权：《联合国反腐败公约与中国刑事法之完善》，载《法学》2004年第4期。

除了上述三个公约外，“控制下交付”也有其他国际法的法理基础。根据《世界人权宣言》第29条规定：“人人在行使他的权利和自由时，只受法律所确定的限制，确定此种限制的唯一目的在于保证对旁人的权利和自由给予应有的承认和尊重，并在一个民主的社会中适应道德、公共秩序和普遍福利的正当需要。”这说明，个人利益基于对他人自由的保障、道德体系的构建、公共秩序的维持、社会福祉的维护等需要，也应当作出适当让步，并且这种权利适当让步具有国际性的普适价值。

（二）电子监听

电子监听是在未经被监听人许可或者知道的情况下，对其与他人交流的内容和信息进行监视、听取、录音、记载的侦查行为。一般而言，电子监听适用于一些特定类型的犯罪，诸如贿赂犯罪、恐怖犯罪、有组织犯罪、毒品犯罪等。除了《公约》对电子监听作出规定外，在一些国际性法律文件中电子监听也被提及。2004年召开的第十届国际刑法学大会通过的《国际经济交往中的腐败及相关犯罪决议》指出：“各国应当为腐败犯罪的侦查规定适当的手段。这些手段在严重的案件中可以包括秘密侦查以及窃听通信。”

美国国会于1968年就通过了监听法。该法第3条就对秘密监听和录音作出了具体明确的规定。其中，秘密监听只能适用于包括贿赂政府官员罪在内的12种犯罪。监听是一种有效的反腐败侦查行为，同时也是容易侵犯公民基本权利的利器。基于打击犯罪和保障人权的平衡，美国采取了“轻轻重重”的刑事司法政策。“轻轻重重”是美国20世纪70年代中期以来刑事政策所表现出来的特征。“轻轻”就是对轻微犯罪的处理比以往更轻，即轻其轻者；“重重”就是对严重犯罪的处理比以往更重，即重其重者。[①] 而针对贿赂等腐败犯罪适用电子监听的手段进行侦查，属于一种比较严厉的程序措施，本身就是“轻轻重重”刑事政策的具体体现。

---

① 储槐植：《刑事一体化与关系刑法论》，北京大学出版社1997年版，第169页。

在德国，出于对公民基本权利保障的考虑，对于腐败案件是否采用电子监听措施，也即是否在其刑事诉讼法典第 100 条 a 的规定中补充进电子监听的内容，至今尚未获得多数人的赞同，但是，作为反腐败的补充可能性将继续进行这种讨论。[①] 一般认为，在德国将来反腐败案件引入电子监听措施是一个必然趋势。之所以现在没有引入，除了考虑可能与公民基本宪法权利的冲突外，这也和德国政治比较清廉，公务员素质较高有关。随着德国加入《公约》，会更加重视在刑事诉讼法典中确立包括电子监听等特殊侦查措施，因为是否采取特殊措施不仅仅是本国的权力问题，对于其他需要司法协助的国家，则可能就是国际义务。

可以说，各国在腐败案件中有关电子监听措施的立法为《公约》提供了相关立法经验和基础，对于新加入《公约》而没有确立电子监听措施的国家而言，则会从《公约》获得相关立法动力。同时，在反腐败的过程中，各国有关立法又和《公约》相呼应，从而严密了反腐败的法网，也体现了国际法和各国国内法的密切联系。

（三）特工行动

特工行动，是指侦查机关通过秘密力量、侦查圈套等特殊侦查方法，对赃款、赃物流向、嫌疑人的行为、去向以及有关证据情况进行调查取证的行为。采取特工行动，必须遵循比例原则，不能诱发犯罪故意，不能为了侦查而制造犯罪。

综上所述，在《公约》的具体条文中，并没有明确“电子监听”、“控制下交付”、“特工行动”的具体内涵，此外，缔约国采取特殊侦查措施，并非绝对的、无条件的，而需要在一定的前提下进行，因此这些规定都属于保护性条款。这主要是因为特殊侦查措施已经涉及各国公民最基本的权利领域，触及国家主权的敏感区

① ［德］阿耳宾·埃斯尔：《二十世纪最后十年里德国刑法的发展》（之二），冯军译，载《法学家》1998 年第 6 期。

域。《公约》的此类立法技术表明了对各国主权的尊重。但是，从《公约》总的立法精神而言，其主要关注的是对腐败犯罪的有效打击，因此，不能仅仅将《公约》规定的特殊侦查措施理解为向各缔约国提供立法建议。

二、《公约》中特殊侦查措施蕴涵的价值冲突

（一）程序公正与实体公正的冲突

程序公正是《公约》基本的原则和理念之一。在公约的序言中就提到，承认在刑事诉讼程序和判决财产权的民事或者行政诉讼程序中遵守正当法律程序的基本原则。但是，基于全球腐败犯罪上升的浪潮，以及由此带来的一系列压力，《公约》主要的立法目的还是针对腐败犯罪的预防、打击与控制，也就是主要追求刑事司法的实体价值，这种立法精神在《公约》中不时闪现。例如，《公约》第50条规定各缔约国在条件许可的情况下应当采取诸如电子或者其他监视形式和特工行动等其他特殊侦查手段，并允许法庭采信由这些手段产生的证据。这表明：虽然是否采用特殊侦查措施属于缔约国自己决定的事情，但对采取特殊侦查措施，《公约》持一种非常鼓励和支持的态度，这明确地传达了追求实体目标的价值理念。此外，从总体立法取向上，《公约》也主要体现了实体的价值目标。不可否认，程序公正与实体公正在一定程度上是可以共存的，但是，一女不能嫁二夫，二者有时也会产生一些矛盾，如何进行权衡、协调，使二者的摩擦力减至最小，合力达到最大，是个值得深思的问题。

（二）本国主权和他国主权之间的对垒

根据《公约》第4条（保护主权）规定："缔约国在履行其根据本公约所承担的义务时，应当恪守各国主权平等和领土完整原则以及不干涉他国内政原则"。"本公约任何规定概不赋予缔约国在另一国领域内行使管辖权和履行该另一国本国法律规定的专属于该国机关的职能的权利。"这基本上确立了腐败案件由控制国管辖的

原则。国家行使管辖权的权利是以主权为依据的，保护国家主权的原则需要通过具体的管辖权界定来落实，《公约》第42条规定了有关管辖权的内容。《公约》采取属地管辖为其基本原则，当犯罪发生在该缔约国领域内或犯罪发生在犯罪时悬挂该缔约国国旗的船只上或者已经根据该缔约国法律注册的航空器内时，缔约国依《公约》确立其管辖权。在不违背“保护主权”原则的前提下，《公约》允许一定程度下的属人管辖作为属地管辖的补充。①

但是，《公约》基本的价值取向是保护腐败案件实际控制国的利益，也就是说，对于腐败案件特殊侦查措施的适用，应当由实际控制国决定。虽然《公约》在第4条第5款中提及管辖冲突时缔约国主管机关的酌情协调问题，但第6款仍重申“在不影响一般国际法准则的情况下，本公约不排除缔约国行使其根据本国法律确立的任何刑事管辖权”。由此带来的结果是，如果案件发生在我国，而我国涉嫌腐败的国民逃往他国，此时，是否适用特殊侦查措施主要是根据嫌疑人逃往国的法律进行。但是，采取特殊侦查措施关系到一国国民的基本宪法权利，同时对其采取电子监听又可能会泄露一些国家秘密，涉及国家利益。因此，在案件适用特殊侦查措施的管辖权问题上，就可能会发生争议。从表面上看，这是国家之间对案件管辖权的争议，而实际上则是国家主权与他国主权之间的冲突，因为国家管辖权是国家主权的最直接的体现。

（三）国家公权与个人私权的对立

监听、控制下交付、特工行动等特殊侦查措施都是行使公权力的表现，都是基于诉讼实体目的而采取有效侦查行为，特别是在反腐败犯罪中更是如此。但是，由于是一些超常规的特殊侦查措施，其手段的有效性往往会带来侵犯公民私权的严重性，其秘密性会导致对公民私权侵害的无形烈性。其主要表现为对公民隐私权、言论

① 慕亚平、王跃：《从国际法层面解读〈联合国反腐败公约〉》，载《暨南学报》（哲学社会科学版），2005年第6期。

自由、通信自由等一系列宪法基本权利虽不是明目张胆但却也是根深蒂固的侵害。公民宪法权利是最高和最神圣的权利，是引导人民为了国家利益而心甘情愿付出自己所有的基本动力，因此，对公民宪法权利的剥夺必须有充分的理由。此外，服从追诉目的也必须坚持比例原则，遵循人权保障的程序。正如2004年第十届国际刑法学大会《国际经济交往中的腐败及相关犯罪决议》中指出的那样，“各国应当为腐败犯罪的侦查规定适当的手段。这些手段在严重的案件中可以包括秘密侦查以及窃听通信，作为此种调查活动的制衡，有关的司法程序应当注意保护当事人的人权，尤其是隐私权”。美国监听法也规定：“只有当常规侦查措施已经失败或不可能成功或过于危险时才能使用秘密监听手段。”

三、《公约》视野下适用特殊侦查措施的原则和相关证据采信规则

我国国内法与《公约》之间还有一定的差距。在反腐败公约适用的国际合作方面，也存在着一些滞后以及制度上的不足。对于《公约》第4章规定的特殊侦查措施，我国立法也尚未明文加以规定。在适用特殊侦查措施的程序规定上，以及通过这些措施获得证据的可采性问题上，都付之阙如。因此，应当确立一些基本原则来指导刑事诉讼相关立法。

（一）国际合作原则

原国际刑法协会会长巴西奥尼先生曾说过，国际的犯罪成为本地的犯罪，本地的犯罪也成为国际的犯罪，但它们都是罪行，都要给予坚决的打击。[①] 而对于这种本国犯罪国际化的趋势，正是腐败犯罪采取特殊侦查措施时需要国际合作的内因之一。在《公约》中，侦查和特殊侦查措施都规定在第4章“国际合作”项下。因此，采取特殊侦查措施无疑需要贯彻国际合作原则。这种精神也在

---

① 秦平：《第十七届国际刑法学大会解读》，来自中国刑辩网，2005-03-21。

《公约》的一些条文中得到明确体现。譬如，《公约》第46条第1款和第2款就对国际司法协助作了一般性规定："一、缔约国应当在对本公约所涵盖的犯罪进行的侦查、起诉和审判程序中相互提供最广泛的司法协助。二、对于请求缔约国依照本公约第26条可能追究法人责任的犯罪所进行的侦查、起诉和审判程序，应当根据被请求缔约国有关的法律、条约、协定和安排，尽可能充分地提供司法协助"。根据条约的规定和精神，需要在实施特殊侦查措施时进行国际合作，并且确立相关的合作机制和程序。在对外国（地区）方面，应当建立相关国内机构请求国外机构进行司法合作，在我国（地区）方面，应当确立外国机构请求我国机构进行司法合作的明确程序。

（二）程序公正与实体公正并重原则

除了《公约》第50条彰显了实体价值取向外，其他条款也体现了类似的精神，如《公约》第30条第3款规定，各缔约国在行使对腐败犯罪的起诉裁量权时，要"努力确保针对这些犯罪的执法措施取得最大成效，并适当考虑到震慑这种犯罪的必要性"。该条第4款以及第5款都明确地表达了追究犯罪的实体价值取向。此外，《公约》在整体上也倾向于实体目标的追求。但是，并不能因此忽视、疏远、抛弃程序公正的价值，正当法律程序是刑事程序的核心。《公约》在序言中规定了该原则："承认在刑事诉讼程序……中遵守正当法律程序的基本原则。"从这个意义上而言，正当法律程序不仅可以作为其他具体原则的解释和补充，而且可以成为《公约》与联合国的其他相关准则链接起来的结合点。① 正如诉讼法学界"双轮说"所称的那样，实体与程序"如同一辆车的两

① 夏红：《〈联合国反腐败公约〉对中国刑事诉讼程序的影响》，载《法学杂志》2006年第3期。

个轮子，对诉讼均起作用”。[1] 因此，必须确立程序公正和实体公正并重的价值理念，明确国家和公民个人都能接受的底线，那就是反腐败也不能突破最基本的人权保障，如获得律师帮助权、沉默权、无罪推定的权利等。虽然《公约》整体上显示出严惩腐败犯罪的坚决态度，但并不与保障人基本权的价值相冲突。惩罚犯罪不能以牺牲正当权利和程序为代价。这也是我国刑事诉讼法修改需要考虑的内容。

（三）证据“禁用与权衡”适用原则

在通过特殊侦查措施获得的证据的采信方面，笔者认为我国应当采取德国的“证据禁用与权衡”的模式。即对于非法特殊侦查措施获得的口供，应当予以排除，而对于物证，则由法官根据具体情况进行权衡，决定是否予以采用。在法官进行衡量时，应当优先考虑惩办腐败犯罪的迫切需要以及公共利益的需求，然后再根据具体情况，决定是否追究有关非法取证人的责任。之所以如此，这也是出于历史法律传统和现实需要的考虑。首先，腐败犯罪带来的严重后果是我国采用德国模式的现实原因。如前例，根据商务部的一份调查表明，近几年来外逃官员数量大约为4000 人，携走资金约500 亿美元[2]。而这只是冰山的一角，已经使人触目惊心，遑论其造成的严重社会后果了。根据“轻轻重重”的刑事政策，针对社会反映特别强烈，造成特别严重后果的犯罪，个人权利适当为公共利益让步具有坚实的法理依据。其次，基于腐败犯罪的隐秘性、无被害人、智能化等特点，不采取特殊侦查措施确实难以达到侦破犯罪的目的，这些符合比例原则的要求。即采取其他常规侦查方式难以达到目的而采取的非常规措施，而通过特殊侦查措施采集的证据

① ［日］兼子一、竹下守夫：《民事诉讼法》，白绿铉译，法律出版社 1995 年版，第 8 页。

② 《四千贪官卷走中国五百亿美元，遣返难成反腐瓶颈》，来源自人民网。2005－08－27。

即使有一些程序上的瑕疵，在能够补救的情况下，完成补救程序后，应当具有可采性。再次，特殊侦查措施是国际社会普遍采取的反腐败侦查措施，并且在其他国家通过特殊侦查措施获得的证据一般也具有可采性，即使是在强烈追求正当程序价值的美国也是如此。最后，特殊侦查措施被《公约》以及其他一些国际公约所正式确认，我国已经加入这些公约，在刑事诉讼法律中确立特殊侦查措施也属于履行“条约必须践守”的国际义务。

参考文献

一、法典

李昌珂译:《德国刑事诉讼法典》,中国政法大学出版社 1995 年版。

宋英辉译:《日本刑事诉讼法典》,中国政法大学出版社 2000 年版。

余书通、谢朝华译:《法国刑事诉讼法典》,中国政法大学出版社 1995 年版。

黄风译:《意大利刑事诉讼法典》,中国政法大学出版社 1994 年版。

黄道秀译:《俄罗斯联邦刑事诉讼法典》(新版),中国人民公安大学出版社 2006 年版。

中国政法大学刑事法律研究中心组织编译:《英国刑事诉讼法(选编)》,中国政法大学出版社 2001 年版。

中国政法大学澳门研究中心编/澳门政府法律翻译办公室译:《澳门刑法典、澳门刑事诉讼法典》,法律出版社 1997 年版。

张明楷译:《日本刑法典》,法律出版社 1998 年版。

二、外文译著及外文原著

[英] 弗里德里希·冯·哈耶克:《法律、立法与自由》,邓正来等译,中国大百科全书出版社 2000 年版。

[美] 德沃金:《法律帝国》,李长青译,中国大百科全书出版社 1996 年版。

[美] 科塞：《社会冲突的功能》，孙立平等译，华夏出版社 1989 年版。

[德] M. 韦伯著：《经济与社会》，林荣远译，商务印书馆 2004 年版。

[德] 李普塞特：《政治人——政治的社会基础》，张绍宗译，上海人民出版社 1997 年版。

[英] J. C. 史密斯、B. 霍根著：《英国刑法》，马清升等译，法律出版社 2000 年版。

[英] 鲁帕特、克罗斯著：《英国刑法导论》，赵秉志等译，中国人民大学出版社 1991 年版。

[日] 田口守一著：《刑事诉讼法》，刘迪等译，法律出版社 2000 年版。

[美] Anita L. Allen、Richard C. Turkingten：《美国隐私法学说判例与立法》，冯建妹等编译，中国民主法制出版社 2004 年版。

[美] 罗纳尔多 . V. 戴尔卡门著：《美国刑事诉讼——法律与实践》（第 6 版），张鸿巍等译，武汉大学出版社 2006 年版。

[美] 约翰 . W. 斯特龙主编：《麦考密克论证据》，汤维建等译，中国政法大学出版社 2004 年版。

[英] 麦高伟、威尔逊：《英国刑事司法程序》，姚永吉等译，法律出版社 2003 年版。

[德] 托马斯 · 魏根特：《德国刑事诉讼程序》，岳礼玲、温小洁译，中国政法大学出版社 2004 年版。

[美] 查尔斯 . R. 斯旺森等：《刑事犯罪侦查》（第八版），郑海等译，中国检察出版社 2007 年版。

[美] 迈克尔 . D. 贝勒斯：《法律的原则：一个规范的分析》，张文显等译，中国大百科全书出版社 1996 年版。

[英] 卡尔 · 波普尔：《猜想与反驳》，傅季重等译，上海译文出版社 1986 年版。

[美] 肯尼斯.R. 福斯特等：《对科学证据的认定——科学知识与联邦法院》，王增森译，法律出版社 2001 年版。

[美] 乔恩.R. 华尔兹：《刑事证据大全》，何家弘译，中国人民公安大学出版社 1993 年版。

[法] 孟德斯鸠：《论法的精神》，商务印书馆 1982 年版。

[英] 阿蒂亚：《法律与现代社会》，范悦等译，辽宁教育出版社 1998 年版。

[美] 汉密尔顿、杰伊、麦迪逊著：《联邦党人文集》，程逢如等译，商务印书馆 1980 年版。

[英] M. J. C. 维尔：《宪政与分权》，苏力译，三联书店出版社 1997 年版。

[日] 谷口安平：《程序的正义与诉讼》，王亚新、刘荣军译，中国政法大学出版社 1996 年版。

[美] 哈罗德.J. 伯尔曼：《法律与革命——西方法律传统的形成》，贺卫方等译，中国大百科全书出版社 1993 年版。

[美] R. M. 昂格尔：《现代社会中的法律》，吴玉章、田汉华译，译林出版社 2001 年版。

[美] P. 诺内特、P. 塞尔兹尼克：《转变中的法律与社会——迈向回应型法》张志铭译，中国政法大学出版社 1994 年版。

[英] 哈耶克：《自由秩序原理》（上卷），邓正来译，上海三联书店 2003 年版。

[美] 汉斯.J. 摩根索：《国家间的政治》，杨岐鸣等译，商务印书馆 1993 年版。

[英] 登特列夫：《自然法》，李日章译，台湾地区联经出版事业股份公司 1984 版。

[德] 拉德布鲁赫：《法学导论》，米健译，中国大百科全书出版社 1997 年版。

[美] 罗斯科·庞德：《法律史解释》，杨知等译，华夏出版社 1989 年版。

[法] 孟德斯鸠:《论法的精神》(上册),张雁深译,商务印书馆 1961 年版。

[英] 培根:《培根论说文集》,水天同译,商务印书馆 1983 年版。

[美] 马丁. P. 戈尔丁:《法律哲学》,齐海滨译,三联书店 1987 年版。

[美] 理查德. A. 波斯纳:《法律的经济分析》,蒋兆康译,中国大百科全书出版社 1997 年版。

[美] H. W. 埃尔曼:《比较法律文化》,贺卫方等译,清华大学出版社 2002 年版。

[英] 霍布斯:《利维坦》,黎廷弼译,商务印书馆 1985 年版。

[意] 贝卡里亚:《论犯罪与刑罚》,黄风译,中国大百科全书出版社 1996 年版。

[德] 康德:《法的形而上学原理》,沈叔平译,商务印书馆 1991 年版。

[日] 小岛武司等:《司法制度的历史与未来》,汪祖兴译,法律出版社 2000 年版。

[美] 约翰·罗尔斯:《正义论》,何怀宏等译,中国社会科学出版社 1988 年版。

[法] 米歇尔·福珂:《规训与惩罚》,刘北成等译,三联书店 1999 年版。

[日] 西原春夫:《日本刑事法的形成与特色》,李海东等译,法律出版社 1997 年版。

[美] 博西格诺:《法律之门》,邓子滨译,华夏出版社 2002 年版。

[英] 彼得·斯坦、约翰·香德:《西方社会的法律价值》,王献平译,中国法制出版社 2004 年版。

[法] 卡斯东·斯特法尼:《法国刑事诉讼法精义》,罗结珍译,中国政法大学出版社 1998 年版。

[美] 博登海默:《法理学——法律哲学与法律方法》，邓正来译，中国政法大学出版社 1999 年版。

[法] 托克维尔:《论美国民主》，董果良译，商务印书馆 1998 年版。

[法] 罗曼·罗兰:《卢梭传》，陆琪译，华岳文艺出版社 1988 年版。

[英] 约翰·密尔:《论自由》，程崇华译，商务印书馆 1996 年版。

[意] 贝卡里亚著:《论犯罪与刑罚》，黄风译，中国方正出版社 2004 年版。

[德] 康德:《道德形而上学原理》，苗力田译，上海人民出版社 1986 年版。

Franklin E. Zimring, Richard S. Frase. The criminal justice system. Little , Brown and Company, 1980.

Clemens Bartollas, Loras A. Jaeger. American criminal justice: An introduction. Macmillan Publishing Company, 1988.

三、中文著作

谢立中:《西方社会学名著提要》，江西人民出版社 2001 年版。

宋远升、闵银龙:《最新国外刑事司法制度研究》，东南大学出版社 2007 年版。

宋林飞:《西方社会学理论》，南京大学出版社 2005 年版（第 6 版）。

万毅:《底限正义论》，中国人民公安大学出版社 2006 年版。

孙长永:《侦查程序与人权——比较法考察》，中国方正出版社 2000 年版。

龙宗智:《理论反对实践》，法律出版社 2003 年版。

林钰雄:《检察官论》，学林文化出版社 1999 年版。

彭勃：《日本刑事诉讼法通论》，中国政法大学出版社 2002 年版。

景天魁：《社会知识的结构和悖论》，中国社会科学出版社 1993 年版。

周静：《自由心证与陪审制度》，天山出版社 1989 年版。

徐继军：《专家证人研究》，中国人民大学出版社 2003 年版。

朱富美：《科学鉴定与刑事侦查》，中国民主法制出版社 2006 年版。

黄维智：《鉴定证据制度研究》，中国检察出版社 2006 年版。

宋英辉、吴宏耀：《刑事审判前程序研究》，中国政法大学出版社 2002 年版。

何家弘：《证据调查实用教程》，中国人民大学出版社 2000 年版。

徐立根：《物证技术学》，中国人民大学出版社 1990 年版。

何家弘：《同一认定——犯罪侦查方法的奥秘》，中国人民大学出版社 1989 年版。

邹明理：《侦查与鉴定热点问题研究》，中国检察出版社 2004 年版。

陈朴生：《刑事证据法》，台湾地区海天印刷有限公司 1979 年版。

万毅：《程序正义的重心——底限正义视野下的侦查程序》，中国检察出版社 2006 年版。

黄东熊：《中外检察制度之比较》，台湾地区文物供应社 1986 年版。

汪习根：《司法权论》，武汉大学出版社 2006 年版。

谢瑞智：《宪法辞典》，台湾地区文笙书局 1979 年版。

张文显：《法哲学范畴研究》，中国政法大学出版社 2001 年版。

蔡墩铭:《刑事诉讼法论》(修订版),台湾地区五南图书出版公司1993年版。

陈瑞华:《刑事审判原理论》,北京大学出版社1997年版。

石元康:《当代西方自由主义理论》,上海三联书店2001年版。

刘根菊等:《刑事司法创新论》,北京大学出版社2006年版。

汪建成、黄伟明主编:《欧盟成员国刑事诉讼概论》,中国人民大学出版社2000年版。

徐爱国:《西方法律思想史》,北京大学出版社2002年版。

何家弘、刘品新:《证据法学》,法律出版社2004年版。

沈宗灵:《现代西方法理学》,北京大学出版社1992年版。

陈桂明:《诉讼公正与程序保障》,中国法制出版社1996年版。

季卫东:《法制秩序的建构》,中国政法大学出版社2000年版。

陈光中:《外国刑事诉讼程序比较研究》,法律出版社1988年版。

程味秋、樊崇义:《外国刑事诉讼法概论》,中国政法大学出版社1994年版。

冯树梁:《中国预防犯罪方略》,法律出版社1994年版。

陈瑞华:《刑事诉讼的前沿问题》,中国人民大学出版社2000年版。

张千帆:《宪法学导论》,法律出版社2004年版。

董云虎:《世界人权约法》,四川人民出版社1990年版。

陈新民:《宪法基本权利之基本理论》(上),台湾地区元照出版公司1999年版。

王以真:《外国刑事诉讼法学》,北京大学出版社2004年版。

高铭暄主编:《刑法学原理》,中国人民大学出版社1993年版。

储槐植：《刑事一体化与关系刑法论》，北京大学出版社1997年版。

黎宏：《单位刑事责任论》，清华大学出版社2001年版。

谢佑平主编：《刑事诉讼国际准则研究》，法律出版社2002年版。

张千帆：《西方宪政体系》（下），中国政法大学出版社2001年版。

后　记

这本书的主体部分是2007年至2008年上半年间完成的。可以说，这是我个人情感和生活百感交集的一段时间，我甚至把写这本书当成一种感情的倾诉，即使这是一部严肃的法学著作。但是，我始终认为，法学著作也是有感情的。对于一部法律作品，如果冷冰冰的毫无感情色彩，我个人认为是很难打动和说服他人的，这也是我比较尊崇贝卡里亚的原因之一。在贝氏的名著《论犯罪与刑罚》中，他正是用文学性语言优美地叙述、激扬地说理，娓娓道来，揭示出公正的本质力量、人性的伟大，以及理性的不可抗拒的说服力。可以说，我从来不认为法律只是抽象的法律条文，在一定程度上，法律可以说是文学的法律版本。法律是人制定的。制定法律的人都是一个个活的血肉之躯，同时，法律也是活生生的社会关系的记载。因此，法律是有生命的。法律不仅是理性的，也是感性的；不仅是严肃的，也是通俗的。法律应当也只能是有生命的圣物，这也是它能够具有强烈的说服效果，让普通民众信服、尊崇，愿意为之奉献一切的原因。

其实，在某种意义上，我算不上一个标准的理性的法律人，而是更接近文学人。阴差阳错，我选择了用法律来传达自己的心声。在一定程度上，是命运给我选择了生活和职业，用一种宿命论的观点来表达，我命即如此。但是，无论选择了什么生活和职业，作为一个有良知的人，必须把自己对生活的感悟以及对法律正义的理解传达给别人，即使你不能说服别人，最起码也应当表达出一种值得珍视的精神。法律不仅是条文，也是一种伟大的精神。作为一位学者和法律人，我们不能仅仅触摸法律冰冷的外表，也不能只是阐释具体的法律条文和进行技术性的操作，还必须抵达法律火热的内核，并且把这些火热的内核锻造成具有强大说服力和感染力的献诗。

我曾经说过一句话，在事物的两岸，一边是原因，另一边是结果，不论它们相隔有多远。事物都是普遍联系的，一本书可以最初起源于一个闪念，或者出于别人的一句鼓励，或者出于别人的无私帮助。这本书的完成，也离不开一些师长和朋友们的关心和支持。在这里要特别感谢华东政法大学党委书记杜志淳教授。杜教授谦谦君子之风，殷殷关切之情，让我难以忘怀。在我生命中非常关键的时刻，他又一次点燃了我心中理想的火把，并且在百忙之中，他抽出时间为本书作序，感激之情，简单的语言不足以表达。

我还要感谢华东政法大学我的硕士生导师杨正鸣教授，闵银龙教授，复旦大学我的博士生导师谢佑平教授。感谢华东政法大学副校长叶青教授等师长经常对我成长的关心。感谢我的同学南京的李健博士，他对此书提出过诸多中肯的建议，让我受益颇多。还要感谢我的父母以及我的姑姑宋加玲一家、姐姐宋文君一家也为我的成长与进步倾注了大量的心血。中国人民公安大学出版社雪中送炭式的帮助，更是让我感动异常。

作为一个法律人，每一个人都希望自己的下一部作品会更好。每一本书都是作者自己的孩子，都记录了作者的喜怒哀乐，承载了作者心事的点点滴滴。这本书在几年前就进行了构思，2007 年樱花盛开的时候开始动笔，2008 年樱花绽放的时候本书基本成型。2009 年的樱花还会开，以后年年樱花都会盛开，但是，这些永远不是那年的樱花了。为了那些逝去的、永不会回来的时间和感情，以此为记。

宋远升

2008 年 5 月 9 日于复旦